Auf dem Tablet visualisiert

Sandra Schulze

Auf dem TABLET visualisiert

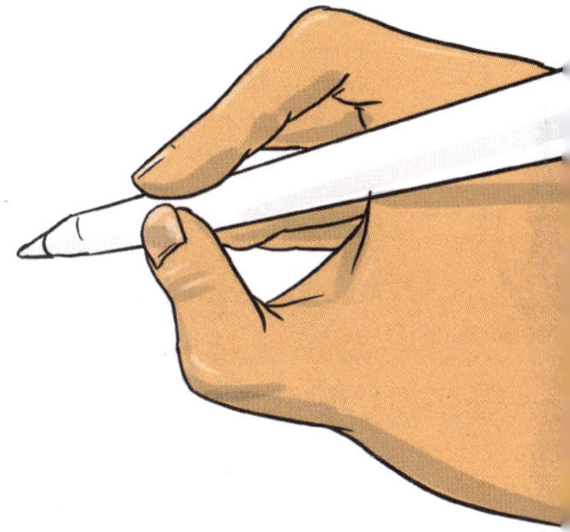

WIE SIE IHRE GUTEN IDEEN FÜR SICH UND ANDERE VISUELL UMSETZEN

Lektorat: Barbara Lauer, Bonn
Lektoratsassistenz: Julia Griebel
Copy-Editing: Sandra Gottmann, Wasserburg
Buchgestaltung und Illustration: Sandra Schulze
Satz: Sandra Schulze, Frank Heidt
Herstellung: Stefanie Weidner, Frank Heidt
Umschlaggestaltung: Sandra Schulze, Veronika Schnabel
Druck und Bindung: mediaprint solutions GmbH, 33100 Paderborn

Bibliografische Information der Deutschen Nationalbibliothek
Die Deutsche Nationalbibliothek verzeichnet diese Publikation in der Deutschen Nationalbibliografie; detaillierte bibliografische Daten sind im Internet über *http://dnb.d-nb.de* abrufbar.

ISBN:
Print 978-3-86490-935-1
PDF 978-3-96910-927-4

1. Auflage 2023

Wieblinger Weg 17
69123 Heidelberg

Schreiben Sie uns:
Falls Sie Anregungen, Wünsche und Kommentare haben, lassen Sie es uns wissen: *hallo@dpunkt.de*.

5 4 3 2 1 0

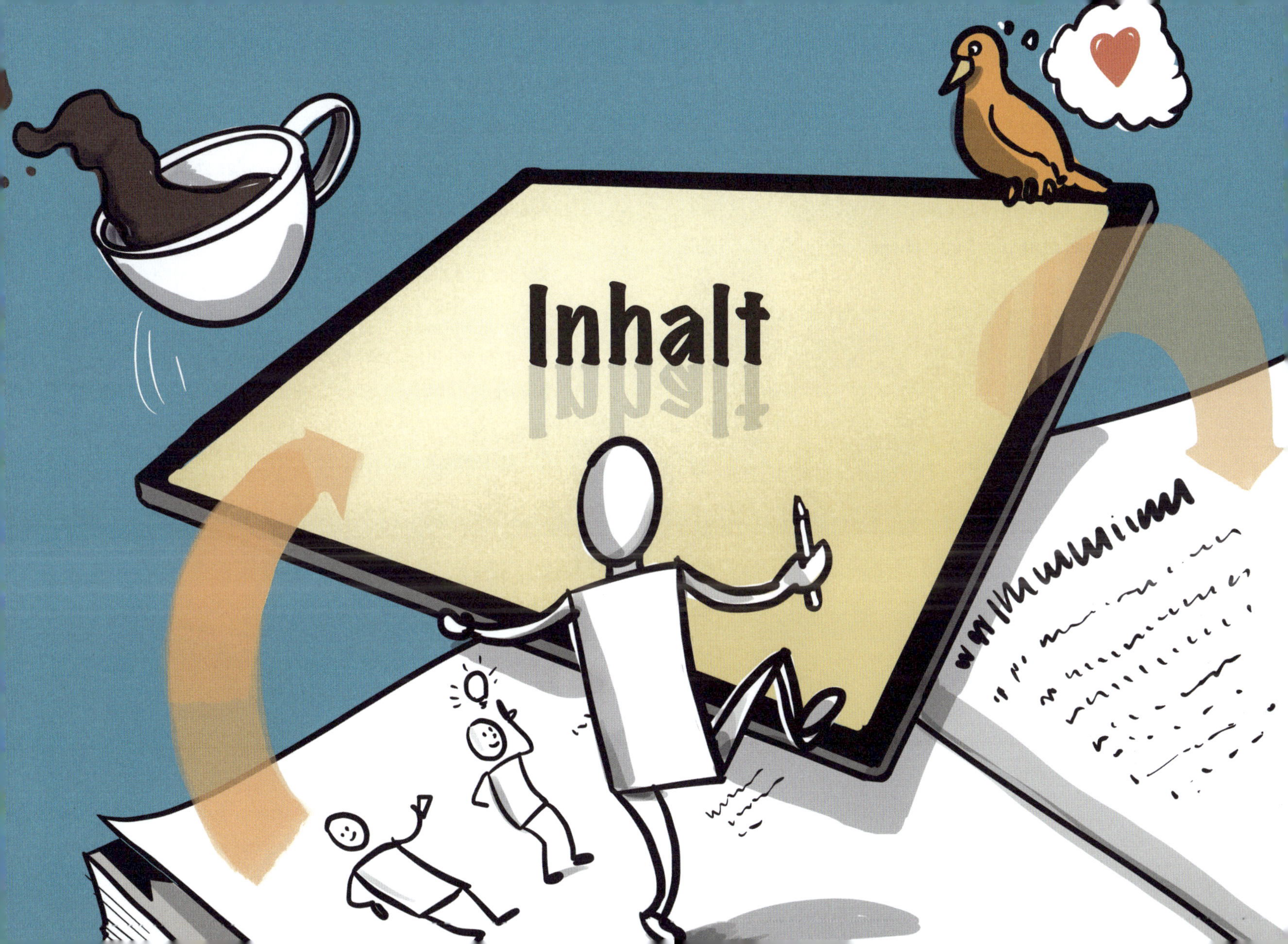
Inhalt

1 Intro 11

Visualisieren und Visualisieren 13

Möglichkeiten zur Nutzung des Tablets im Alltag 14

Übersicht Apps und Projekte 16

Ergänzende Apps fürs Smartphone 20

Alles in der Cloud 21

iPad oder Android? 22

Häppchen auf dem Tablet serviert 24

2 Grundlagen 27

Wie beginnen? 28
Die Grundeinstellungen

Vogel-Warm-up 31

Farbrolle spezial 32

Vogel-Warm-up 2 34
Importieren und Exportieren

Einen Prozess visualisieren 40
- Wie macht man Kaffee? 40
- Es tut weniger weh 42

3 Auftakt zum Zeichnen 45

Alles ist möglich 46

Übung: Mit Grundformen einfach alles zeichnen 47

Menschen und Emotionen 48
- Gesichtsausdrücke 48

Körper und Körpersprache 49
- Körperbau 49
- Proportionen 50
- Interaktion 51

Berufe 52

Elemente 54
- Metaphern 54
- Schrift 57
- Linien 58
- Textcontainer 59

Visuelle Konzepte 60
- Warum 61
- Was 62
- Wie 63

Erste Schritte zum Gesamtbild 64
- Wen wollen wir überzeugen? 66
- Struktur des Gesamtbildes 68
- Ihr Projekt als Visual 70
- Praxisbeispiel 72

4 Journaling 75

Notizbücher sinnvoll nutzen 76

Kreatives digitales Journaling mit Zinnia 78

Journaling? Wozu? 79
Journaling Gestaltungstipps 80
Tagebuch-Übung 82

Notizen mit Bamboo Paper 84

Notizen mit Charme 89

Notizen mit Evernote 92

5 Sketchnotes und Graphic Recording 95

Bestandteile 98

Schrift 98
Bild-Text-Kombinationen 99
Icons 100
Pfeile 100
Figuren als Container 100
Farben als Highlights 101

Mit Farben arbeiten 102

Keyvisual 104

Schlüsselbilder entwerfen

Herangehensweise 106

Übung 109

6 Mindmaps 113

Delfine und Mindmaps 116

Ein Gespräch mit Margit Hertlein

Mindmaps mit dem Tablet 120

Und wie geht Mindmapping jetzt genau? 122

Übung 123

7 Erklärplakate 125

Layoutideen für Erklärplakate 130

Hierarchien 132

Erklärplakate in Procreate 133

Einführung

Rundgang Procreate 134
Übung: 142
Lebenswerte Stadt der Zukunft 142

8 Visuelle Meetings 145

Gadgets für virtuelle Meetings 146

Online-Meetings 150

Meetings vorbereiten 154
Agenda

Präsentationen 156
Präsentationen mit VideoScribe Anywhere 164
Klassisch präsentieren 170
Express-Präsentation aus Paper exportieren 172
Express-Unternehmenspräsentation mit Paste 174

Exportieren 178

Kreative Kaffeepause auf der digitalen Pinnwand Padlet 180
Die Übungsschritte 182

In der Breakout Session 184
Ein Toast für die Problemlösung

9 Daten visualisieren 191

Visuelle Variablen 194

Eine neue Datenvisualisierung mit echten Daten 198

Infografiken leicht gemacht 200
Die Umsetzung 202

10 Design 215

Logos 216
Ein Logo ist keine Marke 218
Ein reales Projekt 220
Noch eine Expressversion 225
Ein Logo professionell konstruieren 226

Social Media Tuning 228
Instagram Highlights 228
Highlight-Kapitelseiten 240
Instagram-Story-Tipps 242
Fehler bei der Erstellung von Inhalten 243
Layout-Fehler 243
Zu viel Typo 243
Zu viel Farbe 243
Zeit sparen beim Storydesign 244

11 Bewegte Bilder 249

Filme 250
So erstellen Sie kreative Videos

Zeitraffer mit Procreate 252
Diashow-Express-Film 253

Schnelle Filmclips 254

Animationsfilme 256

3D-Visualisierungen 264

12 Sandras schmutzige Tricks 267
Abpausen ... 268
Gerade Linien ... 268
Farbfelder ... 268
Vektoren ... 269
Pencilverhüterli ... 272
Vorausgezeichnet ... 272
Ideenklau ... 274
Wenn niemand mitmacht ... 275
Sandras Fehlschläge 276
Was schon alles schiefgelaufen ist

13 Bonus 283
Urban Sketching 284
Ein Interview mit Jens Hübner
Buchtipps 294
Workshoptipps 297
Über die Autorin 298
Danke 299

14 Index 303

1 Intro

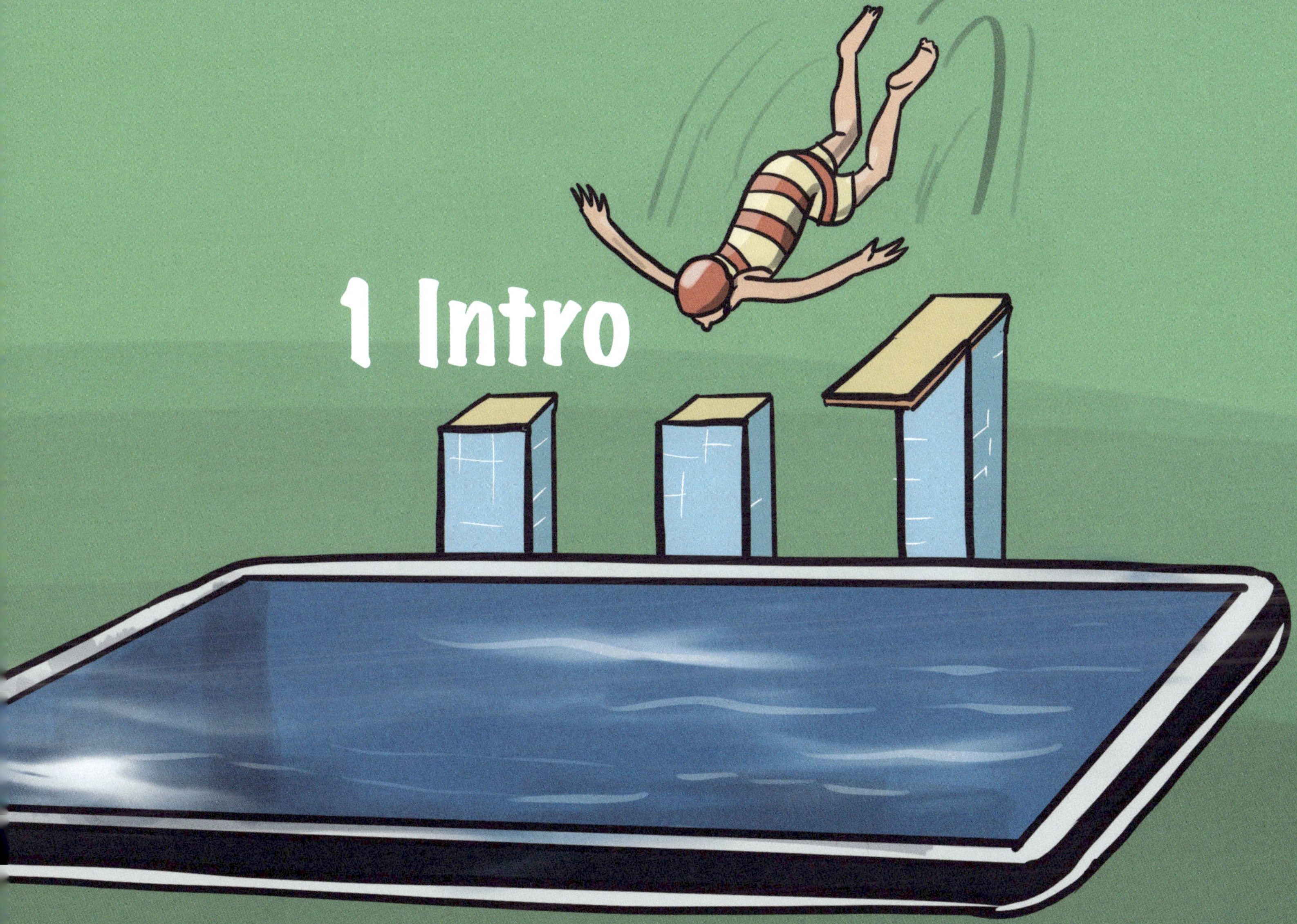

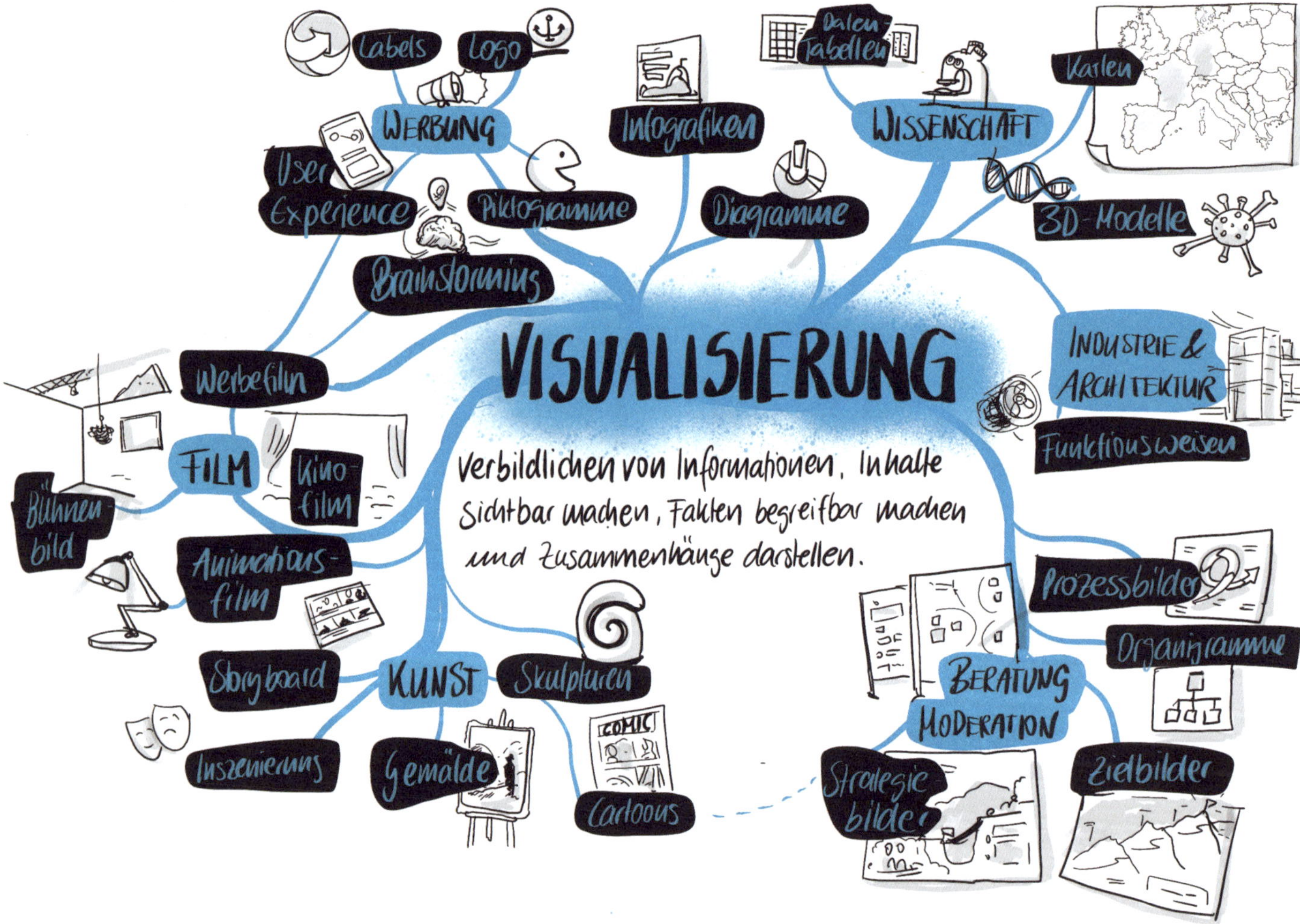

VISUALISIERUNG
Verbildlichen von Informationen, Inhalte sichtbar machen, Fakten begreifbar machen und Zusammenhänge darstellen.
WERBUNG
Labels
Logo
User Experience
Piktogramme
Brainstorming
Infografiken
Diagramme
WISSENSCHAFT
Daten-Tabellen
Karten
3D-Modelle
INDUSTRIE & ARCHITEKTUR
Funktionsweisen
BERATUNG MODERATION
Prozessbilder
Organigramme
Zielbilder
Strategie bilde
KUNST
Skulpturen
COMIC
Cartoons
Gemälde
Inszenierung
Storyboard
FILM
Werbefilm
Kinofilm
Bühnenbild
Animationsfilm

Visualisieren und Visualisieren

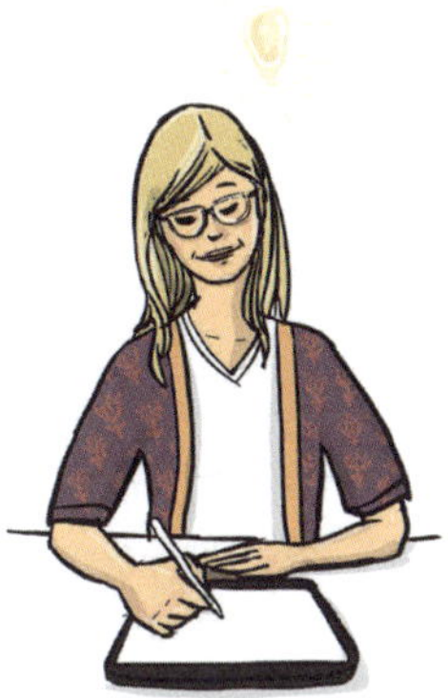

Was ist eigentlich »Visualisieren«? Visualisieren kommt aus der Werbesprache und meint das Veranschaulichen von Daten, um Fakten, Texte und deren Zusammenhänge in eine Form zu bringen, die die Inhalte begreifbar macht und die Aussage und Wirkung sichtbar werden lässt. Die Schwierigkeit besteht darin, Details und Ausgangsdaten wegzulassen, die im Kontext der gewünschten Aussage vernachlässigbar sind. Was ist wirklich wichtig fürs Verständnis? Was unterstreicht die Aussage?

Ständig muss man eine gestalterische Entscheidung treffen, welche Umsetzung am besten geeignet ist. Was kann ich wie betonen, was ist wichtig zur Verdeutlichung? Visualisierung ist eine Interpretation und wird auch oft noch textlich ergänzt, oder sie bleibt »pure« Illustration als Gegengewicht zu einem Text. Visualisierungen sind zum Beispiel Infografiken, Logos, Labels, Filme, Symbole, Cartoons oder Darstellungen zu Meetings auf Pinnwänden, Flipcharts und als Graphic Recording. Visualisierungen helfen zu erklären, zu verstehen und gemeinsam Ziele zu erreichen. Eine erfolgreiche Visualisierung ist nur dann möglich, wenn wir uns dabei nicht zu sehr anstrengen.

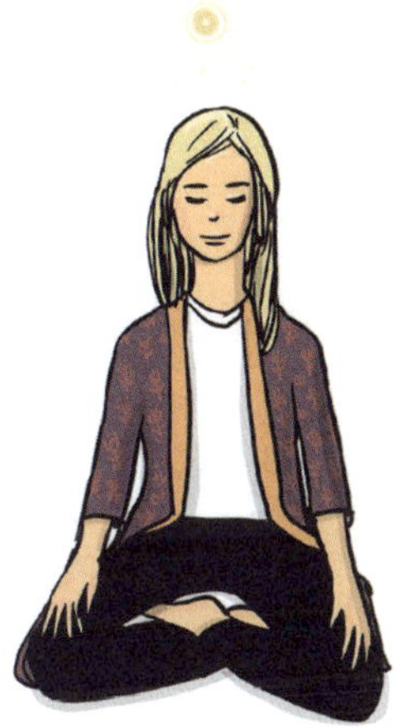

Das Visualisieren scheint eine komplizierte Technik zu sein, ist es aber nicht. Wir grübeln oft und viel und stehen uns dabei selbst im Weg. Soll es so oder so aussehen? Was soll klein, was soll groß sein? Fangen wir einfach an.

Stellen Sie sich Ihren Lieblingsort vor, erinnern Sie sich an die Formen, Farben und Gerüche. Wahrscheinlich taucht schon ein genaues Bild vor Ihrem inneren Auge auf. Konzentrieren Sie sich weniger auf die Deutlichkeit des Bildes, eher auf das Gefühl, das dabei entsteht. Mit einer sanften Herangehensweise wird das Bild klarer.

Diese Art von Visualisieren kommt aus der Meditation und hilft nicht nur beim Entspannen und Fokussieren, sondern beschreibt auch gut die Herangehensweise, um mit einer Visualisierung von Inhalten zu beginnen. Wie sieht der Inhalt, die Aussage, aus? Wie fühlt sich die Wirkung an? Und dann geht es los, die Ideen zu skizzieren. Und wir machen es uns dabei so leicht wie möglich, um uns auf die Aussage zu konzentrieren. Wir nutzen die einfachste Technik dazu, das Tablet!

Möglichkeiten zur Nutzung des Tablets im Alltag

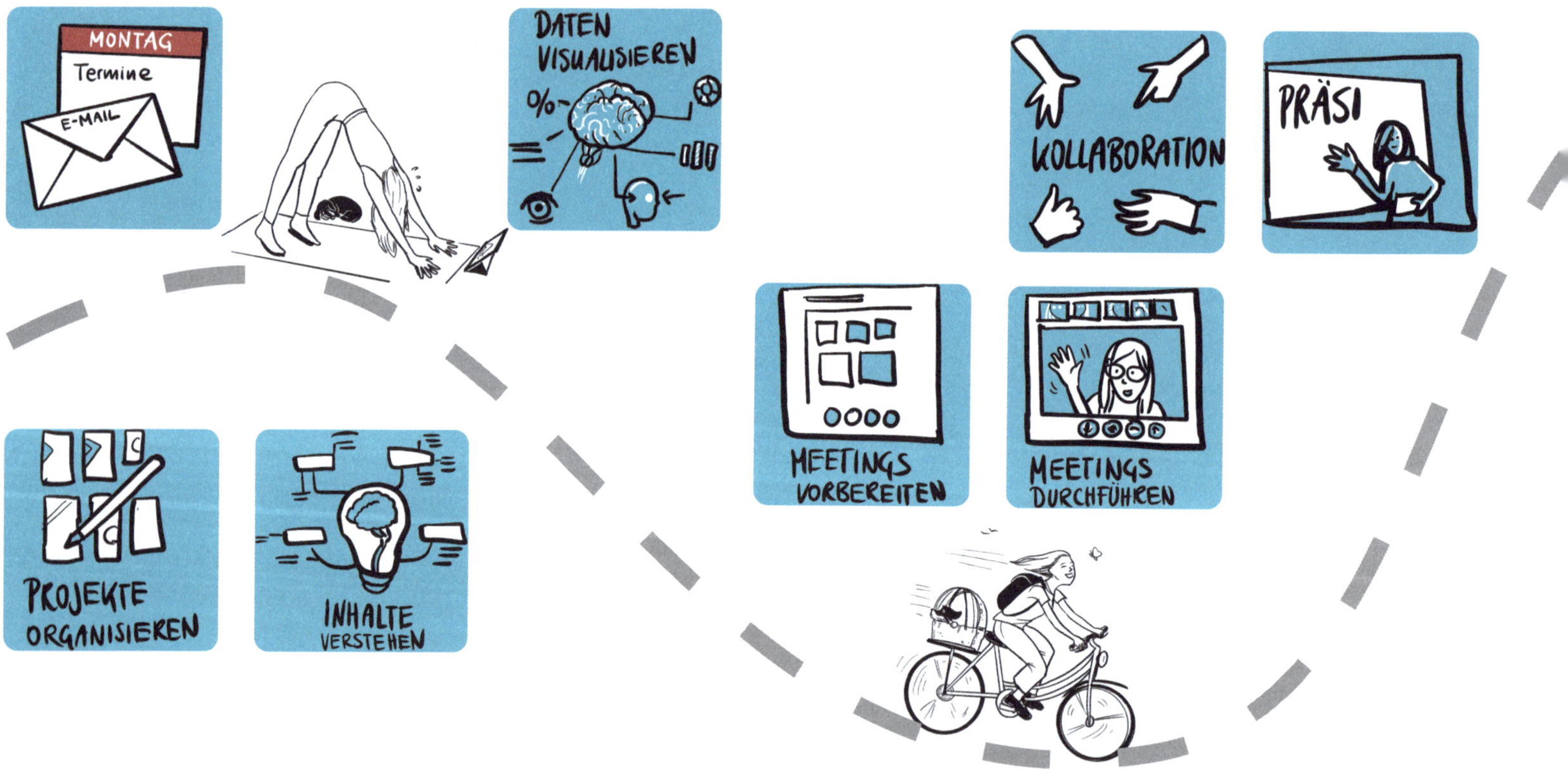

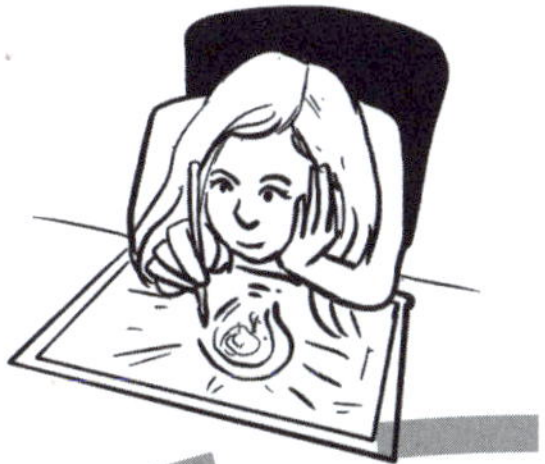

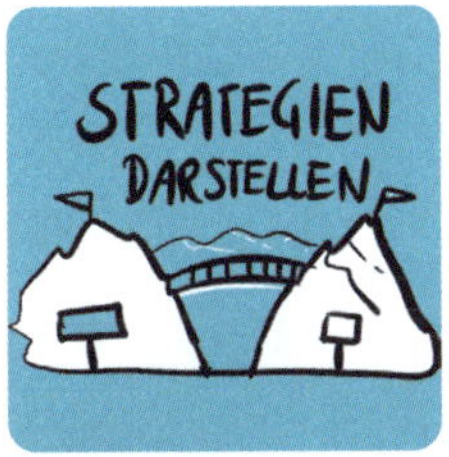

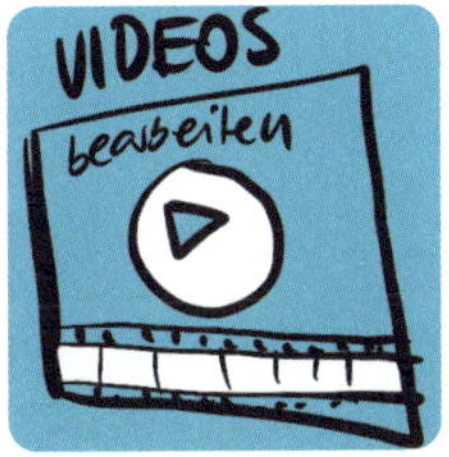

Wie man Essen bestellt, wissen Sie bestimmt, über die anderen Möglichkeiten erfahren Sie mehr auf den folgenden Seiten.

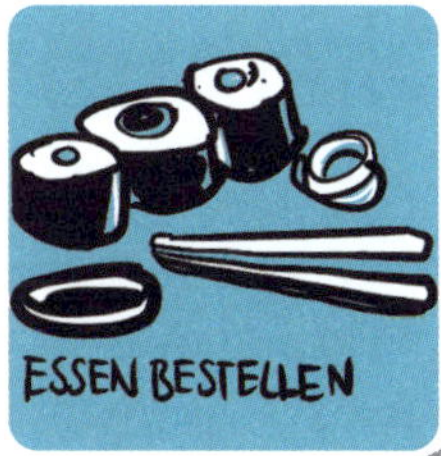

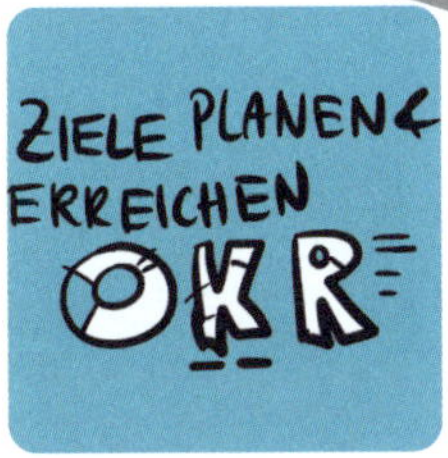

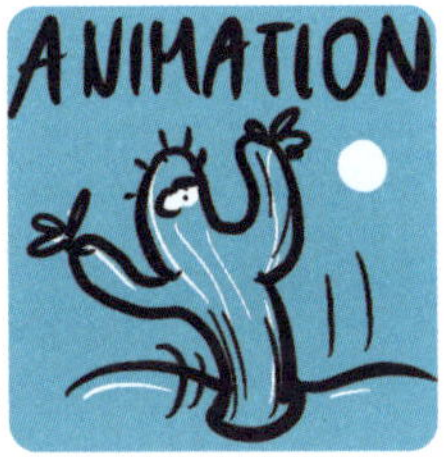

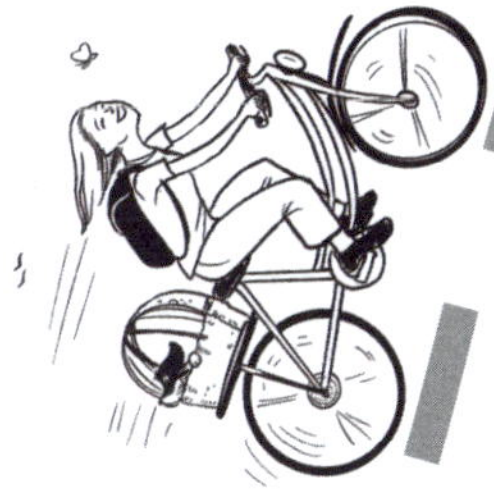

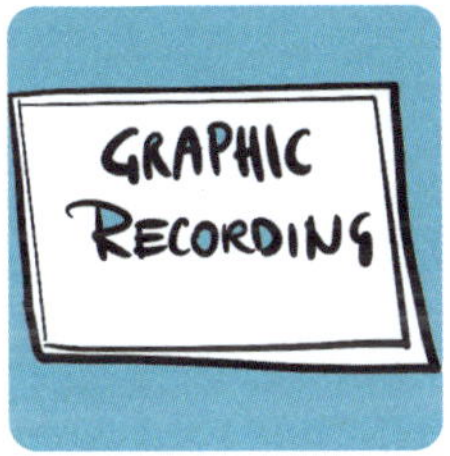

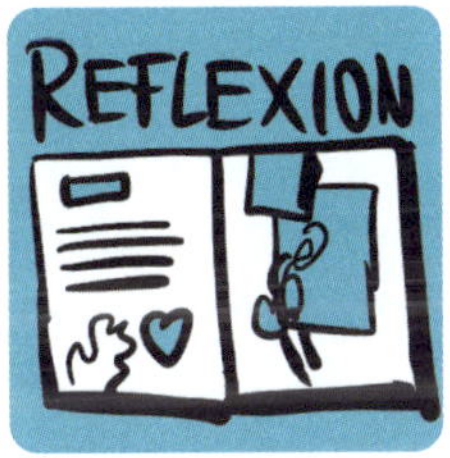

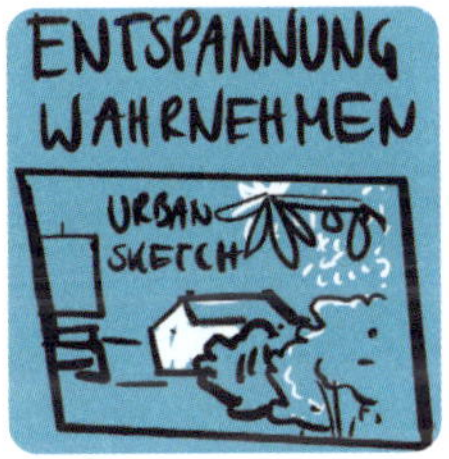

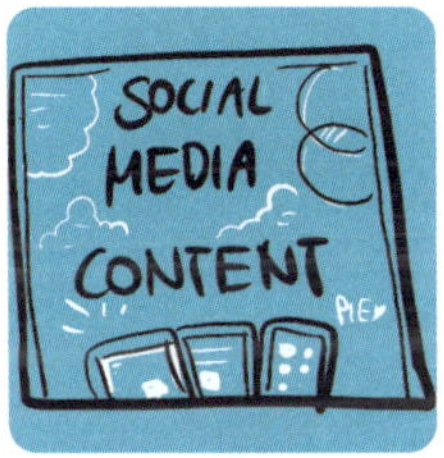

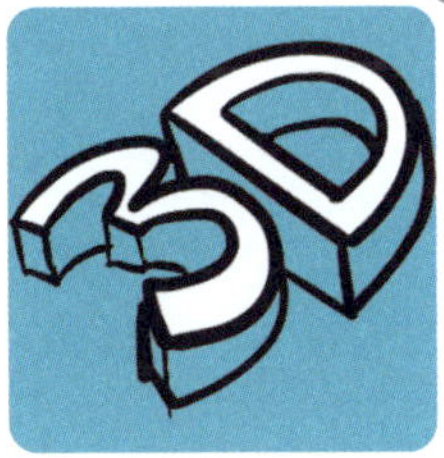

Das iPad begleitet mich den ganzen Tag und hilft mir, die unterschiedlichsten Aufgaben und Herausforderungen zu lösen: Inhalte verstehen und strukturieren, Ideen scribbeln, Besprechungen, Reisen planen, manchmal abends noch Essen bestellen.

Übersicht Apps und Projekte

Es gibt so viele Apps, die man zum Visualisieren und Arbeiten nutzen kann. Ich habe viel Zeit ins Testen, Recherchieren und Üben investiert. In manche habe ich mich schockverliebt, andere waren mir zu kompliziert in der Bedienung, andere benutze ich schon einige Jahre. Hier finden Sie eine Übersicht an Apps, die ich persönlich empfehlen kann (Achtung: unbezahlte Werbung), und auch, wofür ich sie nutze.

App	Projekte	Besonderheiten	iPad/Android	Preis
Procreate	Zum Visualisieren, Illustrieren und Animieren	Pixelbasiert, maximale Leinwandgröße, 70 x 100 cm	iPad Android	Einmalig 10,99 €
Adobe Illustrator	Zum Illustrieren und Designen von Logos und Plakaten	Vektorbasiert, die kleine Schwester der Desktop-Version	iPad Android	Creative Cloud oder …
Fresco	Zum Visualisieren, Illustrieren von Erklärplakaten	Pixel- oder vektorbasiert je Ebene wählbar	iPad Android	Adobe Design Mobile Bundle
Paper	Einfach und schön Präsentationen visualisieren	Notizbuch als Einzelseiten oder mehrseitiges PDF exportierbar	Nur iPad Alternative Android: Tayasui Sketches	Gratis Pro Version 9,99 €/Jahr
SketchBook	Urban Sketching zeichnen oder kunstvolle Plakate	Pixelbasiert, authentische Malwerkzeuge wie in der Realität	iPad Android	Gratis

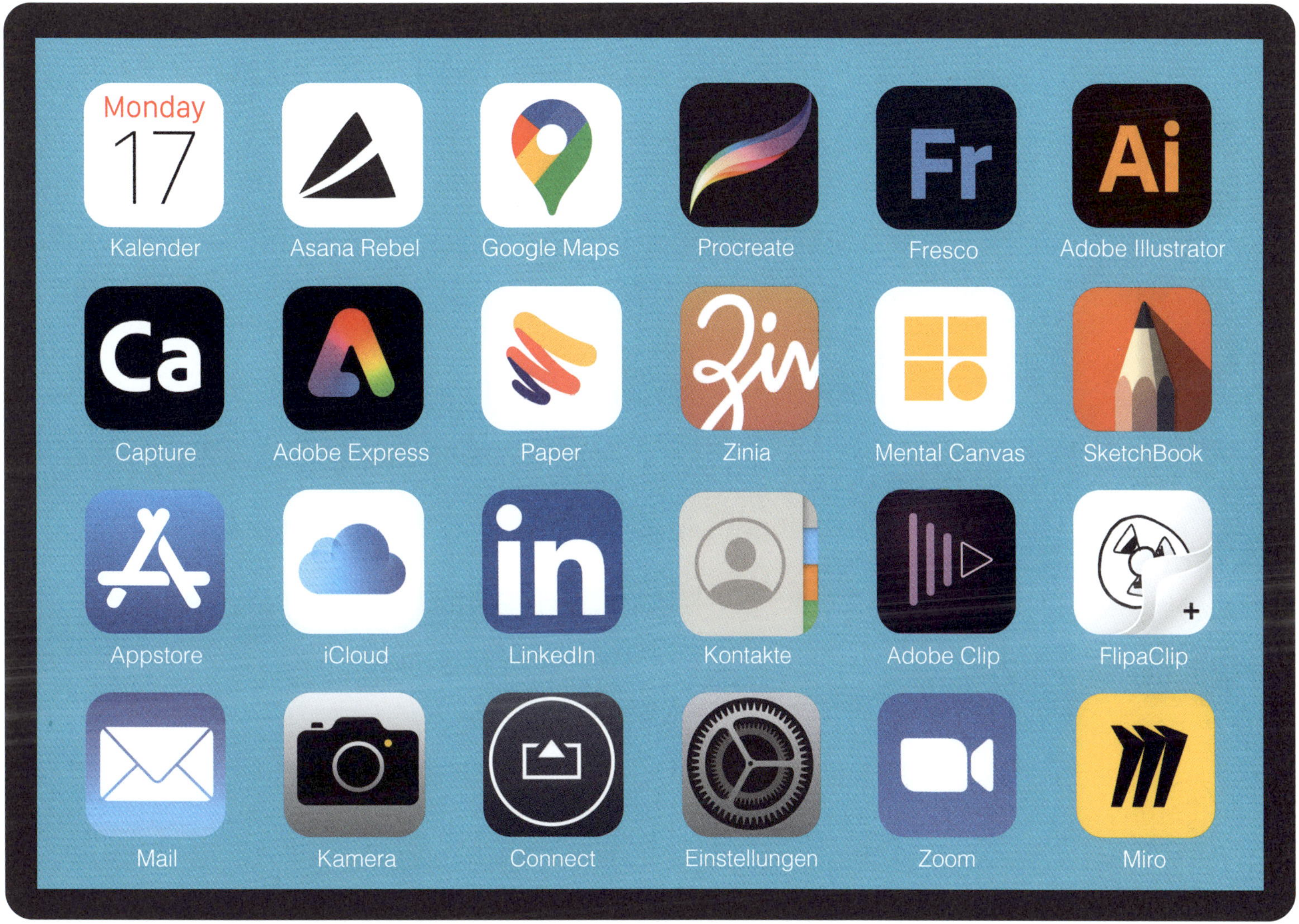
Monday
17
Kalender
Asana Rebel
Google Maps
Procreate
Fr
Fresco
Ai
Adobe Illustrator
Ca
Capture
Adobe Express
Paper
Zinia
Mental Canvas
SketchBook
Appstore
iCloud
in
LinkedIn
Kontakte
Adobe Clip
FlipaClip
Mail
Kamera
Connect
Einstellungen
Zoom
Miro

	Projekte	Besonderheiten	iPad/Android	Preis
Capture	Vektor-Konverter, um Fotos in Farbpaletten, Muster, Schrift, Materialien, Pinsel und Formen umzuwandeln	Alle Elemente lassen sich für Kreativprojekte in Ihre Adobe-Apps und Desktop-Programme einbinden	iPad Android	Creative Cloud
Adobe Express	Professionell gestaltete Vorlagen und Assets für Social-Media-Inhalte oder Logos	Mit intuitiven Tools, mit denen Sie Hintergründe entfernen, Text animieren oder ein eigenes Branding hinzufügen können	iPad Android	Creative Cloud
Zinnia	Vielleicht die schönste Art, Planer, Notizbuch, oder Journaling zu führen	Personalisierbare Seiten, Schriften, Pinsel, Raster, Tabellen, Fotos, Sticker, alles, was man braucht	iPad Android	Gratis Testversion 9,99 €/mtl.
Adobe Clip	Einfach und blitzschnell Videos erstellen, zum Beispiel, um Zeitraffersequenzen und Fotos in einem Video zusammenzuführen	Schneidet Filmsequenzen und Bilder auf Wunsch zum Musiktakt zusammen. Kostenlose und lizenzfreie Musik inklusive	Nur iPad. Für Android Premiere Rush	Creative Cloud
FlipaClip	Animationsfilme handgezeichnet	Bild-für-Bild-Animation schnell und leicht bedienbar	iPad Android	Bis zu drei Ebenen kostenlos!

	Projekte	Besonderheiten	iPad/Android	Preis
Zoom	Virtuelle Meetings	Wussten Sie, dass Sie die Meetings aufzeichnen und dann in Word 365 automatisch in Text verwandeln können?	iPad Android	Gratis
MindNode	Mindmaps und Brainstorming	Mindmaps einfach visuell umsetzen, dank verschiedener Designvorlagen	iPad	Gratis als Testversion
Connect	Bildschirm teilen in Meetings und bei Präsentationen	Mit der AirServer App Connect lässt sich die Übertragung mehrerer Geräte streamen	iPad Android	Gratistest, danach ca. 16,99 €/mtl.
Mental Canvas	Dreidimensionale Visualisierungen	Eine 3D-Welt erschaffen; mit etwas Übung und Geduld hauen Sie Ihr Publikum vom Hocker!	iPad Android	Gratistest, danach ca. 50 €
Paste	Präsentation	Slides automatisch anhand der integrierten Medien ganz einfach zu einer individuellen Präsentation gestalten	iPad	Gratis

Ergänzende Apps fürs Smartphone

Projekte	Besonderheiten	iPad/Android	Preis
Inspiration	Täglich neue Kunstwerke und deren Hintergründe spielend entdecken	iPad Android	Gratis
Für Ihre Werbung und Inspiration	Auf kreative Weise mit Ihren Kund:innen in Kontakt bleiben und sich inspirieren lassen	iPad Android	Gratis
Stories und Videos mit Links erstellen	Kreative Vorlagen, um schnell Content für Social Media zu erstellen	iPad Android	Gratis
Flyer, Anzeigen, Stories und Videos mit Links erstellen	Kreative Vorlagen, um schnell Content für Social Media zu erstellen	iPad Android	Gratis

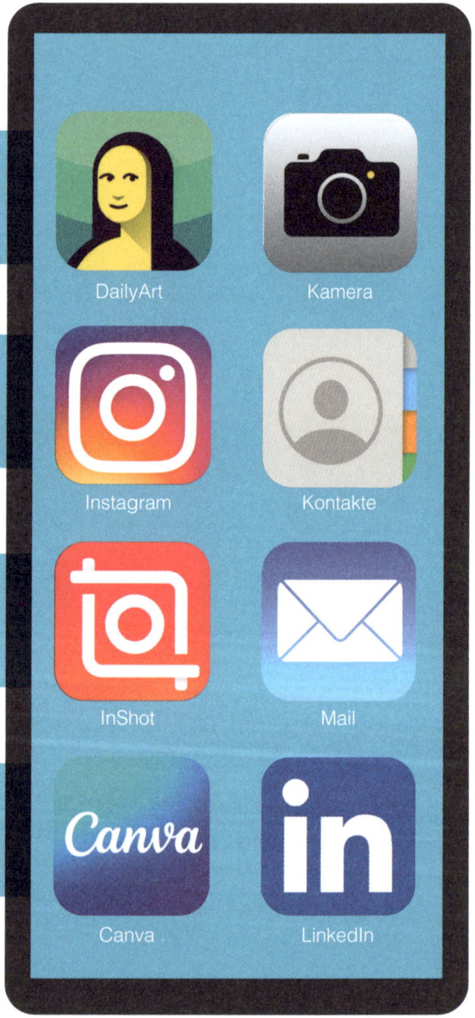

Alles in der Cloud

Wenn Sie auch wie ich gerne von allen Geräten auf Ihre Daten zugreifen möchten, um mobil und kreativ zu arbeiten, empfehle ich Ihnen die Creative Cloud und die iCloud. Gerade wenn Sie Dozent:in, Student:in, Lehrkraft, Schüler:in, Auszubildende:r sind, lohnt es sich, ein Abo abzuschließen, denn auch nach dem Abschluss oder Jobwechsel zahlen Sie die 19,34 € und können die gesamte Creative Cloud mit mehr als 20 Desktop-Programmen, Mobile Apps und Services nutzen (Photoshop, Photoshop Express, Illustrator, Fresco …). Ich kann nicht mehr ohne arbeiten!

Einzelpersonen (Normalpreis):
61,95 € pro Monat, inkl. MwSt., Jahresabo

Schüler:innen, Studierende, Auszubildende, Lehrkräfte und Dozent:innen:
19,34 € pro Monat, inkl. MwSt., Jahresabo

Teams:
31,49 € pro Monat und Lizenz, exkl. MwSt., Jahresabo

Es gibt aber auch ein kostenloses Probeabo.

Weitere Informationen über Programme, Umfang, Kosten und Bedingungen kann Ihnen Adobe geben: adobe.com

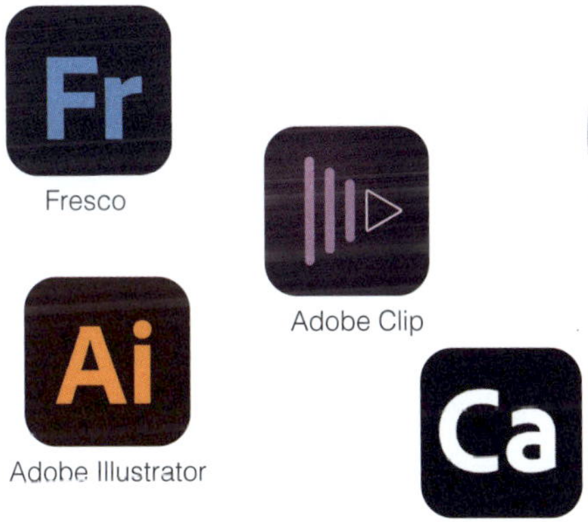

Fresco

Adobe Clip

Adobe Illustrator

Capture

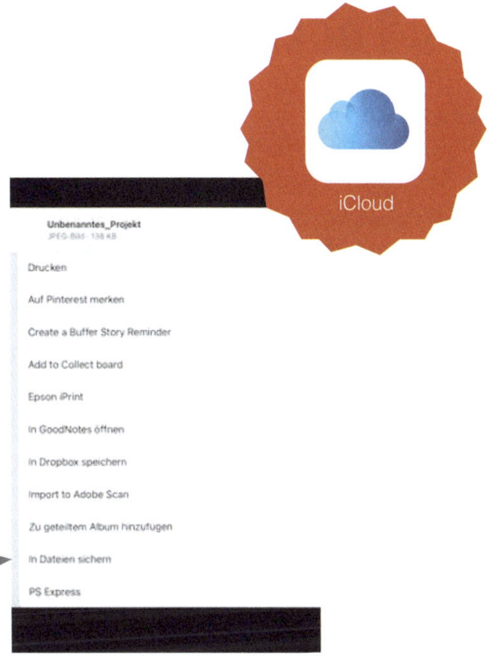

Das bedeutet konkret: Wenn Sie etwas von Ihrem iPad aus einer Zeichen-App exportieren, können Sie Ihr Werk direkt in den richtigen Ordner speichern und von Ihrem Computer darauf zugreifen und weiterbearbeiten.

iPad oder Android?

Vor über zehn Jahren begann ich, auf dem Tablet zu zeichnen. Vorher tat ich es mit Markern oder Aquarellfarbe auf Papier. Ich liebte das Gefühl, wie der Stift übers Papier gleitet und die Farbe ineinanderfließt. All die Möglichkeiten, die sich beim Zeichnen ergeben, die verschiedenen Eigenschaften der Materialien, die sich unterschiedlich nutzen lassen, inspirierten mich und machten mich sehr glücklich. Ein großer Nachteil dabei war, dass ich für die Weiterverarbeitung die Seiten einscannen oder abfotografieren musste. Das Ergebnis war ohne geduldige Nachbearbeitung in Photoshop weit entfernt vom Original.

Dann drückte mir mein Mann, der Unternehmen im Bereich Geschäftsmodelle berät, ein iPad in die Hand und sagte so etwas wie: »Da, das ist die Zukunft. Damit bist du deiner Konkurrenz voraus!« Wir saßen gerade auf der Terrasse eines Restaurants und ich probierte zu zeichnen, was vor mir stand: ein Aperol Spritz. Damals zeichnete ich noch mit der App Adobe Ideas, die etwa zwei Jahre später eingestellt und durch Adobe Draw ersetzt wurde. Inzwischen soll dies wiederum von Adobe Fresco übertroffen werden.

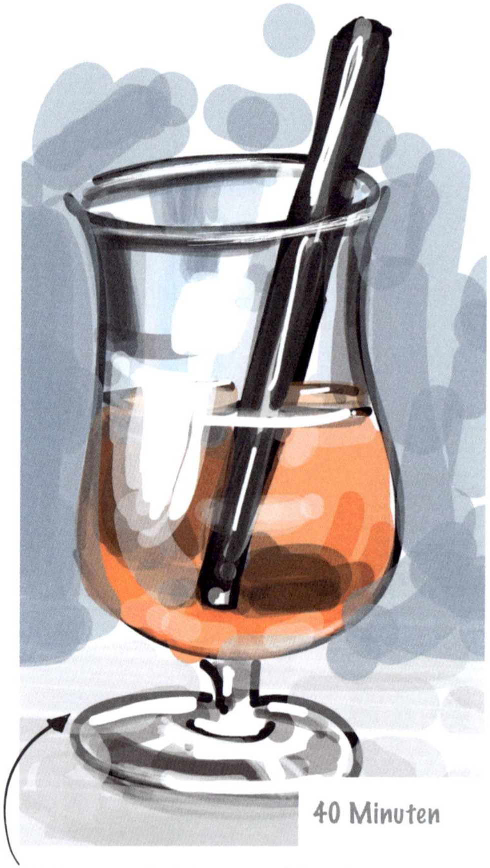

Meine erste Zeichnung auf dem iPad, mit der App Ideas 2010

Auf dem Tablet zu zeichnen lehrte mich, reduzierter und genauer zu zeichnen. Die Möglichkeiten, die damals so revolutionär waren, werden heute als unabdingbar angesehen. Die Schnelligkeit, das einfache Exportieren von einzelnen Illustrationen, das Gestalten von komplexen Bildern, Plakaten und Zusammenfassungen von einem Tag Konferenz in einem Vier-Minuten-Film. Just in time, ohne zusätzlichen Computer.

2017 schrieb ich das Buch »Auf dem Tablet erklärt« (im dpunkt.verlag erschienen). Darin finden Sie Zeichenübungen und Tipps zur Anwendung einfacher Apps, die bis dato aktuell waren. Doch in den letzten drei Jahren hat sich viel getan in der Technik und der Arbeitswelt. Es war also höchste Zeit für ein neues Buch für eine neue Arbeitswelt mit anderen Herausforderungen und Möglichkeiten.

Für dieses Buch habe ich lange überlegt und viel recherchiert, ob ich neben meinem (bis jetzt sechsten) iPad auch wieder ein Android-Tablet kaufen soll, wie fürs erste Tablet-Buch. Doch die Preise haben mich sehr abgeschreckt. Um auf einem Android-Tablet zeichnen zu können, brauchen Sie ein Tablet mit Eingabestift. Die Preise begannen für klitzekleine empfehlenswerte Tablets bei 600 € und lagen dabei nah an einem iPad (das neuste iPad kostet 679 €).

Nach meiner letzten Erfahrung waren bei einem Android-Tablet die Empfindlichkeit der Stifte und die Striche auf dem Tablet nicht vergleichbar mit den Zeichenergebnissen auf dem iPad.

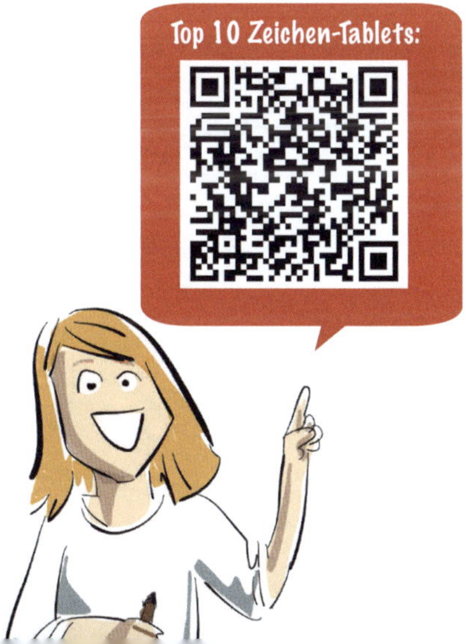

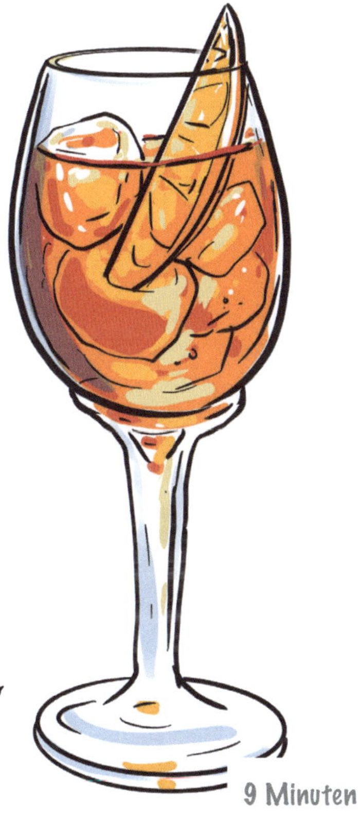

Meine Zeichnung 2022 auf dem iPad mit der App Procreate

Aber vielleicht können Sie besser mit einem Android-Tablet umgehen, oder Sie sind ein großer Windows-Fan? Dann wagen Sie einen Versuch, am besten testen Sie die Tablets vor Ort in einem echten Geschäft.

Bitte sehen Sie es mir nach, dass ich nicht doppelt in Geräte investieren konnte und wollte. Ich liebe mein iPad nach wie vor, es ist für mich die beste und zuverlässigste Wahl!

Die meisten Apps, die ich vorstelle, können Sie auf dem Android Tablet über Google Play erwerben sowie für das iPad im App Store.

Häppchen auf dem Tablet serviert

Stellen Sie sich dieses Buch wie ein Büffet vor. Es gibt eine reichhaltige Auswahl für den kleinen und den größeren Wissenshunger, und je nach Geschmack können Sie sich die Häppchen herauspicken, die Sie mögen, und Häppchen, die Ihnen weniger zusagen, liegen lassen oder für später aufheben.

Ich habe alles mit Liebe zubereitet und hoffe, Sie mögen, was Sie sehen. Trauen Sie sich, Neues zu probieren, Bekanntes neu zu kombinieren und gemütlich zu stöbern.

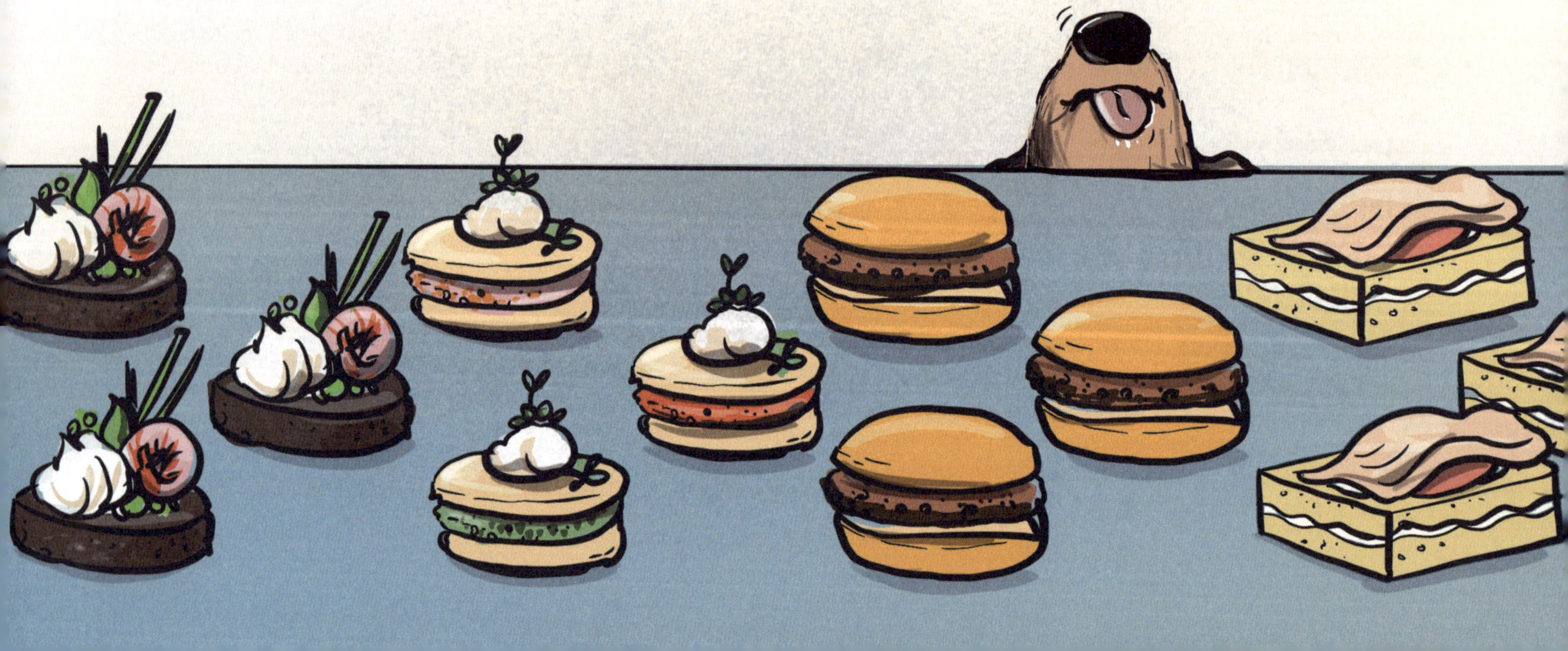

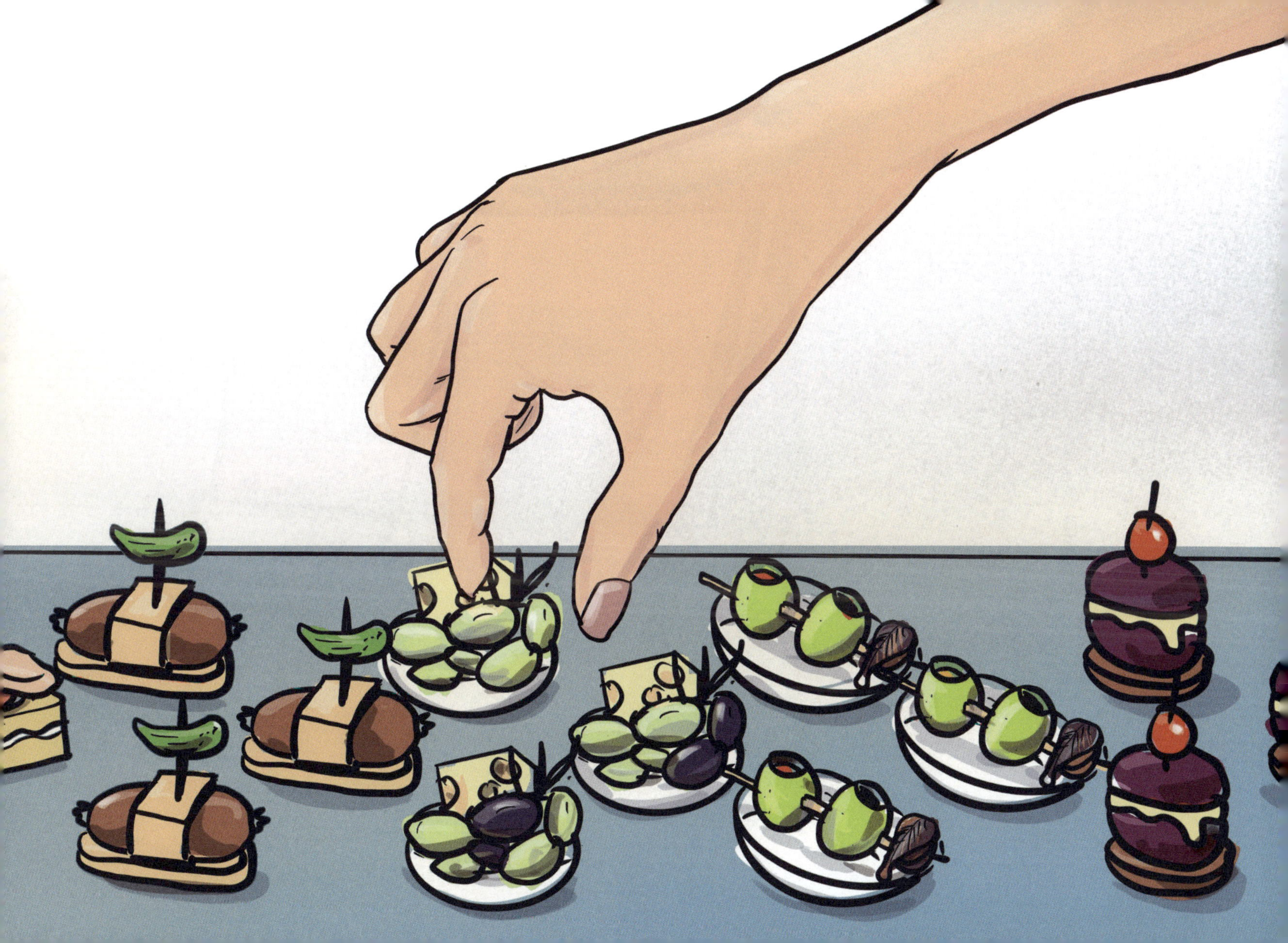

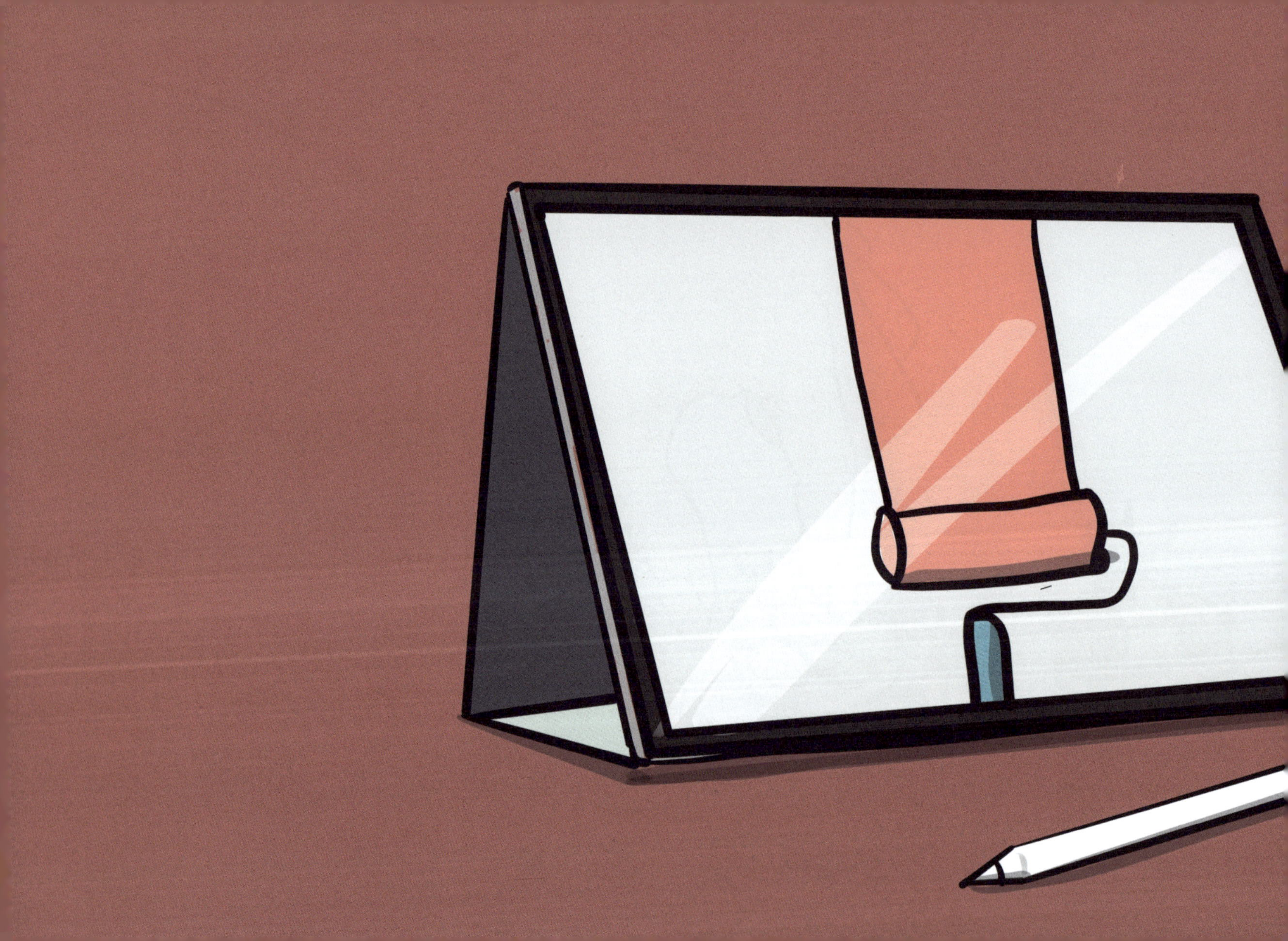

2 Grundlagen

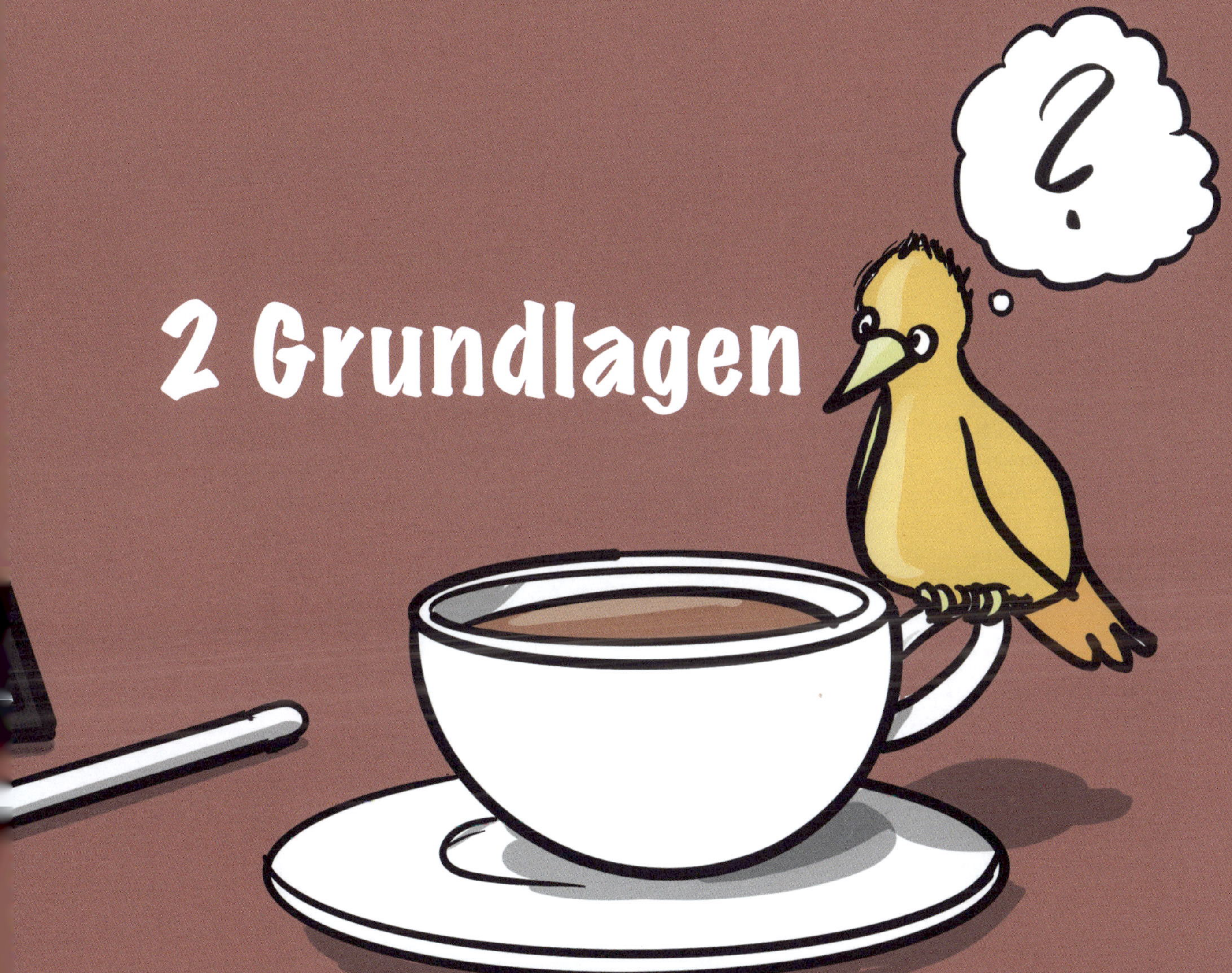

Wie beginnen?

Die Grundeinstellungen

Für den Anfang empfehle ich eine einfache App, mit der Sie schnell gute Ergebnisse erzielen. **Paper** ist mein Favorit. Wenn Sie auf einem Android Tablet zeichnen, empfehle ich Ihnen **Tayasui Sketches** (gibt's auch fürs iPad). Die beiden Apps sind von den Werkzeugen und der Bedienung her sehr ähnlich. Sie können auch die **Notes-App** von **Bamboo Paper** verwenden oder für Fortgeschrittene **Procreate**.

Um schöne Symbole zu zaubern, gibt es eigentlich nur drei Werkzeuge, die Sie brauchen:

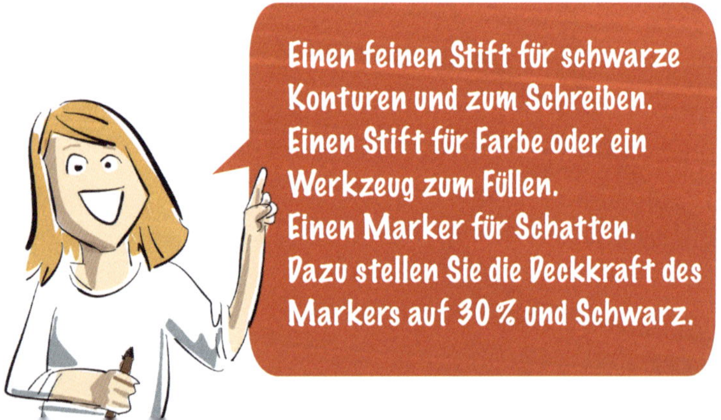

Warnhinweis

Es kann passieren, dass die vorgestellten Apps in diesem Buch im Laufe der Zeit ihre Werkzeuge, Menüs und Aussehen ändern. Leider kann ich Ihnen nicht garantieren, dass die Anwendung auf Ihrem Tablet zu der Zeit, in der Sie die App benutzen, noch genauso aussehen wird, wie ich es hier vorstelle.
Leider!

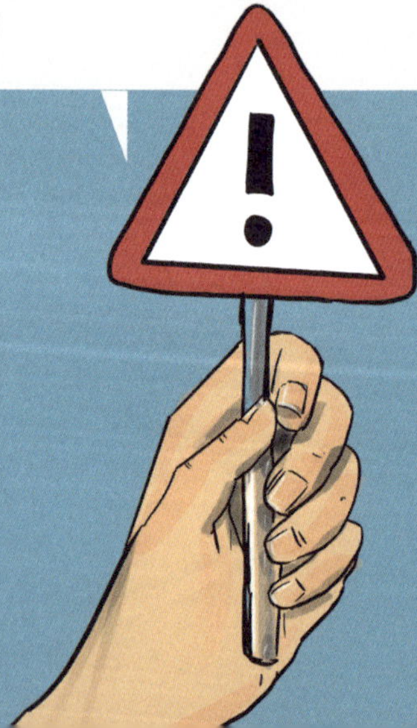

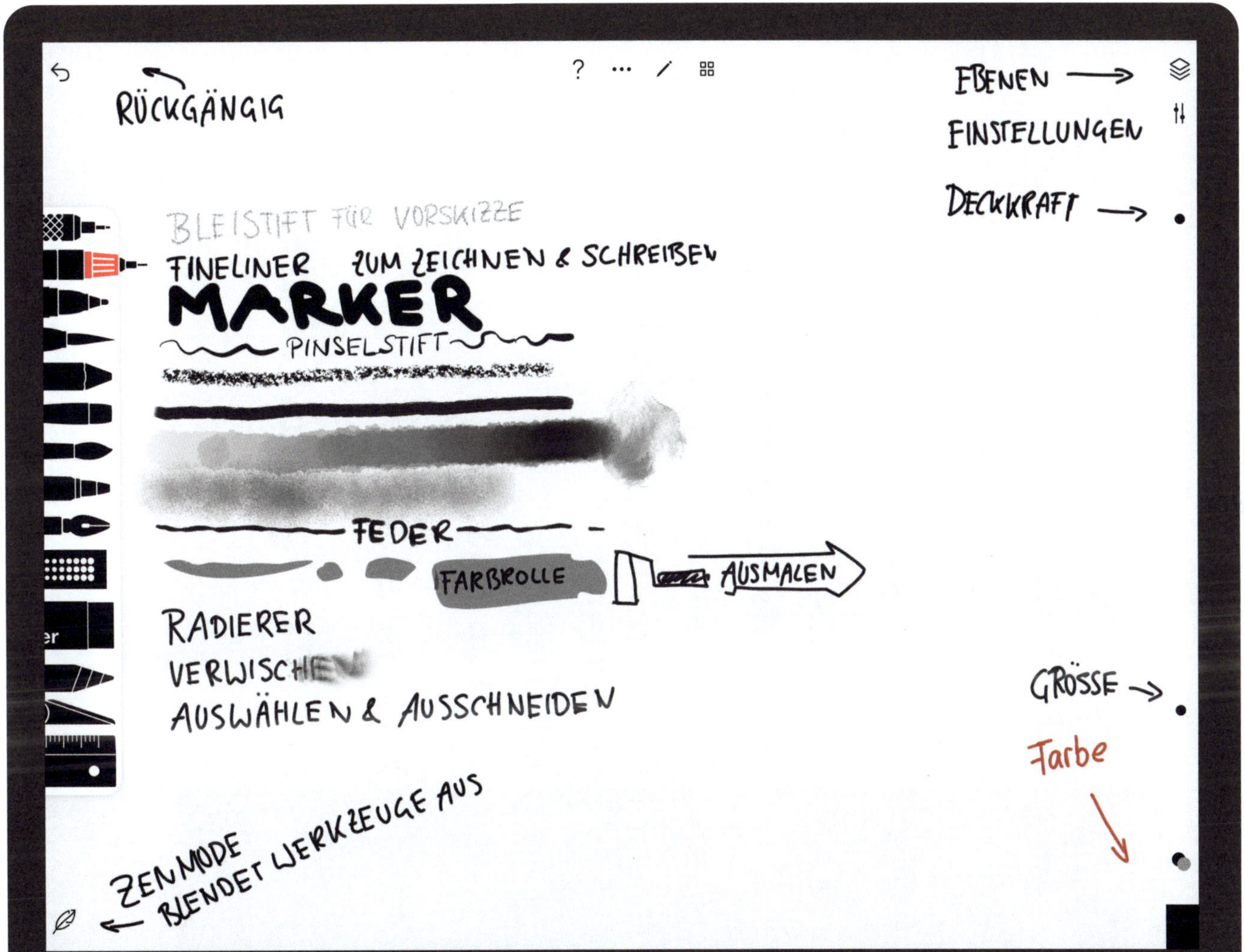

Tayasui Sketches

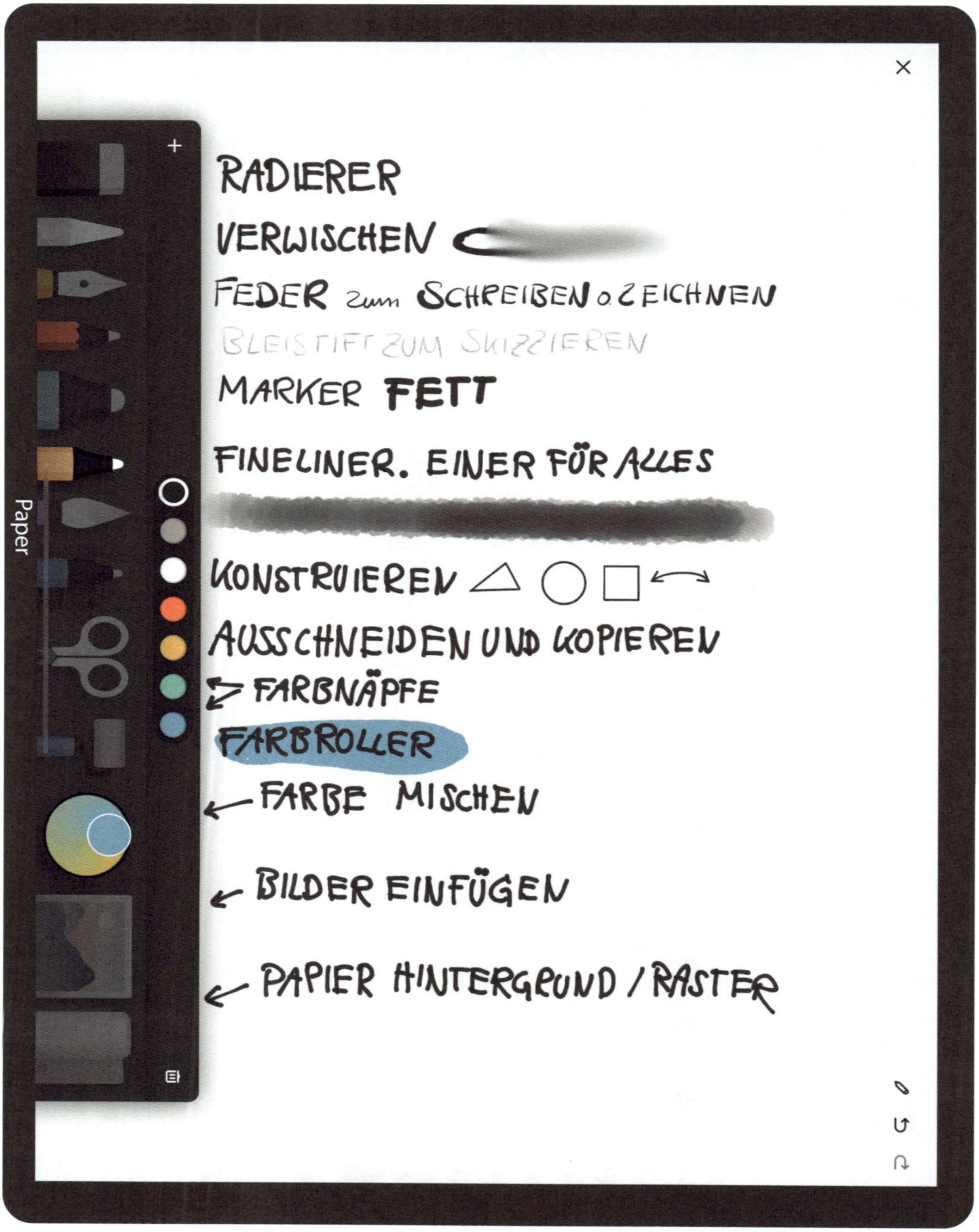
RADIERER
VERWISCHEN
FEDER zum SCHREIBEN o. ZEICHNEN
BLEISTIFT ZUM SKIZZIEREN
MARKER FETT
FINELINER. EINER FÜR ALLES
KONSTRUIEREN
AUSSCHNEIDEN UND KOPIEREN
FARBNÄPFE
FARBROLLER
FARBE MISCHEN
BILDER EINFÜGEN
PAPIER HINTERGRUND / RASTER
Paper

Vogel-Warm-up

Zeichnen hilft uns dabei, Informationen zu organisieren, Ideen zu erforschen und Probleme zu lösen. Zeichnen ermöglicht, in einer größeren Perspektive zu kommunizieren und Informationen zu erkunden.

Aus der Vogelperspektive betrachtet können Sie Zusammenhänge besser verstehen. Da fängt es schon an, wie zeichnet man Vögel? Legen wir los mit einer ersten Übung zum Warmwerden: Komische Vögel Teil 1.

Einen einfachen Einstieg ermöglicht die App **Paper**. Diese Zeichen-App gibt Ihnen ein Gefühl, als würden Sie auf Papier zeichnen, ohne Schnickschnack. Einfach das Werkzeug »Fineliner« zücken und zeichnen.

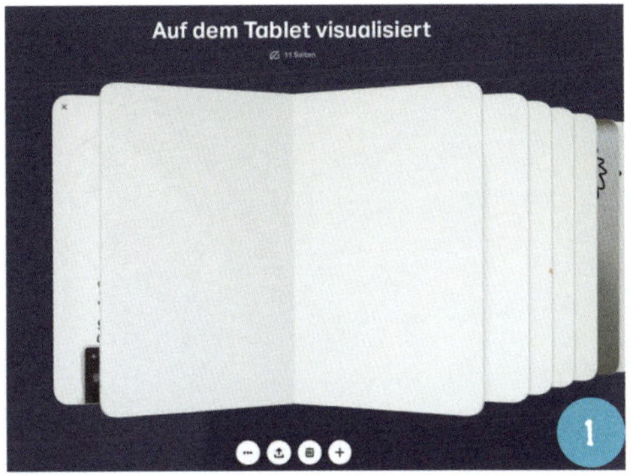

Ein Fingertipp auf das Plussymbol legt eine neue Seite an.

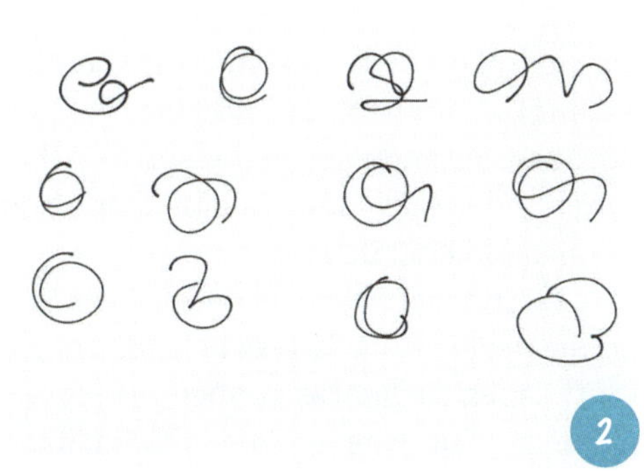

Mit dem Fineliner oder Marker zeichnen Sie ganz locker ein paar Kringel.

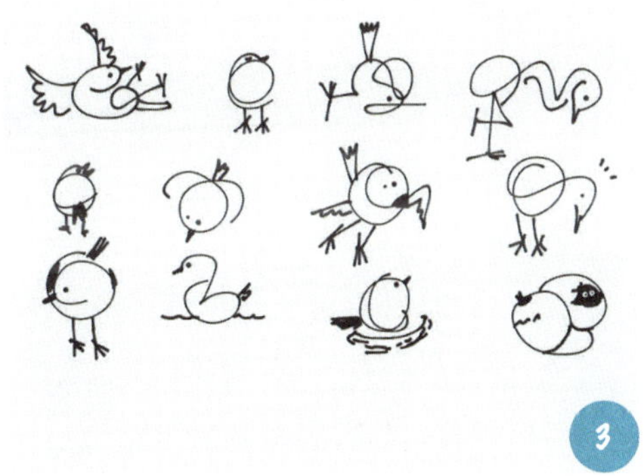

Wenn Sie nun Augen und einen kleinen Schnabel ergänzen, dann Beine und Flügel, entstehen ganz wie von selbst komische

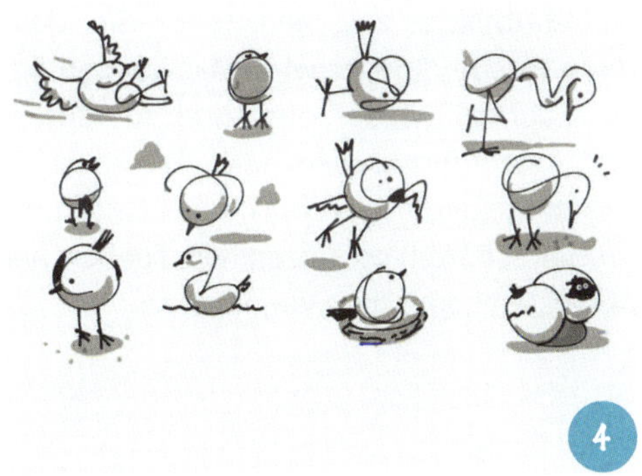

Vögel. Sie können nun mit der Farbrolle noch zur Verdeutlichung Schatten setzen.

Farbrolle spezial

Mit dem Werkzeug, das aussieht wie eine Malerrolle, können Sie flächige Formen zeichnen. Sie finden sie in der App **Sketches** sowie in der App **Paper**. Es gibt aber einen besonderen Kniff dabei:

Der Stift darf nicht abgesetzt werden, bis die gewünschte Farbfläche angelegt ist, sonst haben Sie nur Farbformen wie Papierschnipsel. Für eine schöne gleichmäßige Farbfläche fahren Sie mit dem Stift in einem Zug über das Papier, als würden Sie eine Kontur zeichnen, ohne dabei abzusetzen.

Wenn Sie nun über die Farbfläche noch eine Farbfläche zeichnen, sehen Sie, dass diese Fläche dunkler wird. Das können Sie ein paarmal wiederholen und so schnell eine Abstufung zaubern.

Ich nutze diese Technik, um schnell und sauber Schatten zu setzen; wie soeben bei der ersten komischen Vogelübung.

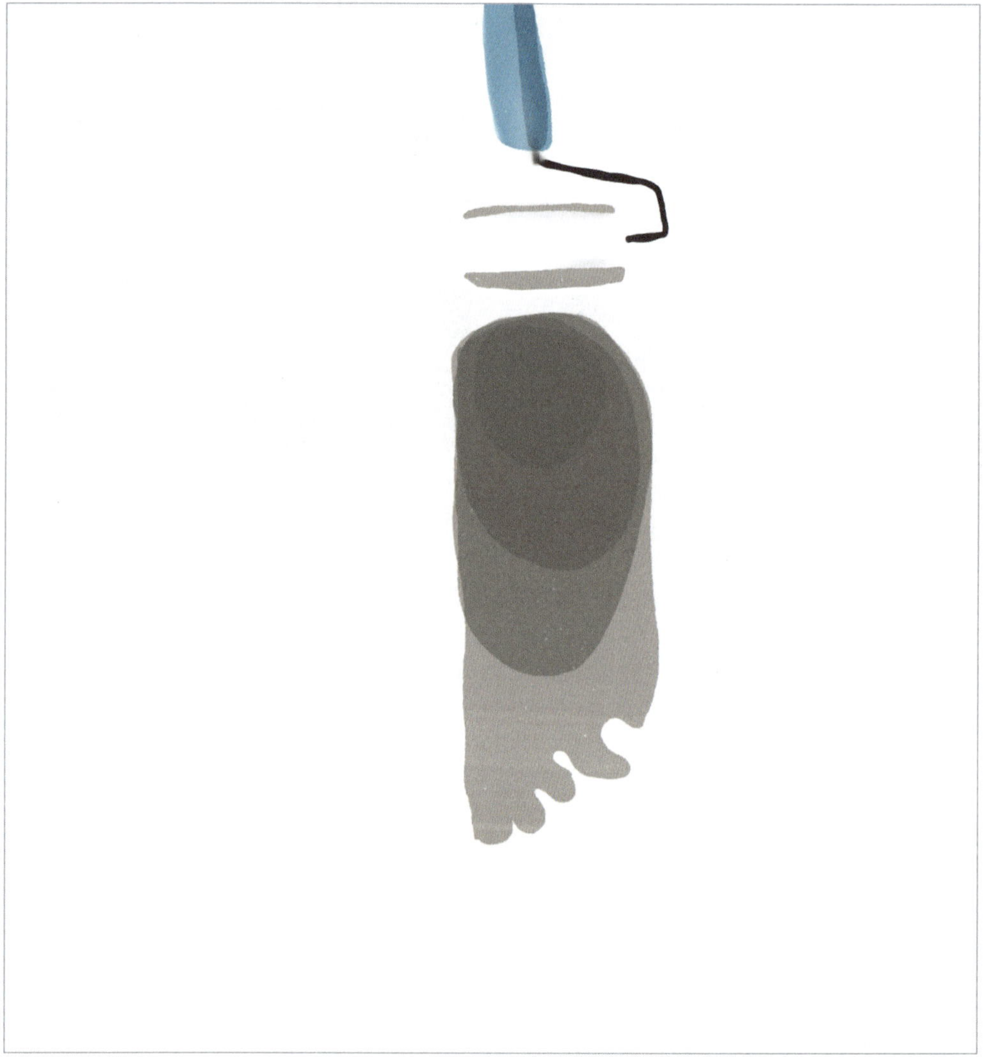

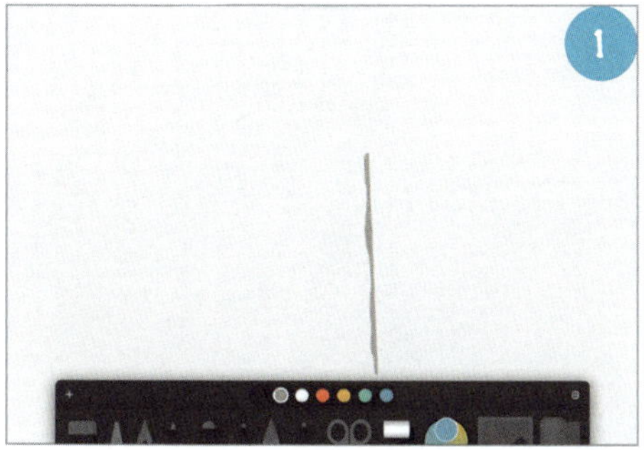

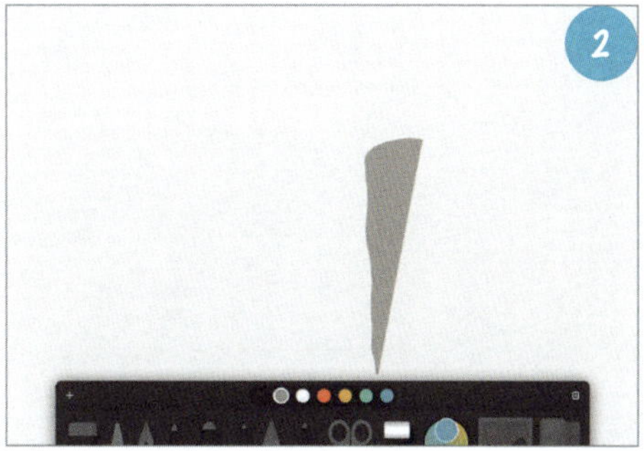

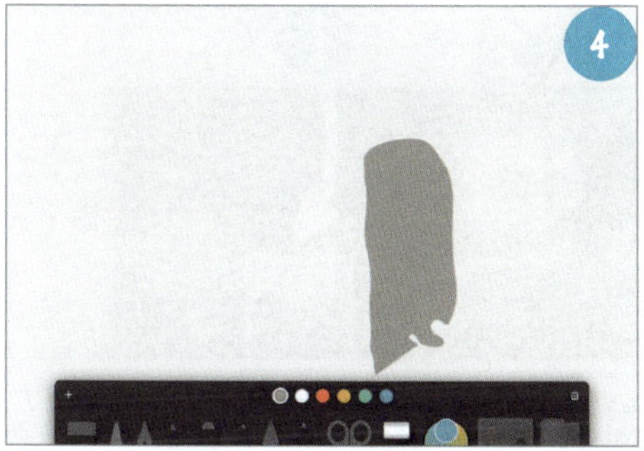

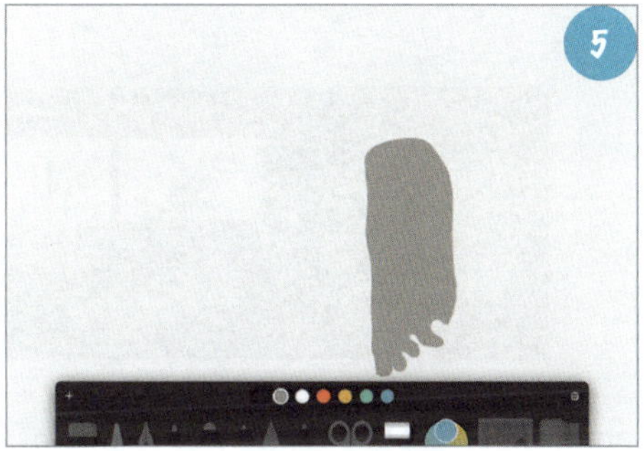

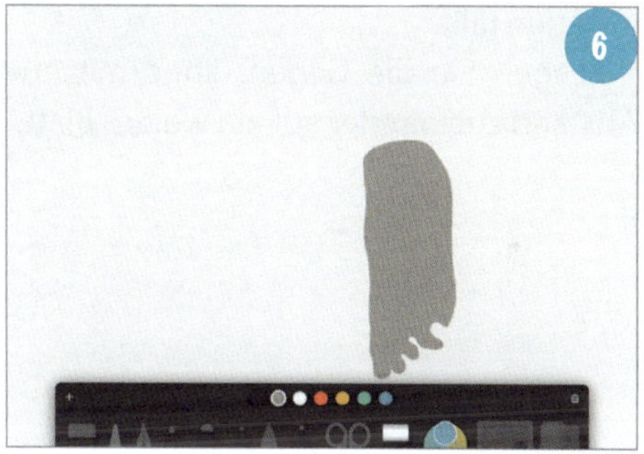

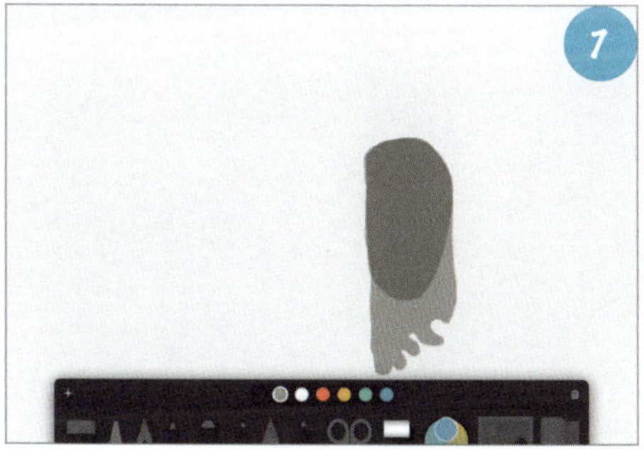

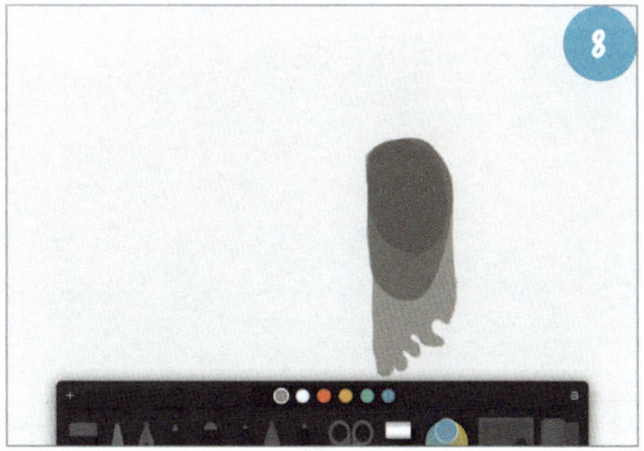

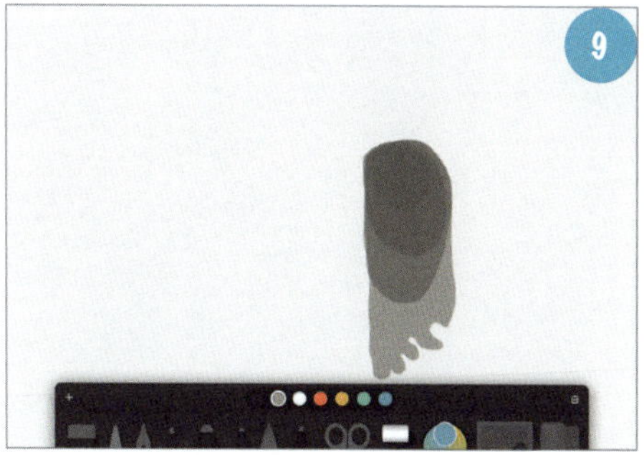

Vogel-Warm-up 2

Importieren und Exportieren

Wir bleiben bei den Vögeln und erkunden dabei noch etwas mehr die Zeichen-App. Wir brauchen wieder eine neue Seite in der App. Und einen oder mehrere Gegenstände von Ihrem Schreibtisch. Was Ihnen gerade ins Auge fällt.

Legen Sie die Gegenstände mit etwas Abstand zueinander auf ein weißes Blatt.

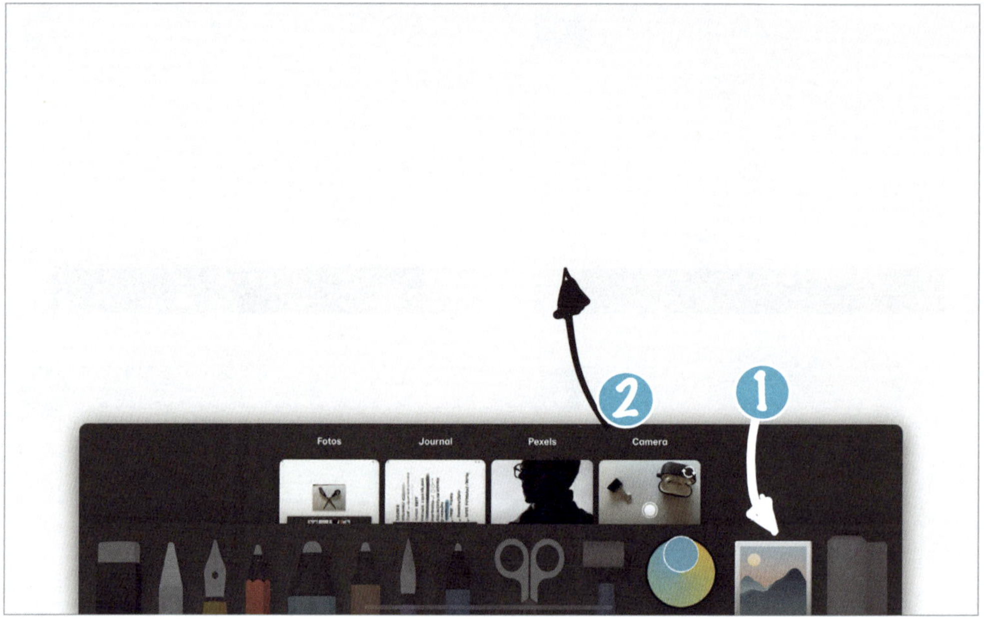

Dann wählen Sie in Ihrer Zeichen-App das Bild-Symbol (1), danach die Kamera (2) und machen ein Bild von Ihren Gegenständen auf dem Schreibtisch.

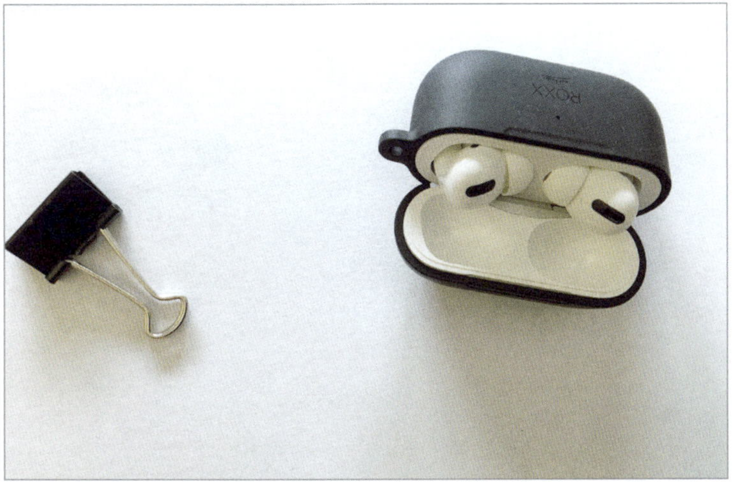

Zack, ist das Foto in Ihrem Heft.

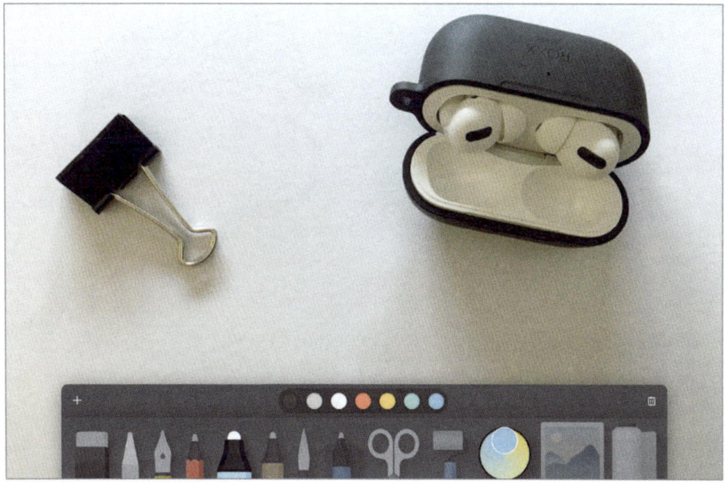

Nun wählen Sie ein Zeichenwerkzeug.

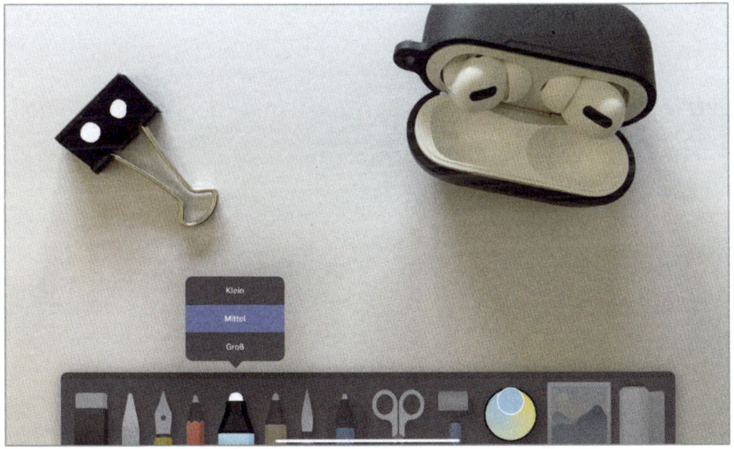

Die Dicke des Werkzeuges können Sie mit einem Tipp auf das Werkzeug verändern.

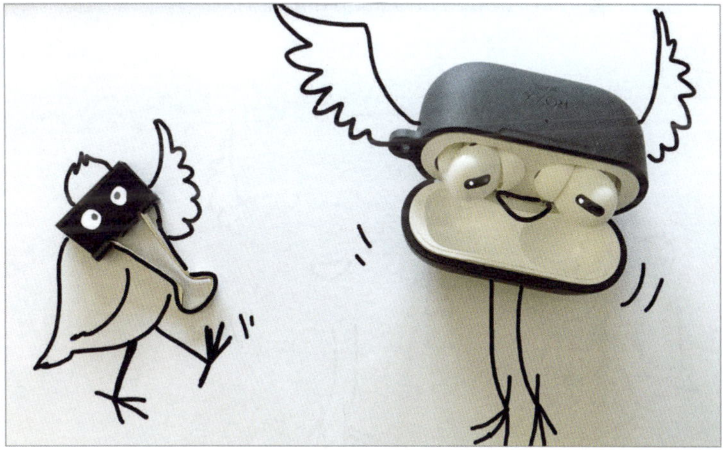

Verleihen Sie nun Ihren Gegenständen eine neue Form mit Flügeln und Beinen, Augen bzw. einem Schnabel.

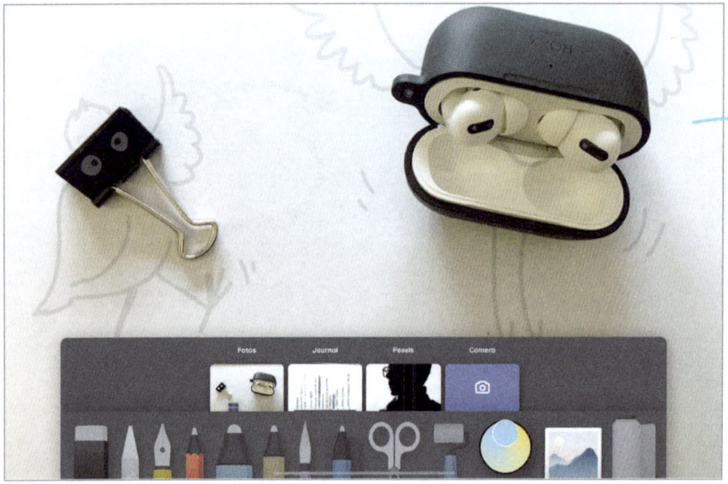

Das Foto im Hintergrund können Sie entfernen, indem Sie wieder auf das Bildsymbol tippen und dann auf Ihr Foto.

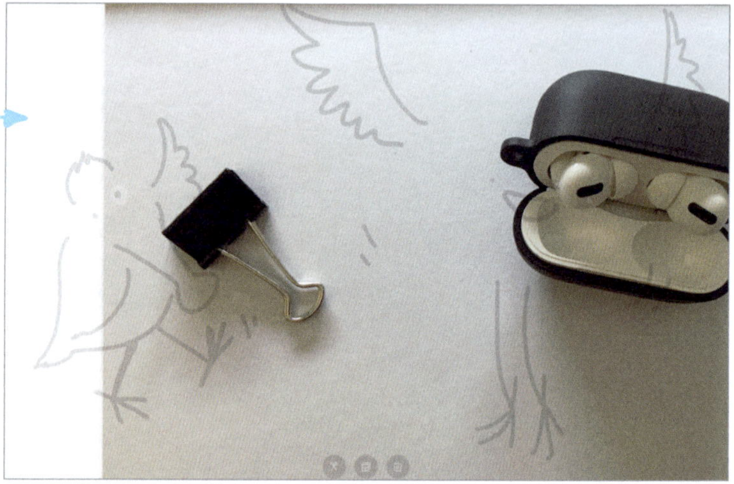

Nun können Sie das Bild bewegen. Sie löschen es, wenn Sie das Foto schwungvoll ganz aus dem Bild wischen.

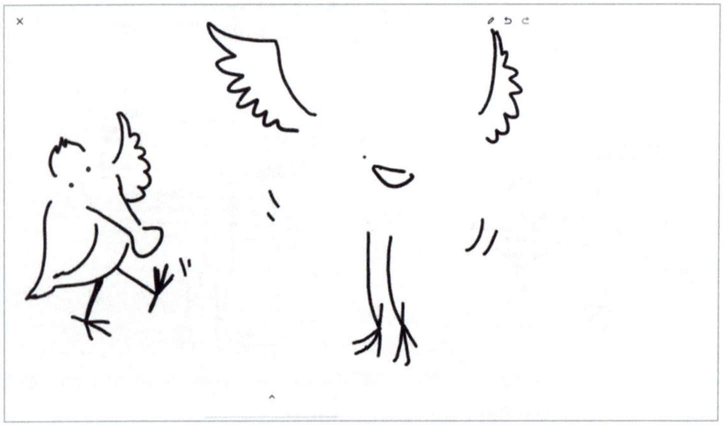

Jetzt haben Sie nur die komischen Vögel und können diese vervollständigen.

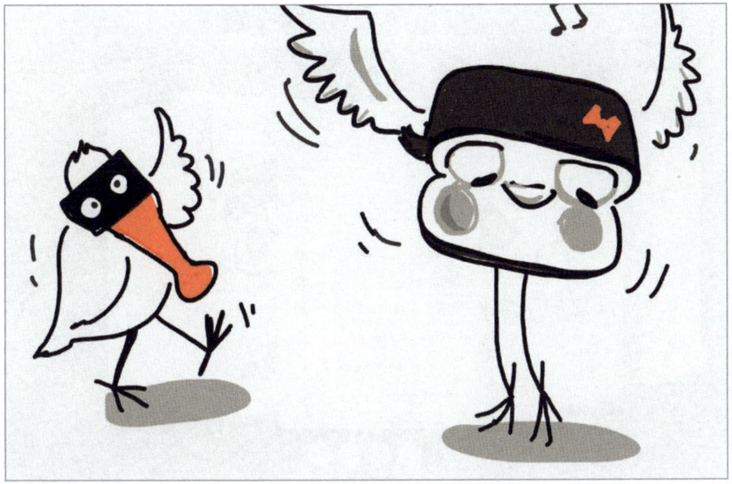

Vielleicht tut den Vögeln noch etwas Farbe gut?

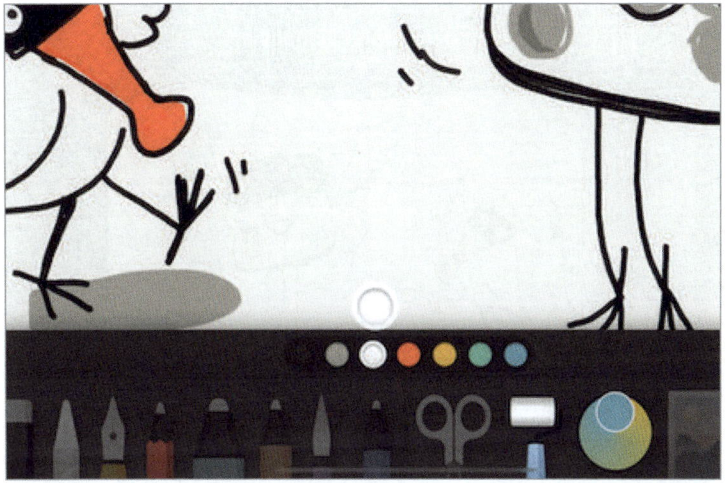

Übrigens: Bei Paper ist das Papier nicht ganz weiß. Wenn Sie die Hintergrundfarbe ändern möchten, wählen Sie einen Farbnapf, halten ihn gedrückt und ziehen den Punkt in das Bild. Jetzt können Sie loslassen, der Hintergrund ist nun eingefärbt.

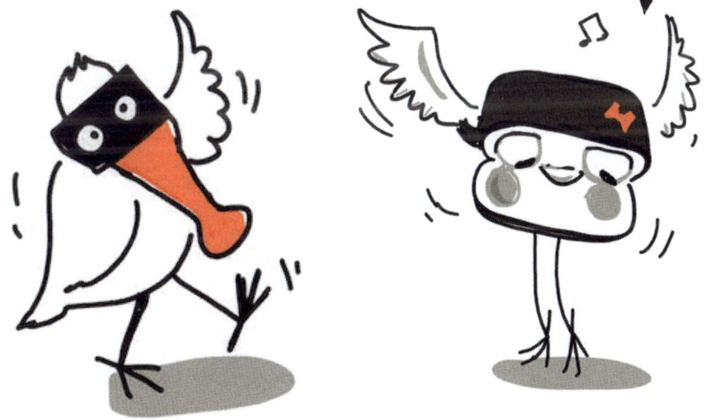

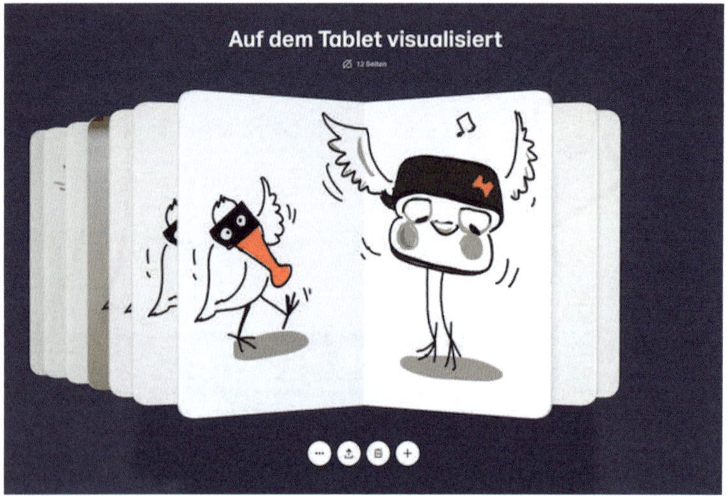

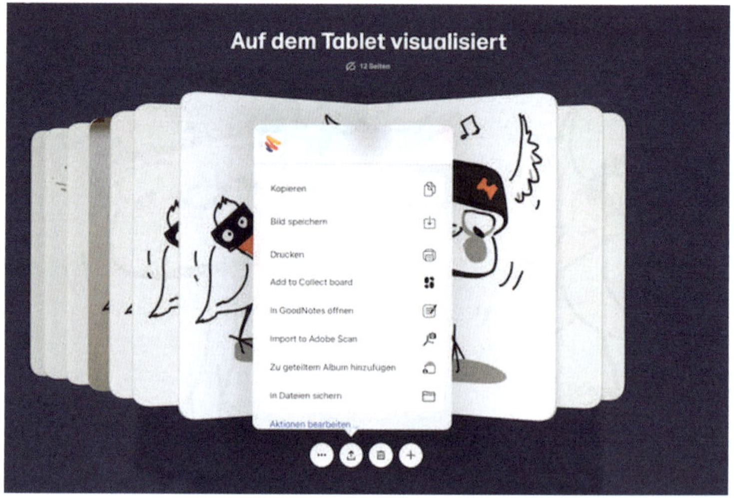

Möchten Sie Ihr Werk nun exportieren, ziehen Sie die Seiten des Blattes mit Daumen und Zeigefinger zusammen wie beim Auszoomen. Jetzt erscheint das Teilen-Symbol und Sie können das Bild als Einzelseite speichern.

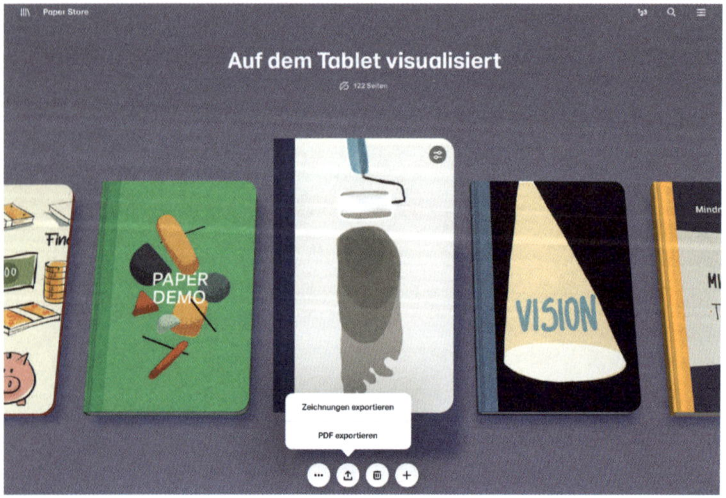

Wenn Sie das Buch ganz zuklappen und auf das Teilen-Symbol klicken, können Sie das gesamte Buch als mehrseitiges PDF exportieren oder alle Seiten als Einzelbilder.

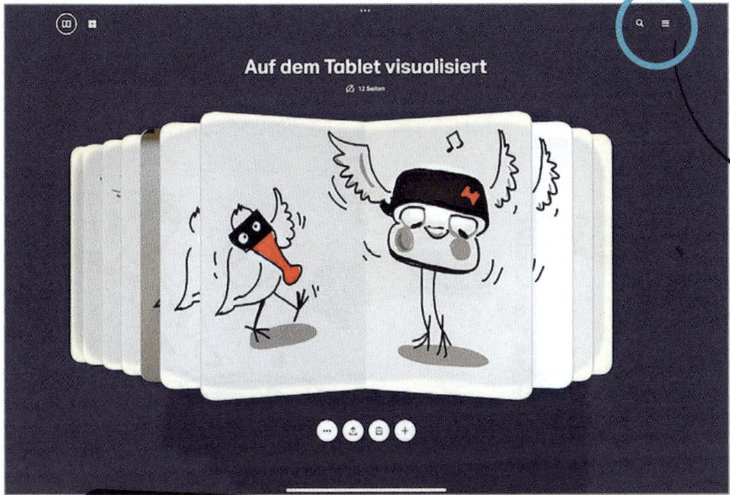

Sie möchten Ihre Zeichnungen aber gerne freigestellt, ohne Hintergrund für Ihre Präsentation benutzen? Dann tippen Sie oben rechts auf »Menü«.

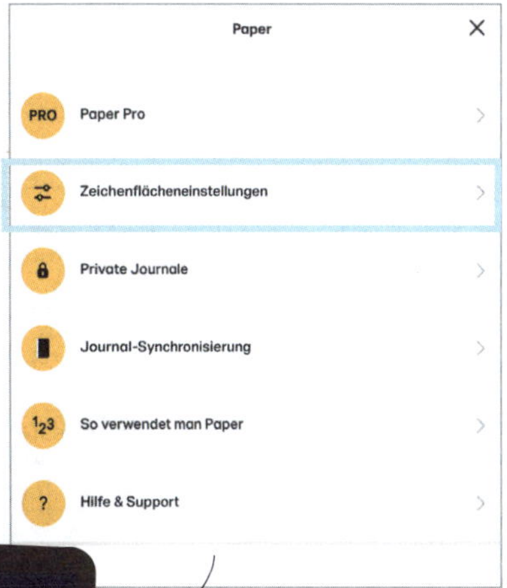

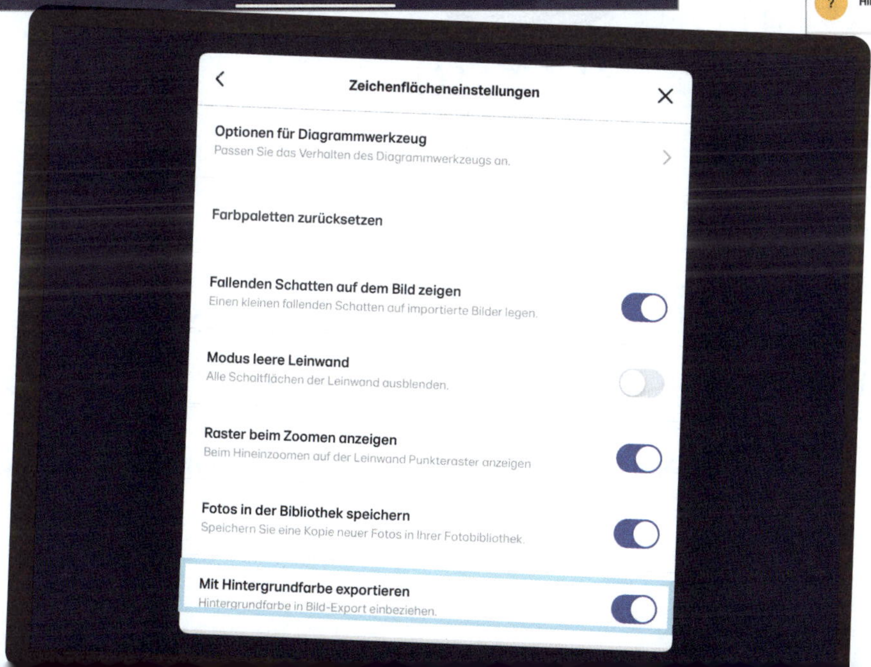

Ist der Schieberegler aktiviert, werden Bilder mit Hintergründen exportiert, wenn Sie den Regler deaktivieren, werden Ihre Zeichnungen als PNG-Datei ohne Hintergrund exportiert.

Einen Prozess visualisieren

Wie macht man Kaffee?

»Wie zeichnet man einen Prozess, Frau Schulze?« Diese Frage wird mir jedes Mal in Workshops gestellt, und diese Aufgabe bekomme ich häufig von Unternehmen. In einem Prozess wird das »Wie« erklärt. Wie etwas funktioniert, wie etwas abläuft, wie man etwas tut. Ein Prozess ist eine Abfolge von Tätigkeiten. Klingt noch einfach.

Doch es ist ein Unterschied, ob ich aufzeige, wie ich etwas tue oder wie jemand anderes etwas tun sollte. Wie hier in meinem Beispiel zur Zubereitung von Kaffee. Schauen wir uns das Bild einmal genauer an. Was gibt es für Elemente in einem Prozessbild?

Versuchen Sie es einmal. Zeichnen Sie in drei Schritten – ohne Worte, wie Sie Kaffee zubereiten.

So einfach kann ein Prozess visualisiert werden. Aber ein Prozessbild kann noch mehr: Es kann Probleme lösen!

Sehen Sie sich später im Buch die Toast-Übung auf Seite 184 an.

Wie ich gerne Kaffee mache:

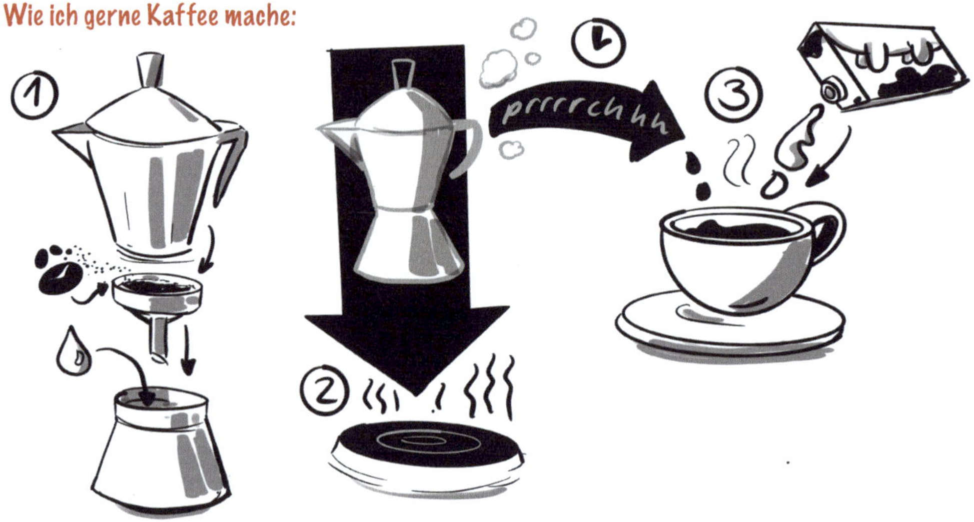

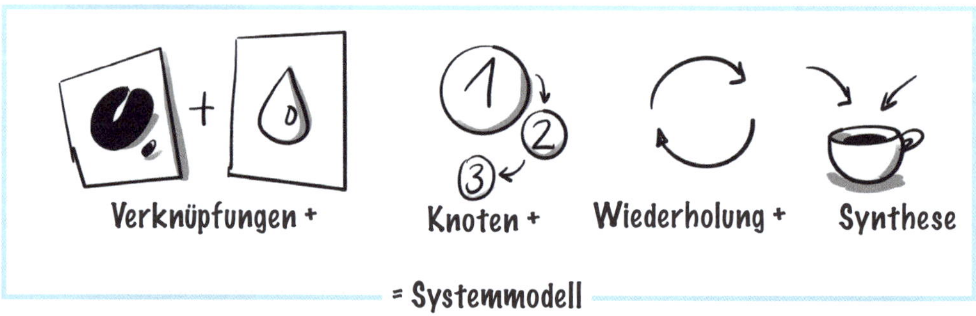

Wie ich gerne Kaffee zubereitet bekomme:

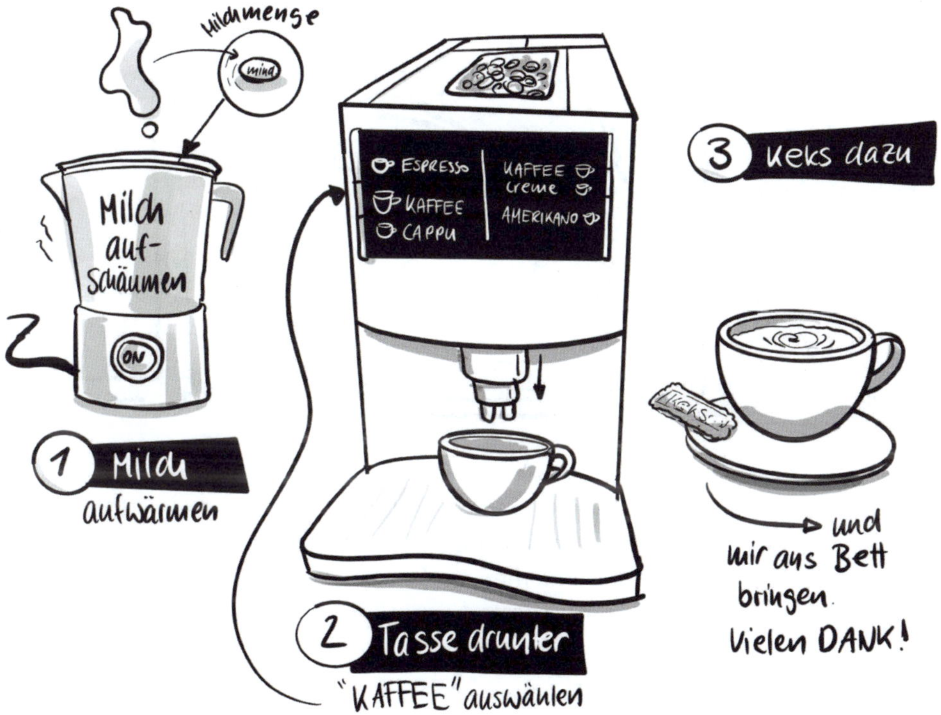

Es tut weniger weh

Wenn Sie Ihren Schwerpunkt auf die künstlerische Ausarbeitung legen, werden Sie nach Ihren künstlerischen Fähigkeiten beurteilt, und die Idee, die Sie vermitteln möchten, tritt in den Hintergrund. Zudem schüchtert es die Menschen eher ein und sie trauen sich nicht, ihre Idee zu ergänzen. Das wäre doch ziemlich frustrierend, wenn Sie etwas verbildlichen und zur Mitarbeit motivieren möchten und niemand mitmacht, oder?

Noch ein Vorteil von vereinfachten schnellen Zeichnungen ist, dass es nicht so wehtut, wenn Ihre Idee vom Publikum als noch nicht vollständig oder nicht gut verständlich beurteilt wird und Sie noch einmal von vorne anfangen müssen.

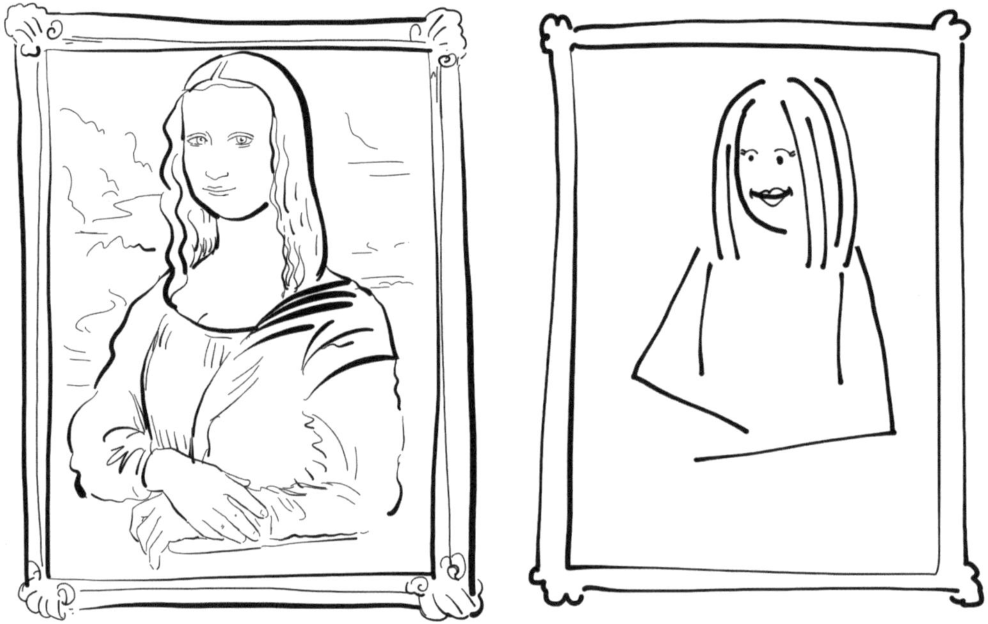

Einfachheit ist der Schlüssel. Überlegen Sie, was der einfachste und effektivste Weg ist, um Ihre Idee zu kommunizieren. Wenn Sie Unordnung entfernen, wird die Botschaft an Ihr Publikum verbessert.

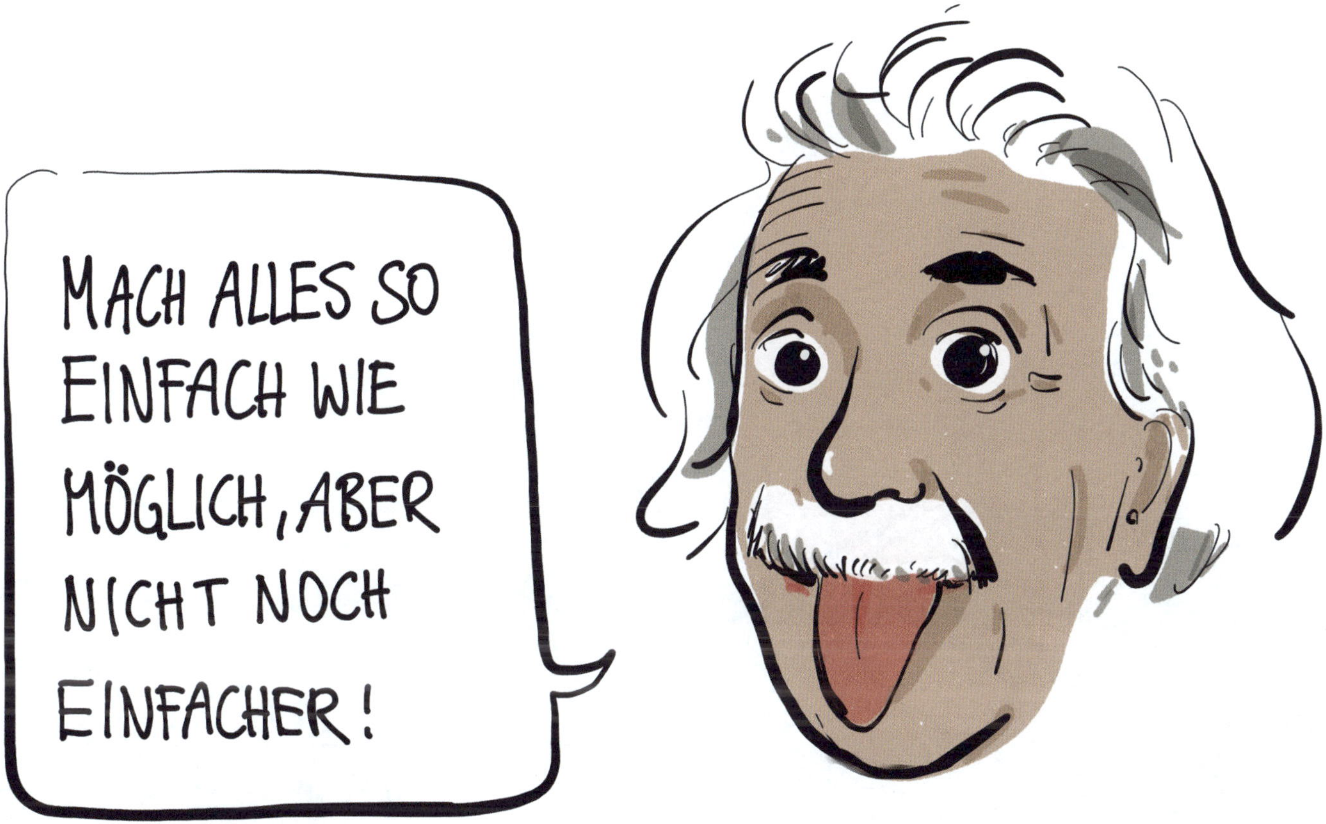
MACH ALLES SO EINFACH WIE MÖGLICH, ABER NICHT NOCH EINFACHER!

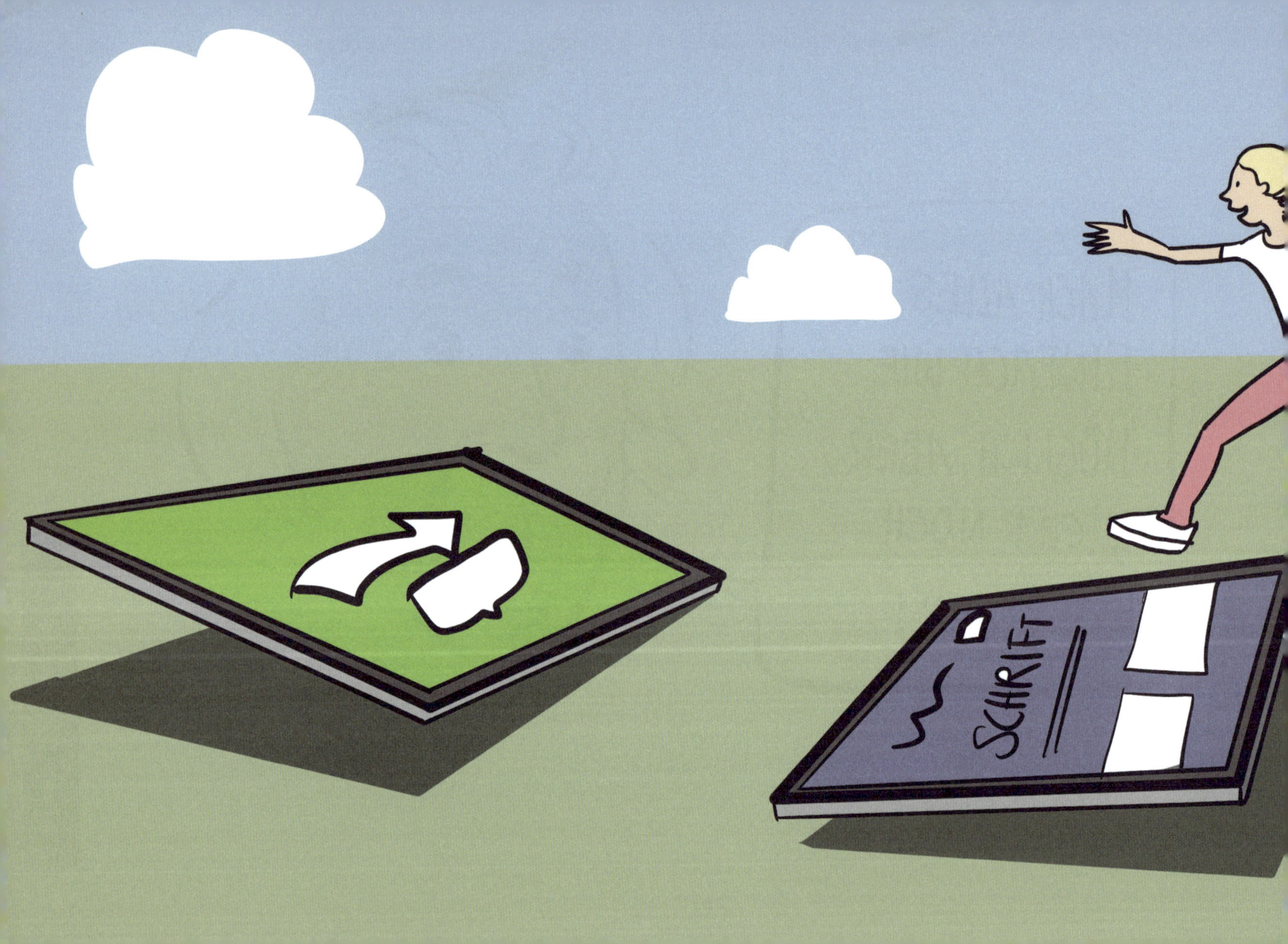
SCHRIFT

3 Auftakt zum Zeichnen

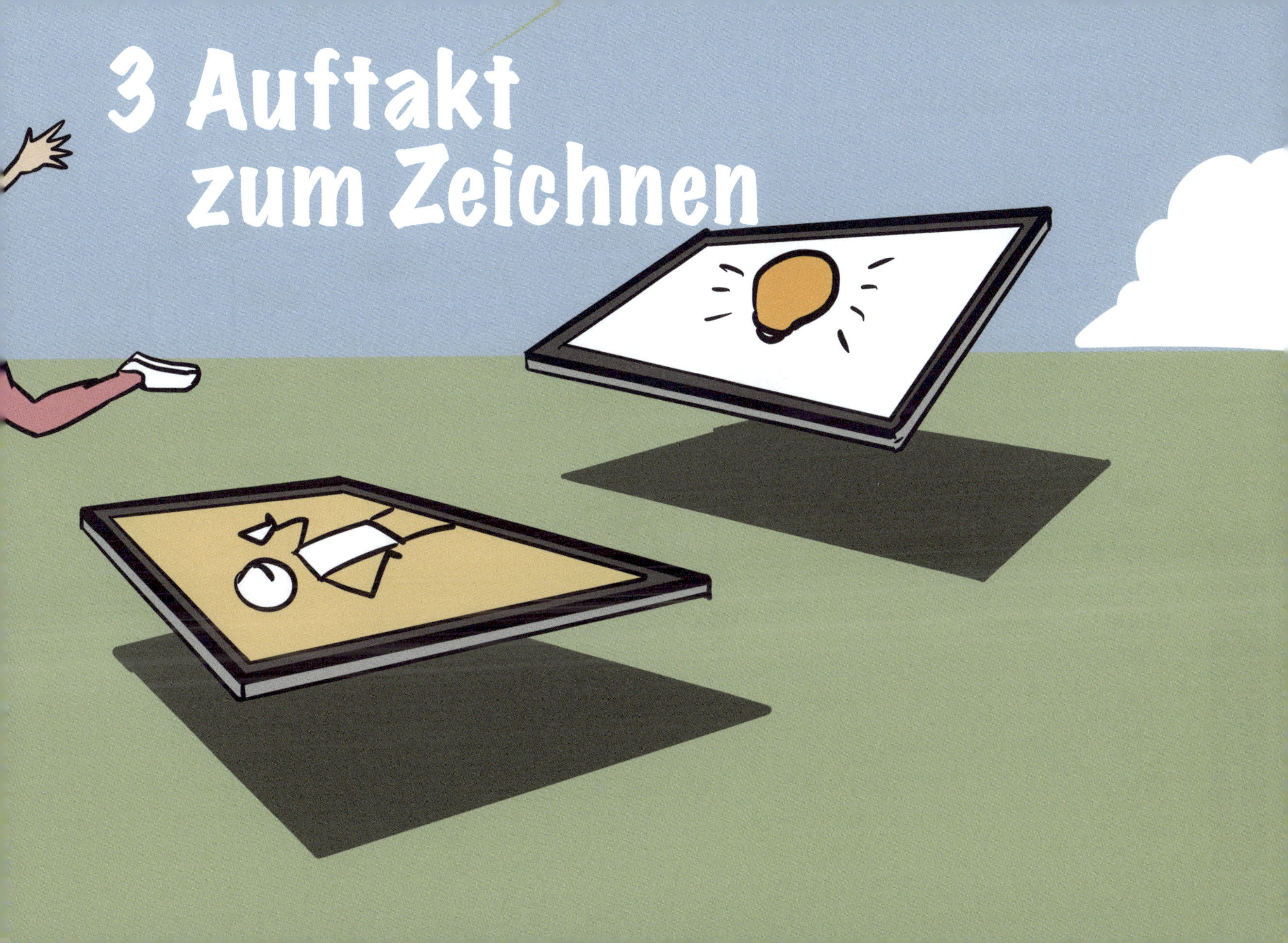

Alles ist möglich

Hier geht es nicht um Kunst, sondern um das funktionale Zeichnen. Und das ist gar nicht so schwer. Aus Punkt, Linie, Kreis, Quadrat, Dreieck und Ellipse können Sie alles zeichnen.

Die Zeichnungen haben nur den Zweck, kommunizierende Objekte zu sein. Probieren wir das doch gleich aus!

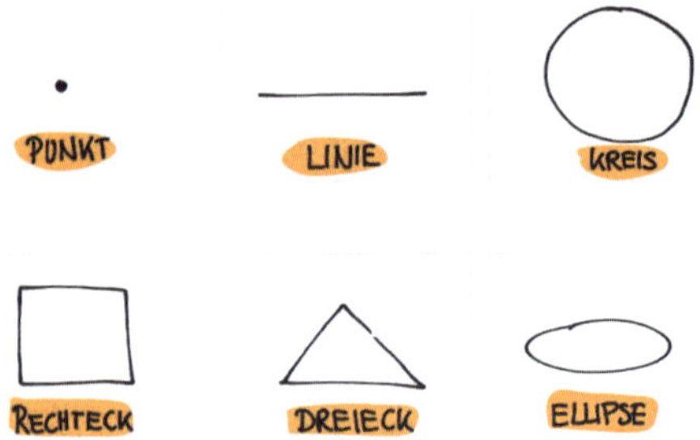

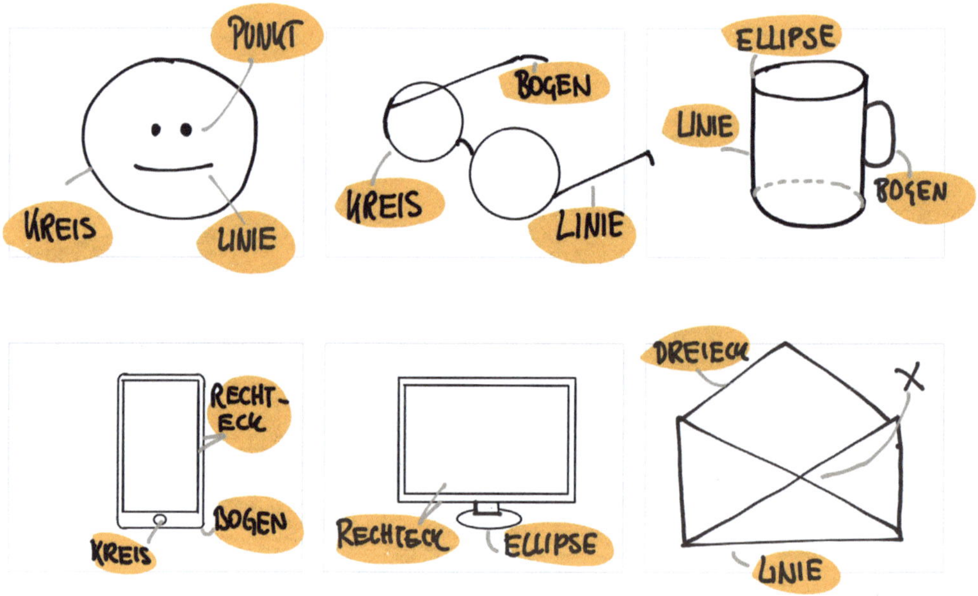

Übung: Mit Grundformen einfach alles zeichnen

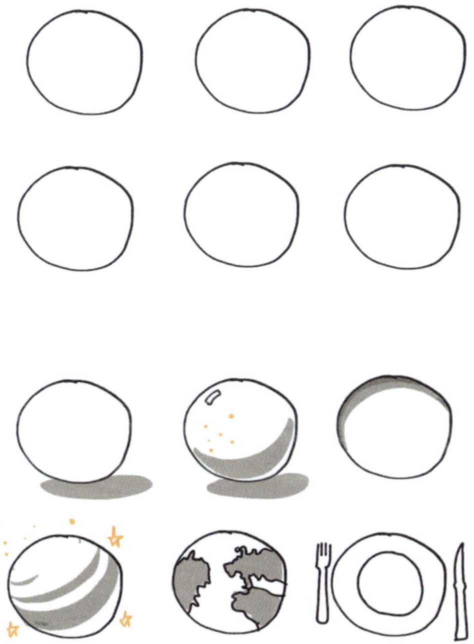

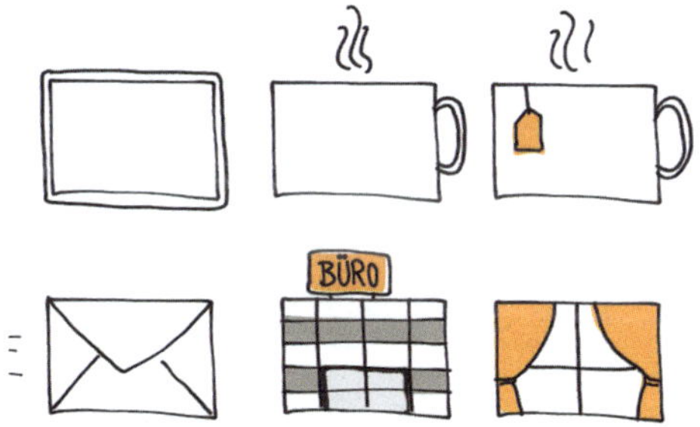

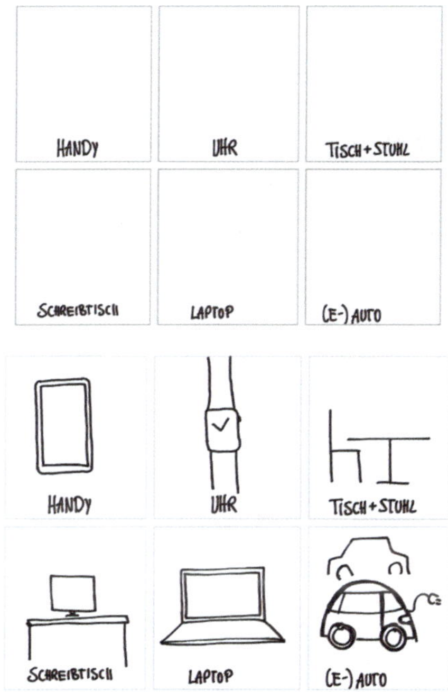

Zeichnen Sie sechs Kreise auf eine Seite. Danach machen Sie daraus mithilfe von Schatten und Linien eine Kugel, eine Murmel, ein Loch im Papier, einen Planeten, eine Weltkugel und einen Teller.

Auch einfache Rechtecke können die Grundlage für viele Objekte sein: ein Tablet, eine Tasse Kaffee, eine Tasse Tee, eine E-Mail, ein Bürogebäude und ein Fenster.

Versuchen Sie es weiter, möglichst einfach zu zeichnen, um die Botschaft so effektiv wie möglich zu übermitteln.

Menschen und Emotionen

Gesichtsausdrücke

Emotionen zu vermitteln ist eine der wichtigsten Aufgaben in einem Bild. Die ganze Aussage und ob Sie das Publikum fesseln können, hängt von der Mimik ab.

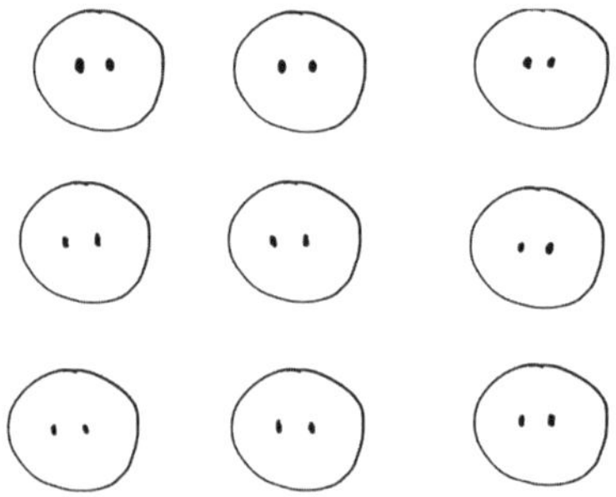

Punkte für die Augen in die Mitte setzen

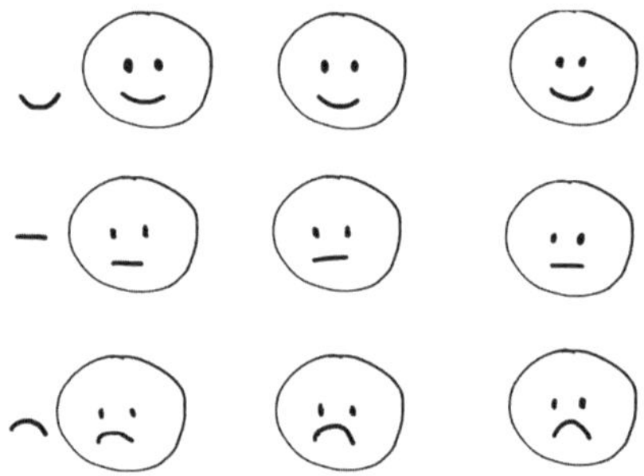

Eine gebogene Linie für den Mund

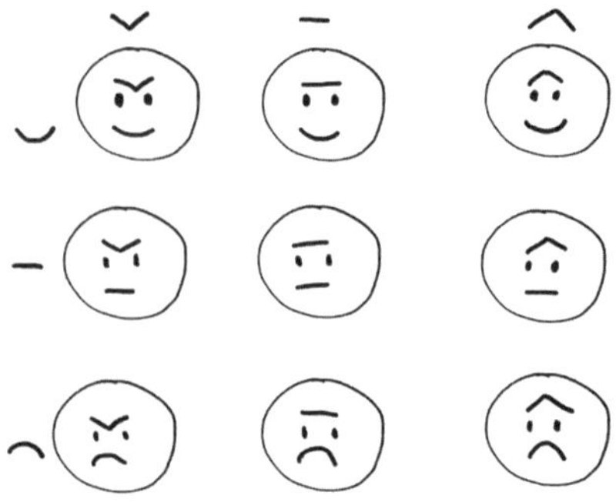

Häkchen oder Strich für die Augenbrauen

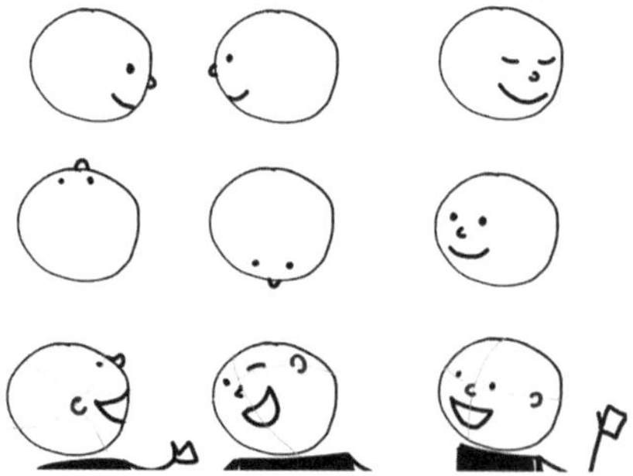

Eine Nase zeigt die Blickrichtung an.

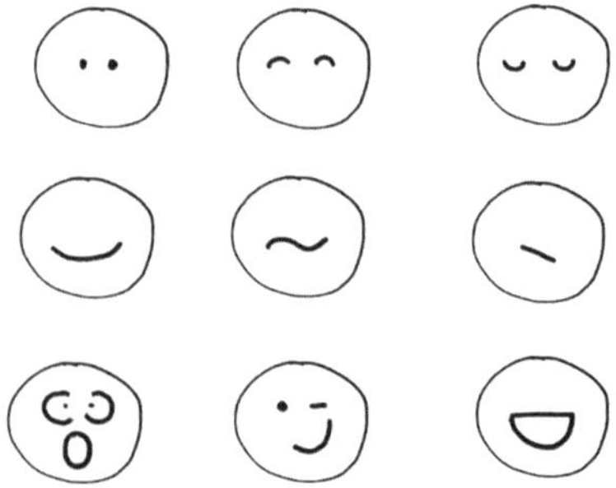

Mit wenigen Strichen Gefühle zeigen

Körper und Körpersprache

Körperbau

Wenn Sie ein kleines »i« schreiben können, können Sie auch Figuren zeichnen. Der Aufbau ist der gleiche. Ein Rechteck und darauf ein Kreis oder Oval, je nach Geschmack. Ich zeichne lieber Eierköpfe.

Dann Arme und Beine an den Ecken des Rechtecks (wichtig) setzen. Als Hände und Füße können Sie Dreiecke oder auch Ovale zeichnen.

Mit leicht gebogenen Linien bekommt die Figur noch mehr Ausdruck und Dynamik.

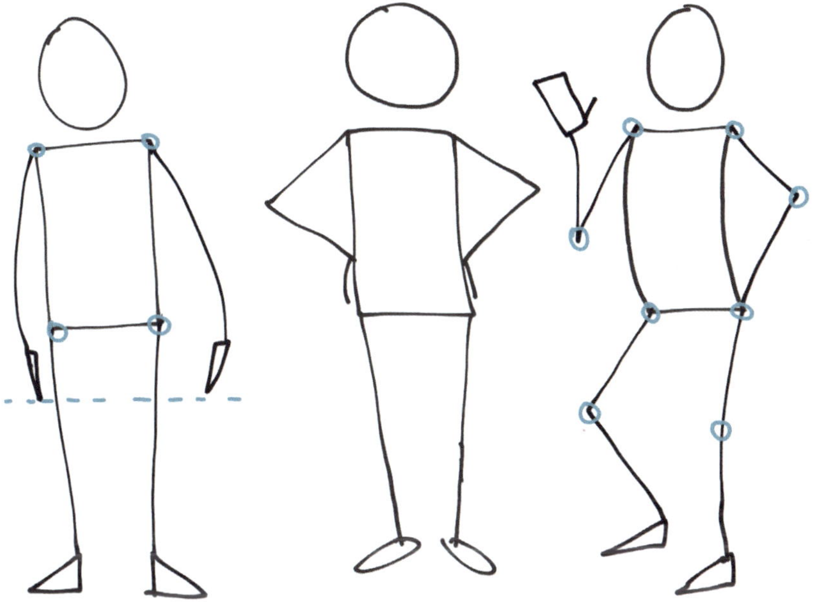

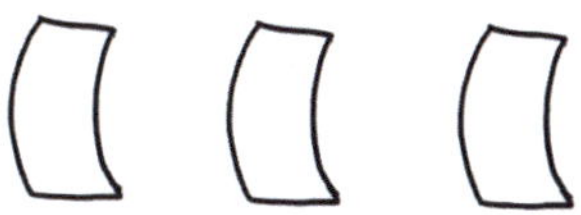

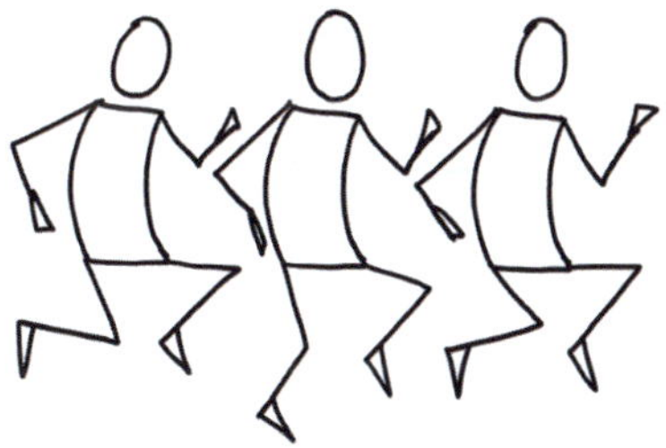

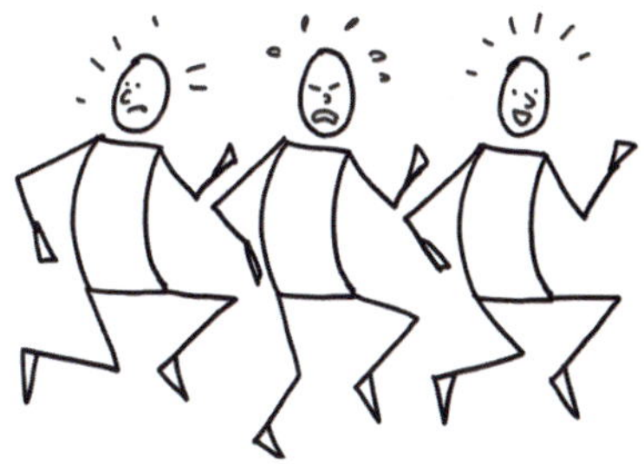

Proportionen

Wichtig beim Körperbau ist auch, dass die Seiten des Rechtecks oder des Rumpfes parallel verlaufen; auch wenn der Körper selbstbewusst aufgerichtet dasteht oder auch traurig mit hängenden Armen.

Die Proportionen und die Frisur der Figur können ihr mehr Charakter verleihen. Sie können Alter und Geschlecht verdeutlichen. Damit erhalten die vielfältigen Figuren in Ihrem Bild eine persönliche Note und Diversität.

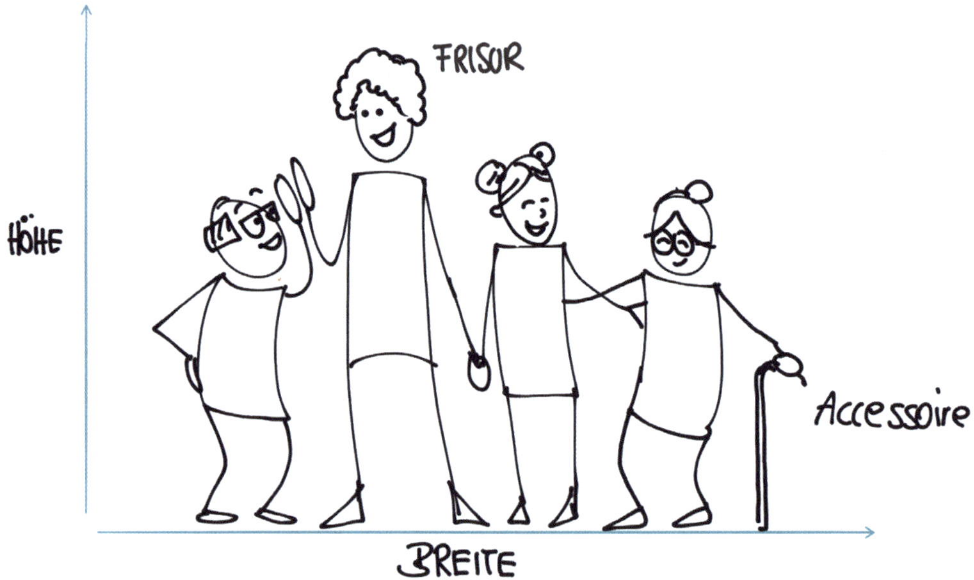

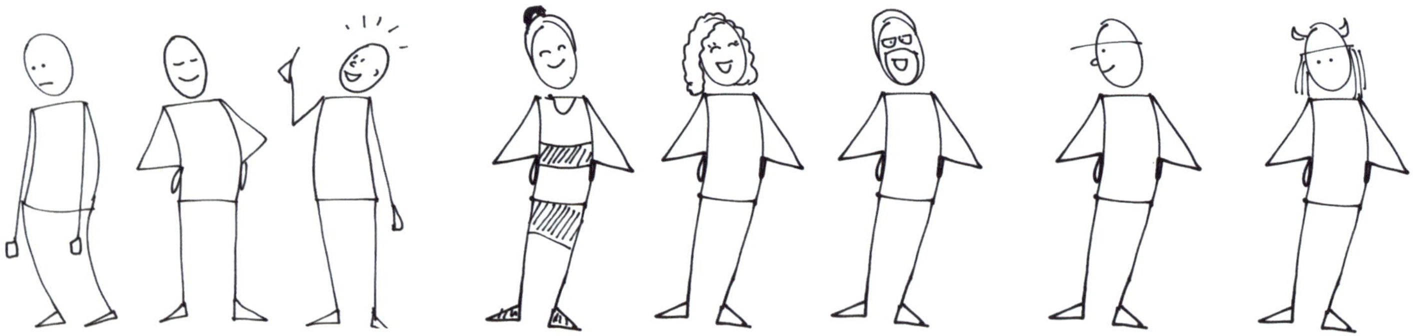

Interaktion

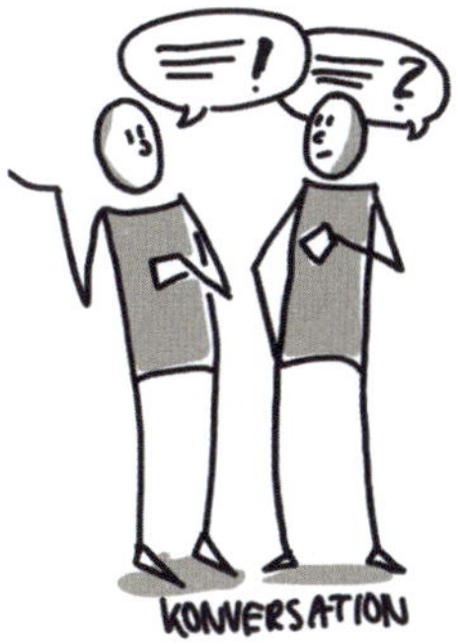

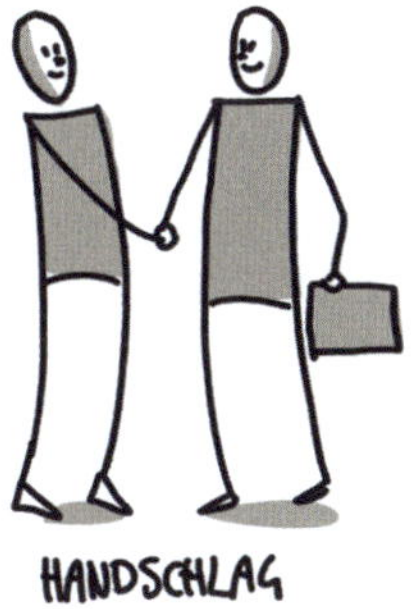

Sobald zwei Figuren nebeneinanderstehen, assoziieren wir damit eine Interaktion. Gesichtsausdruck, Körperhaltung und Gegenstände sind unterstützende Hilfsmittel.

Überlegen Sie, welche Objekte für die Situation charakteristisch sind, die Sie erklären möchten. Was macht die Situation einzigartig?

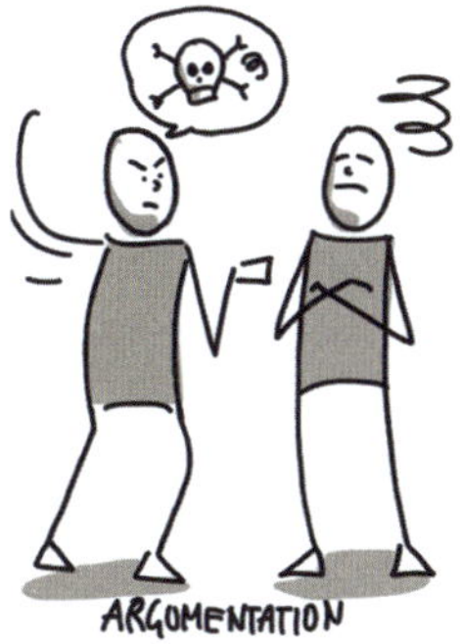

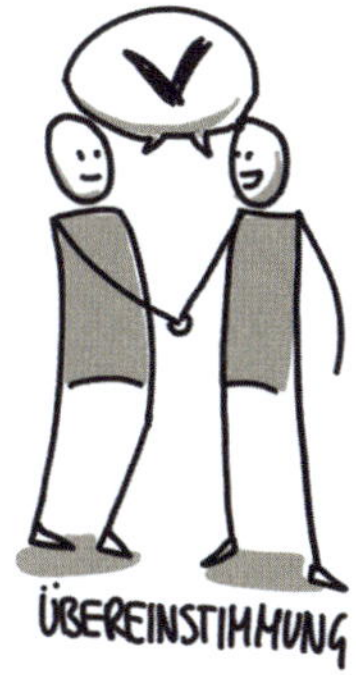

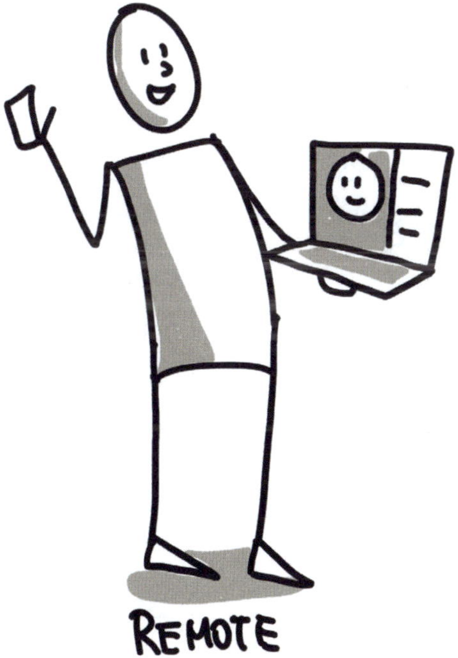

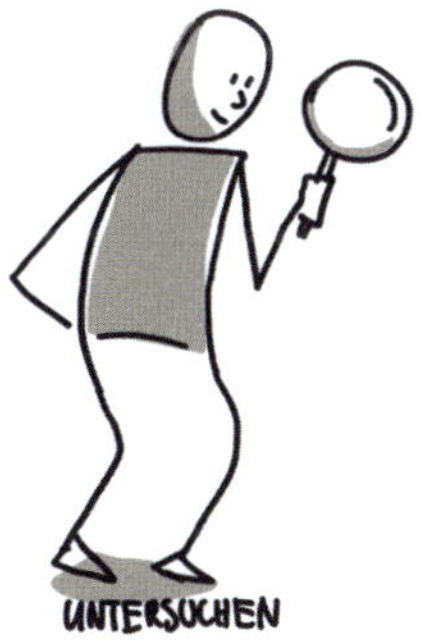

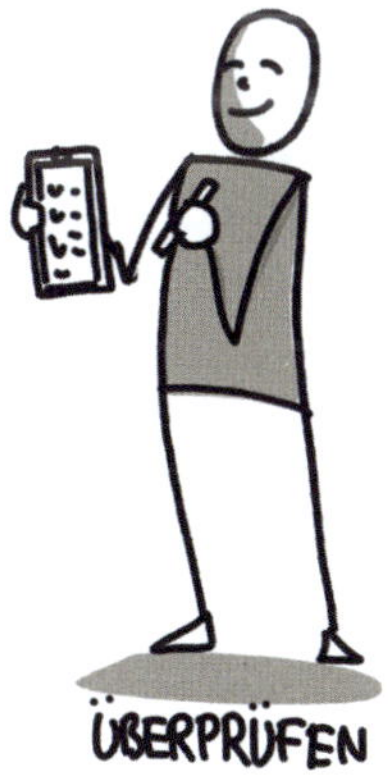

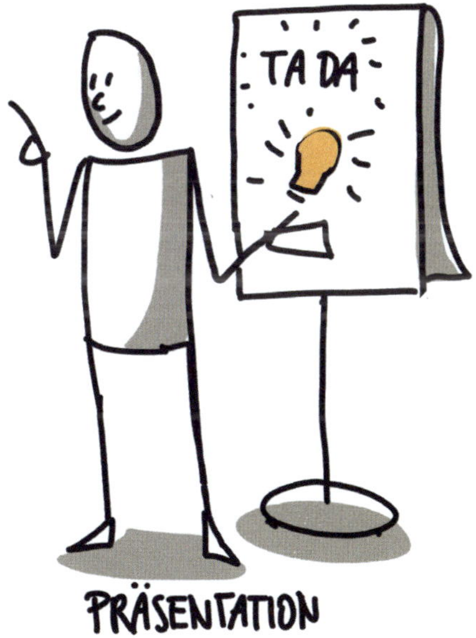

Berufe

Accessoires sind auch bei der Darstellung von Berufen wichtig. Was macht die Person in ihrer Position aus? Gibt es typische Fähigkeiten, die als Metapher benutzt werden können?

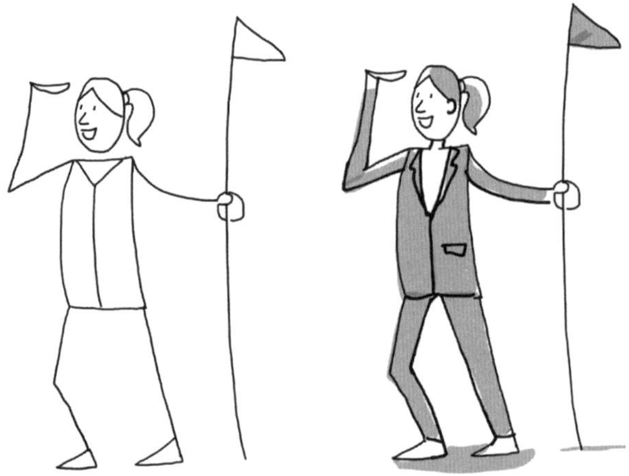

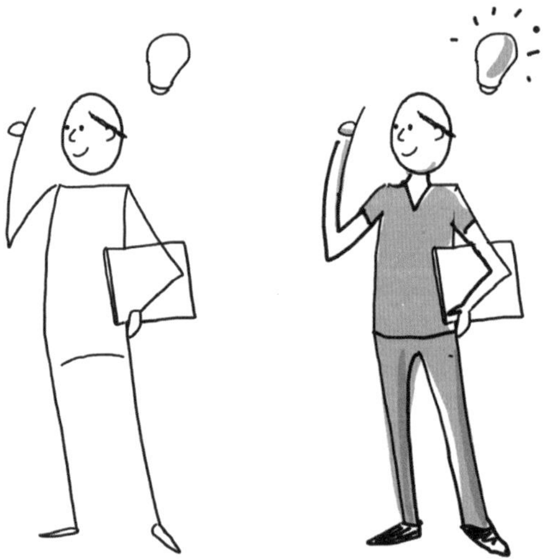

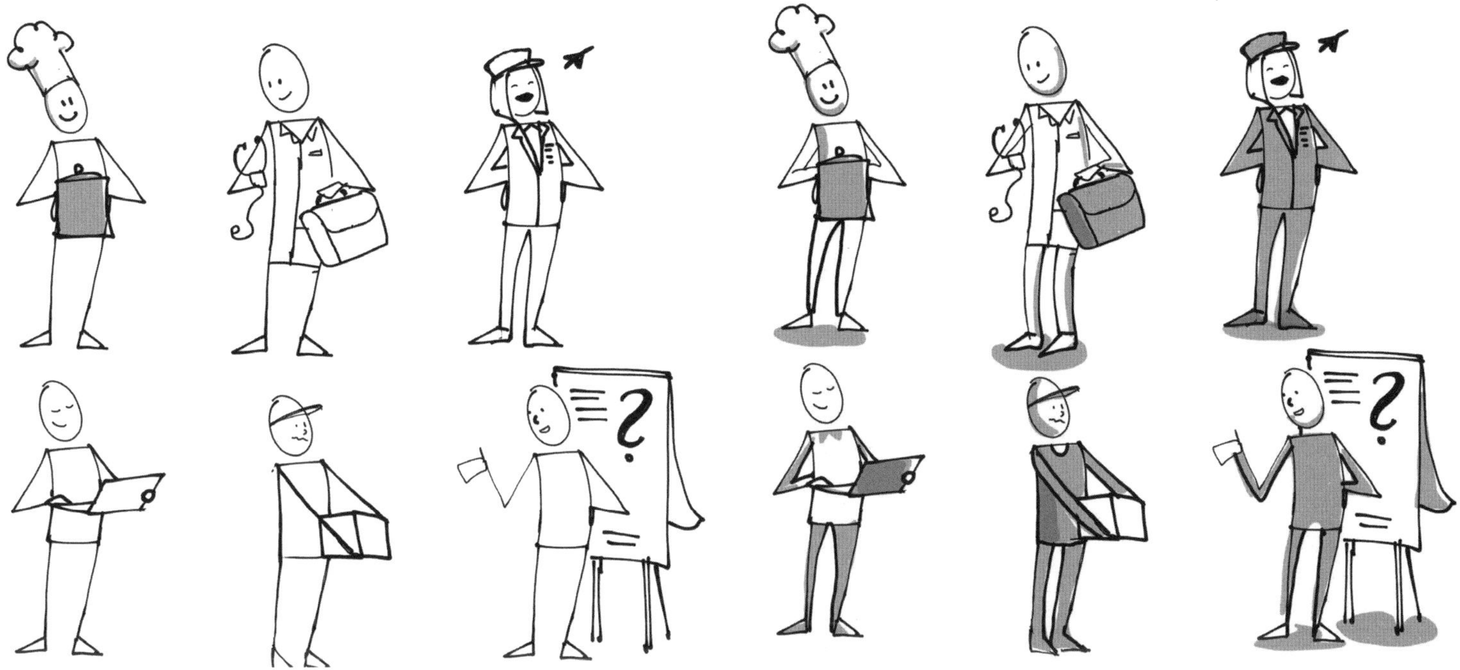

Welche Gegenstände, welche Kleidung sind typisch für die Berufe? Manchmal genügt ein Gegenstand, manchmal ist die Kleidung ausreichend. Bei der Pilotin brauchte es noch ein Flugzeug, denn ohne das könnte sie auch eine Polizistin oder Soldatin sein!

Elemente

Metaphern

Die Suche nach der bildlichen Übersetzung kann manchmal ganz schön lange dauern. In anderen Fällen hat man sofort ein Bild im Kopf, wenn man ein Wort liest.

Es kommt tatsächlich darauf an, in welcher Bildwelt man sich gerade thematisch befindet. Assoziationen finden ist Übungssache.

Wenn mir gar nichts zu einem Wort einfällt, gehe ich bei Google oder Bildagenturen auf Bildersuche. Die Bildidee zeichne ich dann in meinem Stil, passend zu dem Gesamtbild.

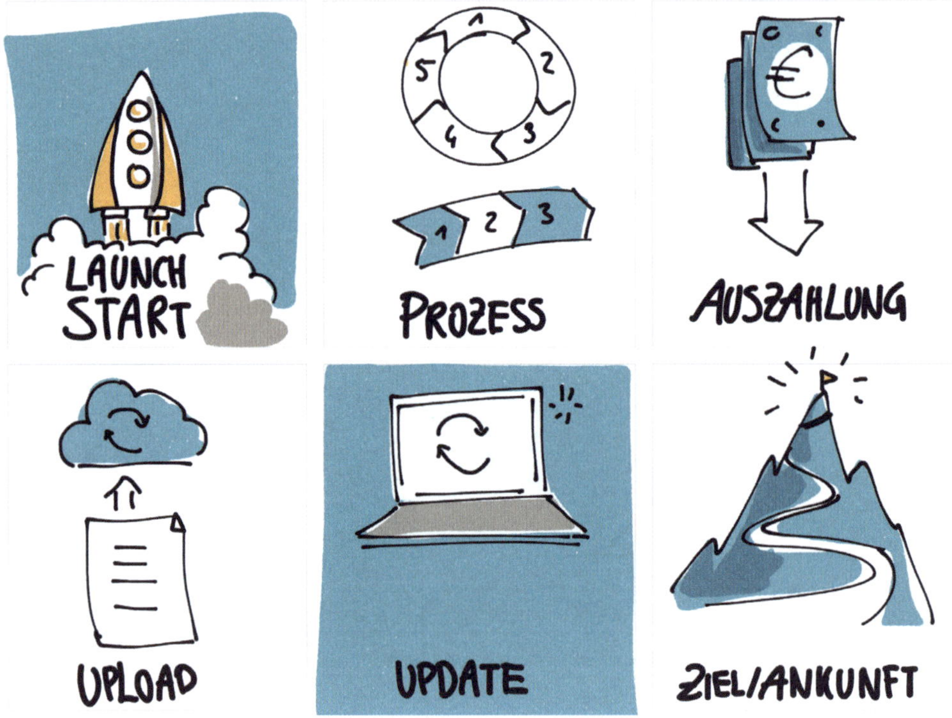

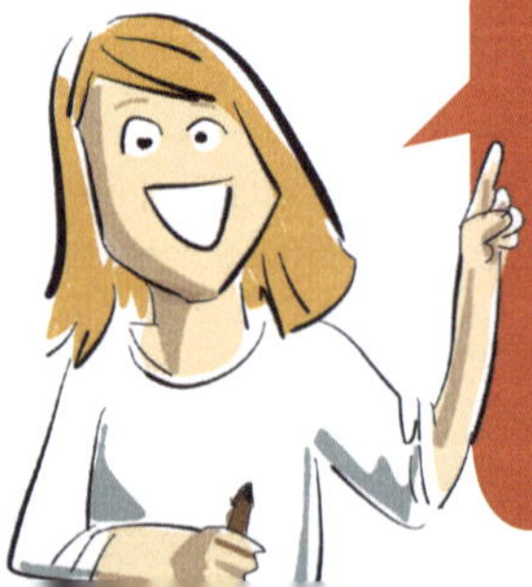

Eine unterhaltsame Inspiration an Bildmetaphern bieten die Bücher »50 Mindshots« des Designers Sergio Ingravalle (Knesebeck Verlag) und »Sketchnotes in der IT« (dpunkt.verlag).

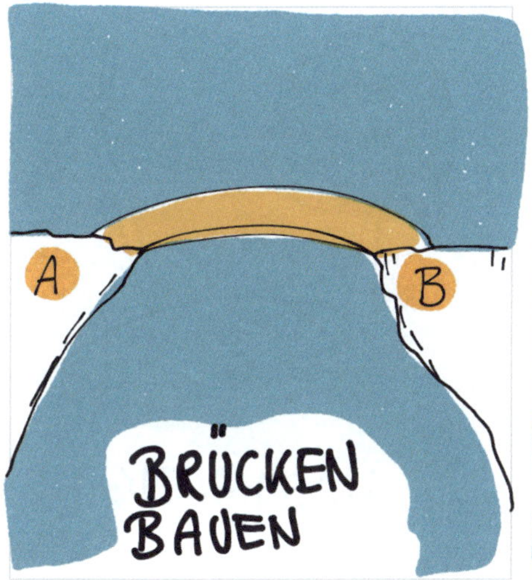
A
B
BRÜCKEN BAUEN

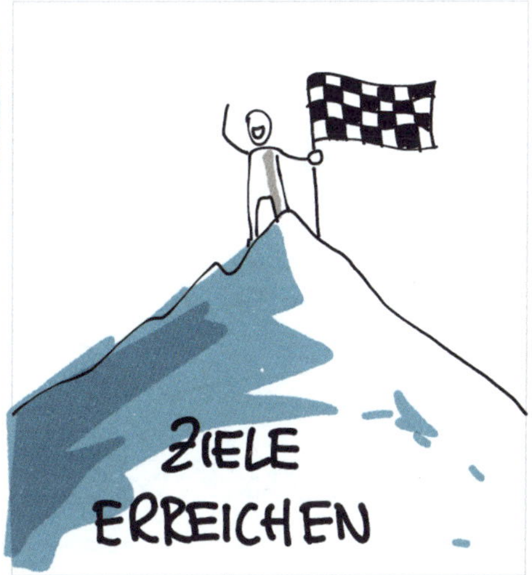
ZIELE ERREICHEN

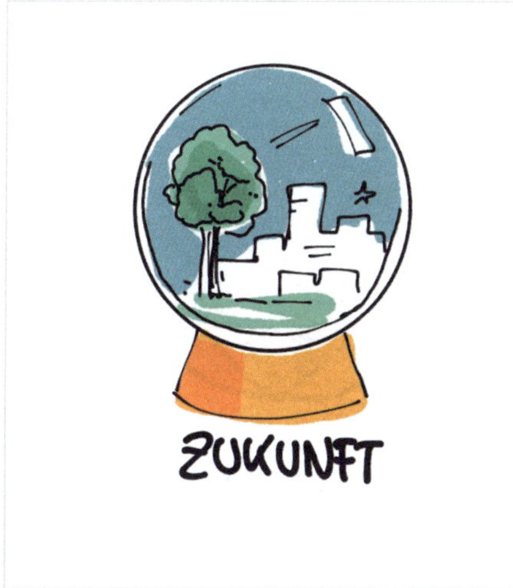
ZUKUNFT

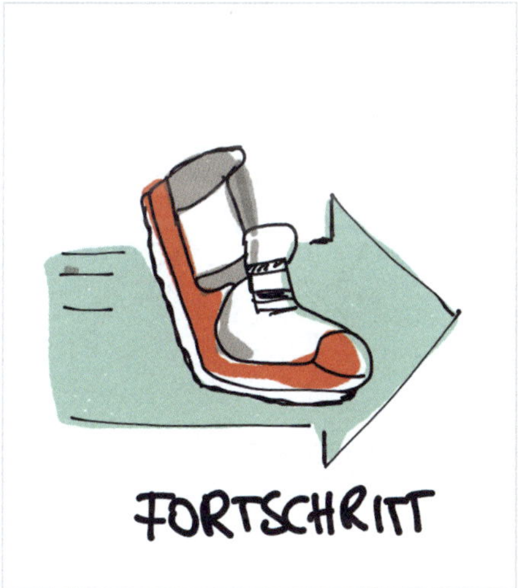
FORTSCHRITT

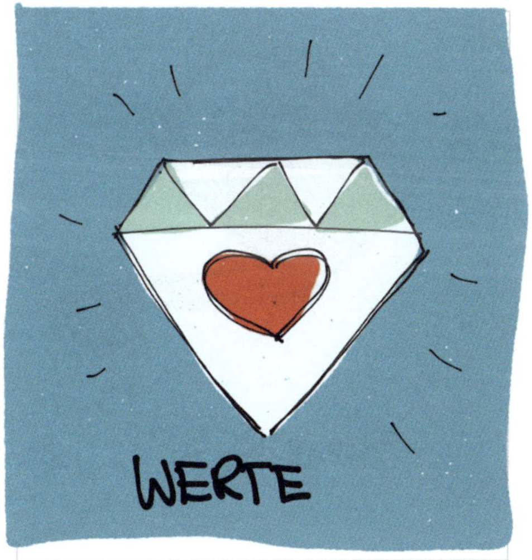
WERTE

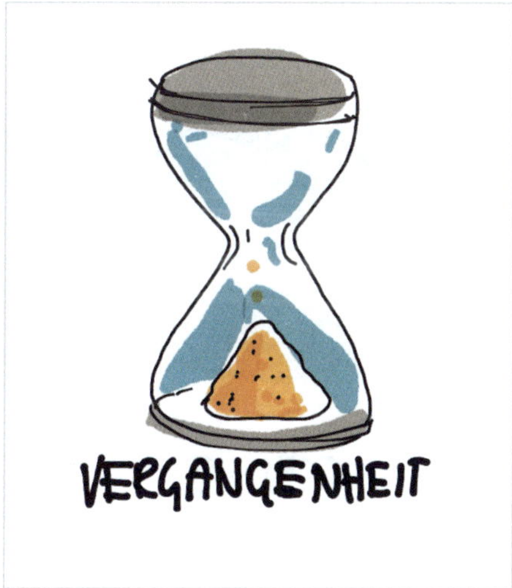
VERGANGENHEIT

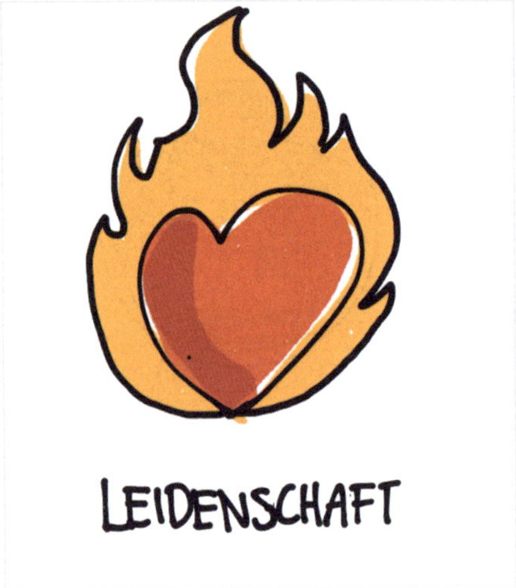
LEIDENSCHAFT

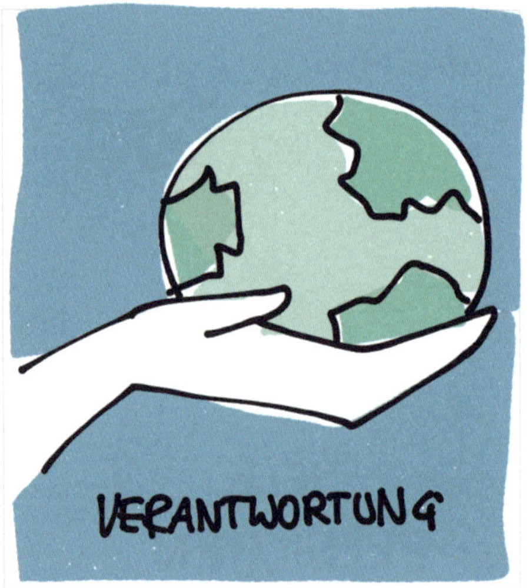
VERANTWORTUNG

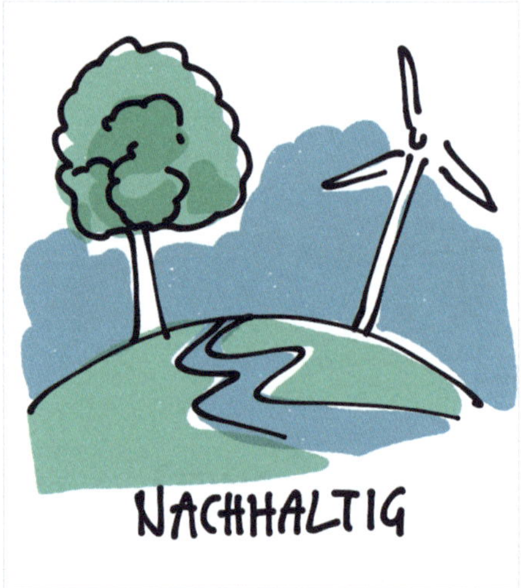
NACHHALTIG

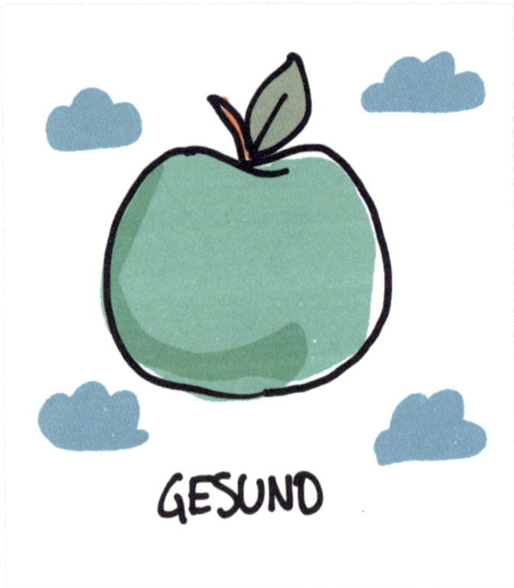
GESUND

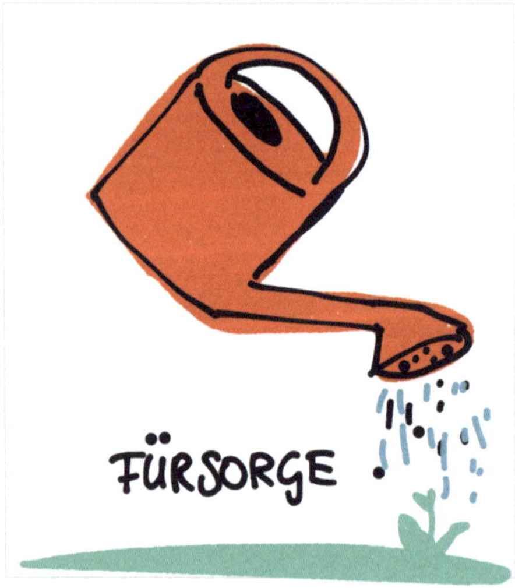
FÜRSORGE

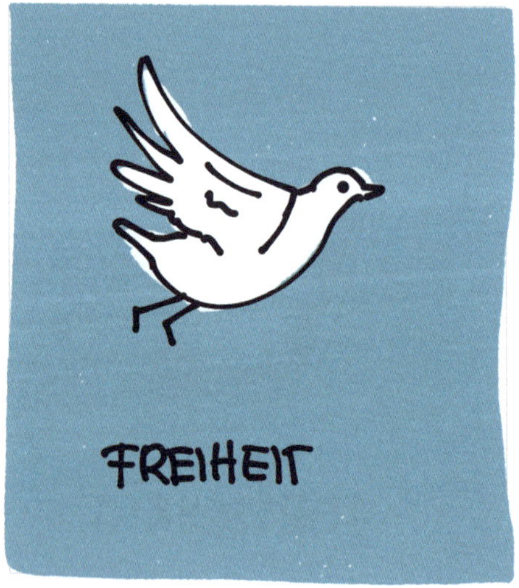
FREIHEIT

Schrift

Ich bin zweimal durch das Fach Kalligrafie gefallen und hatte in meiner Ausbildung und im Studium mehrere Kurse über Typografie. Trotzdem ist meine Handschrift nur gut lesbar und einigermaßen gut anzusehen, wenn ich auf dem Tablet langsam, sorgsam und gleichmäßig Buchstabe für Buchstabe schreibe.

Eine gut lesbare Schrift ist genauso wichtig wie die Zeichnung. Beides muss auf den ersten Blick verstanden werden. Mit ein paar Kunstgriffen können Sie eine langweilige Handschrift aufpimpen: ein farbiger Rahmen, Kontraste wie groß und klein, breit und schmal und verschiedene Schriftarten mischen.

Im Kapitel »Sketchnotes und Graphic Recording« gehe ich noch intensiver auf das Thema Schrift ein.

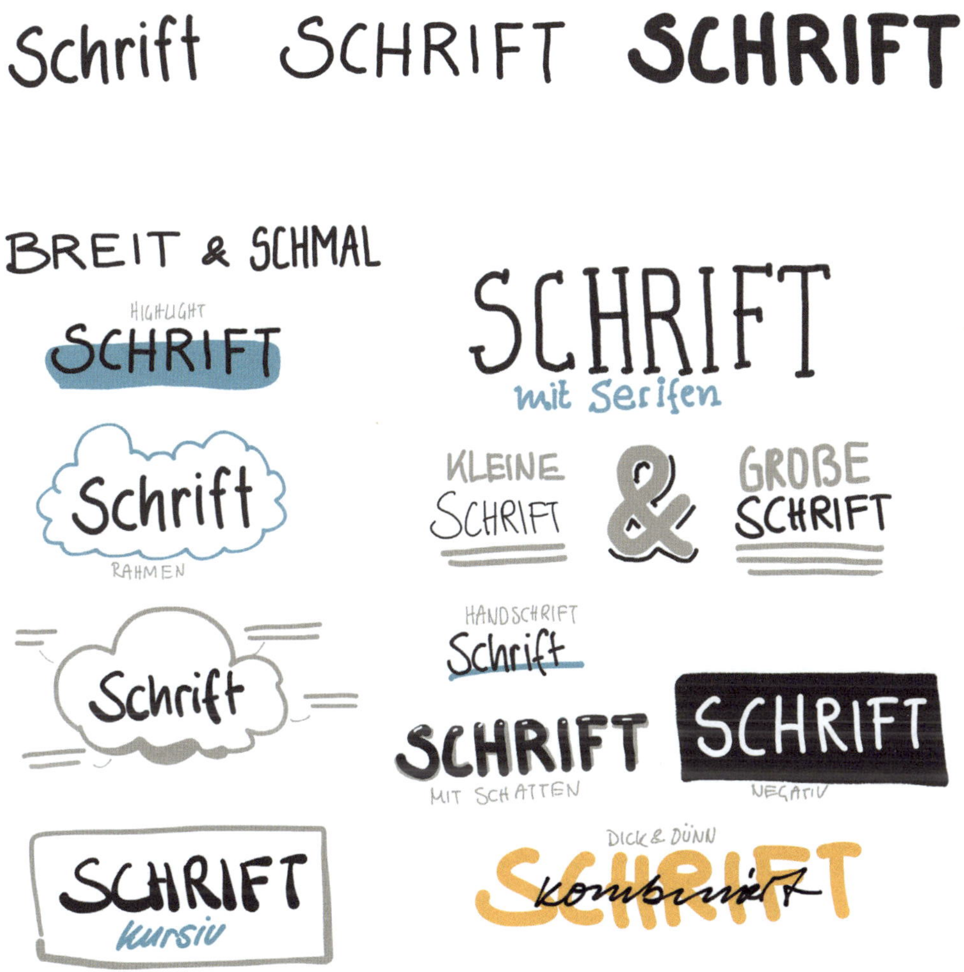

Linien

Linien grenzen einzelne Abschnitte ab und Pfeile lenken das Auge. Sie sind unabdingbar für eine verständliche Darstellung und nicht wegzudenken bei einem Prozessbild.

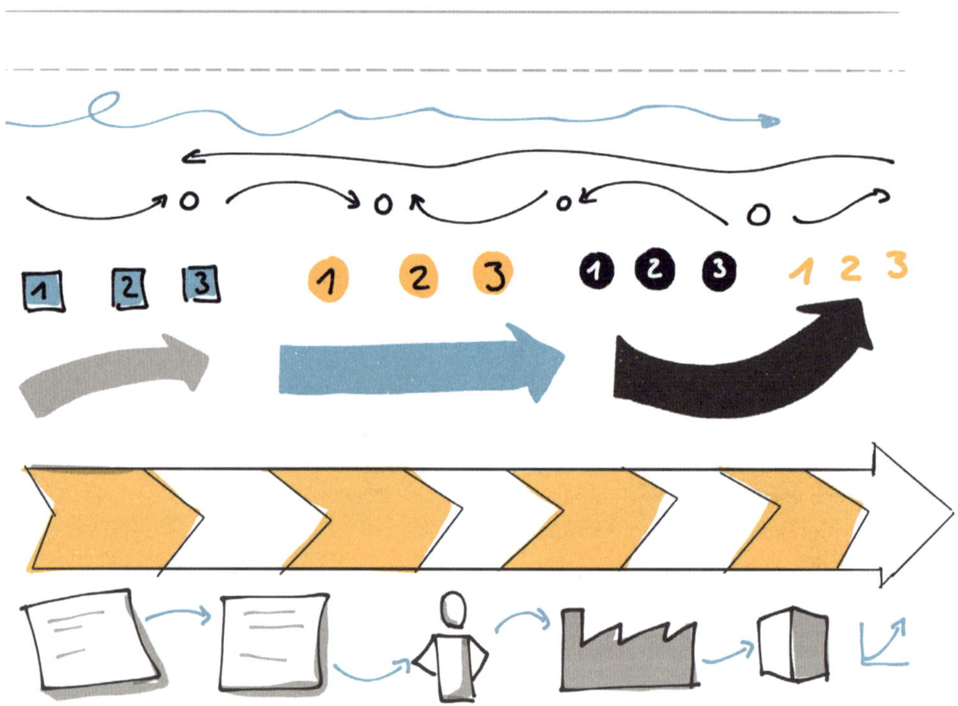

Textcontainer

Sie sind die »Highlighter« in Bildern. Denn sie betonen Inhalte und geben Struktur, sie hübschen Überschriften auf und gruppieren Elemente.

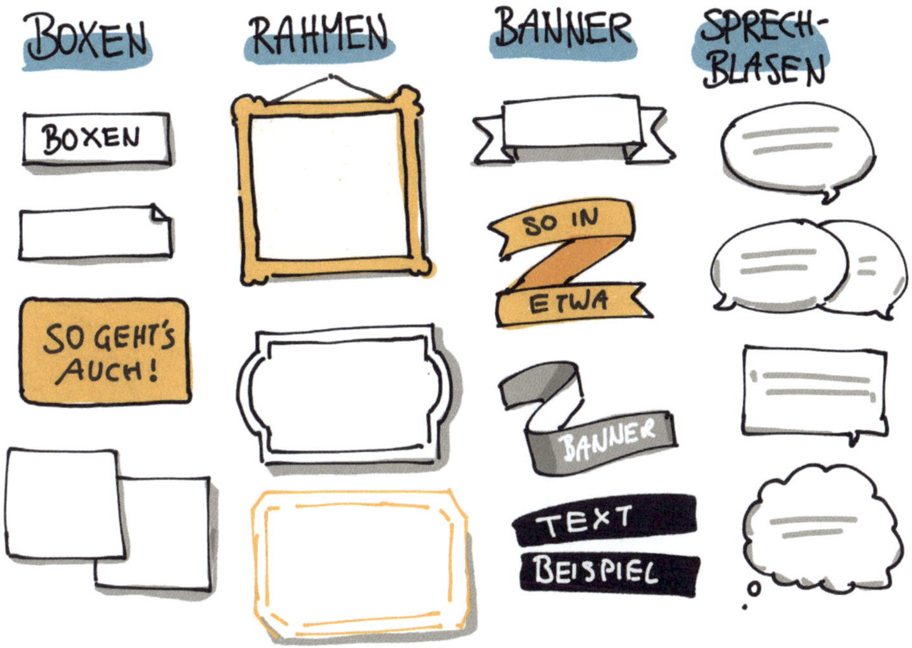

Visuelle Konzepte

Beginnen Sie mit dem Warum. Warum machen wir das hier? Warum sollten wir etwas ändern? Das denken sich wahrscheinlich die meisten Menschen hundertmal täglich. Ich auch.

Simon Sinek hat darüber Bücher geschrieben, zum Beispiel »Start with Why«. Auch Dan Roam beschreibt in seinem Buch »Auf der Serviette erklärt« großartig, wie man sinnvolle Inhalte zusammenträgt und verständlich verbildlicht.

Die Struktur des »Why, How und What« ist eine einfache und fast universell einsetzbare Grundstruktur, um visuelle Konzepte zu erkennen und Informationen visuell zu organisieren. Diese magische Dreier-Einteilung ist ein roter Faden, der eine sinnvolle Geschichte erzählt.

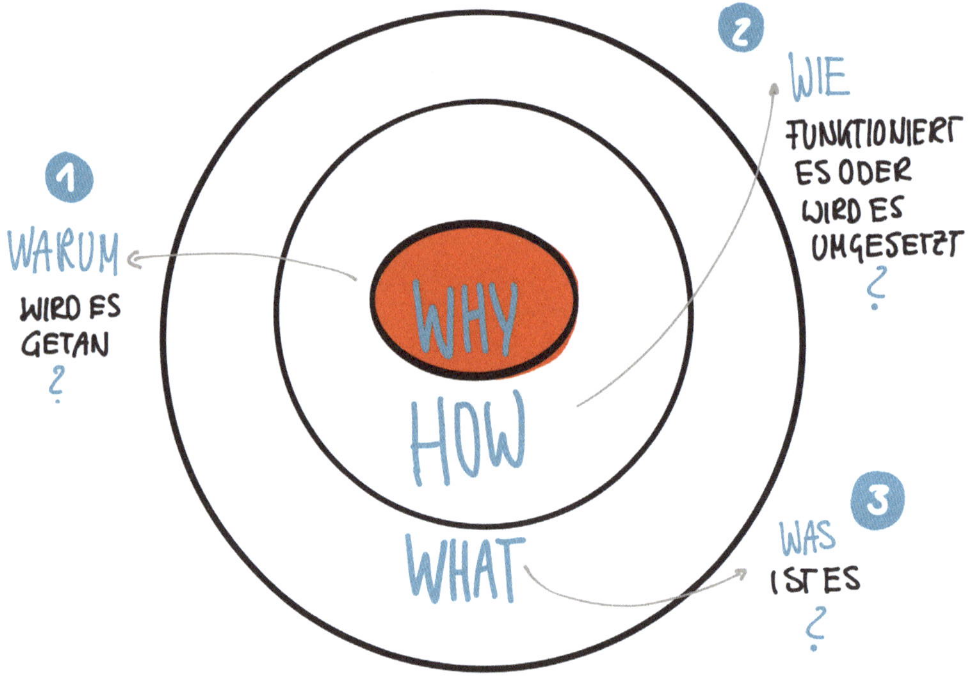

Warum

Warum wird etwas benötigt oder getan? Warum sollte ein Verhalten geändert werden?

In einem Vergleich werden der aktuelle Zustand und der angestrebte zukünftige Zustand gezeigt. So können Sie begründen, warum eine Veränderung nötig ist, und leicht verdeutlichen, was es für Auswirkungen hätte, wenn man bei seinen schlechten Gewohnheiten bleibt frei nach dem Spruch: »Kannste schon so machen, aber dann ist es halt Kacke.«

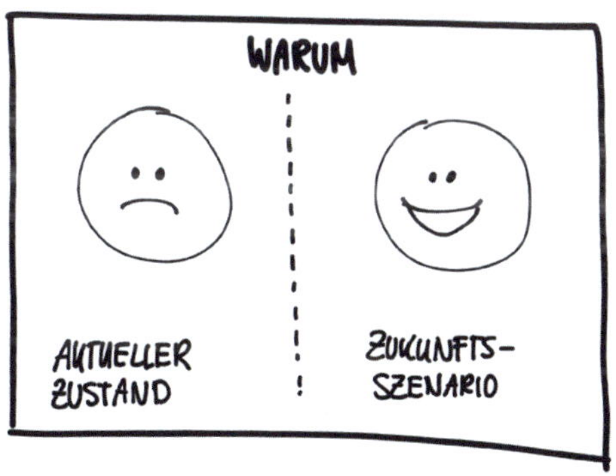

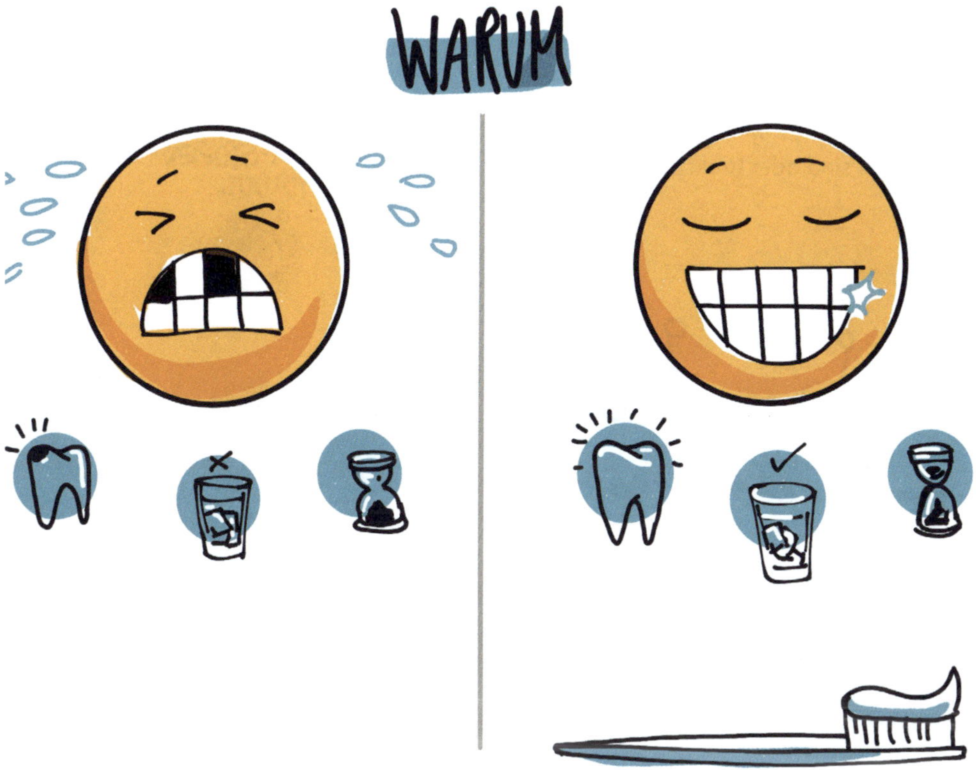

Was

In der Was-Struktur werden Systeme mit Elementen und deren Beziehungen zueinander erklärt. Es wird gezeigt, wie Dinge organisiert sind oder funktionieren.

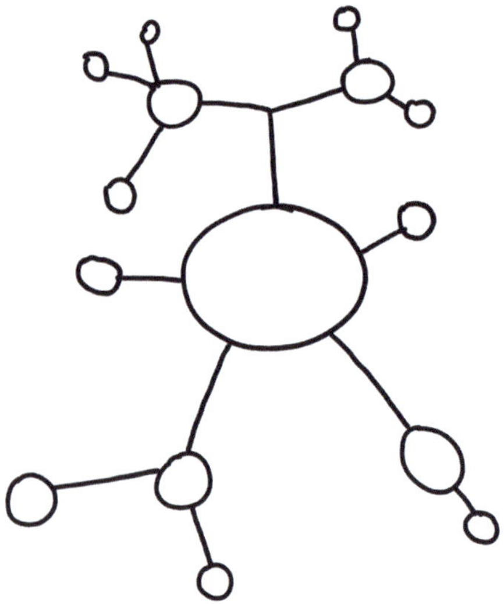

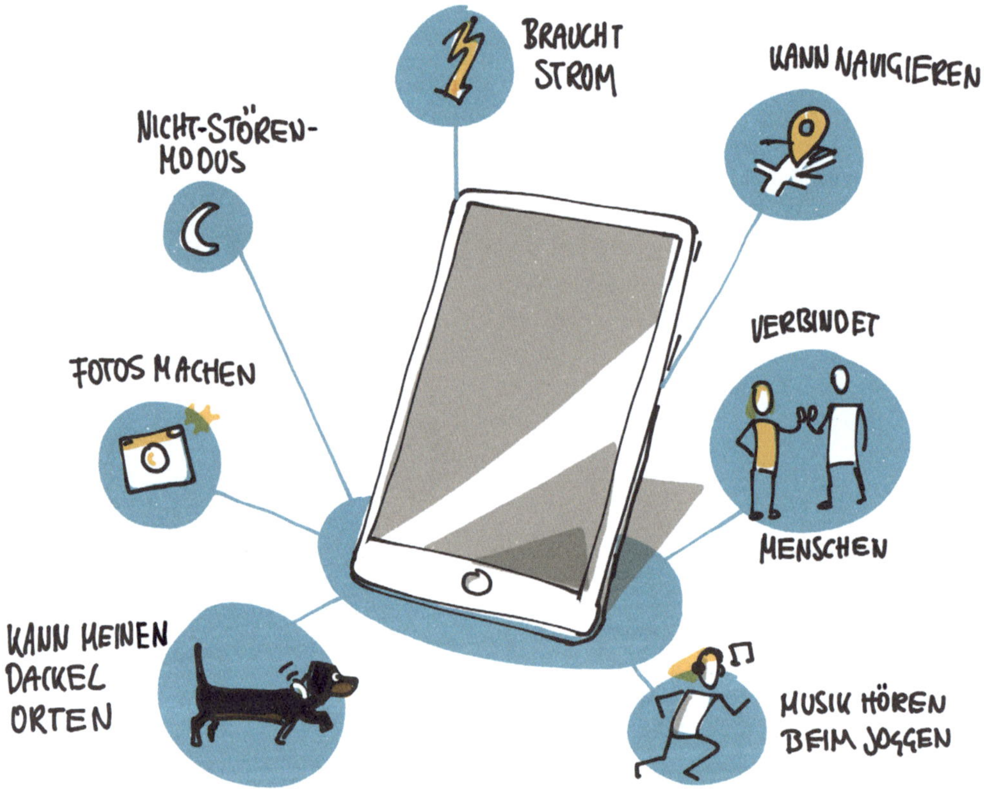

Wie

Sobald die Leute verstehen, warum und was, können Sie ihnen erklären, wie. »Wie« zeigt Schritte, Abläufe und Reihenfolgen. Wie bewegt man sich durch einen Prozess zum Beispiel.

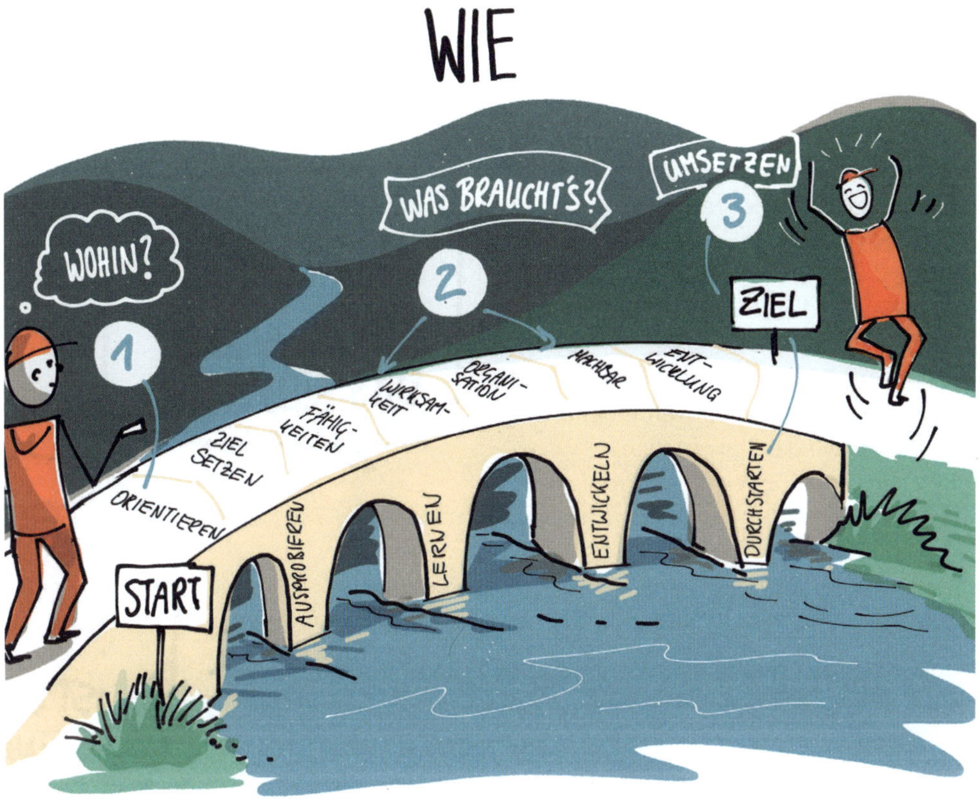

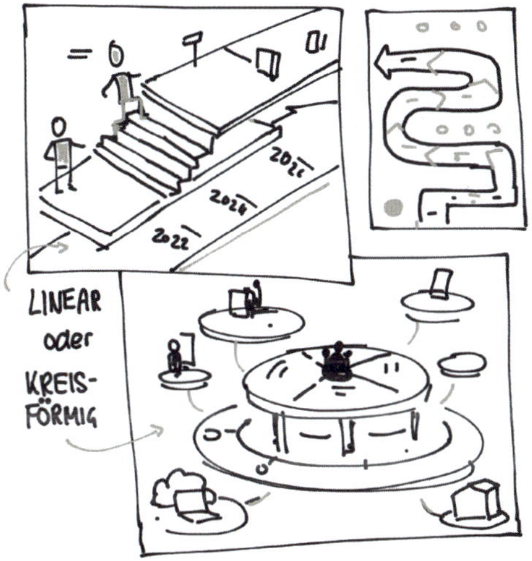

Erste Schritte zum Gesamtbild

Auf den nächsten Seiten möchte ich mit Ihnen ein Gesamtbild erstellen. Ich nenne es mal »Mach's doch einfach«-Poster. Das Bild soll zur Veränderung aufrufen. Wir werden uns dabei an die Why-How-What-Struktur halten.

Bevor es losgeht, sollten wir uns über den Zweck des Bildes klarwerden und wissen, für wen wir das Bild erstellen.

Haben wir Lösungen für ein Problem?

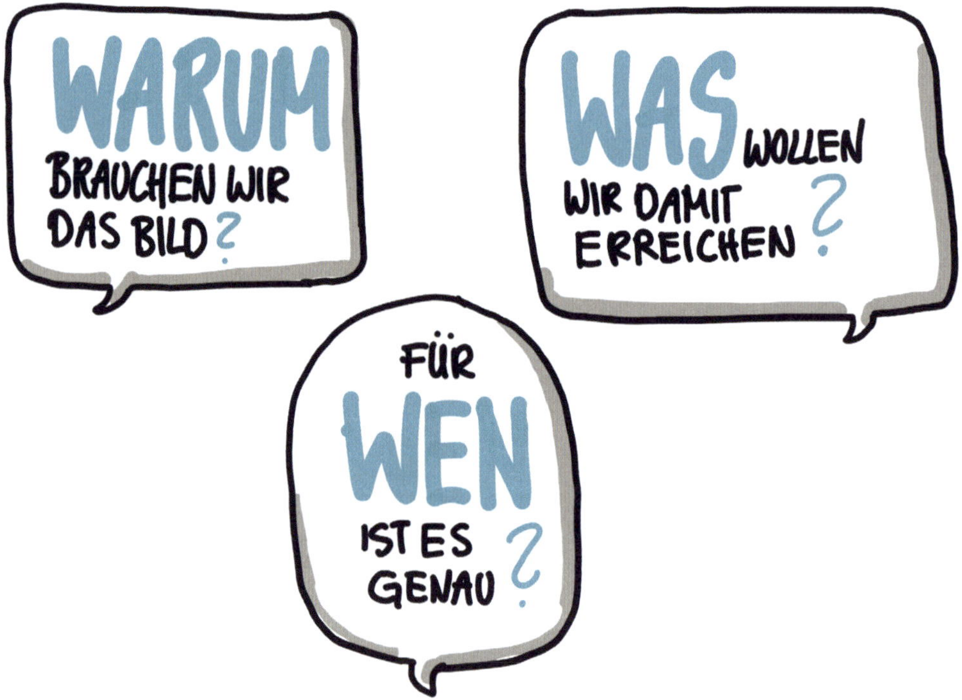

Wo liegen die Herausforderungen?

Welche hilfreichen Hinweise
gibt es für eine Lösung?

Was sind die zukünftigen
Herausforderungen?

Welche notwendigen Schritte
ergeben sich daraus?

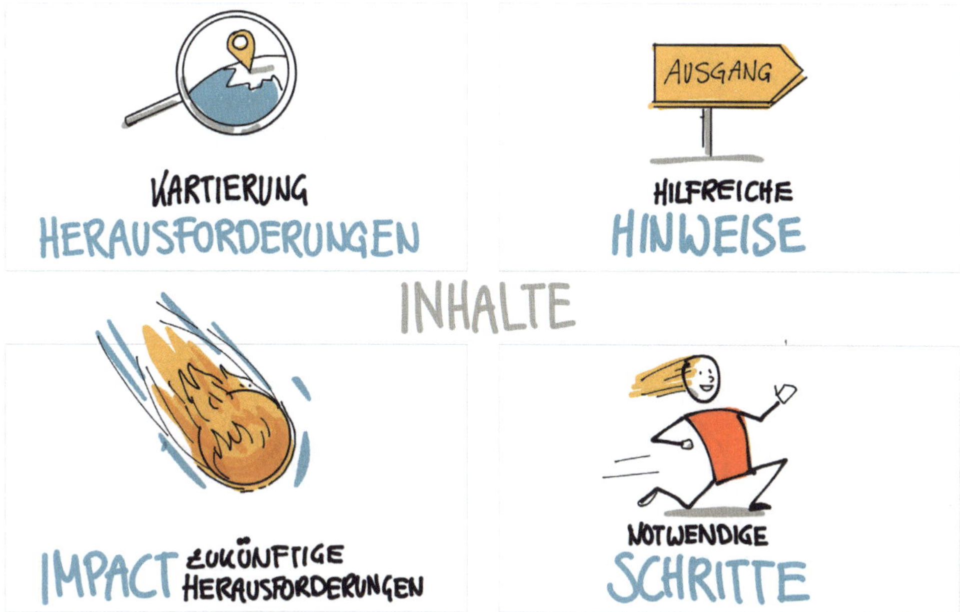

Wen wollen wir überzeugen?

Schreiben Sie auf, wen Sie alles überzeugen wollen, alle, die Ihnen einfallen. Dann können Sie Ihre Zielgruppe persönlich ansprechen. So wird es bei der Betrachtung individuell erfahrbar, erforschbar und kann eine Verbesserung bewirken.

Frei denken und die Zielgruppe im Auge behalten

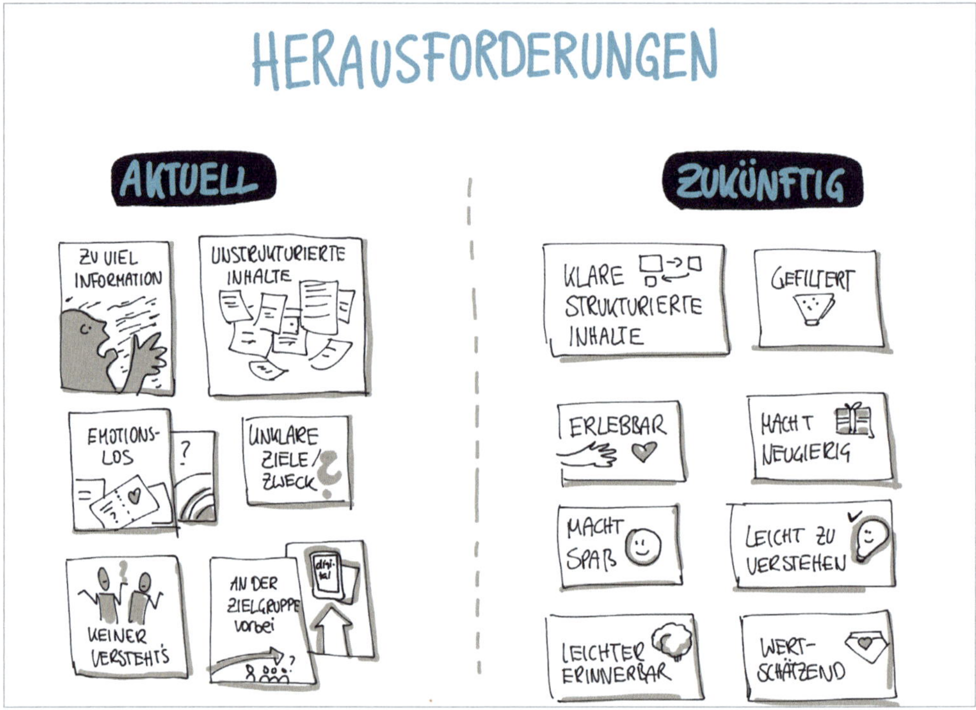

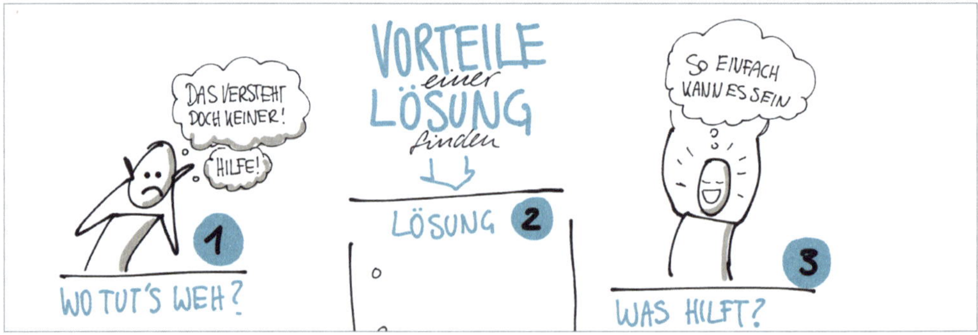

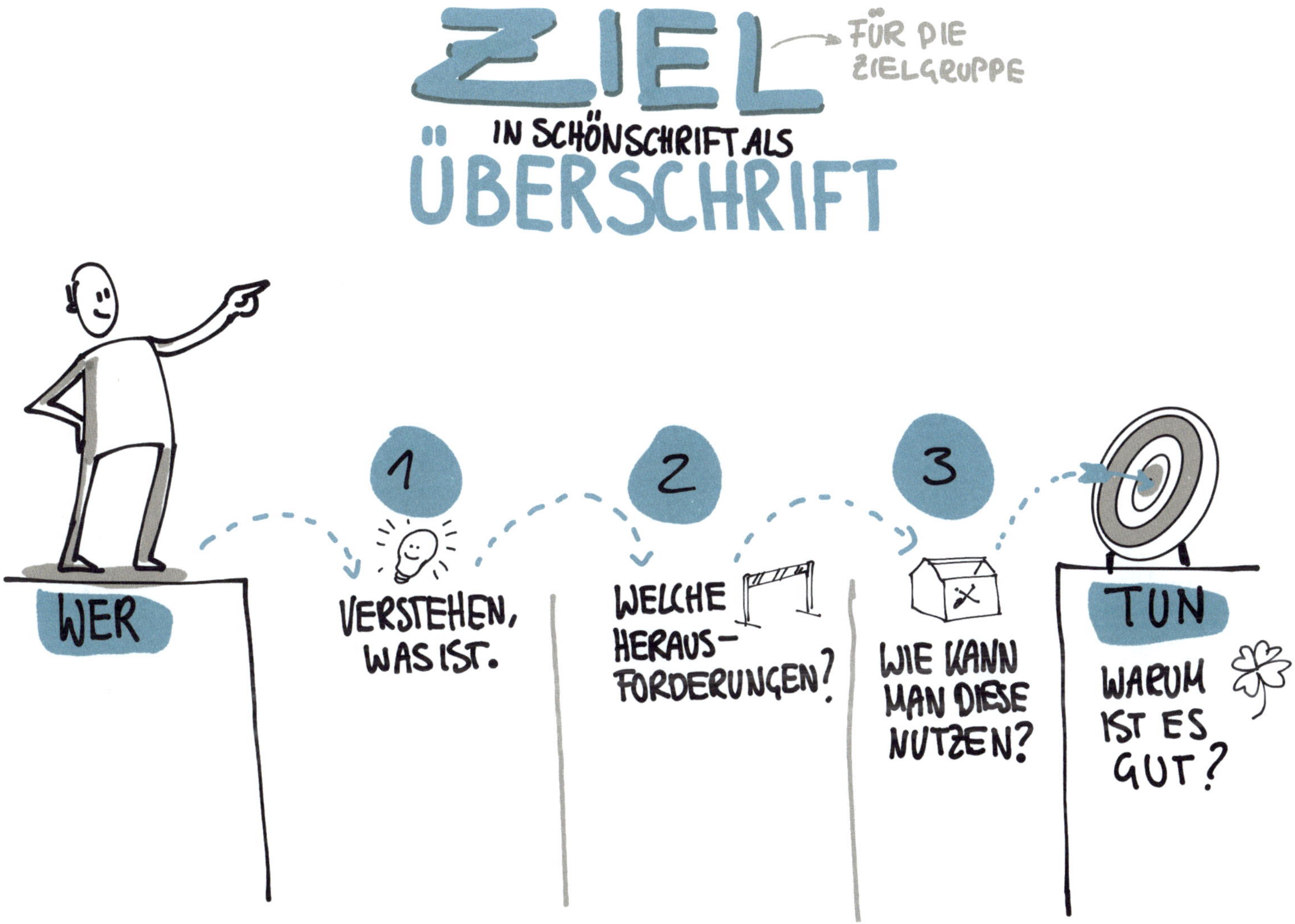
ZIEL
FÜR DIE ZIELGRUPPE
IN SCHÖNSCHRIFT ALS
ÜBERSCHRIFT
1
2
3
WER
VERSTEHEN, WAS IST.
WELCHE HERAUS-FORDERUNGEN?
WIE KANN MAN DIESE NUTZEN?
TUN
WARUM IST ES GUT?

Struktur des Gesamtbildes konzipieren

Nachdem Zielgruppe, Herausforderungen und Lösungen zusammengetragen sind, können wir anhand der Why-How-What-Struktur die Inhalte anordnen und eine erste Skizze anfertigen. Das sieht schon ganz gut aus und könnte funktionieren. Um sicherzugehen, dass nicht nur wir das Poster verstehen, ist es gut, sich Feedback zu holen und vielleicht das Bild noch auszubessern.

Erst wenn das Bild funktioniert und es der Zweck erfordert, würde ich es ausführlicher und detailreicher ausarbeiten.

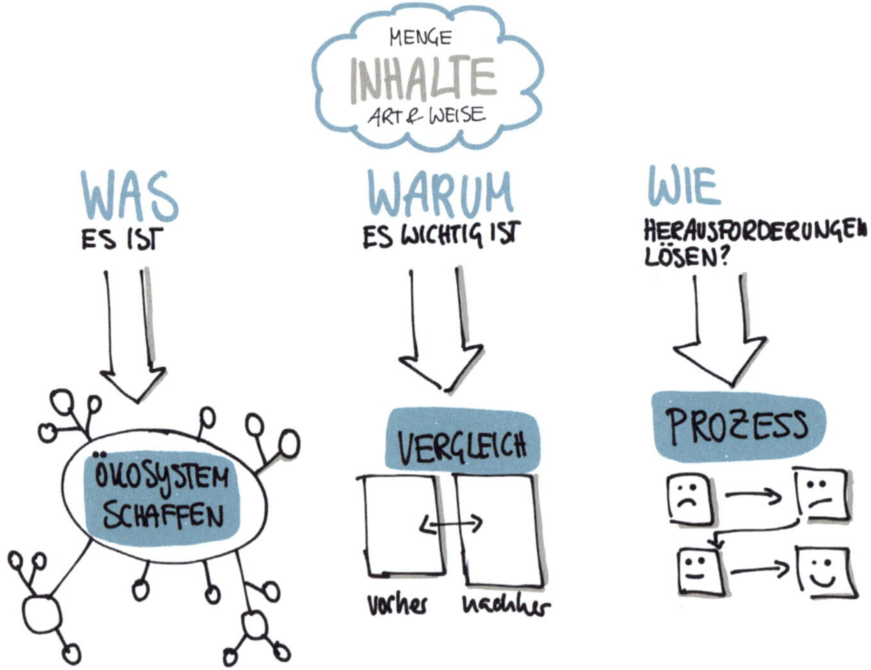

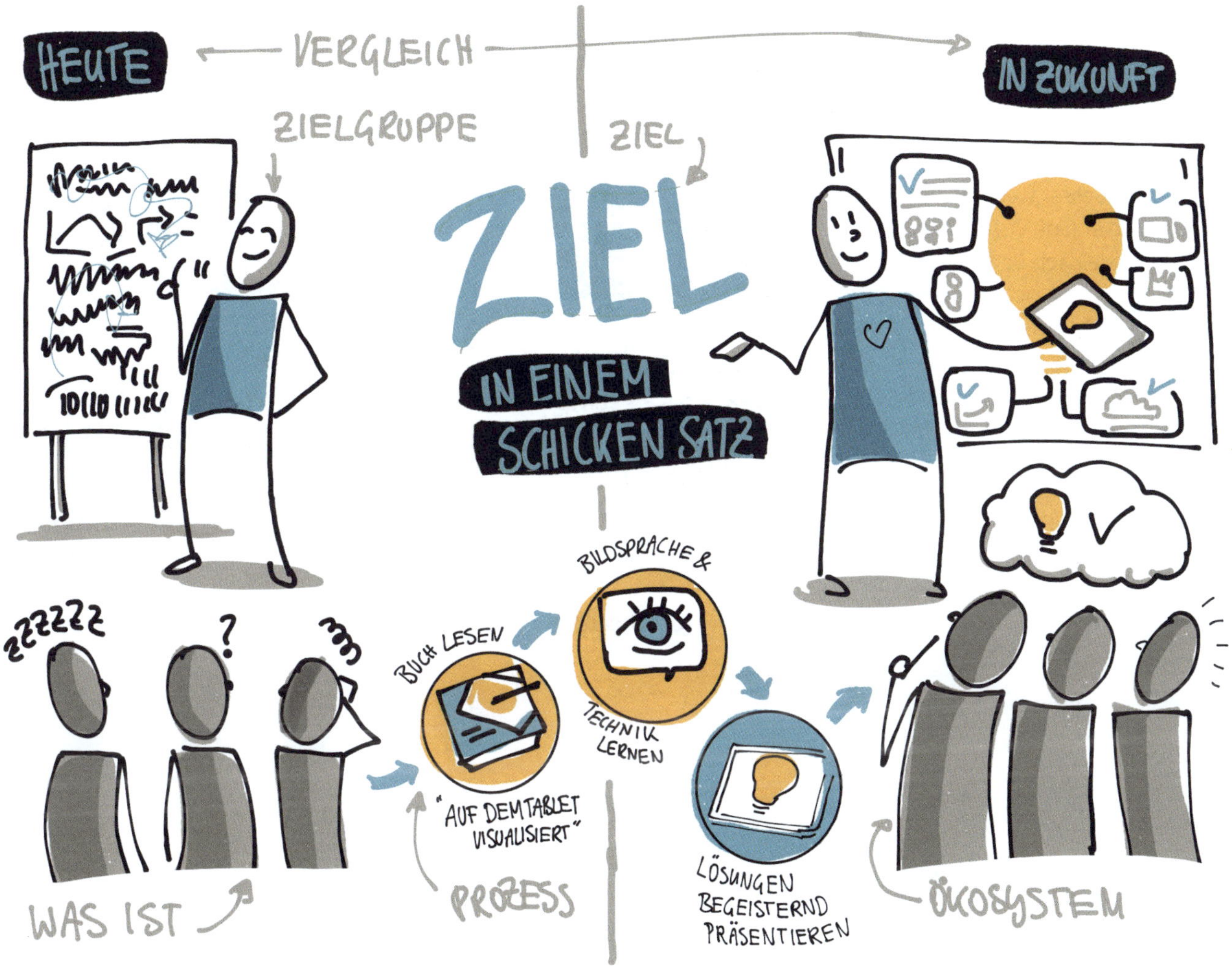
HEUTE
VERGLEICH
IN ZUKUNFT
ZIELGRUPPE
ZIEL
ZIEL
IN EINEM
SCHICKEN SATZ
ZZZZZZ
?
BUCH LESEN
BILDSPRACHE &
TECHNIK LERNEN
"AUF DEM TABLET VISUALISIERT"
LÖSUNGEN BEGEISTERND PRÄSENTIEREN
WAS IST
PROZESS
ÖKOSYSTEM

Übung:
Ihr Projekt als Visual

Bei der visuellen Kommunikation geht es meistens um Veränderung. Menschen sollen überzeugt werden, warum eine Situation besser ist oder besser werden kann.

Wichtig ist, eine eigene visuelle Sprache zu entwickeln, um sie nach Bedarf zur Hand zu haben. So können Sie sich während der Präsentation Ihres Lösungsvorschlags aufs Gespräch konzentrieren.

Jetzt sind Sie dran. Fangen Sie an, Ihren Lösungsvorschlag für ein Projekt als »Mach's doch einfach-Plakat« umzusetzen.

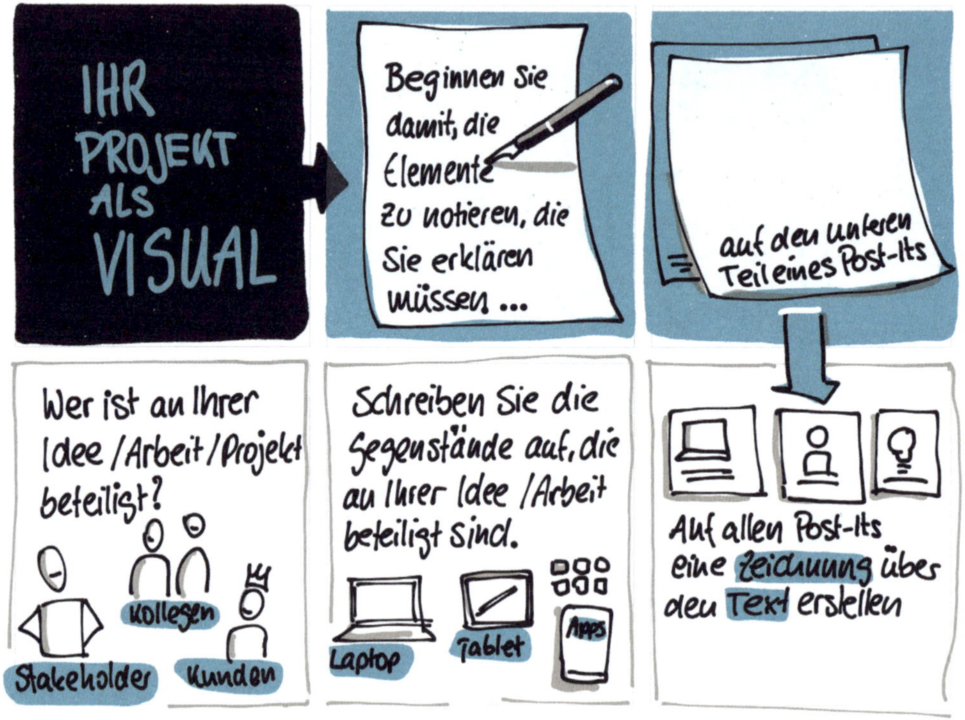

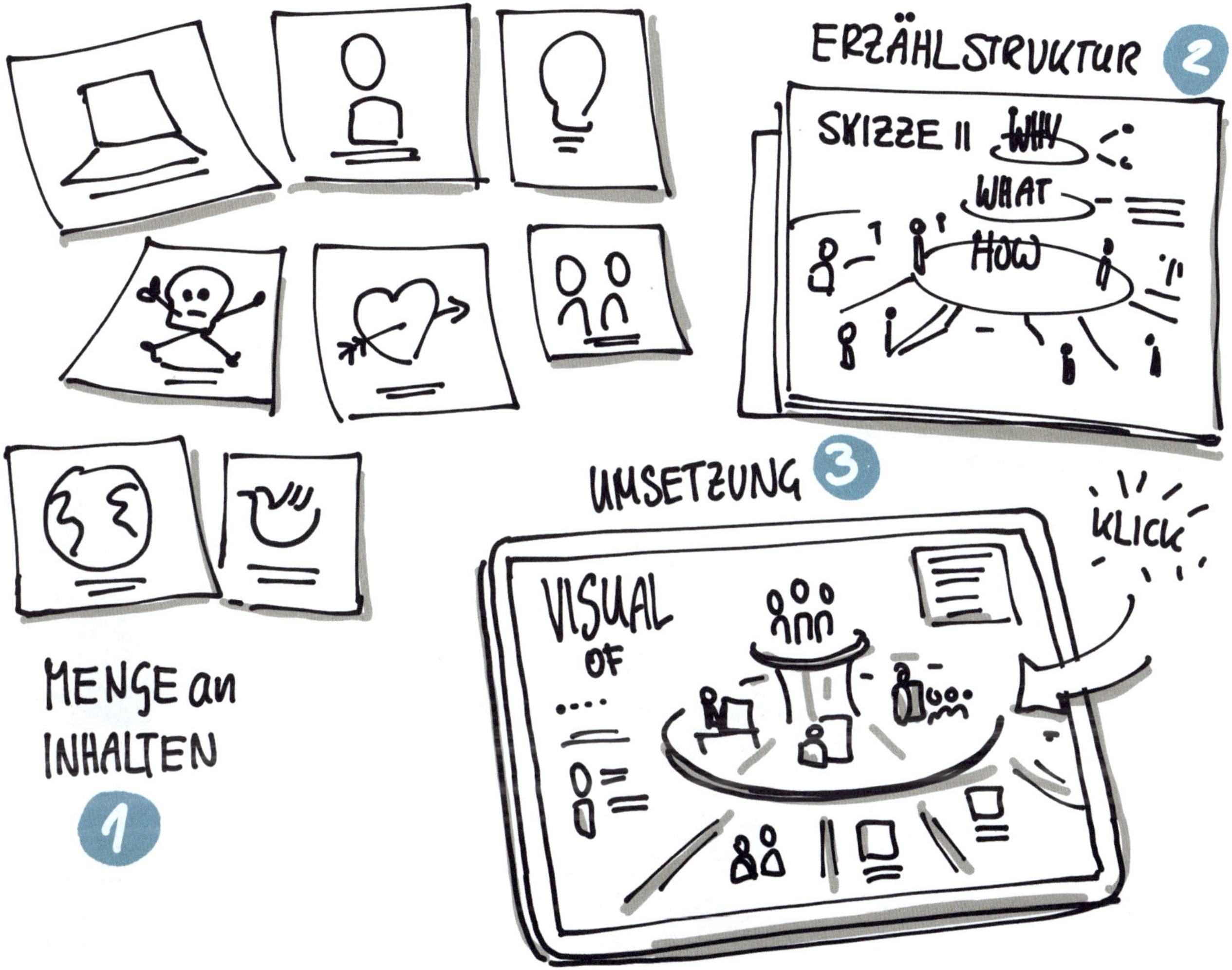
ERZÄHLSTRUKTUR
2
SKIZZE II
WHY
WHAT
HOW
UMSETZUNG
3
KLICK
VISUAL
OF
....
MENGE an
INHALTEN
1

Praxisbeispiel

Die über fünf Wochen stattfindenden COREdays sollten eigentlich mit einem Graphic Recording begleitet werden, doch das hätte Zeit und Budget gesprengt. Daher haben die Auftraggeberin und ich uns auf eine hybride Lösung geeinigt. Ein Teil entstand während des Barcamps und ein Teil anhand von Aufzeichnungen. Das Ziel war es, eine Geschichte über einen Schüler erzählen zu können, entlang

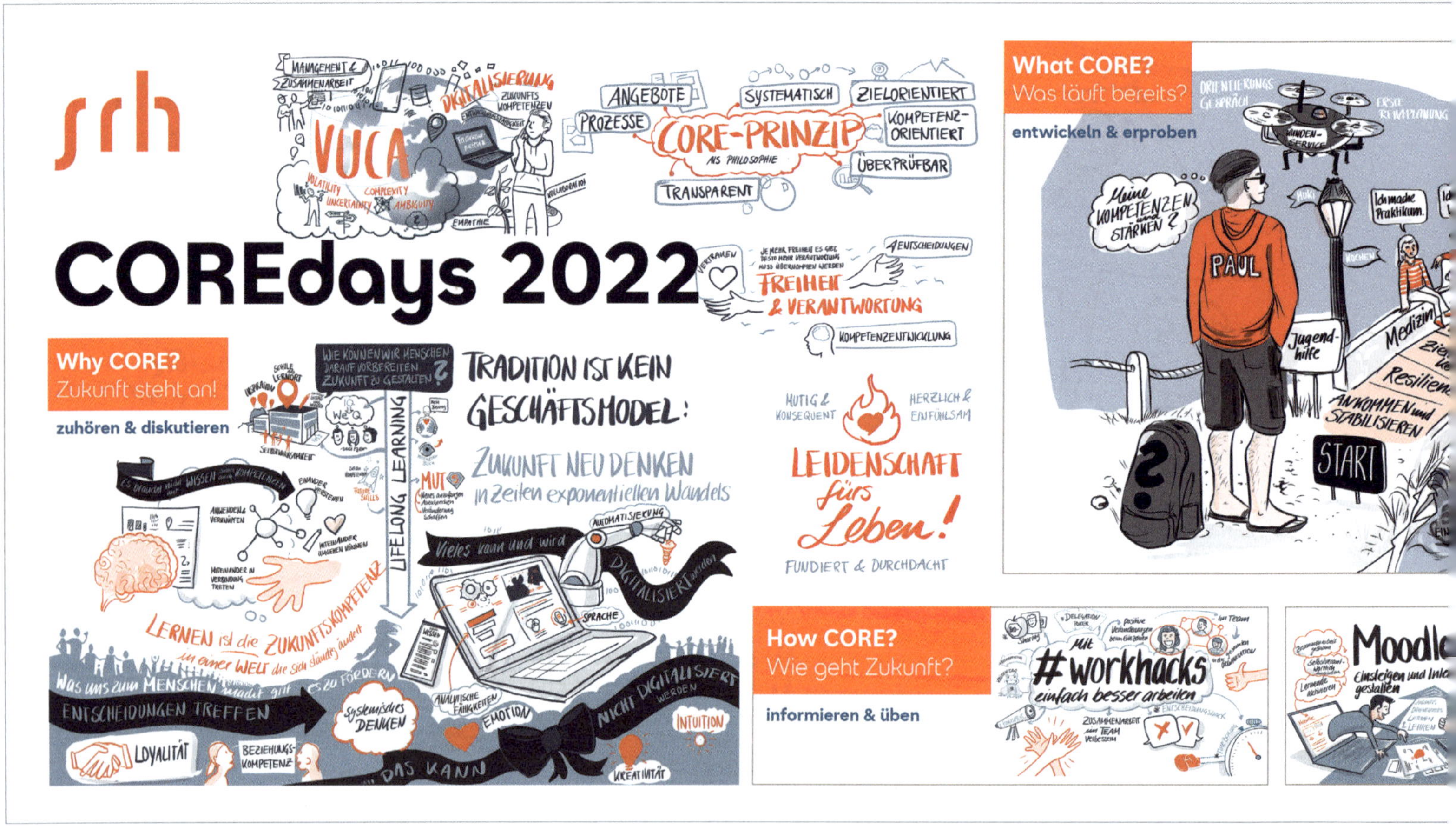

von Bildern, Icons, Aussagen und Schlüsselbegriffen, die den Mitarbeiter:innen Orientierung, Identifikation und Teilhabe ermöglichen. Das Ergebnis wird für alle digital im Intranet zugänglich sein. Zudem wurde dieses Bild als Banner zentraler Bestandteil der Abschlussveranstaltung als Ideensicherung und Präsentation der erarbeiteten Ergebnisse der Teilnehmer:innen genutzt. Storyline ist die Why-How-What-Methode. Integriert wurden Beiträge aller Arbeitsbereiche, Methoden und Tools sowie die Werte der SRH.

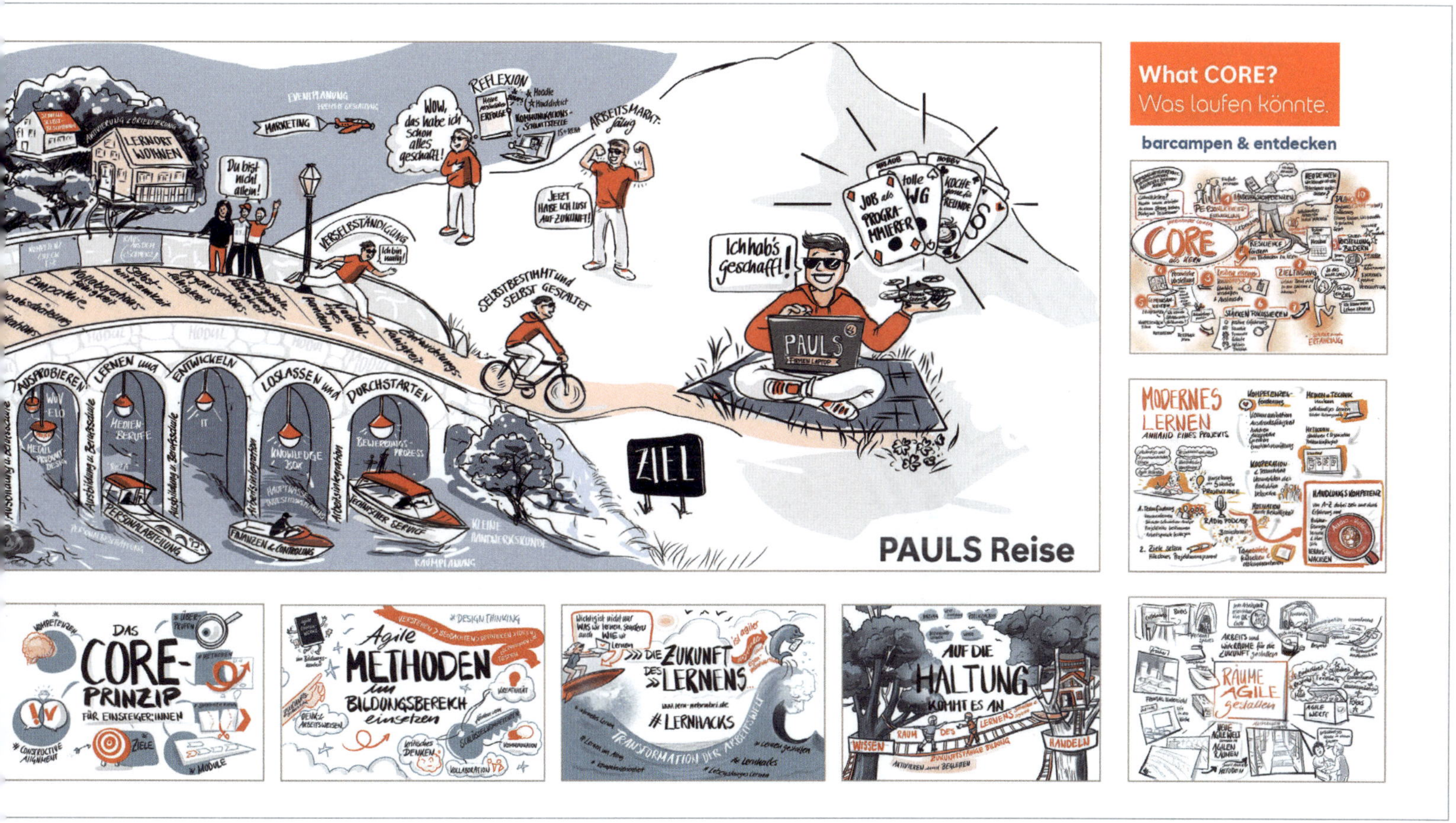

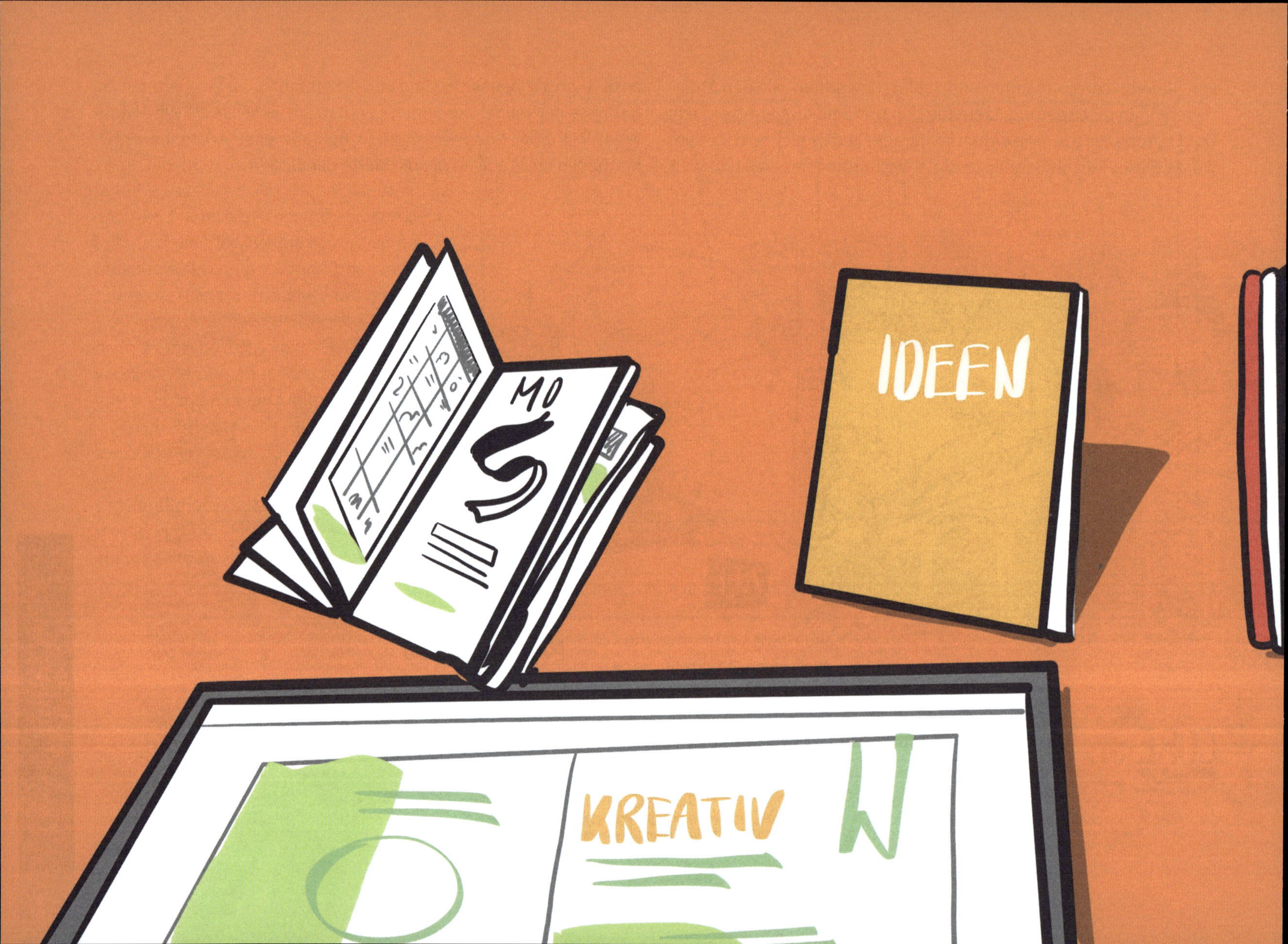

MO
IDEEN
KREATIV

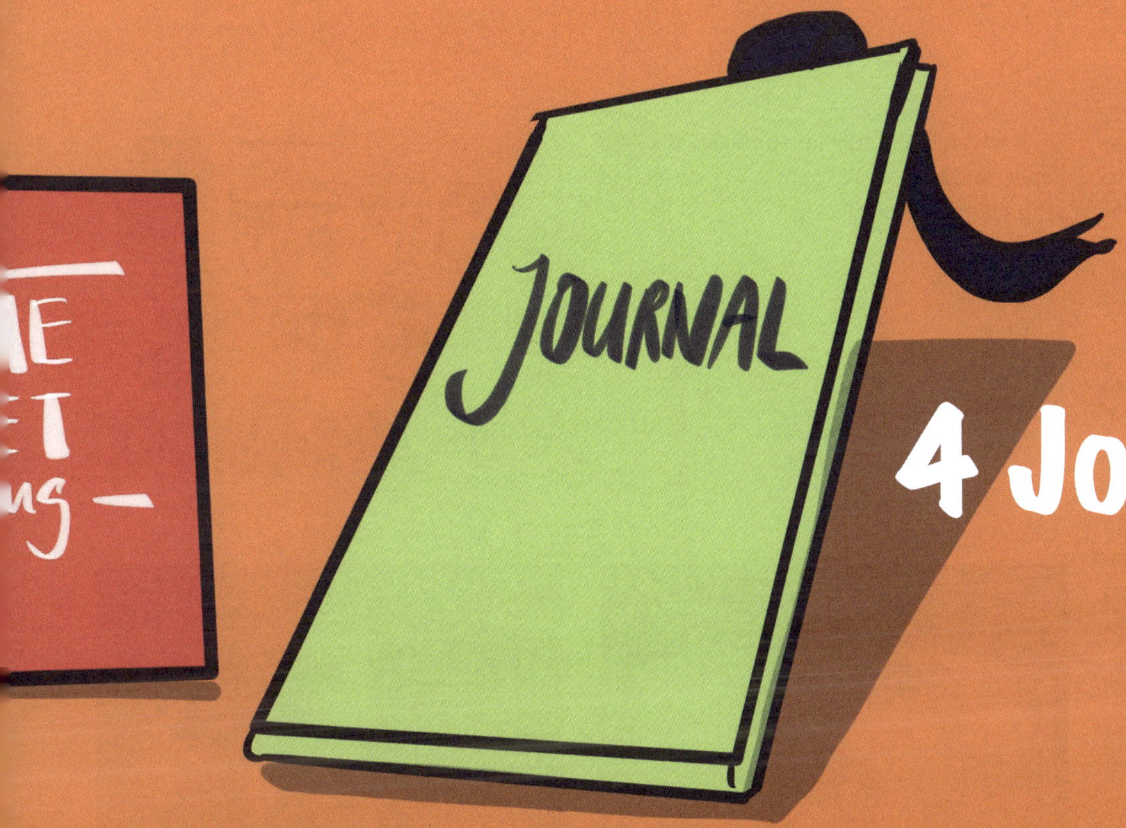

4 Journaling

Notizbücher sinnvoll nutzen

Ich liebe Notizbücher! Man kann schon sagen, dass es ein Tick von mir ist. Ich habe so viele echte wunderschöne gebundene Notizbücher. Für jedes neue Projekt habe ich ein eigenes. Leider habe ich viele angefangen, aber nur ein paar Seiten gefüllt.

Wie praktisch ist es da, sich digitale Notizbücher anzulegen. Hier bin ich sozusagen ungebunden, was die Seitenanzahl angeht. Trotzdem bin ich so gut »sortiert«.

Meine Visualisierungsworkshops bereite ich mit der App **Paper** vor. Darin kann ich den Workshop von der Agenda bis zu Zeichenübungen in einem Notizbuch von Anfang bis Ende chronologisch vorbereiten wie eine PowerPoint-Datei. Noch besser sogar, denn ich kann über die App präsentieren und dabei live zeichnen, die Ideen der Teilnehmer:innen sammeln sowie Fragen und Antworten zusammentragen, und das Allerbeste, ich kann dieses Notitzbuch komplett in ein mehrseitiges PDF exportieren und als Handout speichern und versenden.

Auch als Ideenbüchlein finde ich die App Paper fantastisch. Es geht alles so schön schnell und unkompliziert!

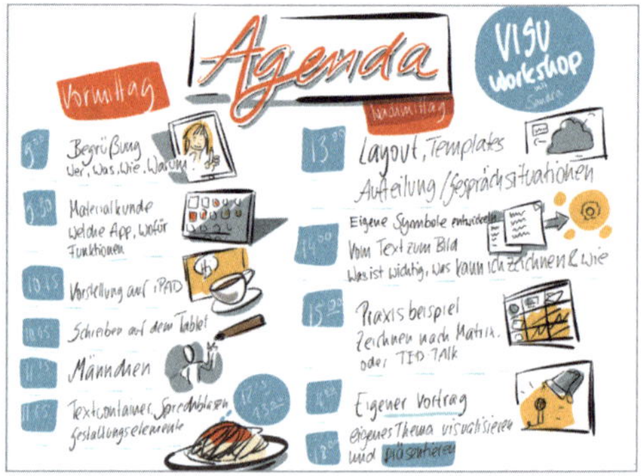

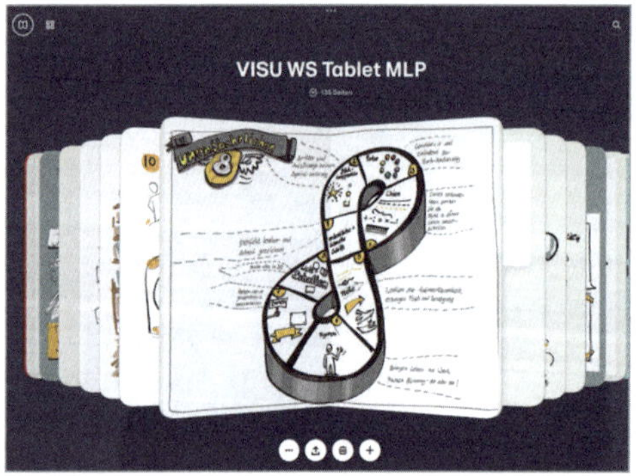

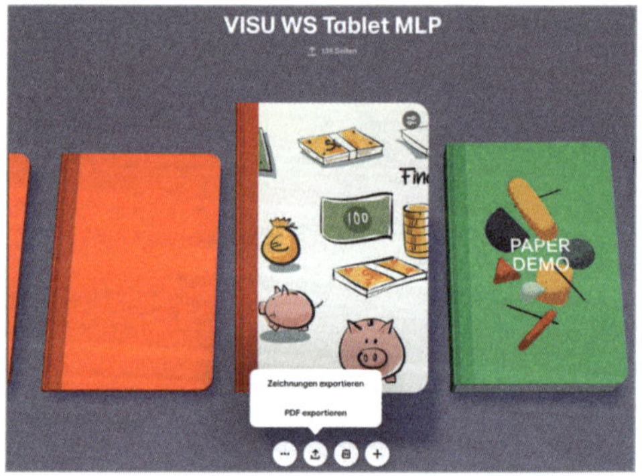

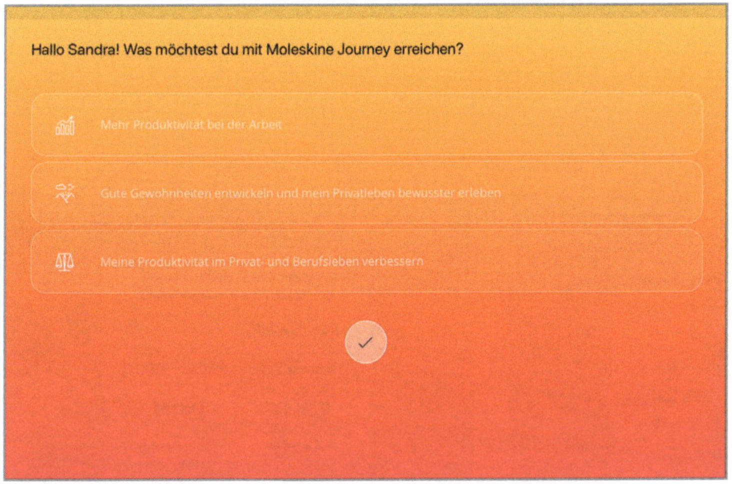

Ein Planer für Planer:innen ist die App **Moleskine Journey**. Auch hier kann man für Projekte Notizbücher anlegen. Ich finde es großartig, dass man den eigenen Kalender integrieren kann. Gerade für To-dos ist das praktisch.

Wenn man sich ein neues Notizbuch anlegt, fragt die App, ob man das Buch als Planer, für Aufgaben oder als Fototagebuch nutzen möchte. Die App wählt dann schon einmal ein passendes Notizbuch aus. Man kann aber noch den Stil und die Farben anpassen.

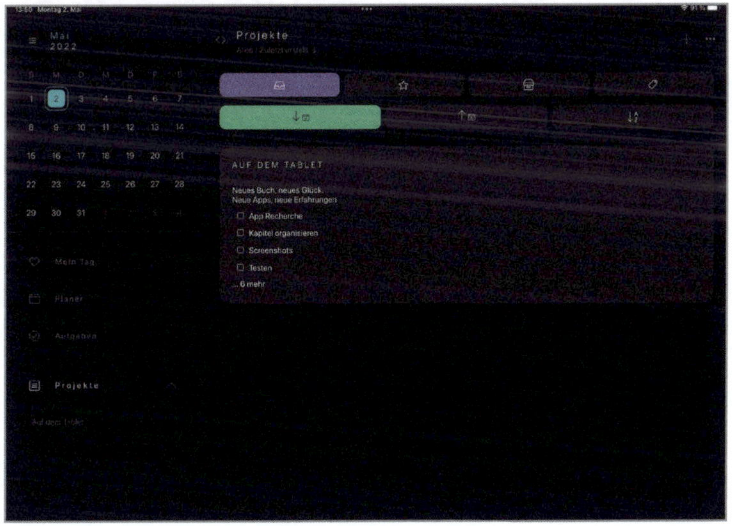

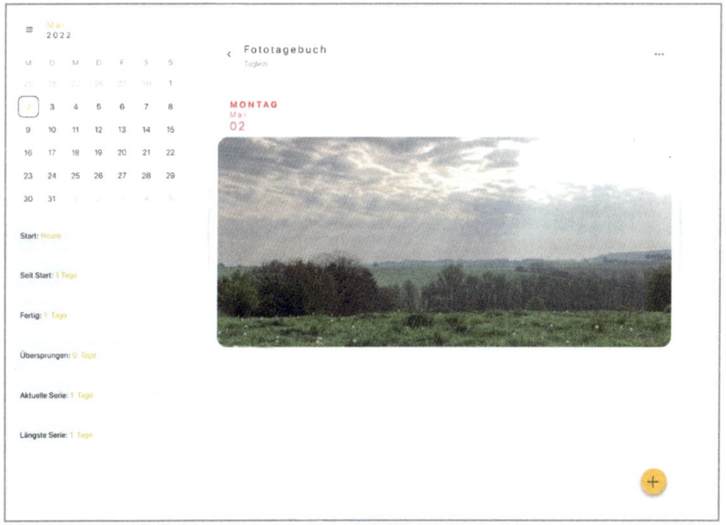

Kreatives digitales Journaling mit Zinnia

Meine persönliche App-Entdeckung des Jahres ist die App **Zinnia**. Vielleicht haben Sie in den sozialen Medien auch schon gesehen, wie manche aus einfachen leeren Notizbüchern kunstvolle individuelle Planer machen?

Das wollte ich auch! Eine Doppelseite habe ich geschafft, danach fehlte mir die Geduld.

Jetzt aber geht das viel schneller! In der App Zinnia gibt es wunderbare Templates (»Stempel« nennt das die App): vorgefertigte schöne To-dos, Tabellen, unkitschige Ornamente und tolle Werkzeuge zum Schönschreiben und Zeichnen. Auch die Schriften sind wunderbar und passend für jeden Stil und Anlass. Seufz!

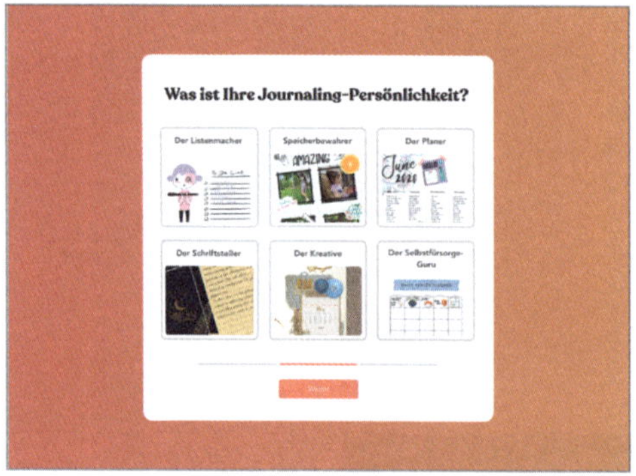

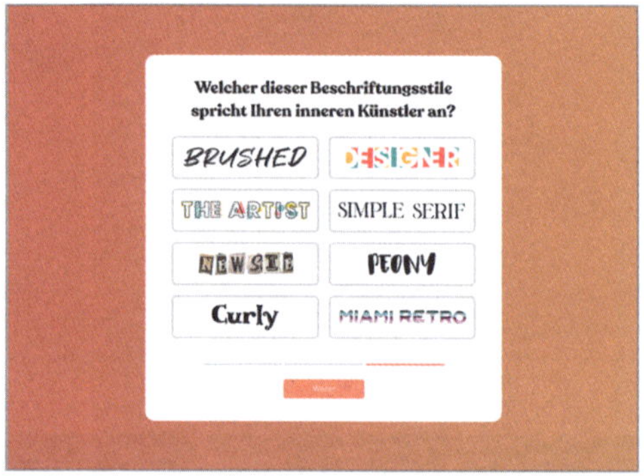

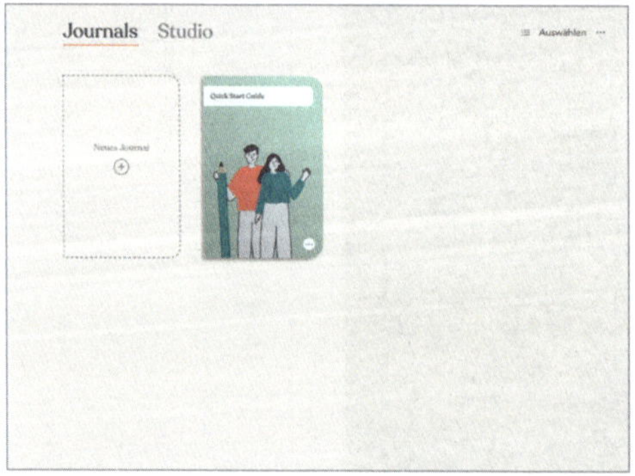

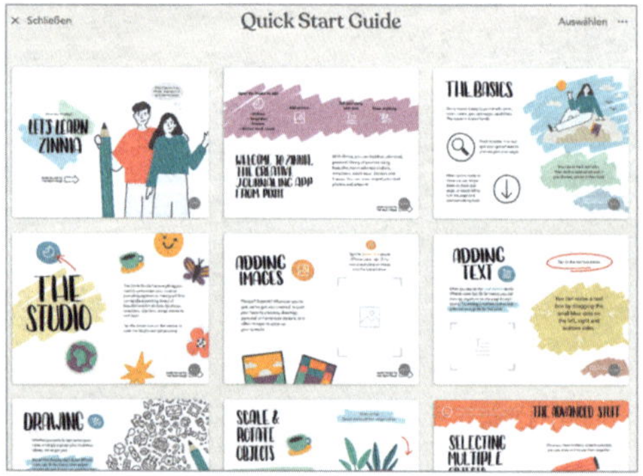

Journaling? Wozu?

Journaling ist eine gute Methode, um mehr Spaß an Organisation zu haben.

Es ist eine bunte, kreative Art, um To-do-Listen, Planer anzulegen und Gewohnheiten zu überprüfen. Nebenbei schult es die Achtsamkeit und kann helfen, die innere Künstlerseele oder den Schweinhund in den Griff zu bekommen. Mit kreativem Schreiben, Fotocollagen oder Scrapbooking gibt es viele Möglichkeiten dafür.

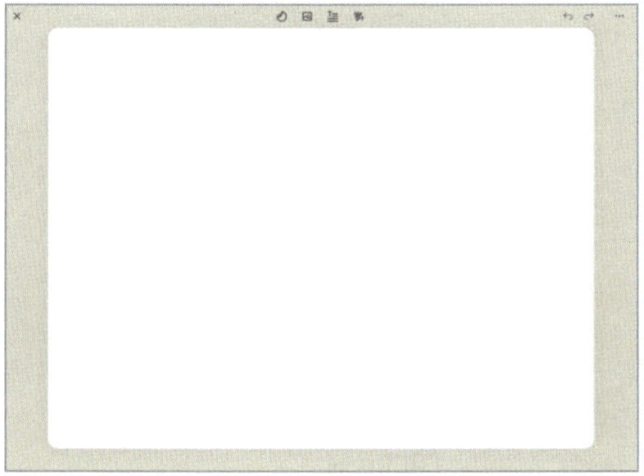

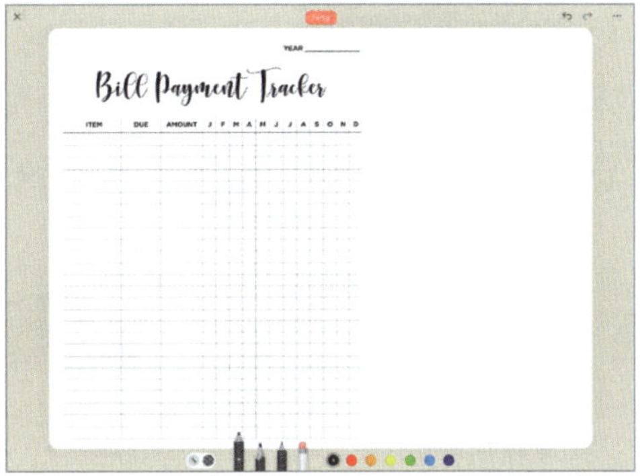

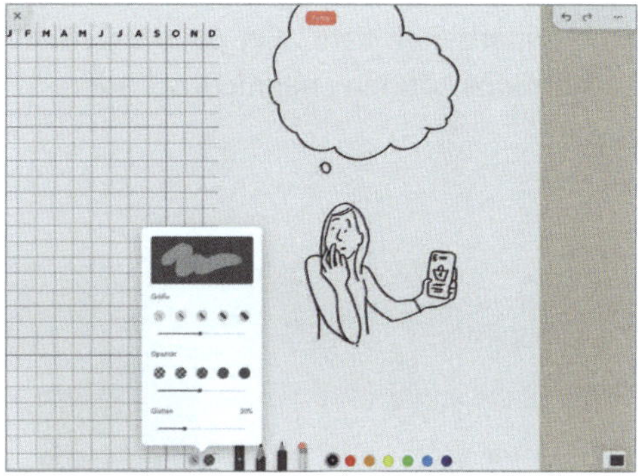

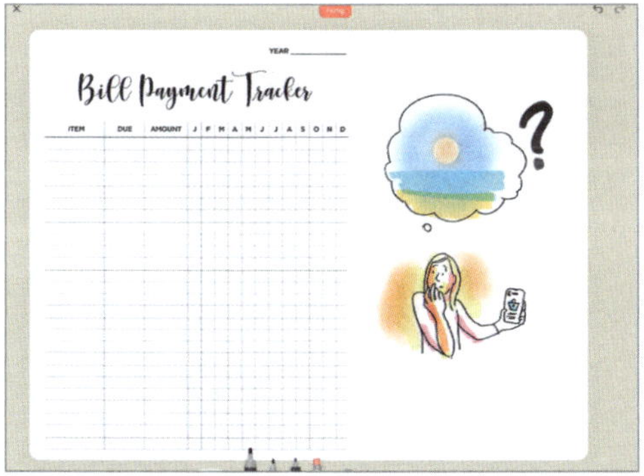

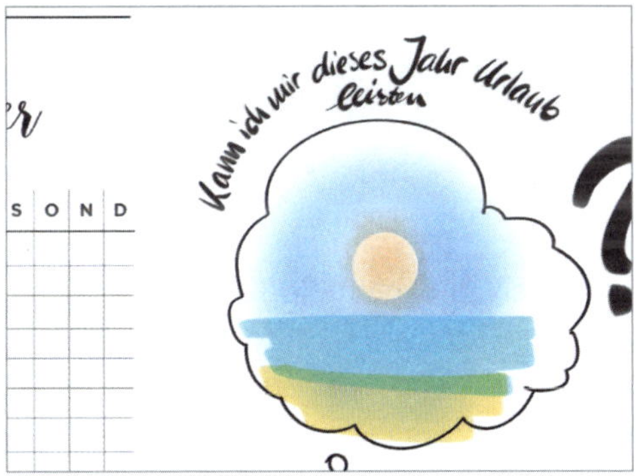

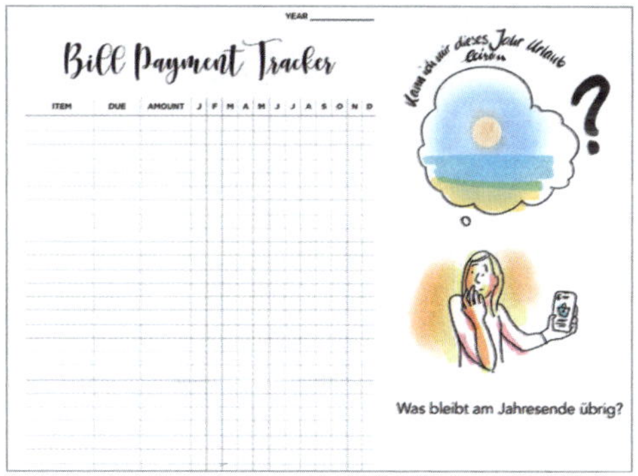

Meine bisher schönste Einnahmen-Kosten-Übersicht

Journaling Gestaltungstipps

Was funktioniert immer und sieht gut aus? Zum Glück gibt es in der Zinnia-App ja schon wunderbare Vorlagen, in die man einfach reinarbeiten kann. Ein paar klassische Designtipps können aber nicht schaden.

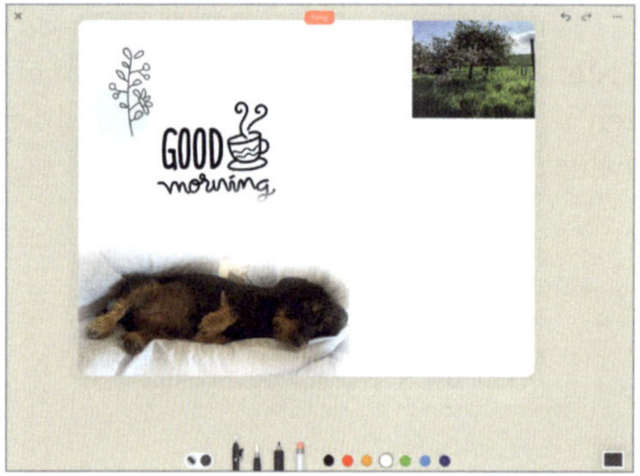

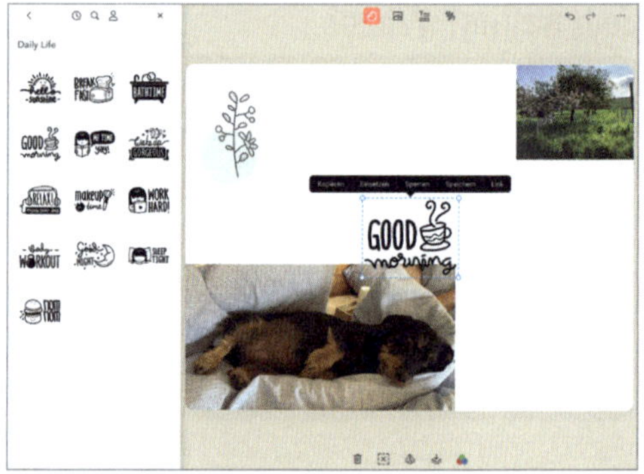

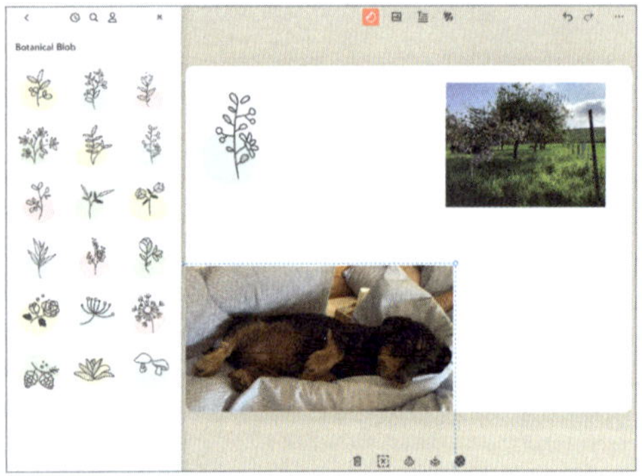

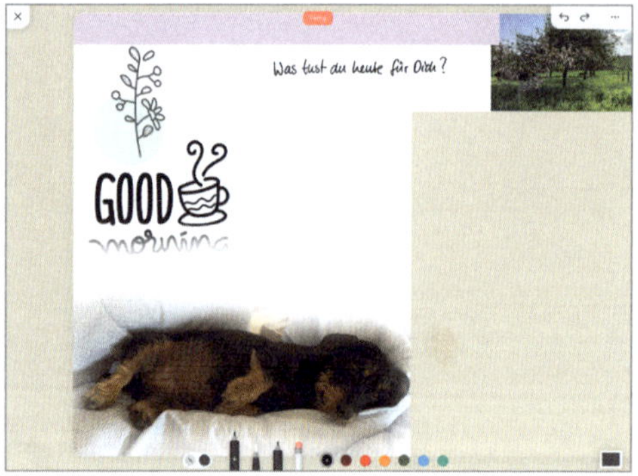

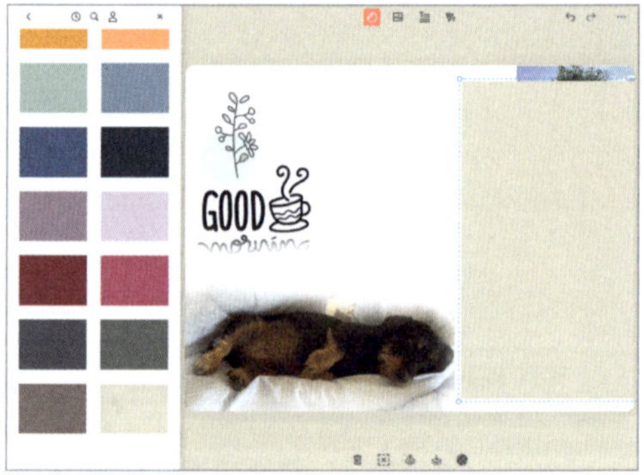

Einem Stil treu bleiben

Die Sticker sind nach Stilen sortiert. Bleiben Sie bei einem Stil. Zum Beispiel: Alles mit einer schwarzen Kontur passt gut zu schwarzer Schrift.

Farben

Erdfarben und neutrale Farben wie Weiß, Grau und Schwarz kann man gut mit einer Sonderfarbe kombinieren.

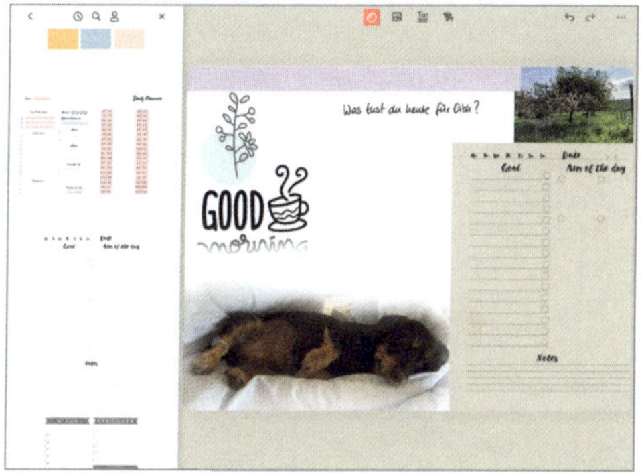

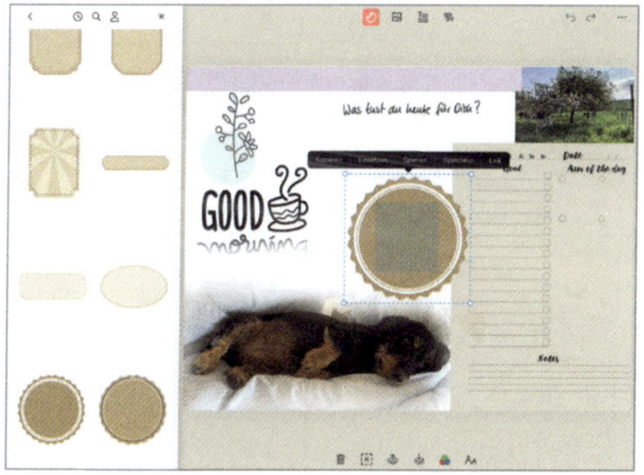

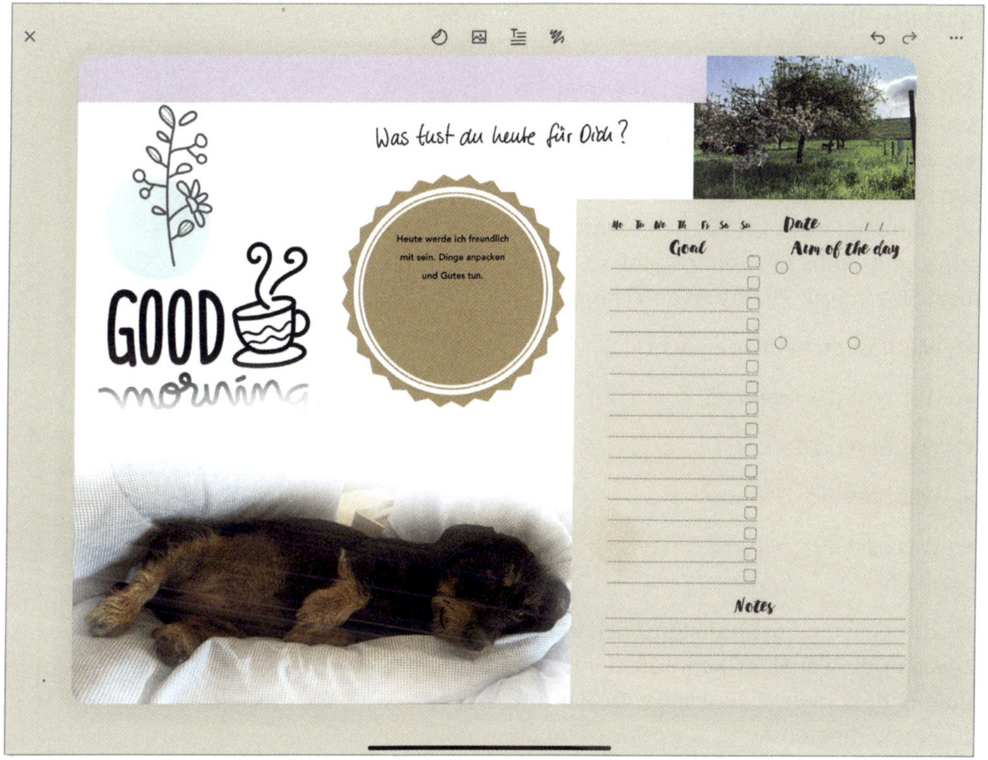

Wiederholung

Farben, Stile oder Formen dürfen sich wiederholen. Das sorgt für Harmonie im Bild. Zum Beispiel wiederholt sich die Farbe der Fotos in den Gestaltungselementen. Die Handschrift passt gut zu dem Stil der Illustrationen.

Der runde Störer (Textcontainer) harmoniert mit der runden Farbfläche in der Illustration.

Harmonisierung der Kontraste

Kontraste sind wichtig. Sie erhöhen die Lesbarkeit und machen das Bild spannend. Wie große und kleine Elemente oder Schwarz und Weiß. Jedoch braucht es ein Element, das die Kontraste verbindet. So wie hier die abgestuften Beigetöne oder die schwarzen Konturen und Linien.

Tagebuch-Übung

»Was soll ich bloß schreiben?« Kennen Sie das? Sie sitzen abends da und haben sich fest vorgenommen, regelmäßig etwas in Ihrem Notizbuch oder Tagebuch zu notieren, und kommen nicht ins Tun? Eine unterhaltsame und einfache Übung geht so. Sammeln Sie ein paar Punkte zu den Fragen:

- Was hast du heute gemacht?
- Was hast du gesehen?
- Was hast du gehört?
- Was hast dich gefragt?
- Was hast du gespürt?

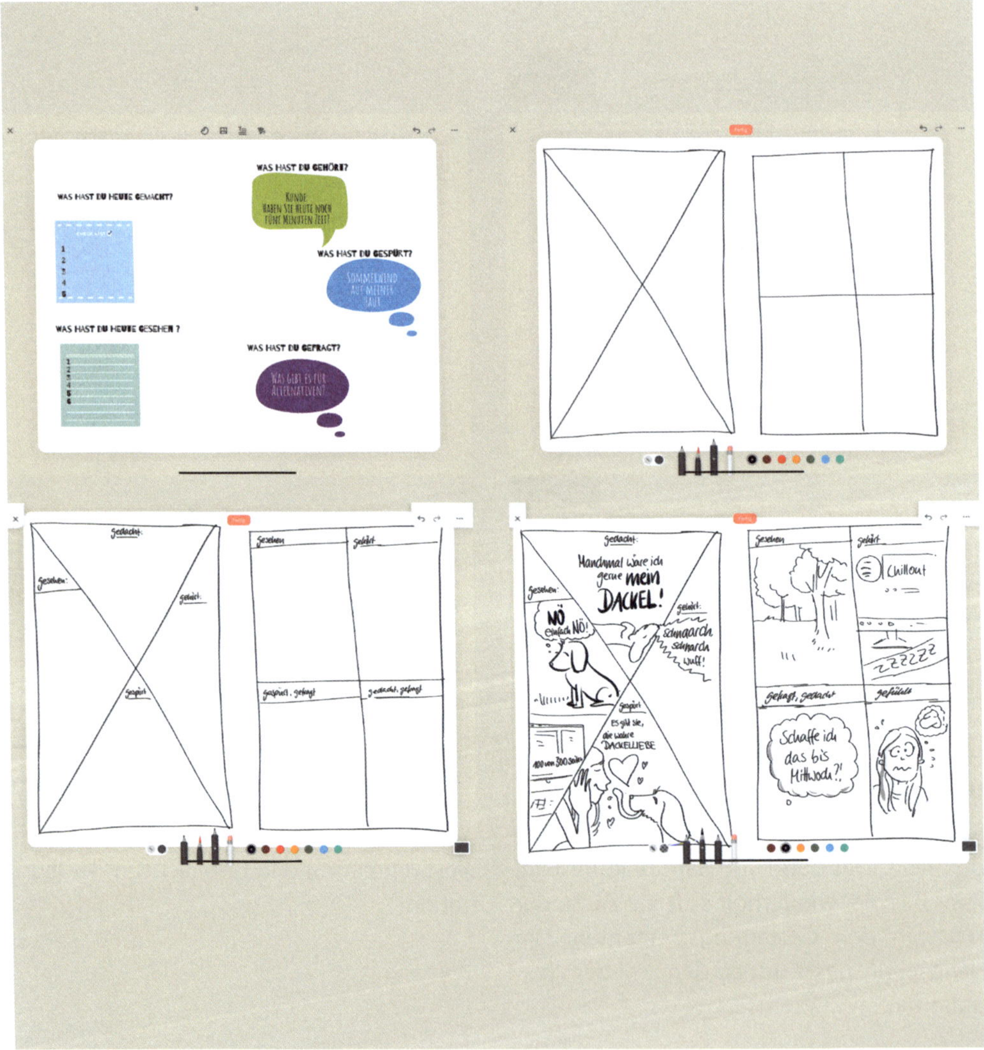

Aus den besten Stichpunkten zeichnen Sie etwas in ein Panel, es kann durchaus passieren, dass nun eine kleine Geschichte vor Ihrem inneren Auge entsteht. Wenn Sie mögen, können Sie die Geschichte noch mit Sprechblasen, Text und Farbe oder nur Schatten versehen.

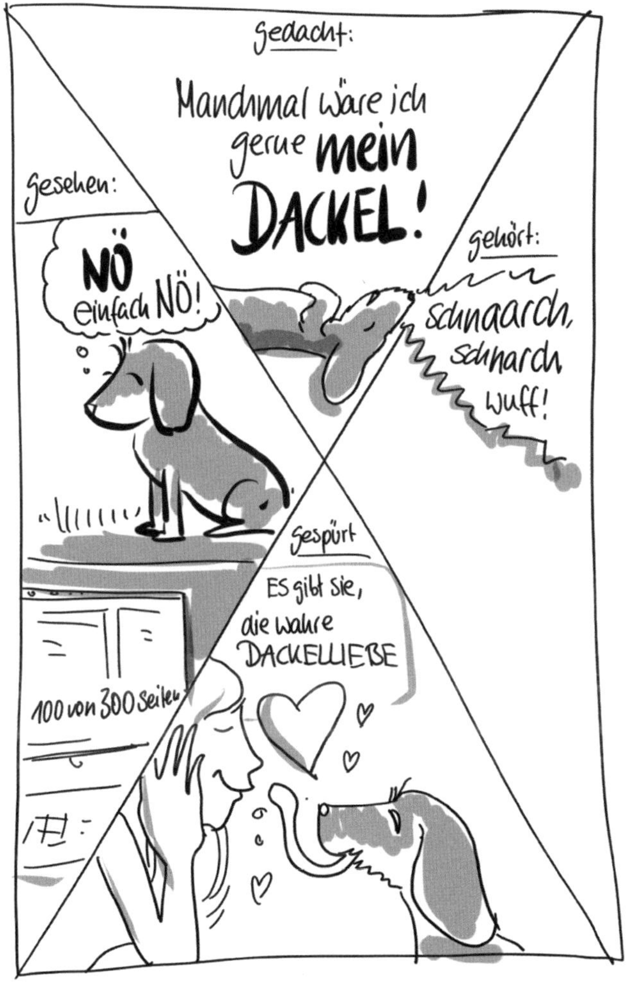
gedacht:
Manchmal wäre ich gerne mein DACKEL!
gesehen:
NÖ einfach NÖ!
gehört:
schnaarch, schnarch wuff!
100 von 300 Seiten
gespürt
Es gibt sie, die wahre DACKELLIEBE

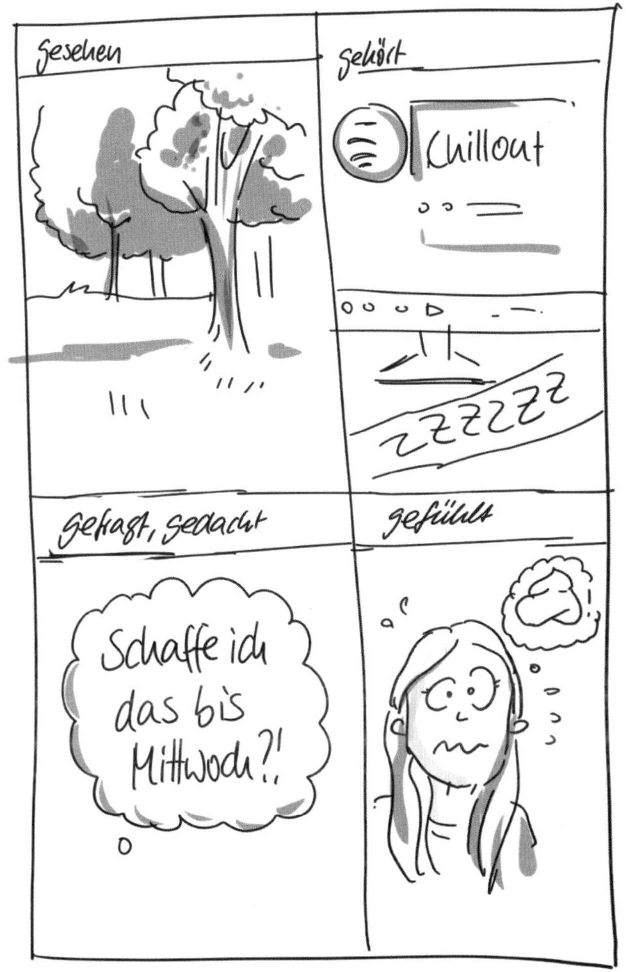
gesehen
gehört
Chillout
ZZZZZZ
gefragt, gedacht
Schaffe ich das bis Mittwoch?!
gefühlt

Notizen mit Bamboo Paper

Man kann erstaunlich gut mit Bamboo Paper schreiben und zeichnen. Es funktioniert auf Android-Tablets und dem iPad. Es gibt keine große Werkzeugpalette, daher ist es so schön einfach. Mit dem Fineliner kann man wunderbar schreiben und zeichnen, mit dem Marker Farbakzente setzen und schattieren.

Man kann sich Notizbücher mit Linien, mit Blankoseiten, mit Punkten und vielem mehr anlegen. Den Umschlag kann man auch ändern. So können Sie Ihre verschiedenen Themen-Notizbücher einfach voneinander unterscheiden.

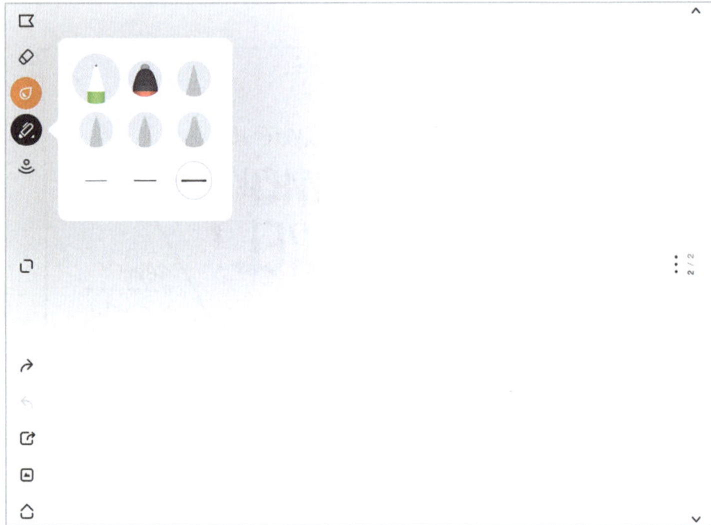

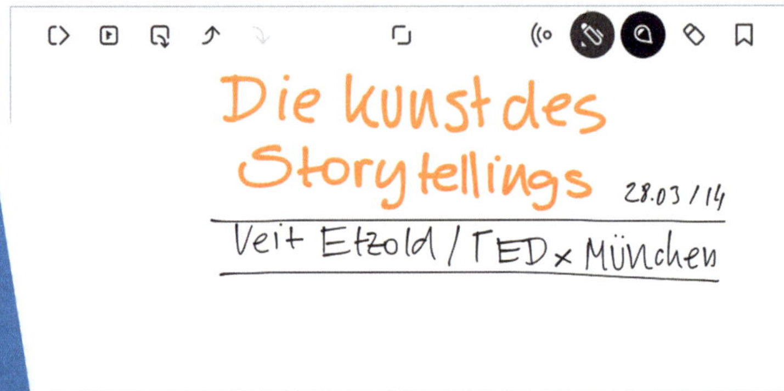

Hier können Sie mir beim Notieren über die Schulter schauen: http://bit.ly/aufdemtablet-4

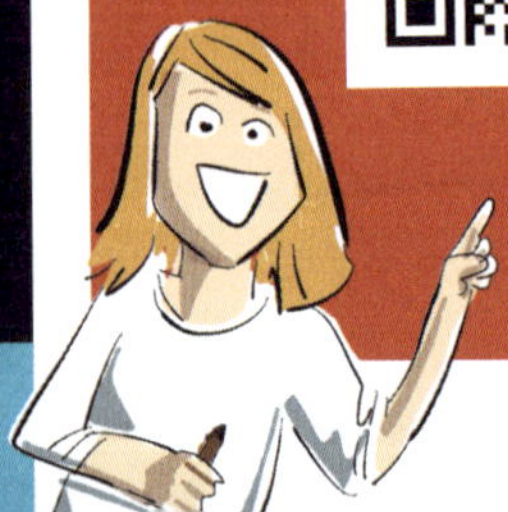

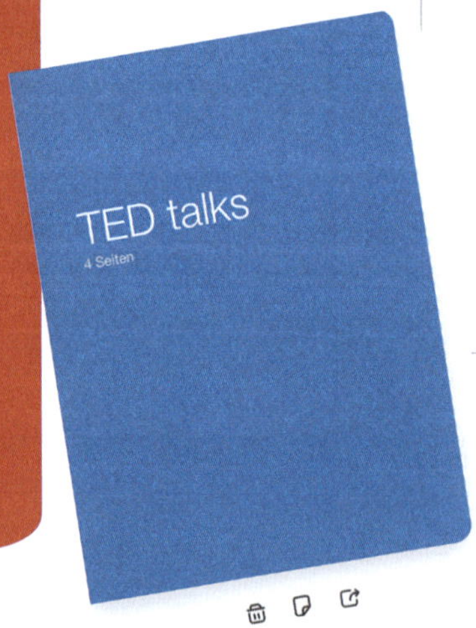

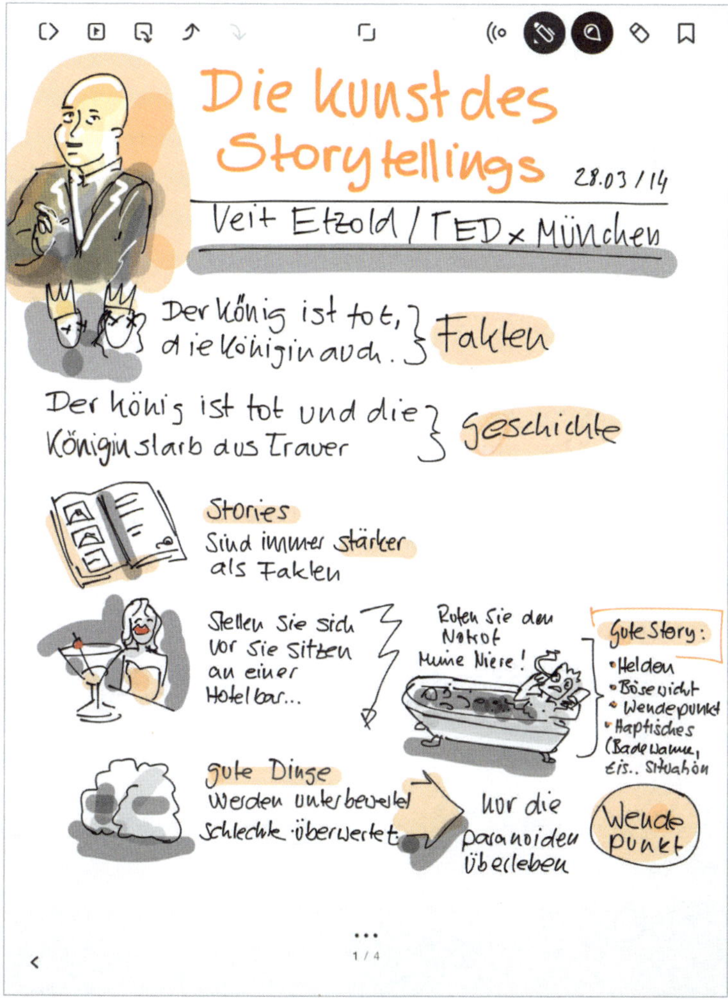
Die Kunst des Storytellings
28.03/14
Veit Etzold / TEDx München
Der König ist tot, die Königin auch. } Fakten
Der König ist tot und die Königin starb aus Trauer } Geschichte
Stories sind immer stärker als Fakten
Stellen Sie sich vor Sie sitzen an einer Hotelbar...
Rufen Sie den Notruf Meine Niere!
Gute Story:
• Helden
• Bösewicht
• Wendepunkt
• Haptisches (Badewanne, Eis.. Situation
gute Dinge werden unterbewertet
Schlechte überwertet
nur die paranoiden überleben
Wendepunkt
1 / 4

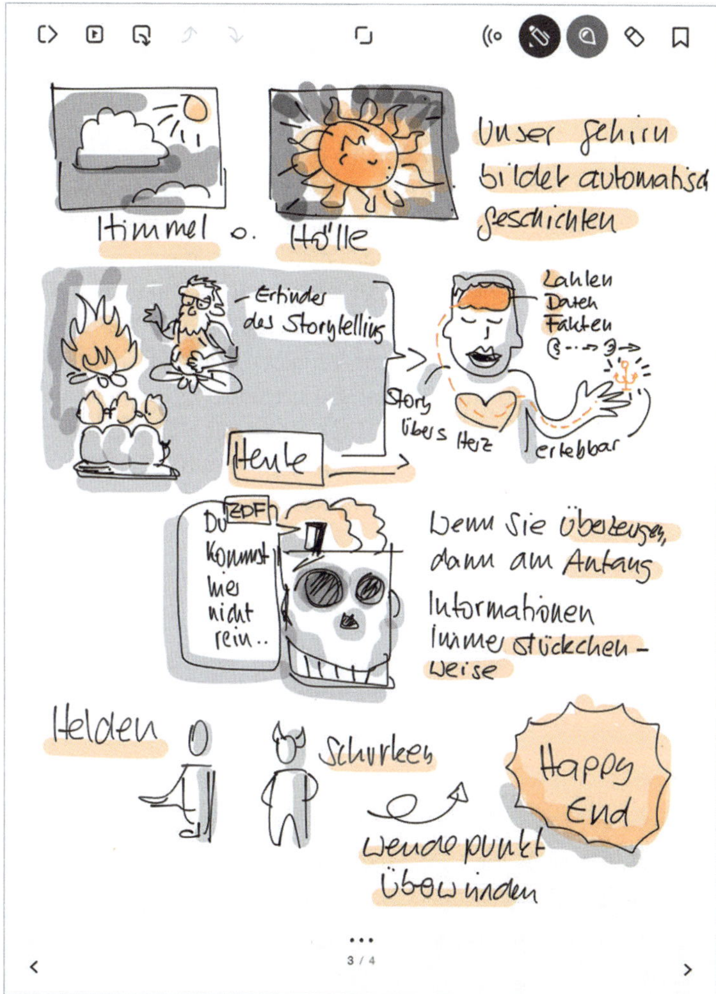
Himmel o. Hölle
Unser Gehirn bildet automatisch Geschichten
Erfinder des Storytelling
Heute
Zahlen Daten Fakten
Story übers Herz
erlebbar
ZDF
Du kommst hier nicht rein..
Wenn Sie überzeugen, dann am Anfang
Informationen immer stückchenweise
Helden
Schurken
Wendepunkt überwinden
Happy End
3 / 4

In der oberen Leiste finden Sie ein Haussymbol. Darüber schließen Sie das Buch und kommen zurück zu Ihren anderen Notizbüchern. Daneben ist ein Symbol, um Fotos (oder bestehende Zeichnungen) zu importieren.

Ganz unten auf der Seite sehen Sie drei Punkte. Wenn Sie darauf tippen, öffnet sich ein Fenster und Sie sehen alle Seiten aus Ihrem Notizbuch. Hier können Sie Seiten neu anordnen, neue hinzufügen und Seiten löschen (tippen Sie dazu auf das Häkchen).

Das Export-Symbol ermöglicht den Export der aktuellen Seite. Um das ganze Buch als PDF zu exportieren, müssen Sie erst das Notizbuch über den Home-Button verlassen. Dann können Sie das geschlossene Notizbuch über den Export-Button exportieren. Nun haben Sie die freie Auswahl: Möchten Sie es per Mail versenden, in Ihrem Dropbox-Ordner speichern, um mit anderen zusammenzuarbeiten, oder in Evernote zu anderen Notizen hinzufügen?

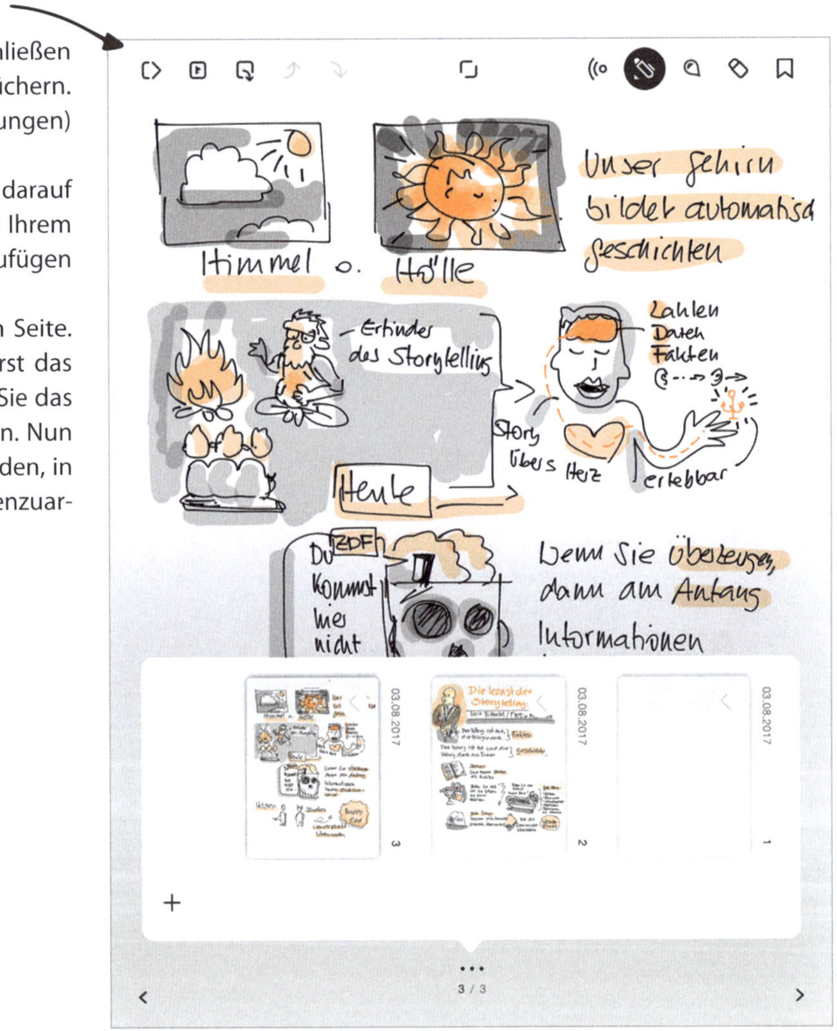

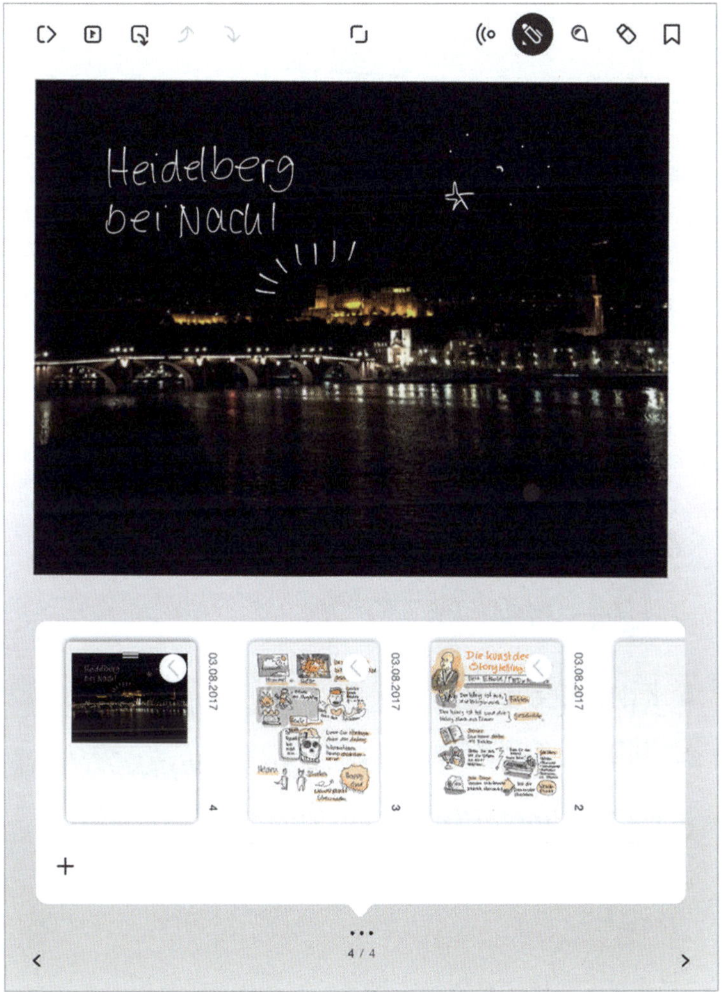
03.08.2017
03.08.2017
03.08.2017
4 / 4

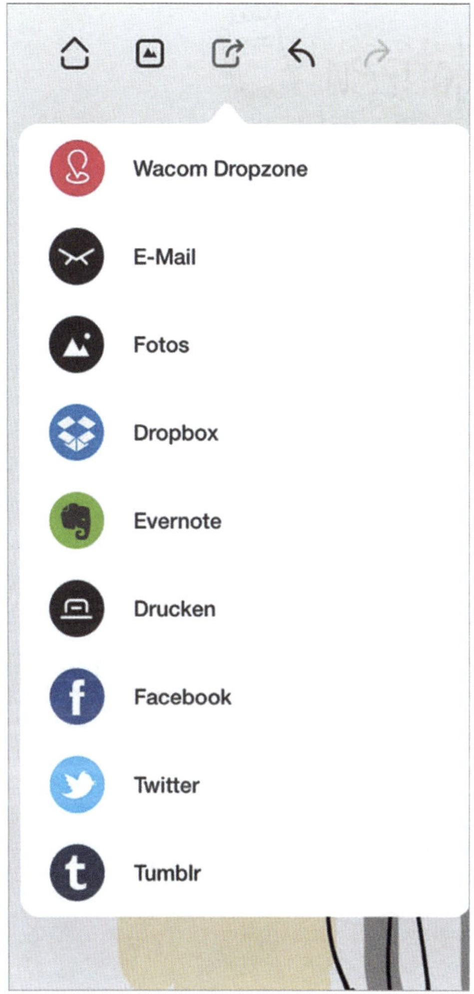
Wacom Dropzone
E-Mail
Fotos
Dropbox
Evernote
Drucken
Facebook
Twitter
Tumblr

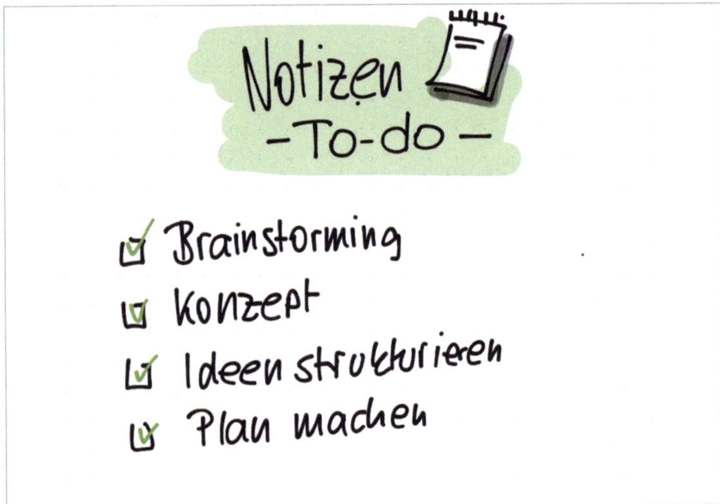
Notizen
-To-do-
Brainstorming
Konzept
Ideen strukturieren
Plan machen

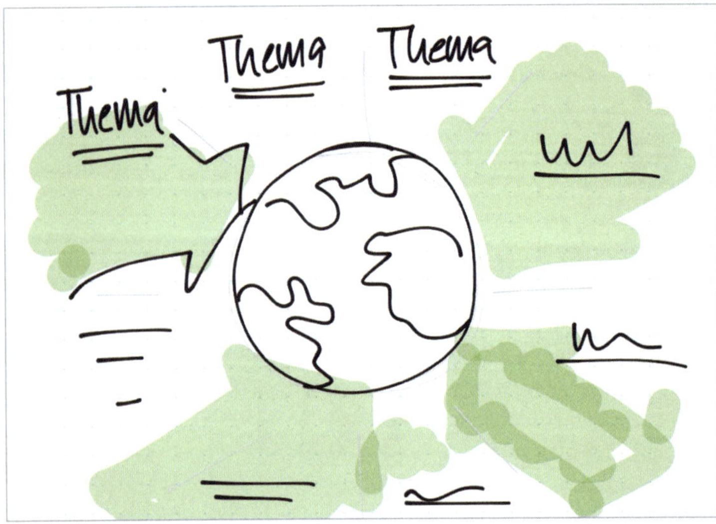
Thema
Thema
Thema

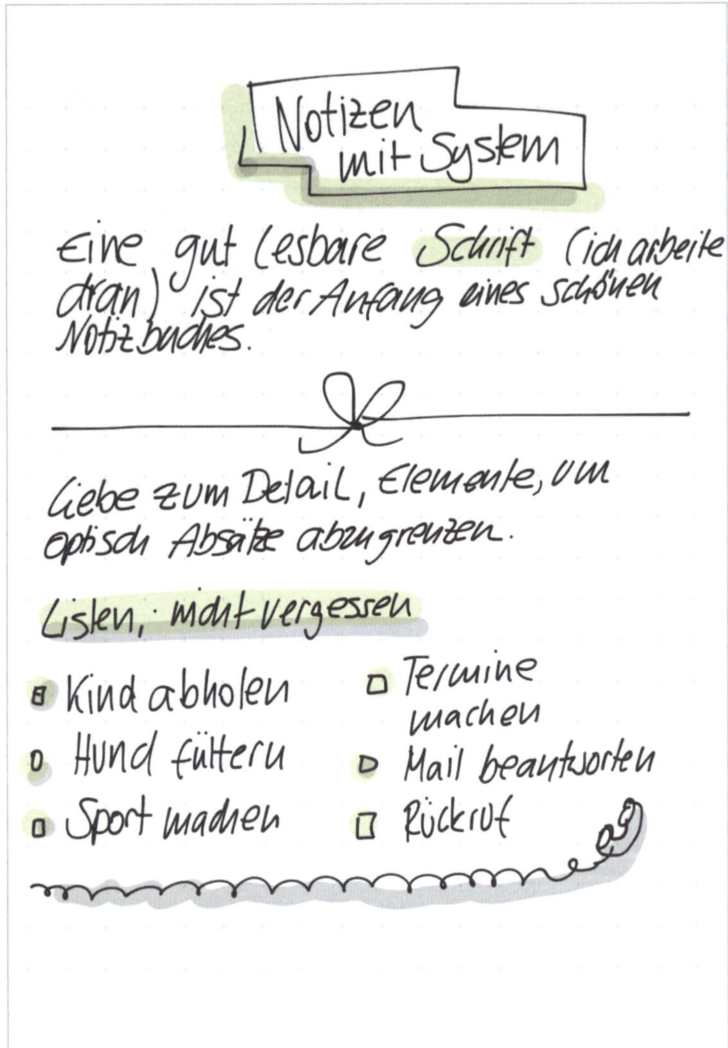
Notizen mit System
Eine gut lesbare Schrift (ich arbeite dran) ist der Anfang eines schönen Notizbuches.
Liebe zum Detail, Elemente, um optisch Absätze abzugrenzen.
Listen, nicht vergessen
Kind abholen
Hund füttern
Sport machen
Termine machen
Mail beantworten
Rückruf

Notizen mit Charme

Sie können einige Notizen-Apps auch wunderbar als Dokumentationen von Workshops oder Reisen verwenden. Es ist möglich, Fotos einzufügen und zu platzieren. Damit der Bruch zwischen Handschrift und Foto nicht zu groß ist, können Sie einen gestalterischen Trick verwenden, indem Sie um die Fotos einen Rahmen zeichnen, oder Sie kritzeln direkt in das Foto.

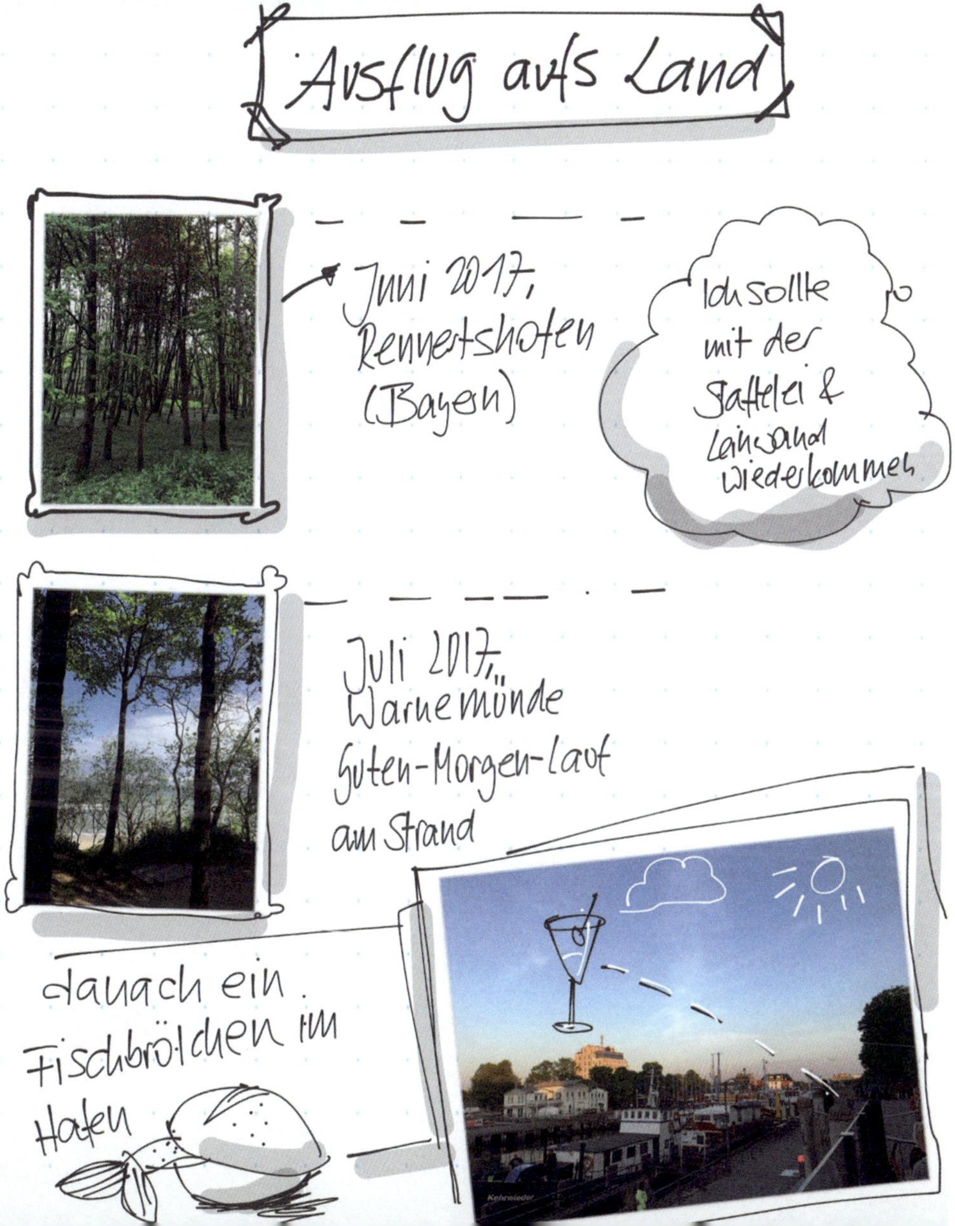

Lassen Sie Ihrer Kreativität freien Lauf! Seien Sie mutig, spielen Sie mit Kontrasten wie großer und kleiner Schrift, Hell und Dunkel, Weißflächen und Textwolken.

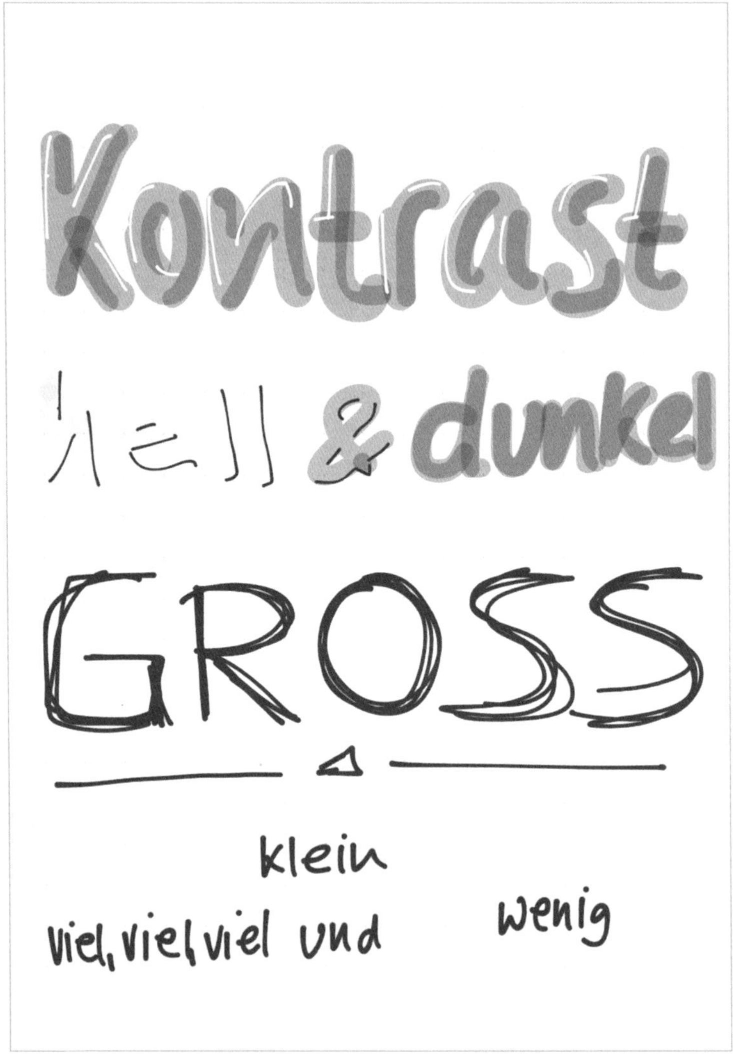

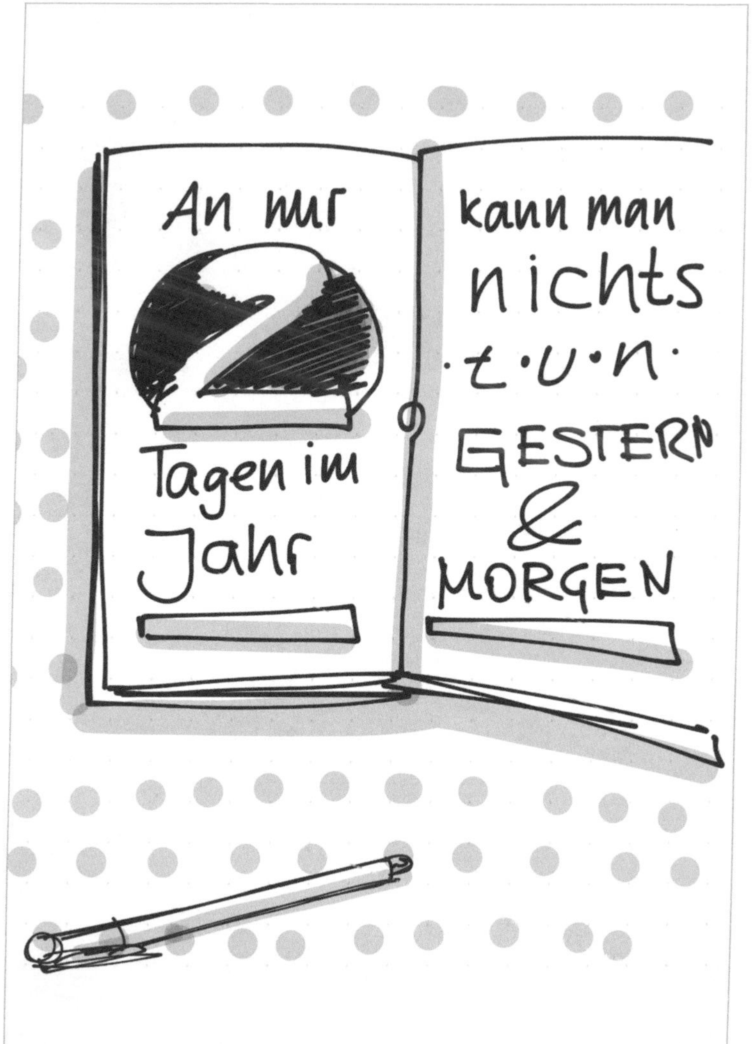

Sie werden sehen: Die Meetings und Workshops machen plötzlich Spaß, und Sie schauen Ihre Notizen auch gerne nach mehreren Wochen wieder an.

Aber Vorsicht! Es könnte sein, dass Sie ab jetzt immer das Protokoll führen müssen, weil Ihre Kolleg:innen Ihre Dokumentation so zauberhaft finden.

Notizen mit Evernote

Evernote ist berühmt und heiß umstritten. Die einen lieben es, den anderen ist es zu komplex. Das Tolle an Evernote ist: Man kann seine Notizen sortieren, PDFs scannen und kommentieren, verschiedene Inhalte (z. B. aus dem Netz) sammeln, skizzieren; man kann tippen, statt mit der Hand zu schreiben, und vor allem seine Notizen mit anderen teilen. Das ist sehr praktisch, wenn man im Team an einem gemeinsamen Projekt arbeitet.

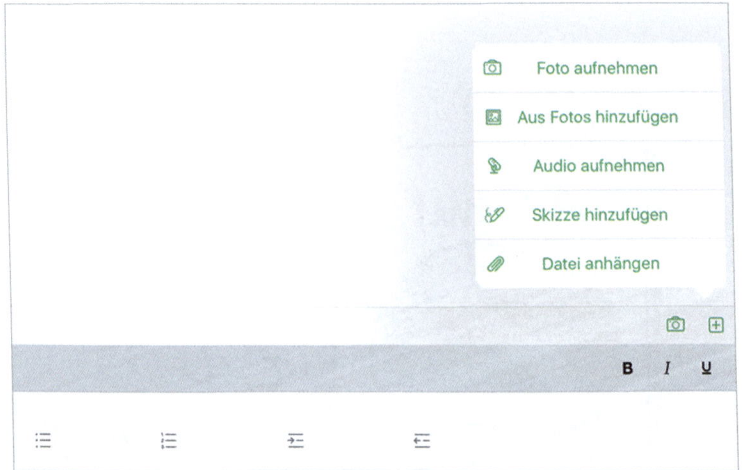

Skizzieren

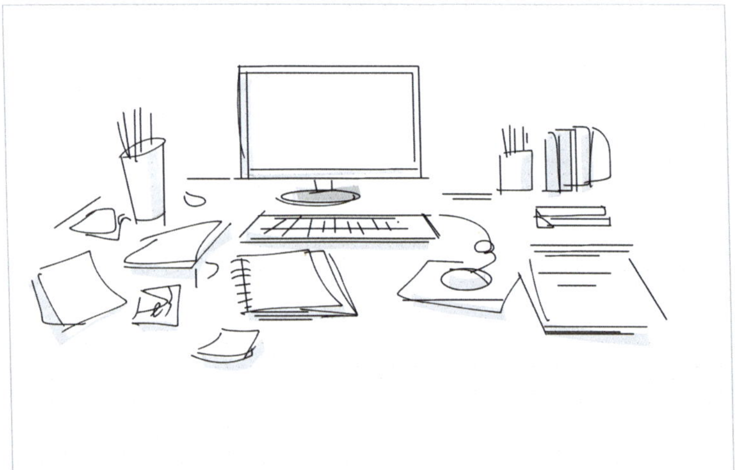

Notizen handschriftlich oder editiert erstellen

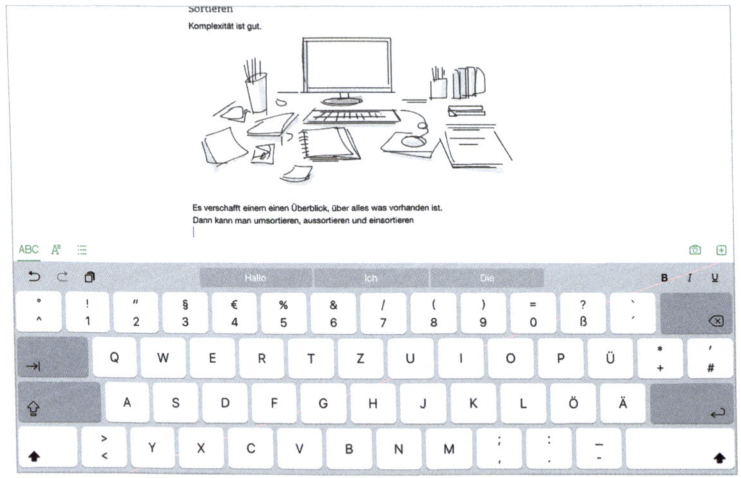

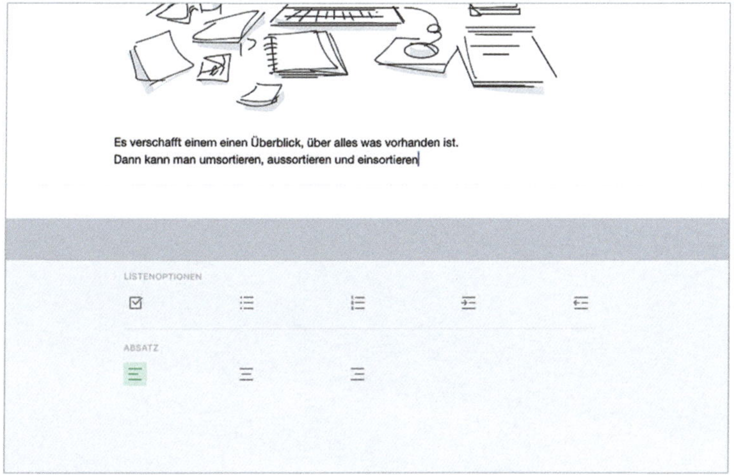

Außerdem sind die Evernote-Notizen auf Ihrem Tablet, Smartphone und Computer synchronisiert verfügbar.

Von Moleskine gibt es auch ein entzückendes smartes Evernote-Notizbuch (ein echtes aus Papier!). Halten Sie Ihre Ideen in Ihrem speziell gestalteten Evernote Smart Notebook von Moleskine fest. Fotografieren Sie mit der Evernote Page Camera eine beliebige Seite in diesem Buch. Die Aufnahme wird umgehend digitalisiert, damit Sie sie speichern, suchen und anderen präsentieren können. In Evernote können Sie Ihre handgeschriebenen Notizen anhand von Stichwörtern und Tags suchen oder sie einfach optisch durchsuchen.

Organisieren

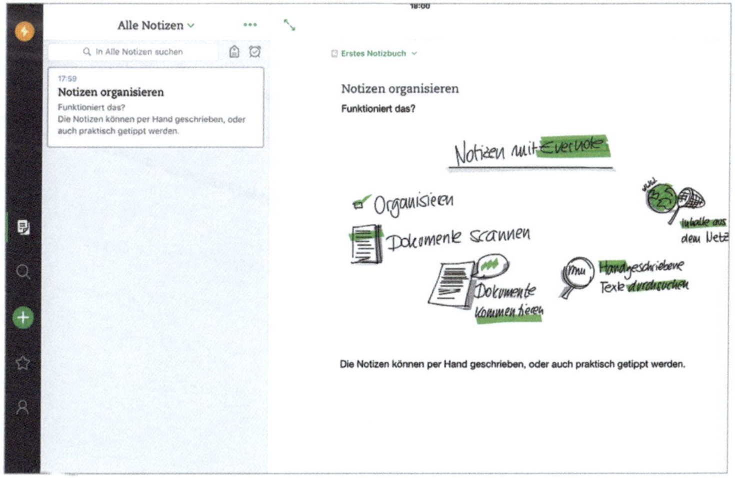

Teilen

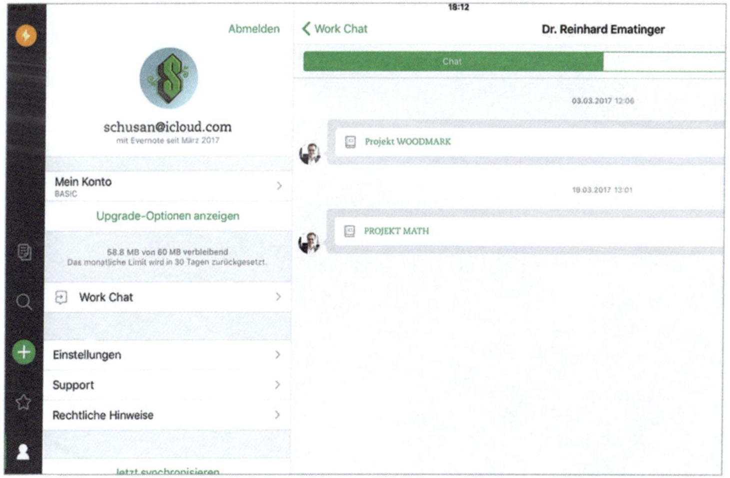

5 Sketchnotes

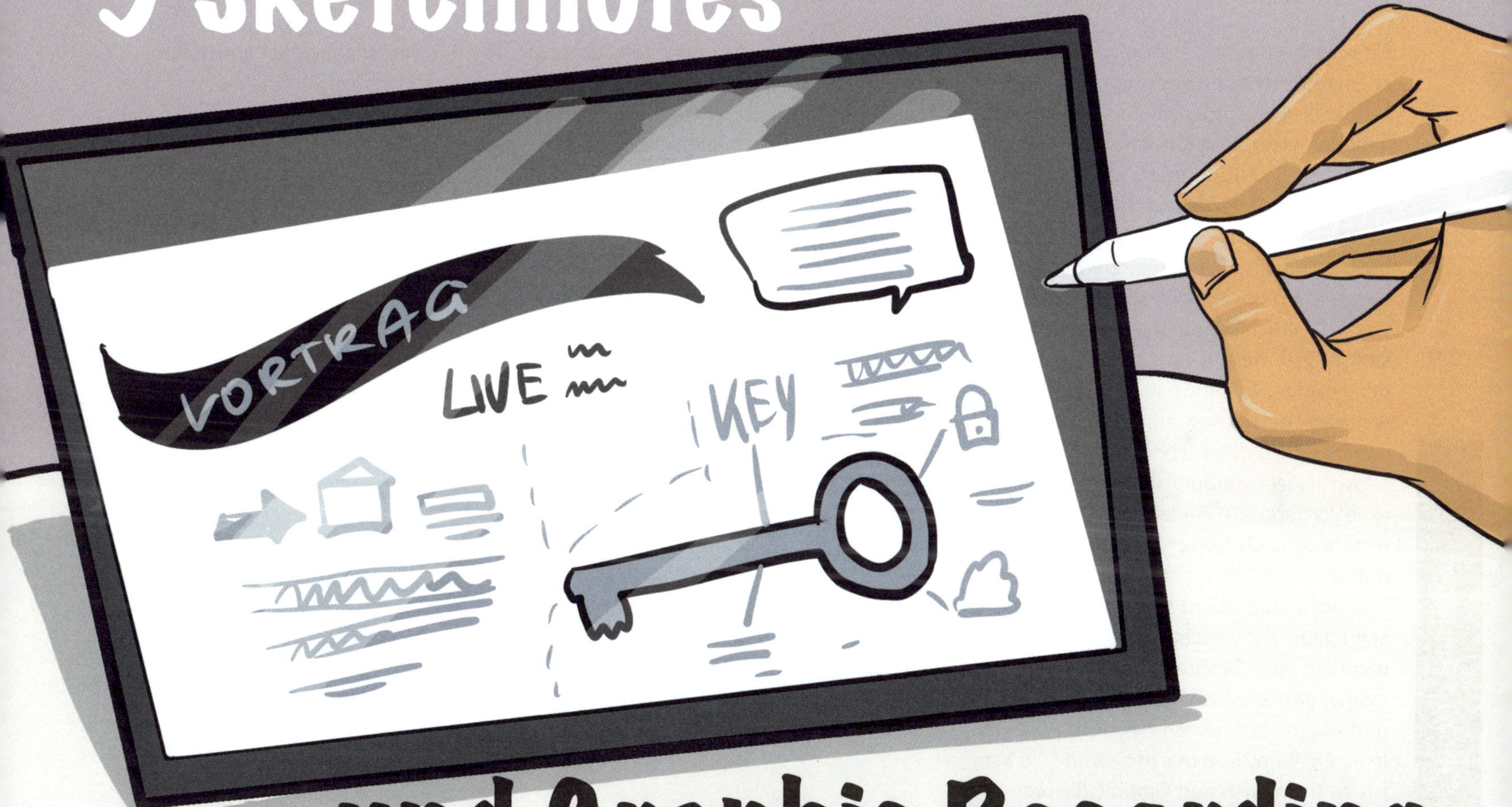

und Graphic Recording

Sie sind bestimmt schon einmal über das Thema »Sketchnotes« gestolpert. Zu Beginn meiner Selbstständigkeit um 2009 herum habe ich erste Beispiele entdeckt und war begeistert. Schon in meiner Schulzeit kritzelte ich im Unterricht mit. Das war nicht schön, und meine Lehrer:innen waren erbost, wenn sie mich dabei erwischten. Sie dachten, ich passe nicht auf. Das Gegenteil war der Fall: Ich konnte mir den Unterrichtsstoff besser merken und verstehen. Außerdem nachte es mir Spaß, beruhigte mich, wenn ich nervös war, und die Unterrichtsstunde ging gefühlt schneller vorbei.

In meiner Gründungsphase besuchte ich viele Vorträge und Workshops, um mich weiterzubilden. Ich hörte spannende Vorträge mit wertvollen Inhalten, die ich nicht vergessen wollte und die zu schade waren, in der Schublade zu verschwinden. Irgendwann wurde in einer Besprechung ein Kunde auf meine gezeichneten Notizen aufmerksam und fragte mich, ob ich das nicht auch mal in einem Workshop machen würde. So kam ich zu meinem ersten Graphic Recording – dem Live-Visualisieren.

Wie das Sketchnoting entsteht Graphic Recording live. In beiden Fällen werden Inhalte in Wort und Bild in Echtzeit zusammengefasst. Der Unterschied ist, dass Sketchnotes vorrangig für den eigenen Gebrauch entstehen. Es sind Notizen, die Ihnen selbst als Gedankenstütze und zur Kreativität dienen. Es ist aber nicht verpönt, die eigenen Sketchnotes zu teilen, wenn Sie andere von Ihren Aha-Momenten profitieren lassen wollen.

Graphic Recording entsteht für andere, für Workshopteilnehmer:innen, für und vor Publikum in Meetings und Konferenzen. Es soll zu Gesprächen anregen und helfen, komplexe Inhalte verständlicher zu machen. Dabei wird nicht nur der gesprochene Inhalt festgehalten, sondern auch die Dinge, die oft zwischen den Zeilen mitschwingen. Die Zweifel, Ängste, aber auch die Wünsche und Hoffnungen der Teilnehmer:innen. Auch Kulturthemen und Prozesse sowie warum eine Veränderung notwendig ist.

Die Bestandteile sind fast identisch:

- Schöne Schrift
- Bild-Text-Kombinationen
- Icons und Pfeile
- Figuren
- Farben und Effekte
- Ein Keyvisual, auch Schlüsselbild genannt
- Farben und Cluster, um Zusammenhänge zu verdeutlichen

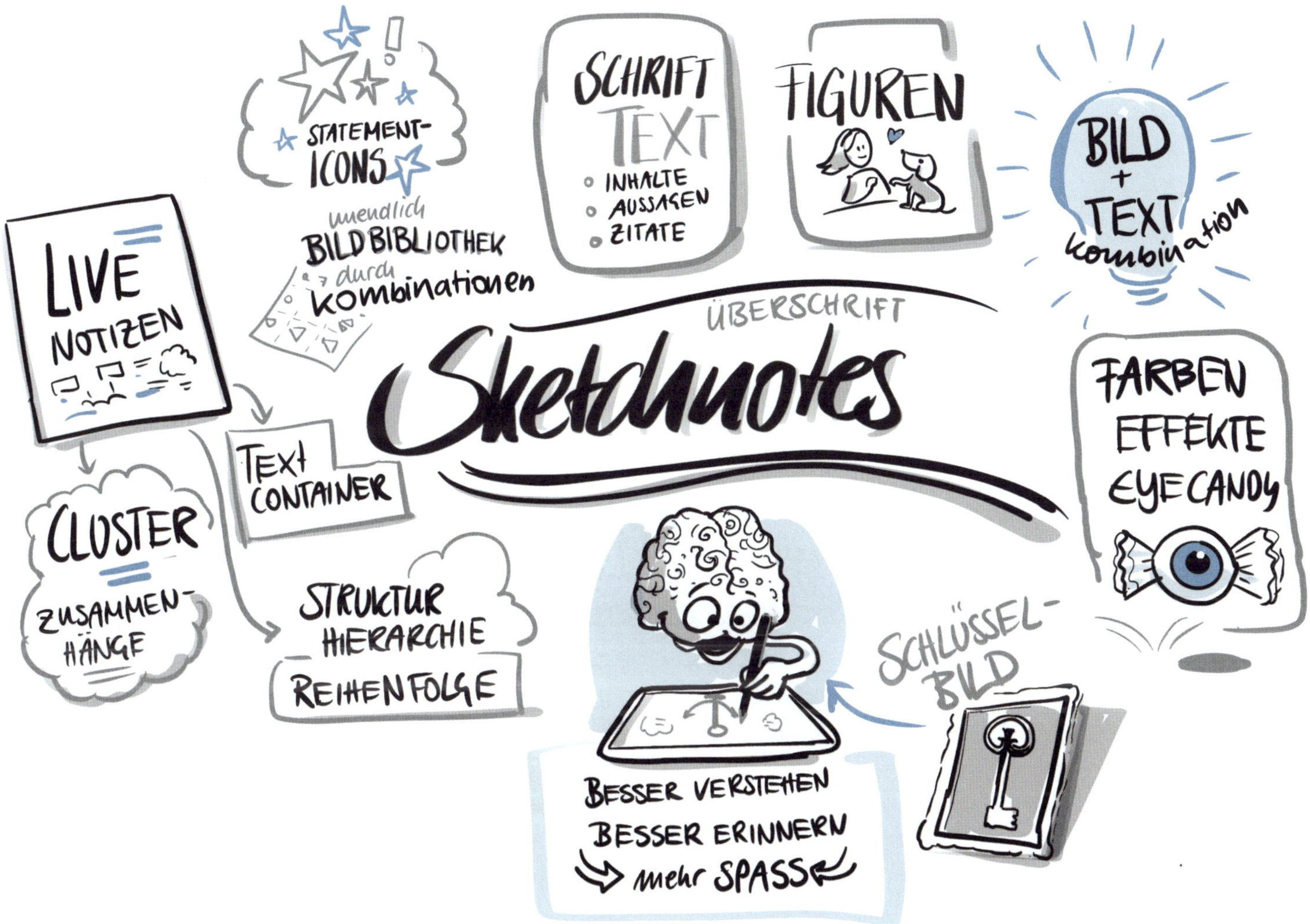
STATEMENT-ICONS
SCHRIFT
TEXT
INHALTE
AUSSAGEN
ZITATE
FIGUREN
BILD + TEXT
kombination
unendlich
BILD BIBLIOTHEK
durch
kombinationen
LIVE NOTIZEN
ÜBERSCHRIFT
Sketchnotes
TEXT CONTAINER
FARBEN
EFFEKTE
EYE CANDY
CLUSTER
ZUSAMMEN-HÄNGE
STRUKTUR
HIERARCHIE
REIHENFOLGE
SCHLÜSSEL-BILD
BESSER VERSTEHEN
BESSER ERINNERN
mehr SPASS

Bestandteile

Schrift

Eine schöne Handschrift entsteht durch gleichmäßiges kontrolliertes Schreiben vor allem in Druckbuchstaben. Buchstaben werden »konstruiert«, Strich für Strich, Bogen für Bogen.

Richtig schick wird es, wenn Sie die wichtigsten Wörter hervorheben, indem Sie sie größer und dicker, vielleicht auch farbig schreiben oder hinterlegen.

Für schnelle kalligrafische Texte benutze ich in Procreate den Pinsel »Gesinski-Tusche«.

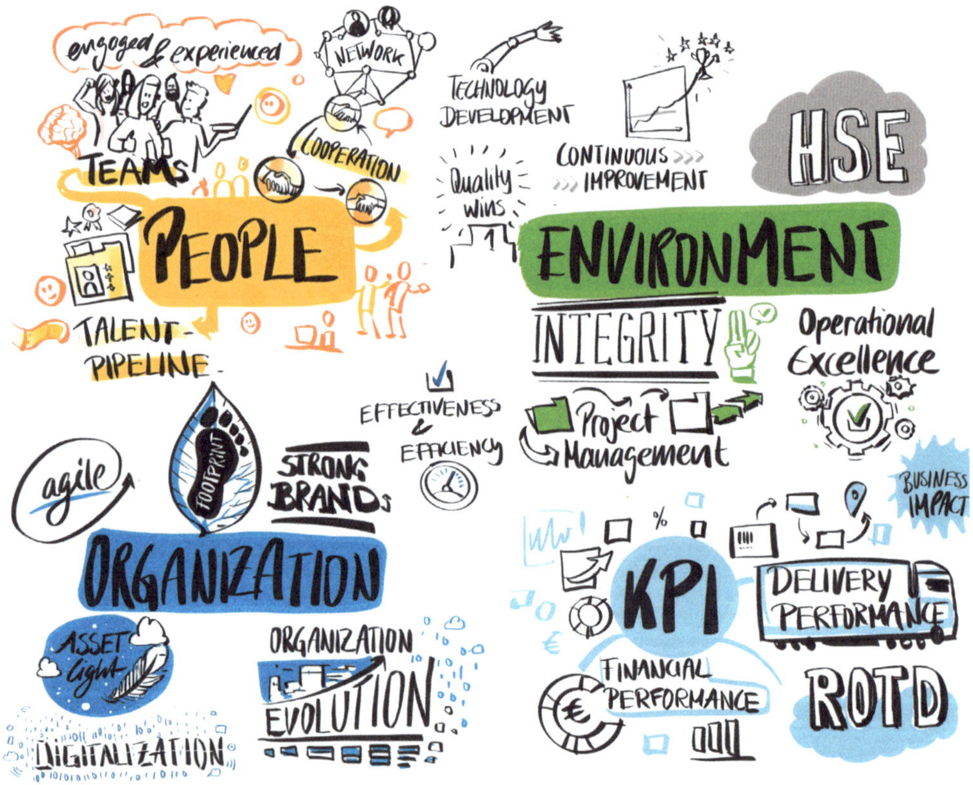

Bild-Text-Kombinationen

Ein Begriff, den Sie hören, erzeugt oft ein Bild in Ihnen. Sie können dieses Bild gleich nutzen. Manchmal ist es aber auch sinnvoll, den Kontext zu betrachten, in dem das Wort gefallen ist. Das kann Ihre Möglichkeiten erweitern und dadurch eine erzählerische Szenerie entstehen lassen. Bilder ergänzen den Text, und der Text zu einem Bild vermindert Missverständnisse über die Aussage.

Mit dem Text zu einem Symbol geben Sie dem Symbol eine bestimmte Bedeutung.

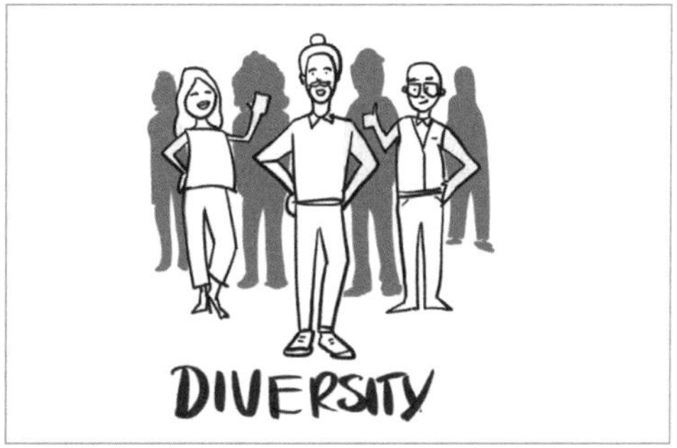

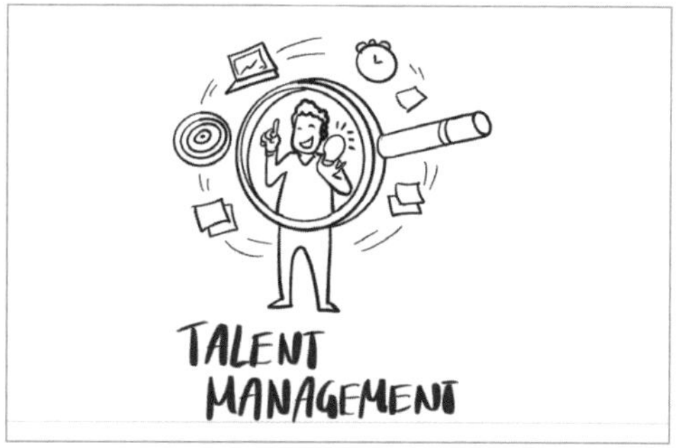

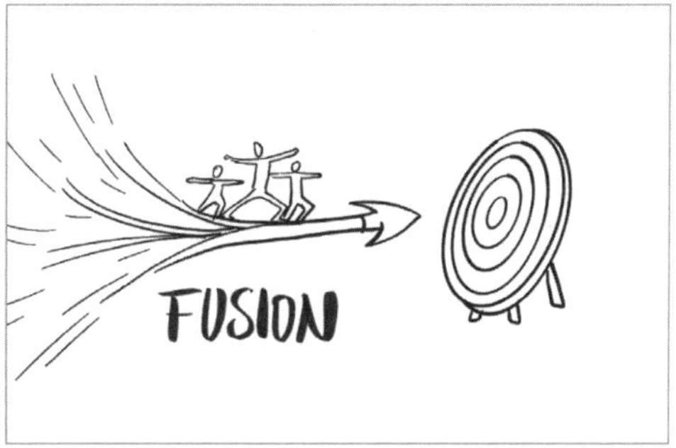

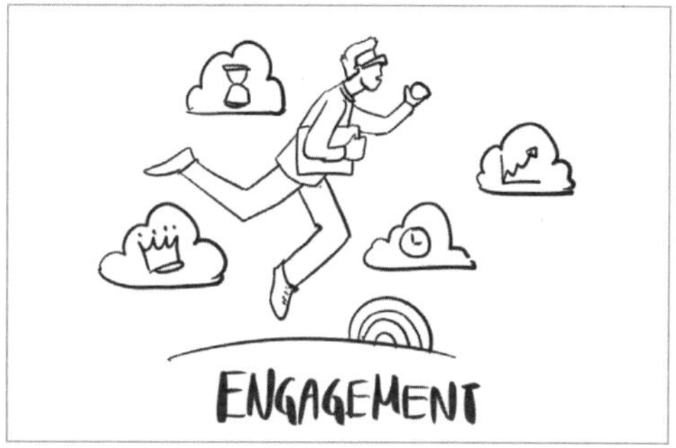

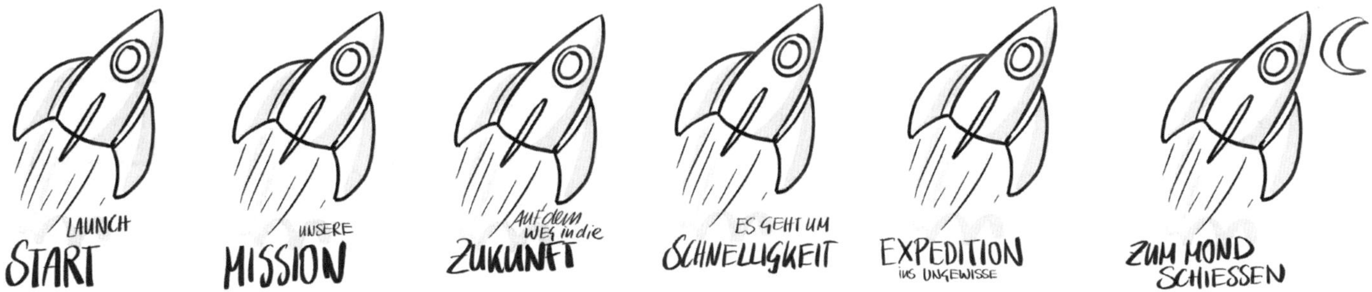

Icons

Sternchen, Häkchen, Glühbirnen, Ordner und Co sind womöglich meine meist benutzten Icons. Schnell und einfach kann man mit Icons auch Bullet Points zeichnen und so Unterbegriffe zuordnen.

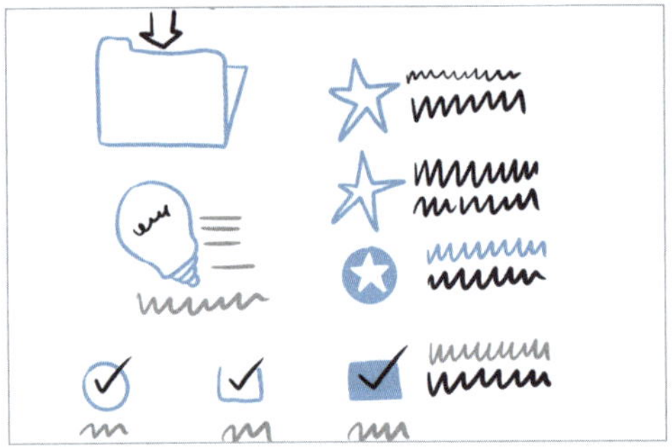

Pfeile

Pfeile schaffen Beziehungen zwischen Containern, Symbolen, Inhalten. Sie führen die Leserichtung und geben wie Linien und Nummerierungen Hilfestellung beim Lesen des Bildes. Berücksichtigen Sie hierbei die Bedeutungsebene. Ein großer Pfeil erscheint wichtiger als ein kleiner Pfeil. Ein kurzer schmaler Pfeil wirkt schneller als ein dicker Pfeil. Ein langer Pfeil wirkt langsamer und zeitintensiver.

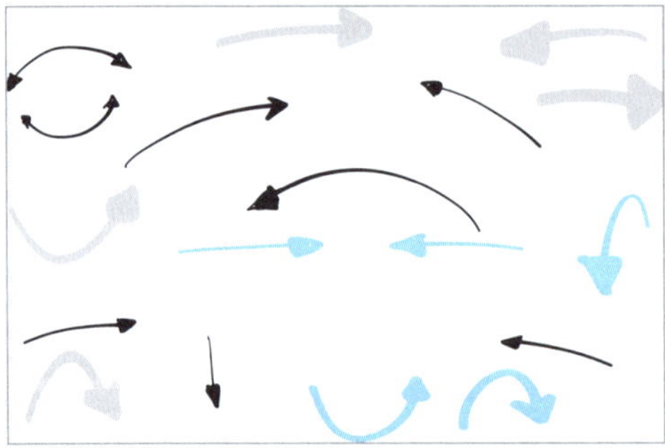

Figuren als Container

Es »menschelt« mit Figuren. Themen wie Diversität oder Kultur sind ohne menschliche Figuren gar nicht darstellbar. Figuren und auch andere Objekte kann man super als Textcontainer benutzen.

Somit bekommt meine Zeichnung eine weitere Hierarchieebene (Bedeutungsebene) und es spart Platz.

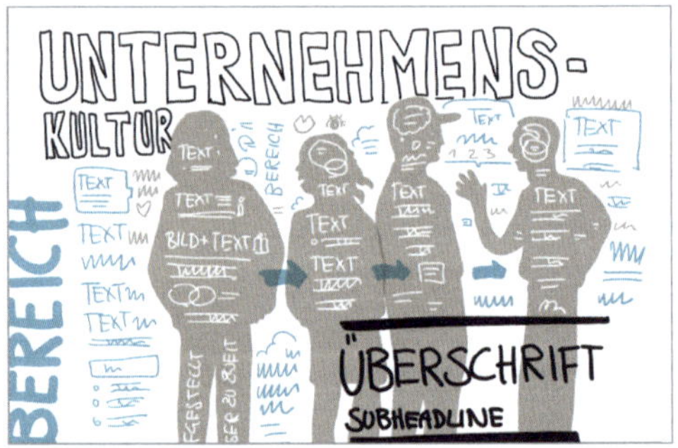

Farben als Highlights

Farben können ziemlich viel! Sie verschönern nicht nur, sondern betonen das, worum es gerade geht. Sie helfen, den Blick zu führen.

Sie können mit Farbe einen Fokus setzen, zum Beispiel mit einem Pfeil, der einen **Prozess** zeigt. Wenn der **Zustand** wichtig ist, zeichnen Sie die Bewegungslinien in Farbe. Wenn der Fokus auf einem **Produkt** liegt, zeichnen Sie das Produkt farbig. Wenn Dinge zusammengehören, können Sie diese mit einer Farbfläche zu einem **Cluster** verbinden.

Eine neue **Bedeutungsebene** entsteht, wenn Sie zum Beispiel die Objektschatten farbig in einer anderen Pose zeichnen.

Generell empfehle ich, so wenige unterschiedliche Farben wie möglich einzusetzen und der Farbe, die Sie verwenden, eine Aufgabe zuzuschreiben. Entweder hat jedes Hauptthema eine Farbe und dann dementsprechend alles, was dazugehört. Noch eleganter ist es, nur eine Farbe für Highlights zu benutzen. Sollten Sie mehrere Farben benutzen, wirkt es harmonischer, wenn es farbverwandte Farben sind. Mehr zu Farben finden Sie auf den folgenden Seiten.

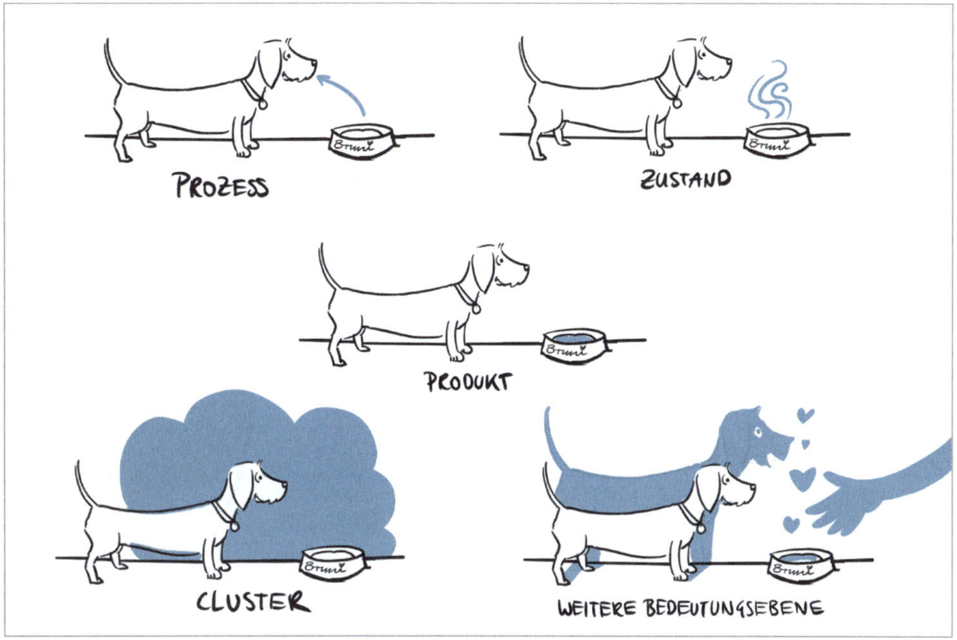

Mit Farben arbeiten

Mit Farbe können Sie aus einem Bild noch viel mehr herausholen. Farbe macht das Bild lebendiger und freundlicher. Mit Farben können Sie strukturieren, durch eine Farbcodierung Zusammenhänge zeigen und sogar Gefühle und Wirkungen verstärken. Farben sind einfach wunderbar!

Aber Vorsicht, zu viel des Guten kann das Bild unharmonisch machen und beim Betrachten auch ein ungutes Gefühl verursachen.

Wie setzt man denn nun Farben richtig ein? Sie haben bestimmt schon von Farbharmonien und Komplementärfarben gehört, oder? Aber was nützt Ihnen dieses Wissen im Alltag? Komplementärfarben sind Farben, die sich im Farbkreis gegenüberliegen. Sie haben einen hohen Kontrast und wirken besonders lebendig, wenn Sie sie nebeneinandersetzen.

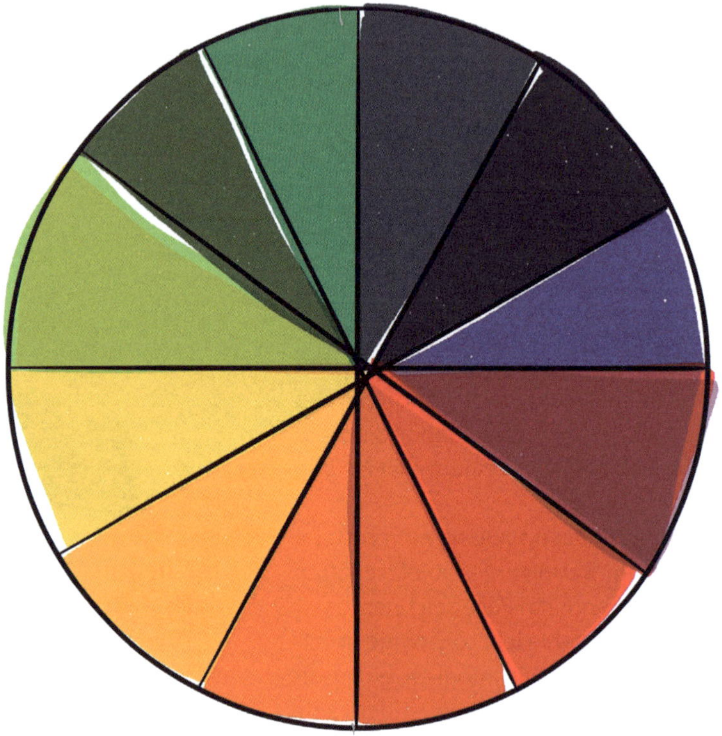

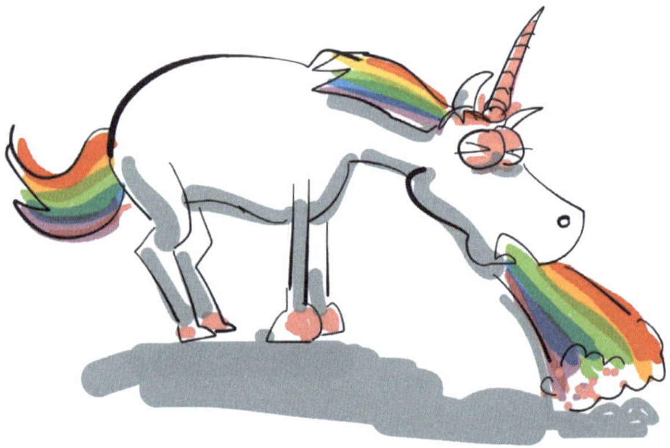

Vielleicht haben Sie das schon einmal gesehen: Manchmal ist der Schatten eines Objekts farbig, obwohl das Objekt auf einer weißen Fläche liegt. Bei der Zitrone hier zum Beispiel. Ja, genau, das sind die Komplementärfarben.

Verwenden Sie Komplementärfarben, wenn Sie besonders viel Aufmerksamkeit erreichen möchten. Vielen ist das zu schrill. Angenehm und trotzdem interessant sind gebrochene Komplementärfarben. Dabei werden die Nachbarn der gegenüberliegenden Farben links und rechts verwendet.

Als schön werden Farbharmonien empfunden. Damit kann man am wenigsten falsch machen. In dem Fall werden Farben gewählt, die im Farbkreis nebeneinander liegen. In der Natur, in Landschaften sehen wir häufig Farbharmonien. Viele Zeichen-Apps bieten Farbpaletten mit voreingestellten Farbharmonien an.

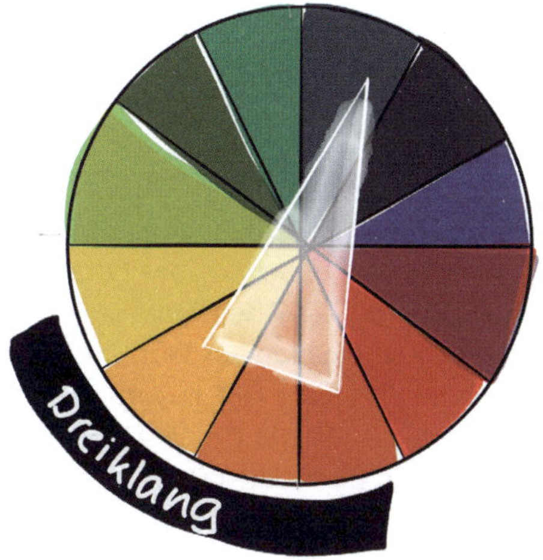

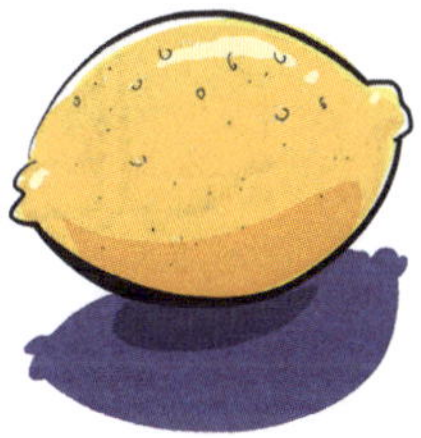

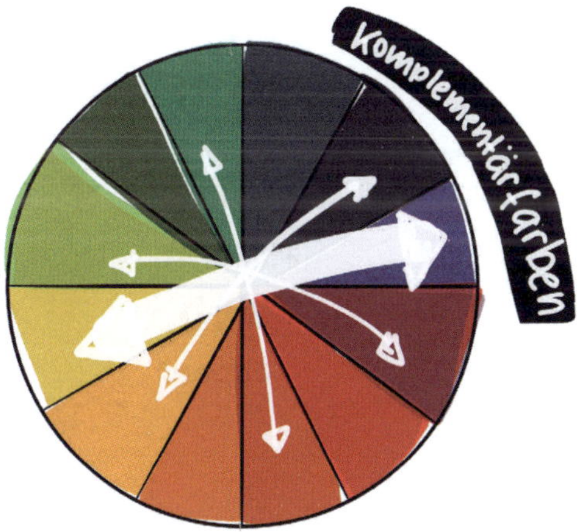

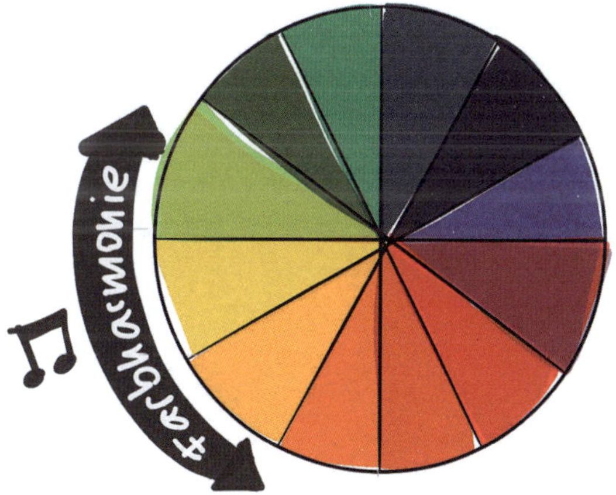

Keyvisual

Schlüsselbilder entwerfen

Ein Keyvisual ist eine Mischung aus Überschrift und einem Teaser des Inhalts. Die Bedeutung wird quasi auf den Punkt gebracht. Es ist eine Kombination aus Wort und Bild, die so richtig ins Auge fällt. In Vorträgen ist es meistens das Porträt des Vortragenden. Platziert wird dieses Keyvisual entweder in einer Ecke oder in der Mitte des Bildes. Es nimmt etwas weniger als ein Drittel des Blattes ein.

Eine gute Methode, ein Keyvisual zu entwickeln, besteht darin, erst einmal zu den Hauptbegriffen Bilder zu sammeln und diese Bilder dann miteinander zu kombinieren. Danach probieren Sie, wie Sie den Text am besten darum herum platzieren können. Ein paar grobe Skizzen helfen dabei. Dann experimentieren Sie so wild und frei wie möglich.

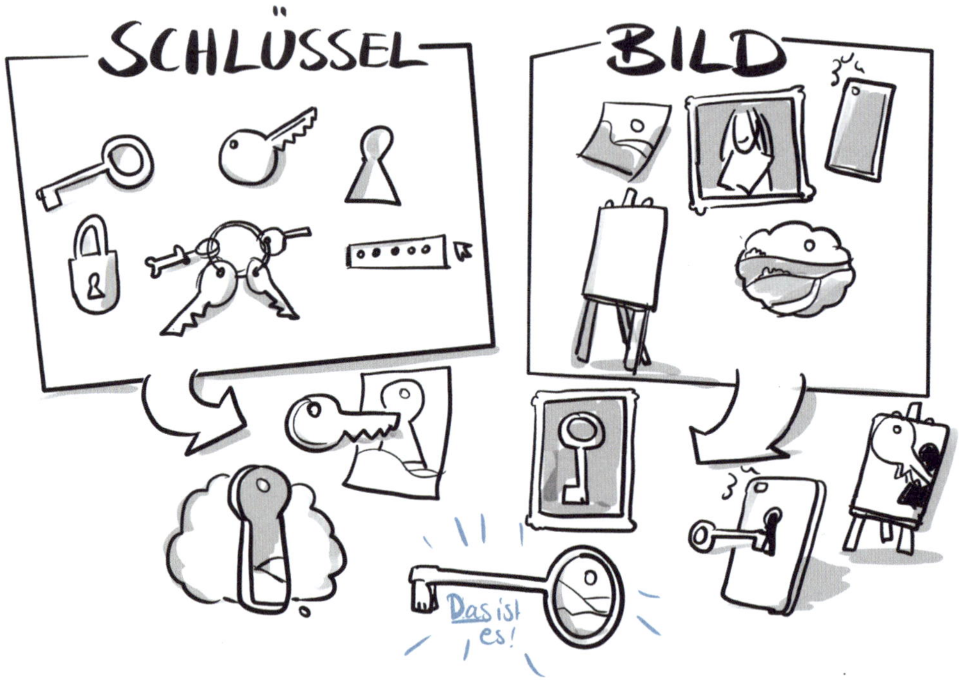

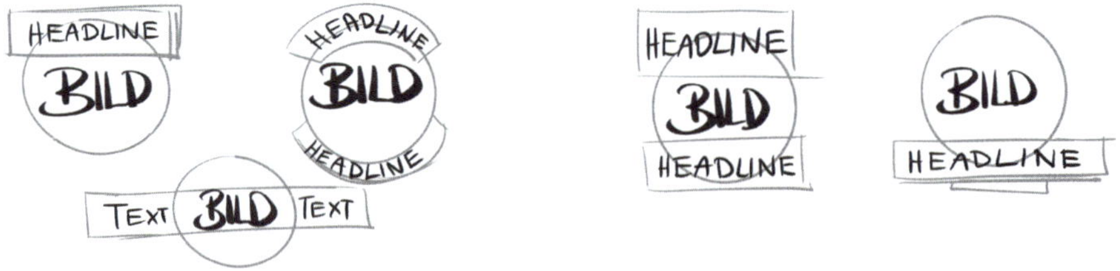

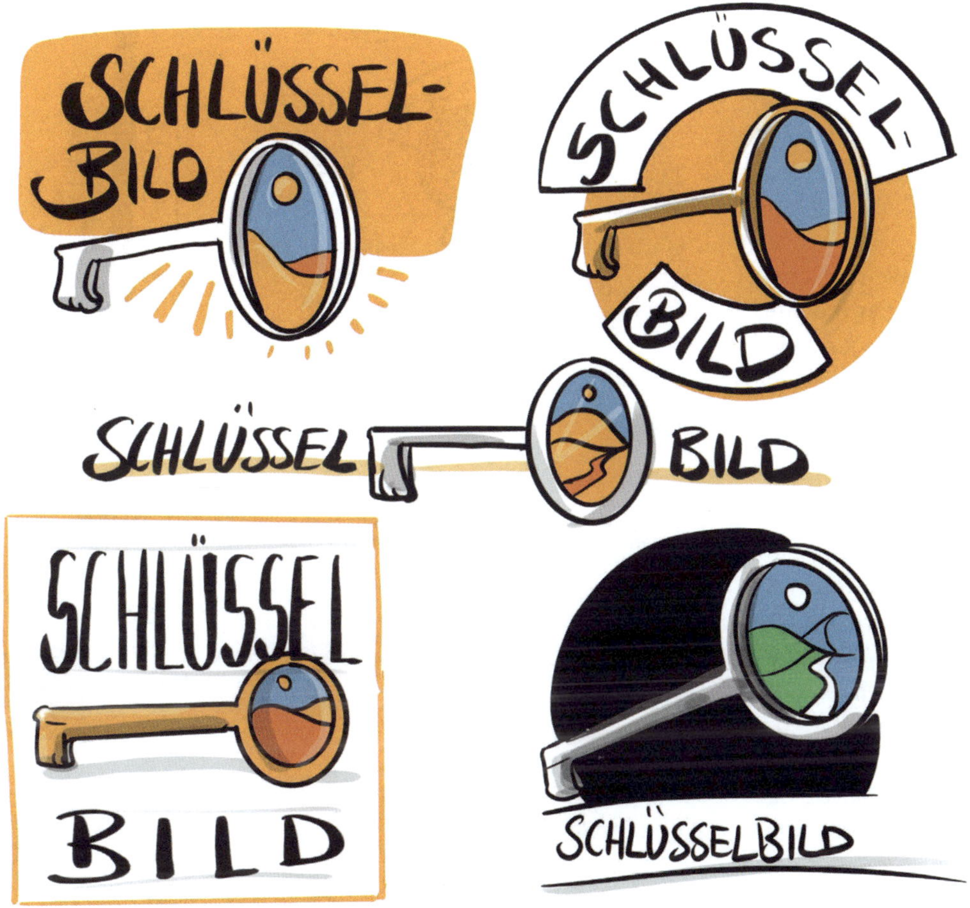
SCHLÜSSEL-BILD
SCHLÜSSEL-BILD
SCHLÜSSEL BILD
SCHLÜSSEL BILD
SCHLÜSSELBILD

Herangehensweise

Ich kann superspontan sein, wenn ich einen Plan habe! Das heißt einfach, ich brauche eine grobe Struktur im Kopf, um die Inhalte auf einer Seite unterzubringen. Das Schlüsselbild und die Überschrift habe ich mir schon vorab überlegt.

Bevor es losgeht, muss ich mich entscheiden, welche Struktur ich nutzen möchte. Wenn wenig Inhalt unterzubringen oder der Vortrag sehr kurz ist, wähle ich eine radiale Struktur. Bei einem Meeting ist meistens schwer abzusehen, wie viel gesprochen wird, es gibt auch selten einen roten Faden, da wähle ich die Popcorn-Methode. Wenn ich weiß, dass ein Vortrag oder Workshop aus drei bis fünf Hauptthemen besteht, wähle ich die Wolkenkratzer-Struktur. Da kann ich für jedes Thema einen Wolkenkratzer setzen. Auch die modulare Struktur passt da ganz gut, weil die Themen gut abgrenzbar sind. Vorträge mit einem Vortragenden strukturiere ich meist in der Pfadstruktur hintereinander weg. Die vertikale und lineare Struktur eignen sich auch gut für Vorträge. Die vertikale Struktur nutze ich gerne bei Podiumsdiskussionen, da ich da je eine Spalte für die Redner:innen nutzen kann.

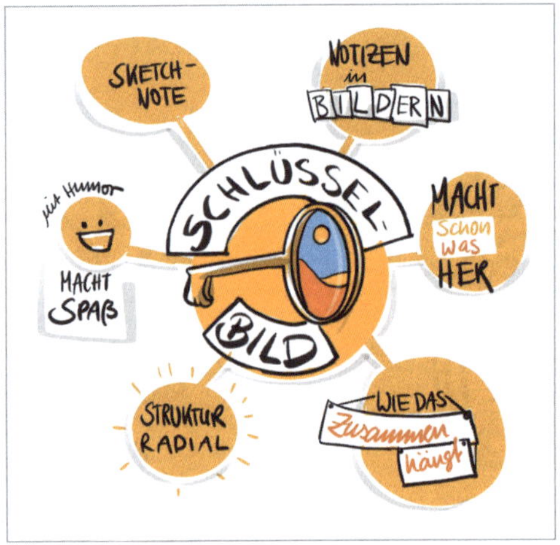

Radial

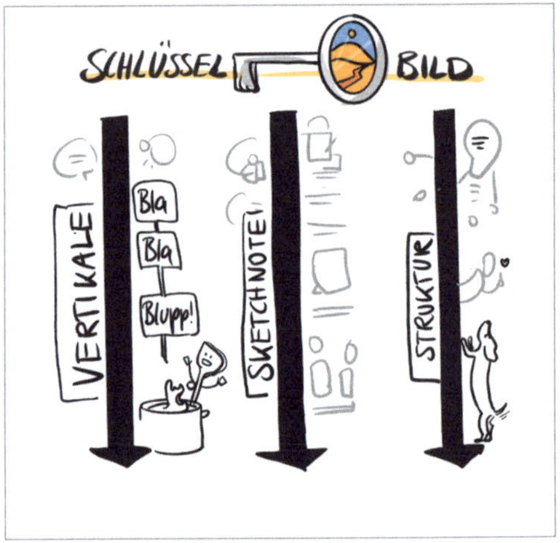

Vertikal

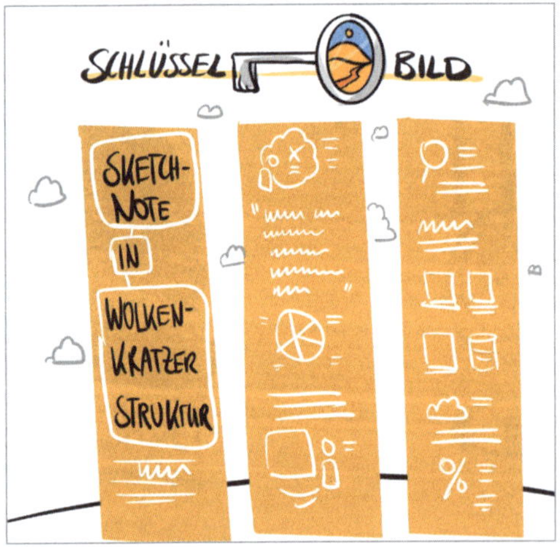

Wolkenkratzer

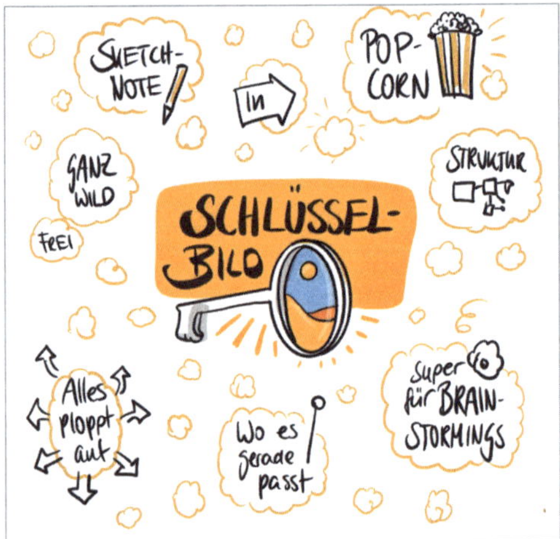

Popcorn

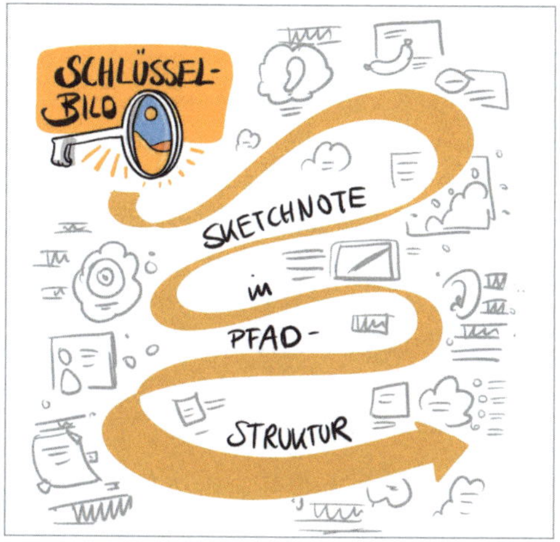

Pfad

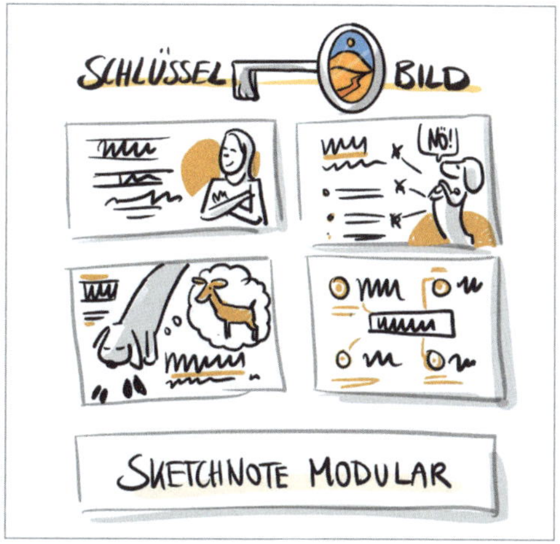

Modular

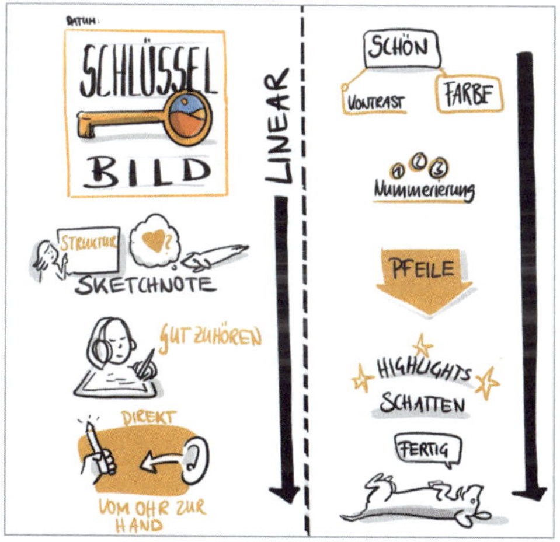

Linear

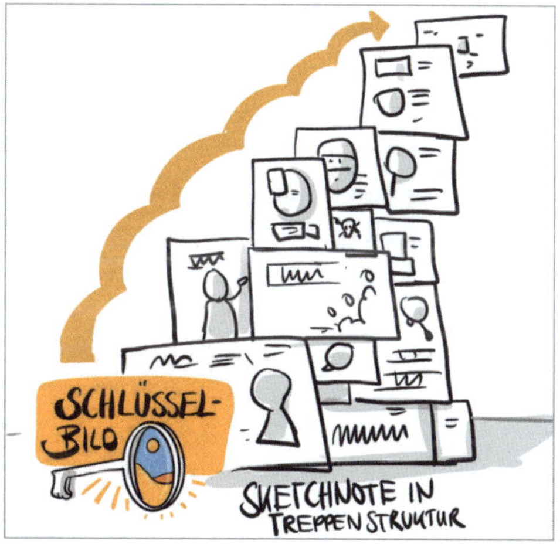

Treppen

Alle Themen, die aufeinander aufbauen, wie Ideensammlungen oder Hands-on-Meetings, zeichne ich in einer Treppenstruktur.

Wenn diese Entscheidung getroffen ist, lege ich mir in Procreate eine neue Leinwand an und zeichne die Überschrift und ein Schlüsselbild oder bei Redner:innen ein Porträt (ich pause ein Foto ab, aber nicht weitersagen).

Wir können das jetzt zusammen einmal an einem realistischen Beispiel testen – einem Kurzvortrag zum Thema Unternehmensziele, den Sie auf der nächsten Seite finden.

Übungstext

Konzentrieren wir uns: Ziele spielend definieren und erreichen

Ein Beitrag von Dr. Reinhard Ematinger

Beziehungsstatus »kompliziert«

Es braucht in diesen dynamischen Zeiten eine gemeinsame Sprache in der Organisation. Eine Sprache, die Komplexität herausnimmt, alle einbezieht und aktiviert, wenn es darum geht,

- Prioritäten der Organisation konsequent umzusetzen,
- das große Ganze und gleichzeitig den Fokus verständlicher zu machen,
- den eigenen Beitrag und den anderer sichtbar zu machen.

Eine Methode, das zu erreichen, sind Objectives and Key Results (OKRs): Der unmissverständliche Fokus liegt auf den Aktivitäten, die auf die Ziele der Organisation einzahlen – die Objectives. Am Ende eines Zyklus erfolgt die Messung der Zielerreichung – der Key Results.

Es reicht nicht mehr

Unternehmensziele in der momentan ungewissen Umgebung zu definieren und umzusetzen ist ein täglicher Tanz auf dem Vulkan. Einem sehr aktiven Vulkan. Was nützt? Kürzere Zyklen. Daraus lernen. Besser werden. Und den Weg dorthin regelmäßig zu validieren, ihn auf die Rüttelstrecke zu stellen und eher früher als später anzupassen.

Wir brauchen eine gemeinsame Sprache für das, was vor uns liegt: Das ist nicht nur volatil. Nicht nur unsicher. Nicht nur komplex. Nicht nur mehrdeutig. Das ist chaotisch, unvorhersehbar, unzusammenhängend, unverständlich.

Ein einfacher und einfach guter Plan

OKRs unterstützen dabei, sich erstens auf wenige Ziele zu fokussieren und zweitens zu definieren, wie das Erreichen dieser Ziele gemessen werden soll. Objectives sind qualitativ und beschreiben das »Was« (was soll erreicht werden). Key Results sind quantitativ und messen das »Wie« (wie stellen wir fest, dass die Ziele erreicht wurden).

Ziele in drei Dimensionen definieren

Bei Workshops mit realen Fragestellungen können sich Verhaltensweisen positiv verändern, weil visuelle, auditive und kinästhetische Fähigkeiten abgerufen werden. Verschüttetes Wissen wird im dreidimensionalen Raum zu greifbarem Wissen. Die Methodik unterstützt dabei, dass individuelles Wissen und Erfahrungen immer wieder geteilt werden. Folgende Annahmen bilden die Basis des Vorgehens:

- Auch Führungskräfte haben nicht alle Antworten. Die Umsetzung vereinbarter Ziele hängt davon ab, allen Stimmen einen Raum zu geben, unabhängig von Position und Dienstalter.
- Die Mitarbeiterinnen und Mitarbeiter einer Organisation wollen Teil eines großen Ganzen sein und Verantwortung für Ergebnisse übernehmen.
- Alle Beteiligten dürfen und sollen zu einer künftigen Entwicklung der Organisation beitragen, indem sie mitsprechen, zuhören und teilhaben.

Warum es sich lohnt

Die Implementierung von OKRs bedeutet Aufwand. Wir finden, dass sich diese Investition lohnt. Warum?

- Der eigene Beitrag wird sichtbar.
- Das große Ganze wird verständlich.
- Die Kommunikation wird transparenter.

Wir glauben, dass OKRs einen unmissverständlichen Fokus für einen überschaubaren Zeitraum schaffen und die Brücke von der Unternehmensvision zu den notwendigen Aktivitäten schlagen. Und wir glauben, dass Lego Serious Play diese Themen greifbar macht und dabei hilft, den eigenen Beitrag zu kommunizieren. Und wir glauben, dass die intelligente Verbindung dieser Ansätze dabei unterstützt, eine gemeinsame Sicht auf Ziele und Ergebnisse auf den Tisch zu bringen. Es gibt dabei kein »falsch« und »richtig«. Nur ein »hilfreich«. Leg godt!

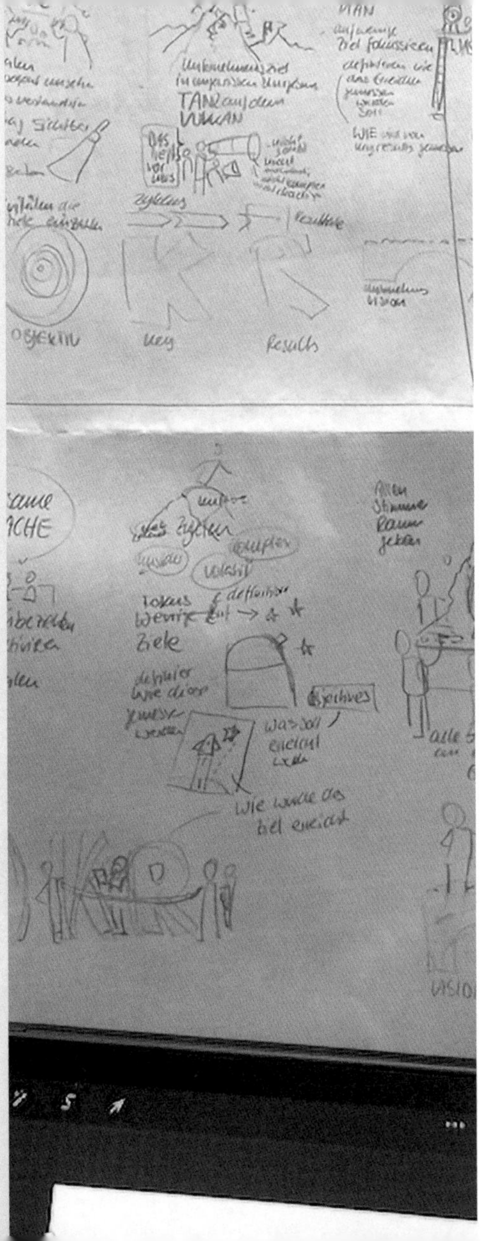

Übung

Auch wenn Sketchnotes live entstehen und man beim Zuhören zeichnet, ist es leichter für Sie, die wichtigsten Inhalte in einem geschriebenen Text zu erkennen, und für mich ist es leichter, Ihnen die Herangehensweise zu erklären:

Schritt 1

Lesen Sie den Text durch und unterstreichen Sie die Wörter, die Sie zeichnen können und wollen. Wenn ich den Luxus Zeit habe, mache ich gerne Skizzen zu den wichtigsten Wörtern.

In einer Livesituation schreibe ich das Wichtigste erst auf, und danach zeichne ich das, was mir als Erstes für ein Bild in den Kopf kommt. Das Schwierigste dabei ist, finde ich, nicht das Zeichnen, sondern die Reduzierung des Gesagten auf wenige Schlagwörter.

Schritt 2

Erkennen Sie eine Erzählstruktur im Text? Welche Sketchnote-Struktur würde dazu passen?

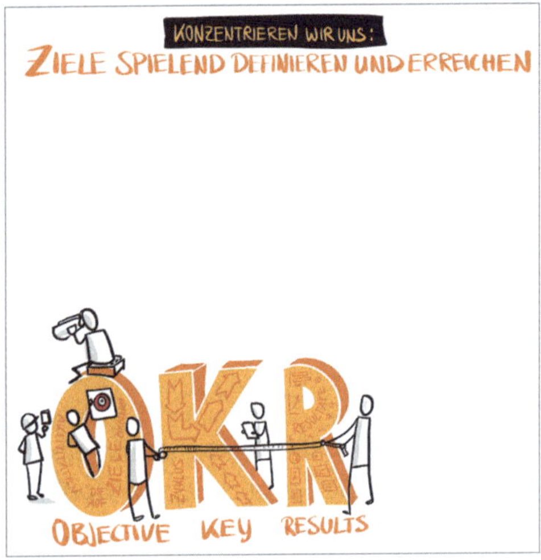

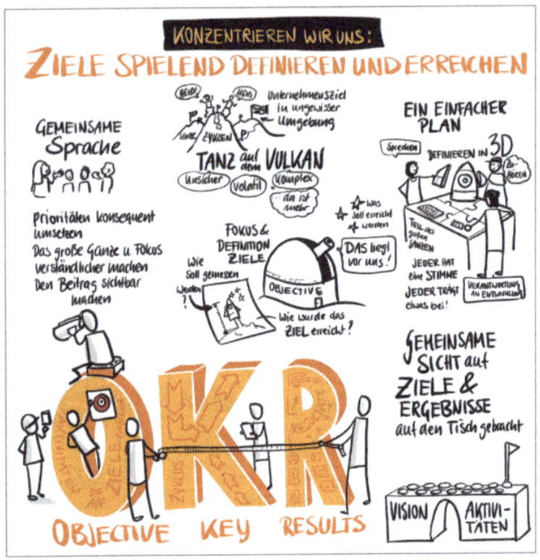

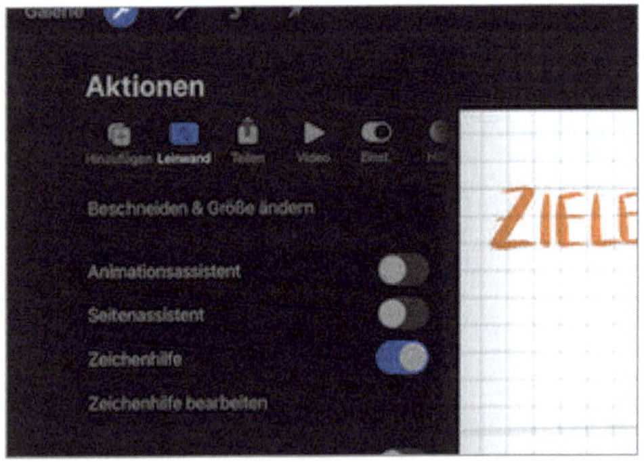

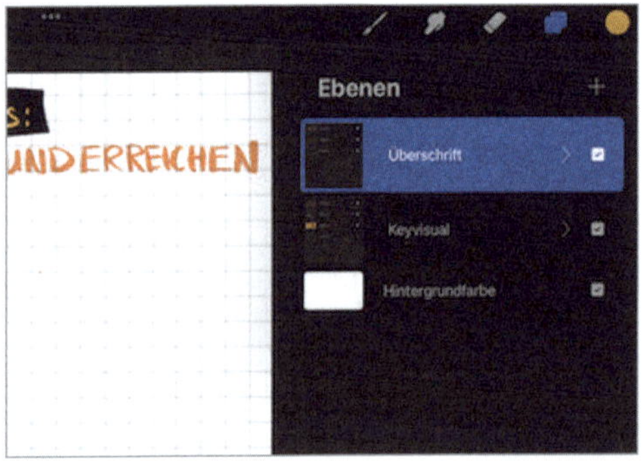

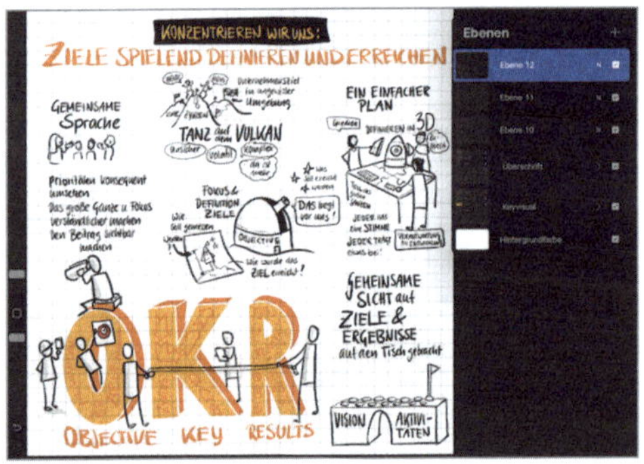

Schritt 3

Legen Sie eine neue Seite in Procreate (oder einer anderen App Ihrer Wahl) an.

Schritt 4

Schreiben Sie eine fancy und fette Überschrift auf einer Ebene und auf eine andere Ebene ein Schlüsselbild.

Schritt 5

Legen Sie sich eine neue Ebene für Schrift und Konturen an, eine weitere für Farbe und noch eine weitere für Schatten. Schreiben Sie die wichtigsten Stichwörter auf, und zeichnen Sie ein Symbol oder Bild dazu. Sie haben sich ja schon vorab Wörter markiert.

Schritt 6

Zu manchen Wörtern, obwohl diese wichtig sind, fällt Ihnen kein Bild ein? Dann schreiben Sie das Wort besonders groß, farbig oder auf eine besondere Weise (kursiv, fett, mit Serifen …).

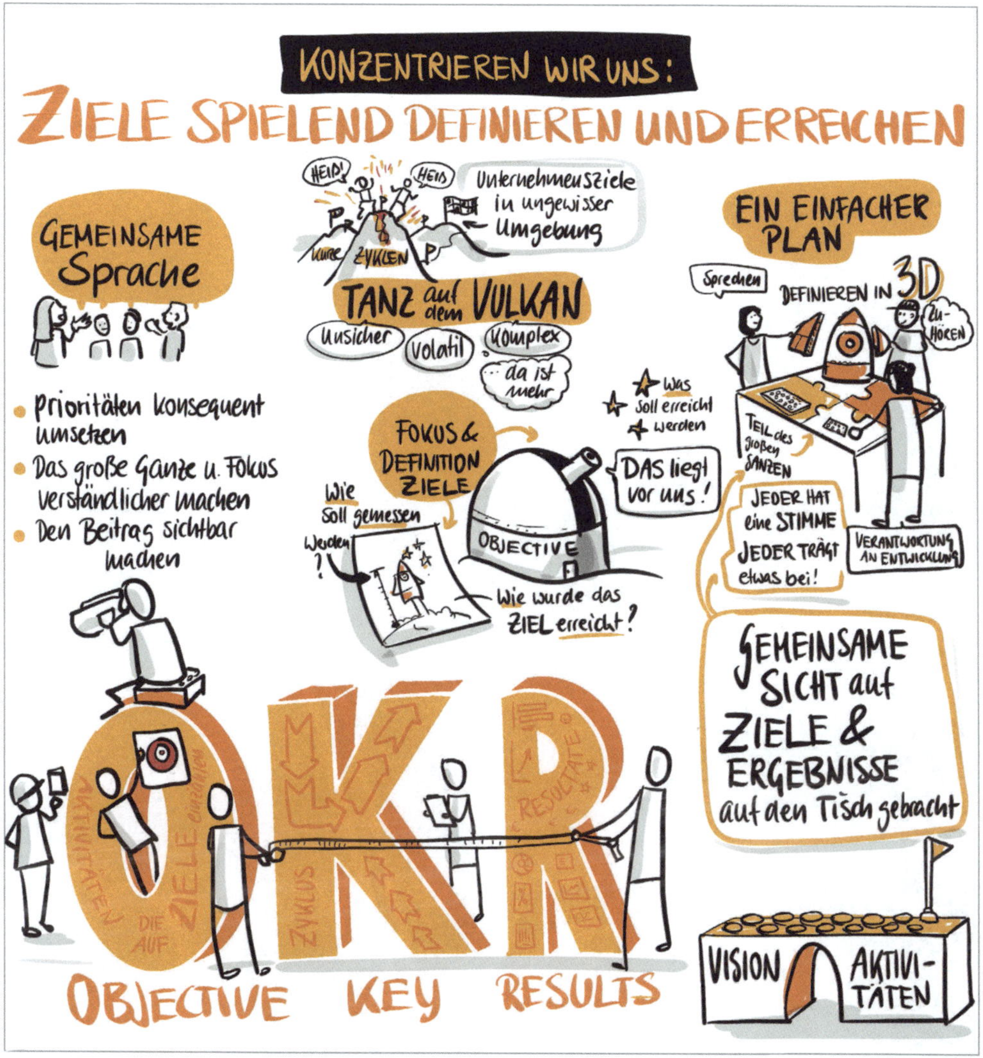

Schritt 7

Schaffen Sie Verbindungen durch Cluster, Rahmen und Textcontainer. Beachten Sie dabei die Hierarchie.

Schritt 8

Setzen Sie Highlights, Effekte, Schatten.

Schritt 9

Schauen Sie noch einmal auf Ihr Werk. Braucht es noch Pfeile oder Verbindungen, um eindeutiger zu werden?

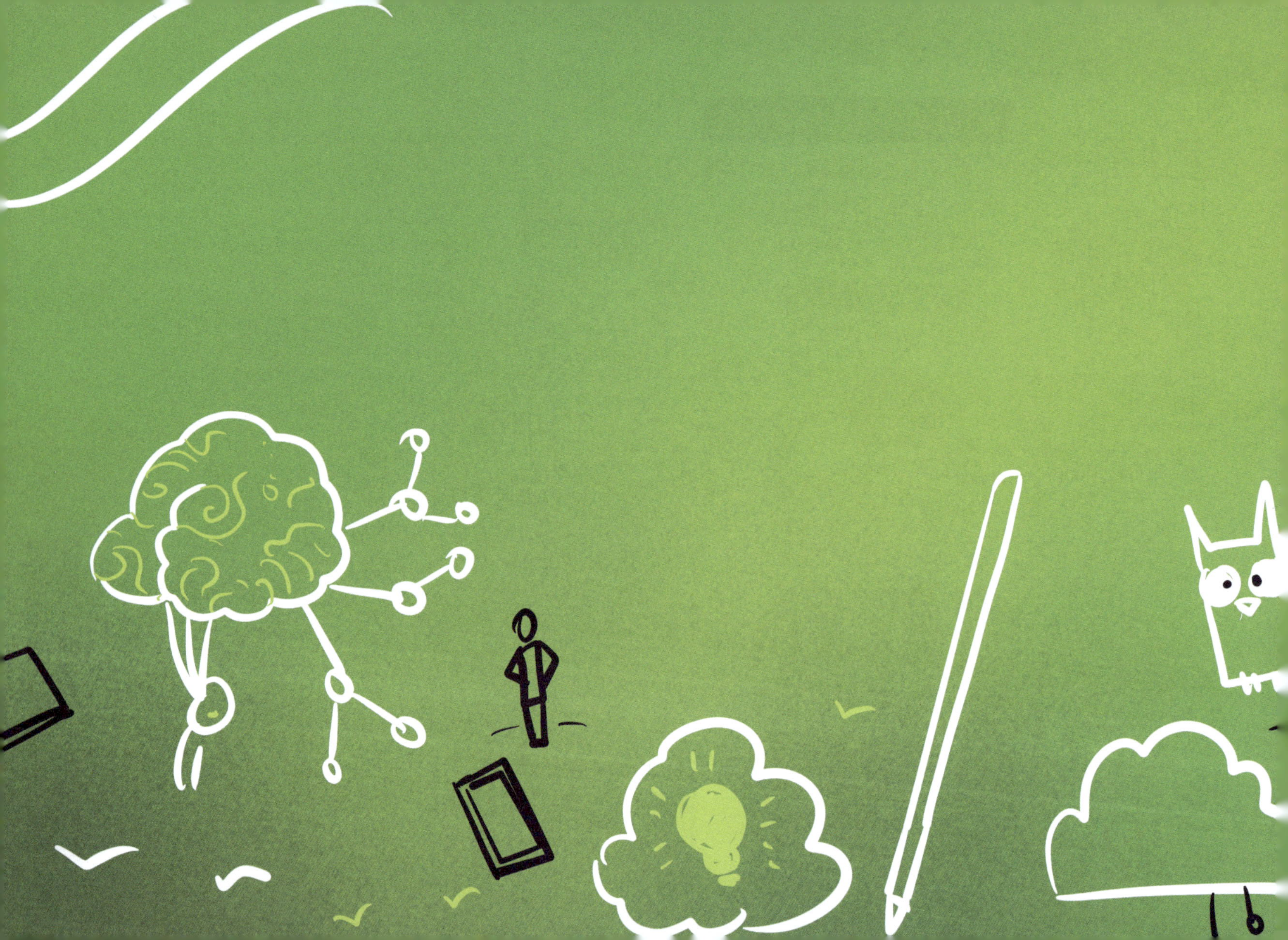

6 Mindmaps

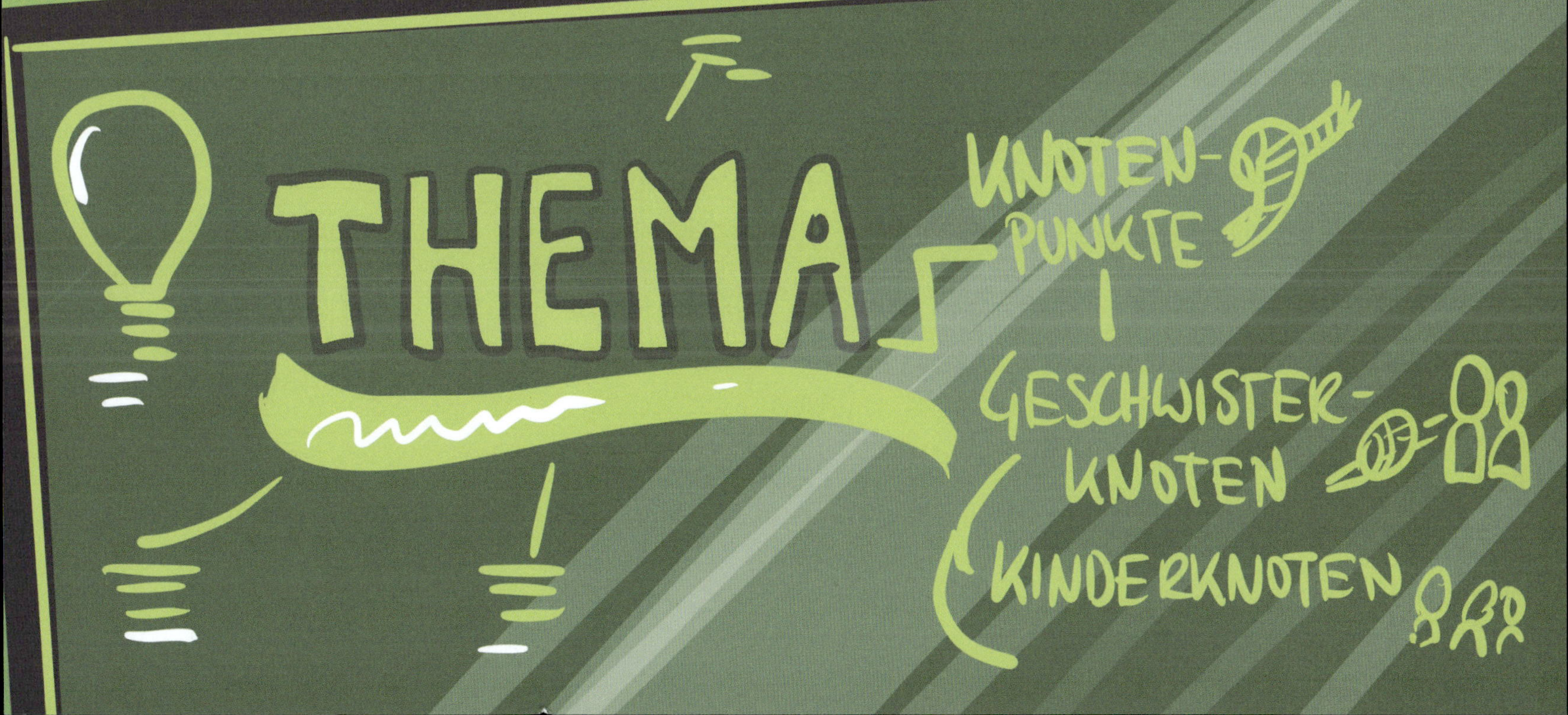

Eine Denklandkarte, so wie das Gehirn arbeitet und Verknüpfungen herstellt, genau so funktioniert eine Mindmap. Für mich gibt es nichts Besseres, um ein Thema und die Zusammenhänge zu verstehen. 2014 lernte ich Margit Hertlein, die Großmeisterin nicht nur für das Mindmapping, kennen, als sie mich fragte, ob ich ihr Buch »Raus aus dem Janmersumpf« illustrieren würde. Das war der Beginn einer wunderbaren und sehr, sehr lustigen Zusammenarbeit. Margit Hertlein, schrieb 1997 (Mind Mapping, die kreative Arbeitstechnik) und danach noch viele andere wertvolle Bücher.

Margit ist eine sehr erfolgreiche Keynote-Speakerin und Mentorin. Ihre Vorträge und Workshops bereitet sie mithilfe von Mindmaps vor. Während der Vorträge legt sie die Mindmap vor sich und kann unglaublich tolle Vorträge halten. Glauben Sie mir, ich war ein paarmal dabei. Hier sehen Sie links ein Beispiel ihrer Mindmap für den Vortrag zum Thema »Neugier« und rechts mein Graphic Recording live dazu.

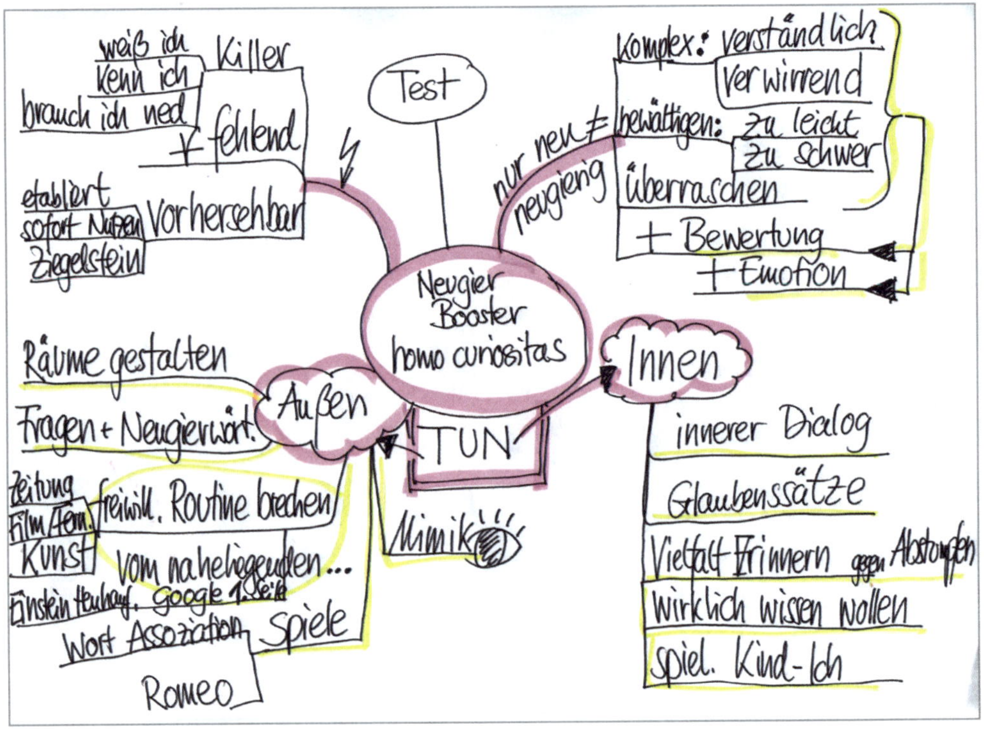

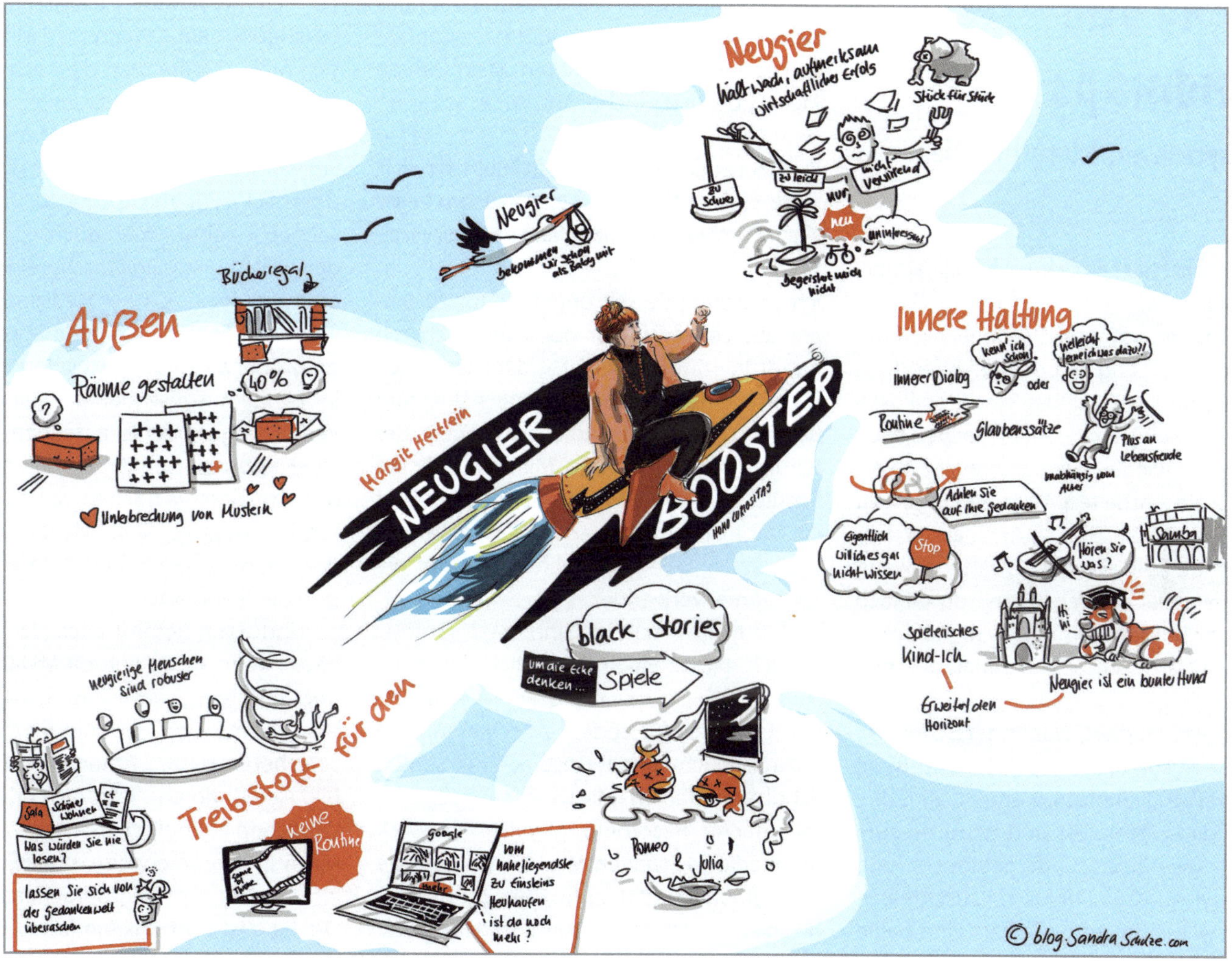

NEUGIER BOOSTER
Margit Hertlein
Homo Curiositas
Neugier
hält wach, aufmerksam
wirtschaftlicher Erfolg
Stück für Stück
zu schwer
zu leicht
nur
neu
nicht verwirrend
uninteressant
begeistert mich nicht
Neugier
bekommen wir schon als Baby mit
Bücheregal
Außen
Räume gestalten
40%
Unterbrechung von Mustern
Innere Haltung
innerer Dialog
kenn' ich schon.
oder
vielleicht lerne ich was dazu?!
Routine
Glaubenssätze
Plus an Lebensfreude
unabhängig vom Alter
Achten Sie auf Ihre Gedanken
Eigentlich will ich es gar nicht wissen
Stop
Hören Sie was?
Samba
Spielerisches Kind-Ich
Erweitert den Horizont
Neugier ist ein bunter Hund
black Stories
um die Ecke denken ...
Spiele
Romeo & Julia
neugierige Menschen sind robuster
Treibstoff für den
keine Routine
Google
mehr
vom naheliegendste zu Einsteins Heuhaufen ist da noch mehr?
Gala
Schöner Wohnen
c't
Was würden Sie nie lesen?
lassen Sie sich von der Gedankenwelt überraschen
© blog.SandraSchulze.com

Delfine und Mindmaps

Ein Gespräch mit Margit Hertlein

Wieso beschäftigst du dich mit Mindmapping, wie kam's?
Weil ich aufgrund meiner Persönlichkeit unglaublich neugierig bin, immer irgendwas entdecke und am Schluss einen heillosen Wust an so vielen spannenden Sachen habe und immer wieder ewig gebraucht habe, um mich einzuarbeiten. Als Fünfjährige hast du Zeit, es ist kein Thema. Auch als 15-Jährige hast du Zeit, aber als 25-Jährige, wenn du im Berufsleben stehst, hast du einfach die Zeit nicht mehr, dass du deine Aufzeichnungen quasi in Echtzeit nochmals durcharbeitest.

Also: Wer studiert, wer in der Schule ist, wer eine Ausbildung macht, wer im Beruf ist, da wäre es Wahnsinn, wenn du alles das, was du dir aufschreibst und wozu du zum Beispiel eine halbe Stunde gebraucht hast, um die wichtigsten Punkte mitzuschreiben – dafür will ich nicht nochmals eine halbe Stunde investieren, um mich wieder daran zu erinnern; und so bin ich auf Mindmaps gestoßen. Das Mindmapping hat angefangen, mein Leben zu sortieren. Mein Gehirn. Mein Leben hat's nicht sortiert.

Du benutzt die erstellten Mindmaps für dich, wenn du Gespräche mit Kunden erfasst oder einen Vortrag oder einen Workshop vorbereitest?
Ich verwende sie seit ungefähr 15, 20 Jahren ausschließlich nur noch für mich. Ich hab früher im Unterricht – damals, als ich klassischen Unterricht gemacht habe, zum Beispiel Wirtschafts- und Sozialkunde in der Berufsschule – Überblicks-Mindmaps für die Schüler und Schülerinnen verwendet. Und ich habe am Anfang, als ich Trainerin war, auch noch Überblicks-Mindmaps für die Teilnehmer verwendet.

Für mich macht es Sinn. Weil ich festgestellt habe: Einen Überblick für mich zu schaffen ist was völlig anderes, als einen Überblick für andere zu schaffen. Also dazu kann ich nur ein Gespräch mit Sandra Schulze empfehlen – die weiß, was es bedeutet: Graphic Recording, nämlich Überblick für andere zu schaffen. Weil Sandra Schulze sich Symbole und Begriffe überlegen muss, die die Menschen, die sie anschauen, danach verstehen. Bei mir genügt es, wenn ich sie verstehe. Das sollte allerdings die Grundbedingung sein – wenn man Mindmaps für sich macht, sollte man die auch noch nach sechs Wochen oder zwei Jahren verstehen.

Für mich ist das Thema: Für wen ist das? Für wen zeichne ich, für wen mache ich den Überblick? Für mich oder für andere? Bei »andere« könnte man auch noch verzweigen und fragen: »Sind die anderen Wissende oder Unwissende?« Ein Medizinstudent, der im ersten Semester Anatomie hat, braucht möglicherweise die Bezeichnungen in voller Länge ausgeschrieben, weil er mit den Verkürzungen nichts anfangen kann. Von einer approbierten Ärztin nehme ich aber doch an, dass sie noch so viel Anatomiewissen hat, dass sie weiß, wie das Zeug heißt, das wir im Körper haben. Also: Wie wissend sind die Teilnehmer?

Und dann kommt auch der Kulturkreis dazu: Wenn du in Europa etwas zeichnest und feststellst, dass das Symbol für die Weisheit in Europa die Eule aus dem antiken Griechenland ist … Athene, ihre Eule, dieses Bild ist wunderbar. Jetzt hast du aber einen Workshop in Englisch in Asien, sagen wir, in Malaysia. Dummerweise ist die Eule in Asien ein Symbol für ausgesprochene Doofheit. Die Eule ist dort das Blödi-Tier. Dafür kann die Eule nichts – die Eule ist weder doof noch klug, sondern wir haben ihr im europäischen Kulturkreis die Bedeutung »klug« gegeben, und im asiatischen hat sie die Bedeutung »doof«.

Du kannst natürlich auch noch ein anderes Beispiel nehmen: Der Mädchentraum schlechthin ist der Delfin. Wenn ich vor pubertierenden Mädchen vortrage und ihnen die harten wissenschaftlichen Fakten sage – nämlich, dass sich Delfine wirklich mit allem paaren wollen, was an die Wasseroberfläche kommt, und dass sie die Luftblasen aus ihren Atemlöchern zur erotischen Stimulation nutzen – dann werde ich mit diesem Vorwissen und der Bedeutungsaufladung mit dem Kulturkreis »pubertierende junge Mädchen« nicht unbedingt den Delfin als Beispiel nehmen. Außerdem gibt es pubertierende Delfine, die teilen sich im übertragenen Sinn einen Joint – also, wie wenn du einen Joint kreisen lässt. Die jungen Delfine lassen einen Kugelfisch kreisen, und in der genau richtigen Dosierung wirkt er halluzinogen, sie müssen ihn nur ganz sanft drücken, dann gibt er das Gift frei. Danach geben sie ihn weiter, zum nächsten Delfin und so weiter.

Also: Für andere malen oder für andere einen Überblick gestalten bedeutet immer auch – und das machst du ja –, dass du das Vorwissen einbeziehst, dass du den Kulturkreis einbeziehst. Paarungsverhalten gibt es auch bei Heuschrecken. Und für Rauschverhalten kann man den Hirschkäfer nehmen. Es müssen nicht unbedingt Delfine sein.

Wie geht man am besten vor, wenn man eine neue Mindmap anlegt? Wie fängt man an?

Ich male immer zusammenhängende Äste – ich mache nie leere Gedankenblasen. Wenn ich doch eine leere Gedankenblase zeichne, hat die für mich eine andere Bedeutung, und zwar, dass ich mir an dieser Stelle noch Gedanken zu einem Thema machen muss, um es besser zuzuordnen.

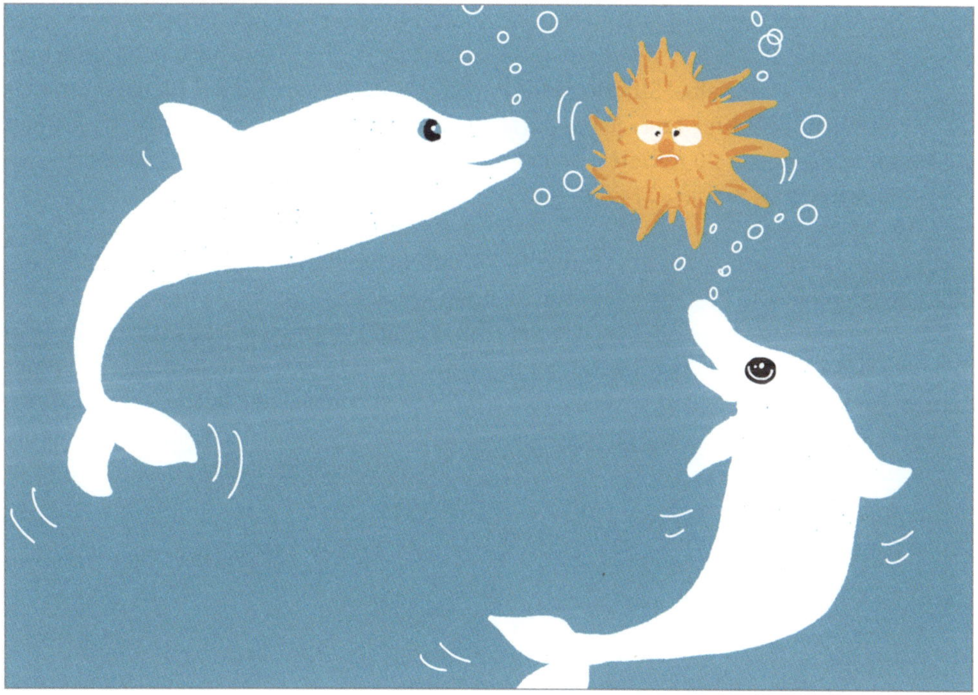

Welche Elemente verwendest du, welche Materialien und Hilfsmittel?
Bis heute ausschließlich Papier und Stifte. Ich werde mir nach deinem Intro-Workshop aber die App Paper anschauen. An grafischen Elementen benutze ich die, die für mich einen Sinn machen. Also, ich nutze ein grafisches Element wie ein Kuchendiagramm in Form einer Uhr beispielsweise, um auf die Schnelle zu sehen, wie viel Zeit etwas braucht. Ich nehme den vollen Kreis als eine Stunde. Wenn ich für einen bestimmten Input eine halbe Stunde plane, dann male ich den Kreis zur Hälfte aus. Wenn die Kaffeepause 20 Minuten dauert, dann markiere ich das wie 20 Minuten auf einer Uhr.

Im Normalfall verwende ich Symbole oder Bildelemente immer dann, wenn es wiederkehrende Themen sind. Das verkürzt mir unglaublich – auch noch nach einem halben Jahr – die Überlegung, was das war.

Wer mit Mindmapping beginnt, weiß oft noch gar nicht, was er alles für Elemente braucht. Was hilft?
Mal reinhauen, und je öfter man das macht, desto öfter stellt man fest, das schaut zwar geil aus, aber braucht man nicht.

Ich habe »im Tun« festgestellt: Ich brauche auf jeden Fall ein Zeitsymbol, das ist bei mir der Kreis, und ich brauche auf jeden Fall immer ein Symbol für »wie viele Leute machen diese Gruppenarbeit?«, also zwei Männchen, drei Männchen, vier Männchen. Dann habe ich ein Symbol für eine gesamte Gruppe, das ist einfach ein Kreis mit kleinen Kreisen. Oder Symbole für Blitzlicht, Zusammenfassung, Gruppenreflexion. Dann zeichne ich ein kleines »Strich-Häuschen«, zum Beispiel bei Kundenbesprechungen. Bei Anfragen muss ich ja wissen, wo die Veranstaltung stattfindet. Ist es online? Ist es in Österreich? Dieses Symbol male ich immer vorneweg in meinen Besprechungs-Mindmaps, und es haben sich ein paar Symbole rauskristallisiert und die sollte ich immer abfragen.

Was kann man falsch machen? Was muss man beachten?
Für mich ist das Wichtigste beim Visualisieren: Wenn ich das Blatt Papier oder die Datei nach einem halben Jahr anschaue und ich brauche länger als fünf Minuten, um wieder drin zu sein, dann hat es seinen Zweck nicht erfüllt.

Dann kann das wunderschön aussehen, es kann aber sein, dass man sich nicht zurechtfindet. Neben dem ästhetischen Reiz, den ich sehr schätze, ist das allererste Kriterium, ob ich innerhalb von fünf Minuten wieder im Thema drin bin, ich mich wieder an das Kundengespräch, an den Vortrag, an den Workshop erinnere.

Wie viel Zeit investierst du für deine Mindmaps?

Es kommt drauf an. Wenn ich eine Mindmap mache zur Vortragsvorbereitung – »Tierischer Sex« oder Schrödingers Katze –, dann kann es sein, dass ich fünf, zehn, fünfzehn Mindmap-Versionen zeichne. Am PC schneide ich Elemente aus, verschiebe sie, fertig. Bemerke ich dann, dass die Struktur nicht stimmt, dann mache ich das nochmals. Was denkst du, was bei mir im Kopf passiert, wenn ich zehnmal eine Mindmap zum Vortrag gemacht hab?

Ja, das verfestigt sich natürlich. Genau! Es ist ein Riesenunterschied. Du siehst auf einem Mindmap, wie fit jemand ist – je mehr darauf zu lesen ist, desto weniger Ahnung hat die Person vom Thema. Eine Mindmap oder ähnliche Visualisierung ist immer auch ein Kontrollinstrument für mich selbst: Genügt mir das? Kann ich darüber reden?

Und dann gibt es Mindmaps von mir, die völlig anders ausschauen, mit mehr als fünf Blättern. Das sind die ersten Schritte, die sind nicht verkehrt. Das heißt schlicht und ergreifend, da bin ich auf dem Weg, und dann werden eben aus den vielen Blättern weniger Blätter. Und jedes Mal, wenn ich das neu zeichne, verfestigt sich das.

In solchen Fällen werde ich nicht von meinem Papier und Stift abgehen, und dann werde ich die weiterhin zehnmal neu zeichnen. Weil ich mich dadurch wirklich in die Materie reinarbeite. Eine Besprechungs-Mindmap, wo der Aufbau ganz klar ist, kann ich genauso gut am Tablet machen.

Wenn man mehr über das Thema wissen möchte, findet man das in deinem neuen Buch?

Und ob! Die Abgabe dafür ist im Januar, es erscheint im Mentoren Verlag, und man findet es wieder in jedem gut sortierten Buchladen.

Habe ich was vergessen?

Dann lassen wir es gut sein. Ich belästige dich auch nicht mit meinem neusten Lieblingsflachwitz.

Doch. Es muss.

Es ist eher naturwissenschaftlich angehaucht, ist das okay? Welchen Helfer nimmst du für das Kalibrieren von Messgeräten? Keine Ahnung? Das Eichhörnchen.

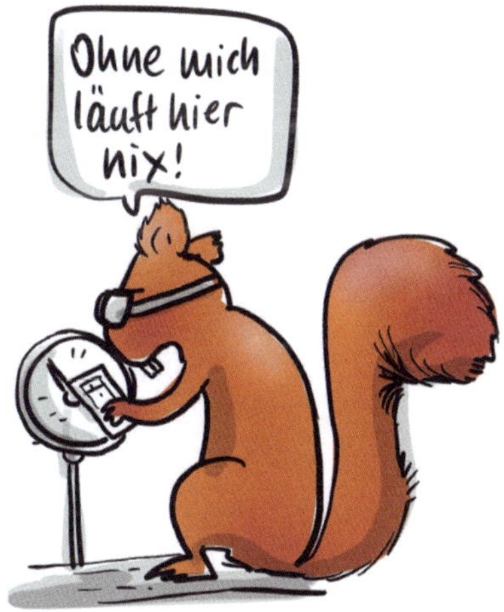

Mindmaps mit dem Tablet

Es gibt bereits einige Apps und Programme, um Mindmaps zu erstellen. Man kann zum Beispiel in Online-Meetings Miro dafür nutzen.

Auf dem Tablet geht es recht schnell und ohne viel Aufwand mit der App **MindNode**. Wenn man erst einmal herausgefunden hat, was ein Elternknoten, Kindknoten und Geschwisterknoten ist, erklärt sich das Menü rechts von selbst. In dieser Mindmap habe ich Ihnen die Unterschiede aufgezeichnet.

Apropos zeichnen, Sie können auch Bilder und Icons zu den Knoten einfügen, dann wird es visueller.

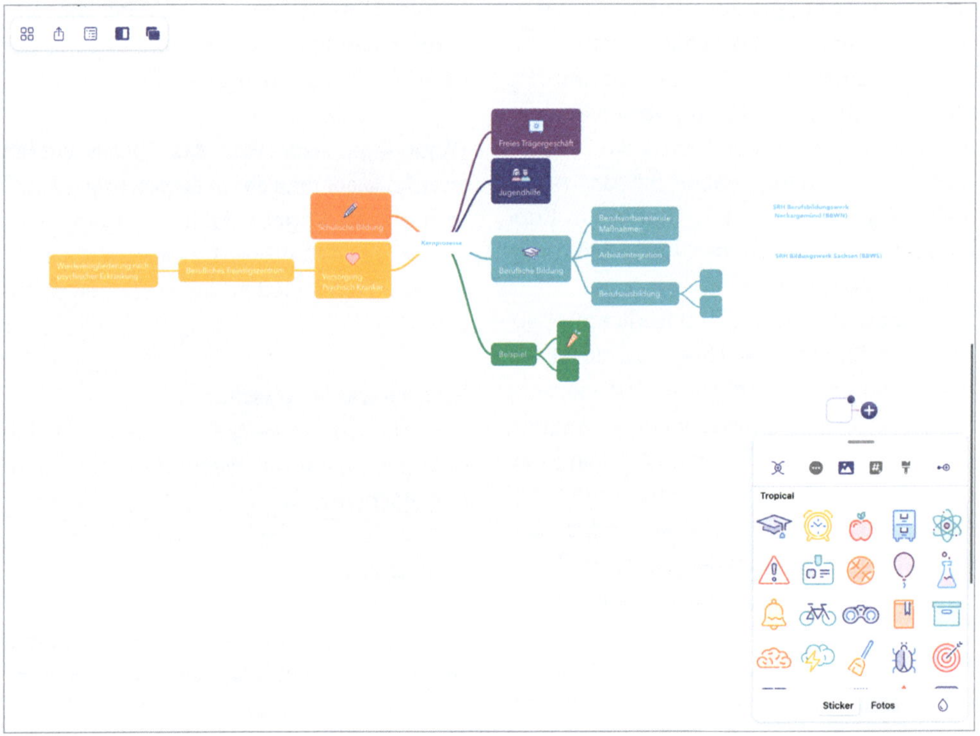

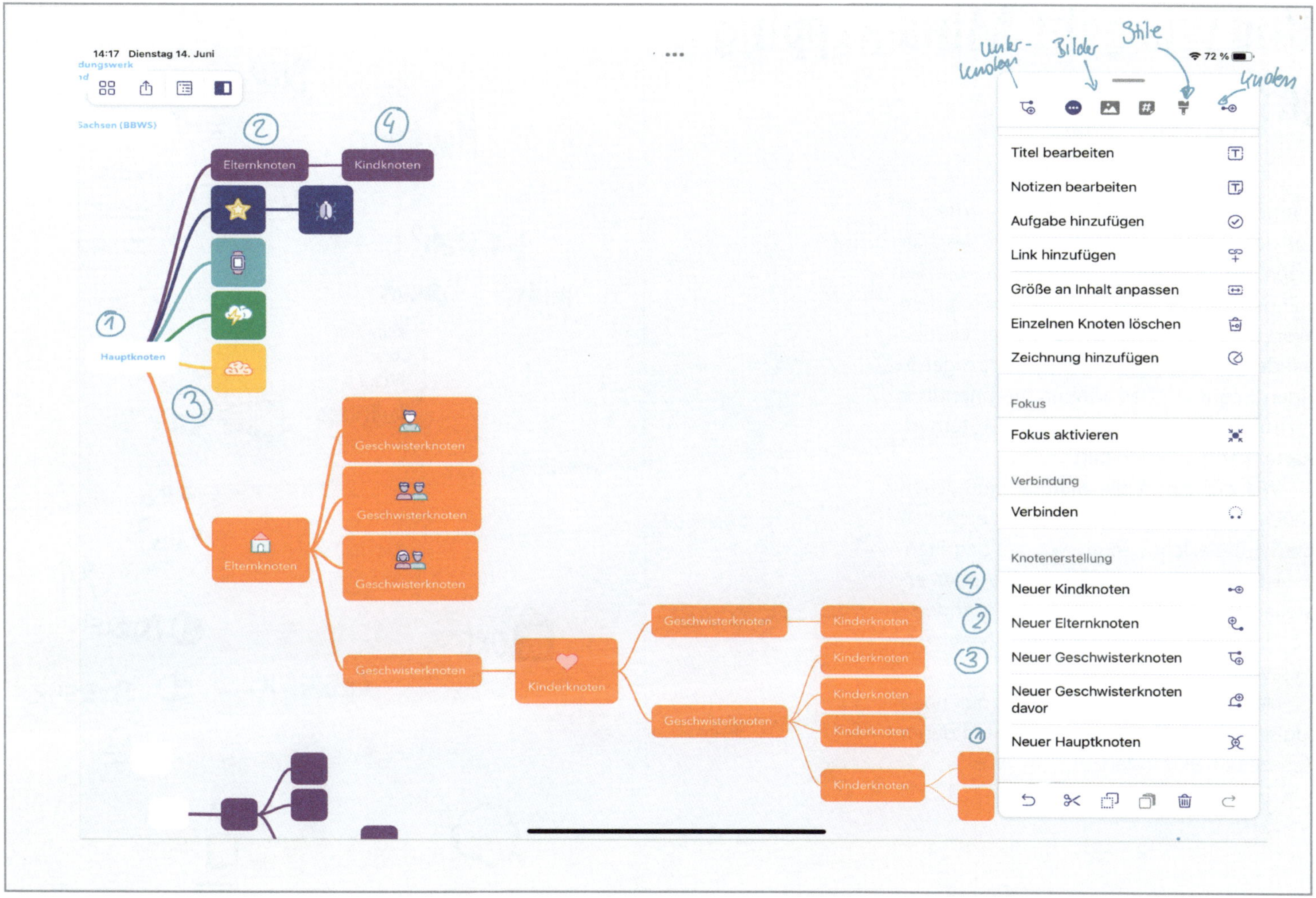
14:17 Dienstag 14. Juni
72 %
Unter-knoten
Bilder
Stile
Knoten
Elternknoten
Kindknoten
Hauptknoten
Geschwisterknoten
Geschwisterknoten
Geschwisterknoten
Elternknoten
Geschwisterknoten
Kinderknoten
Geschwisterknoten
Geschwisterknoten
Kinderknoten
Kinderknoten
Kinderknoten
Kinderknoten
Kinderknoten
Titel bearbeiten
Notizen bearbeiten
Aufgabe hinzufügen
Link hinzufügen
Größe an Inhalt anpassen
Einzelnen Knoten löschen
Zeichnung hinzufügen
Fokus
Fokus aktivieren
Verbindung
Verbinden
Knotenerstellung
Neuer Kindknoten
Neuer Elternknoten
Neuer Geschwisterknoten
Neuer Geschwisterknoten davor
Neuer Hauptknoten

Und wie geht Mindmapping jetzt genau?

Fangen Sie mit einem Wort an, einem Begriff für das Thema, mit dem Sie sich beschäftigen. Dann sammeln Sie Begriffe, die Sie mit dem Wort assoziieren oder die mit dem Wort verwandt sind. Diese Wörter werden wiederum aufgegliedert bei den dazugehörigen Begriffen. Das können Sie unendlich fortführen, bis es aussieht wie eine Sternenkarte, wenn es Ihnen hilft.

Wie tief Sie in die Materie eintauchen möchten, bestimmen Sie. Danach ergänzen Sie Symbole, Icons, Motive zu den Begriffen.

Ist die Mindmap nur für Sie, oder erstellen Sie die Mindmap für wen anders? Bedenken Sie das bei der Symbolwahl, um Missverständnisse zu vermeiden.

Nun müssen Sie die Begriffe nur noch logisch mit dem Ursprungswort und deren Assoziation verbinden.

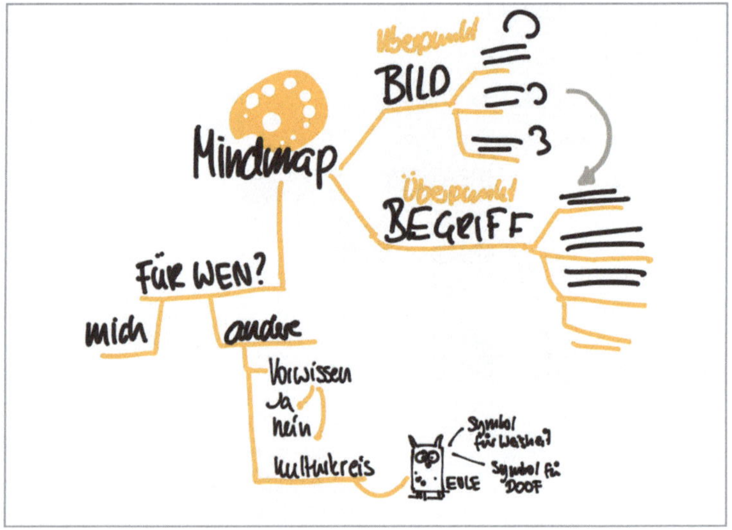

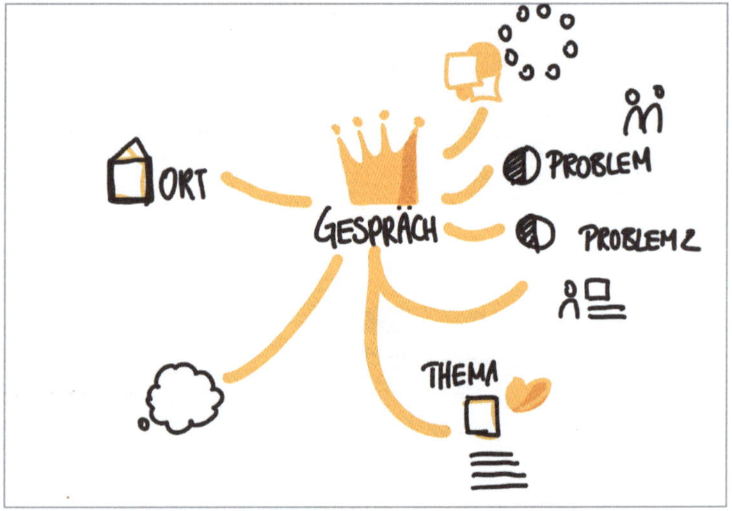

Übung

Probieren Sie es doch einmal aus! Schreiben Sie einen einfachen Begriff in die Mitte. Assoziieren Sie weitere Begriffe dazu und dann, was Ihnen zu den jeweiligen Begriffen wiederum in den Sinn kommt. Verbinden Sie diese Begriffe wie bei einem Baum die Äste, die immer zum Stamm führen.

Dann noch ein paar Symbole: fertig. Geben Sie sich ein Zeitfenster dafür zwischen fünf und zehn Minuten.

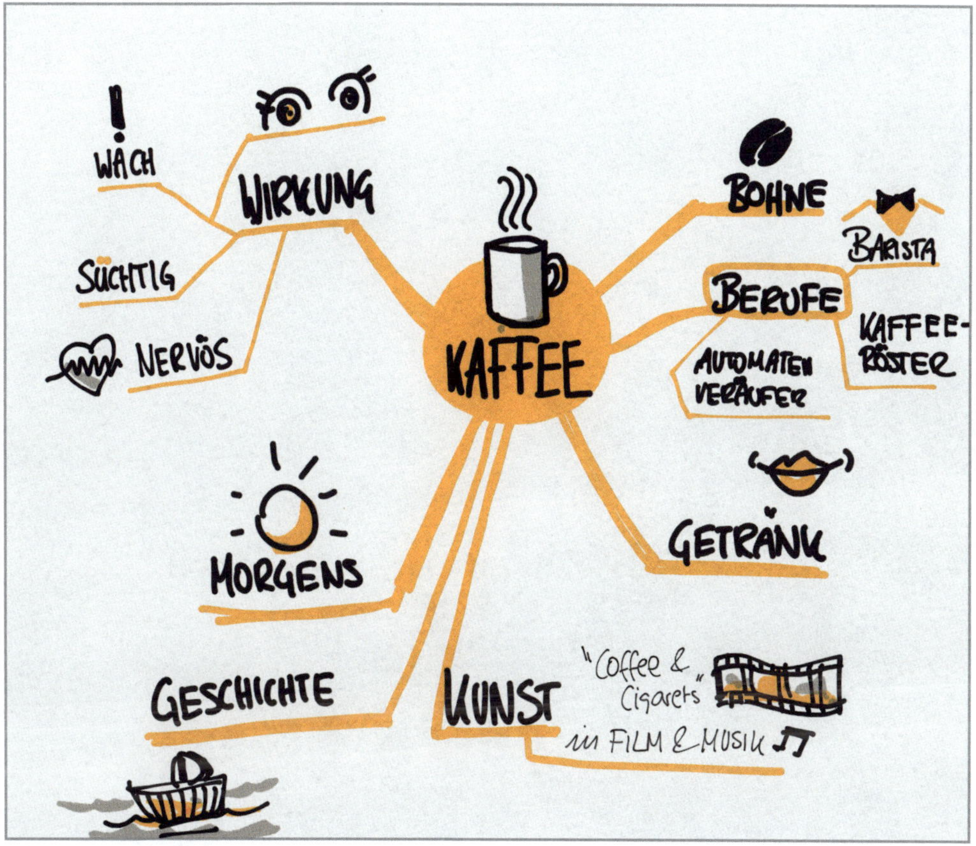

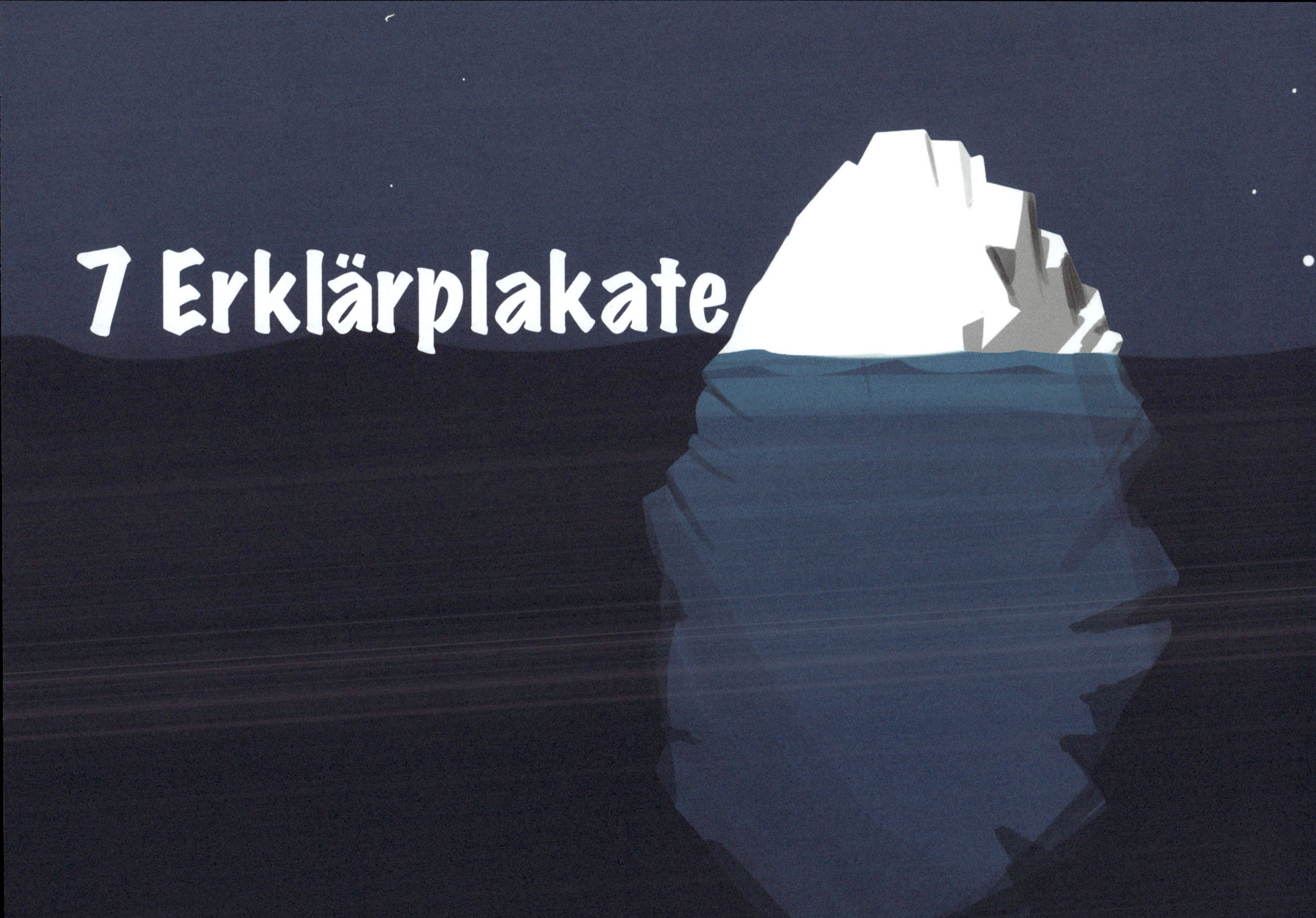
7 Erklärplakate

Komplexe Inhalte auf einen Blick verständlich und sympathisch darstellen, das geht. Von der Customer Journey über Supply Chain, Mission und Vision sowie alle möglichen Prozesse.

Man kann es auch Visual Storytelling nennen. Ziel ist es, ein Bild zu erschaffen, das Ihren Mitarbeiter:innen oder Kund:innen helfen kann, eine Strategie, Nachricht, Geschichte oder Prozesse zu verstehen. Das kann ein Ziel-, Strategiebild, oder eine Customer Journey sein. Dieses Bild können Sie dann in Präsentationen verwenden oder auf Plakate drucken.

Um ein sinnvolles Erklärplakat zu erstellen, müssen Sie erst einmal wissen: **Wozu** soll das Plakat genutzt werden?

Daraus ergibt sich die Größe und ob es Hochformat oder Querformat sein soll. Soll es nur für Präsentationen (16:9-Format) oder in A0 ausgedruckt werden? Sollen später einzelne Elemente als Symbole in einer Präsentation verwendet werden?

Wer soll das Plakat verstehen? Ist es für Mitarbeiter:innen, die schon im Thema sind, oder für Kund:innen oder für völlig Branchenfremde?

Was soll das Plakat bewirken? Soll es verständlich machen, wie ein Prozess funktioniert? Soll es motivieren und zur Mitarbeit bewegen? Soll es von einer Veränderung überzeugen? Soll es Werte und Kultur, Zusammenarbeit und eine Mission vermitteln? Schon haben Sie eine ungefähre Richtung, welche Bildmetaphern Sie verwenden können.

Jetzt geht es darum, die Inhalte zusammen und die Zusammenhänge zu verstehen und zu komprimieren.

Zweihundert Seiten PowerPoint sind dabei nicht hilfreich. Ich bitte meine Kund:innen um eine A4-Seite mit Text. Oft gibt es im Unternehmen auch schon Bildmetaphern, die verwendet werden.

Meine Kund:innen wissen oft noch gar nicht, was sie alles in das Erklärplakat packen möchten oder wie sie anfangen sollen, um den Inhalt zusammenzutragen. Ich empfehle dazu die Warum-Was-Wie-Methode von Seite 156.

An der Stelle fange ich schon an, in meinem Notizbuch zu kritzeln, so kann ich direkt erkennen, was funktioniert. Manchmal habe ich eine geniale Idee, zeichne sie auf und merke beim Betrachten, dass es eine ganz andere Aussage hat als gedacht.

Also suche ich weiter. Es fällt leichter, auf eine Idee für die Aufteilung eines Erklärplakats zu kommen, wenn man mit anderen zusammen überlegt. Ich nötige meine Kund:innen zu Beginn dazu, ein virtuelles Meeting mit mir zu machen. Dabei erzählen sie, was das Plakat transportieren soll oder was sie beim Zeigen dazu erklären werden.

Währenddessen zeichne und schreibe ich mit und teile dabei auch meinen Bildschirm. So kann mein Gegenüber sehen, ob ich alles richtig verstanden habe, und auch, ob das nicht doch alles zu viel ist, um auf ein Plakat zu passen.

Dabei frage ich auch danach, was das Wichtigste auf dem Plakat sein soll. Wo sind die Schwerpunkte und was soll betont werden?

Schön sieht die Skizze noch nicht aus, steckt aber schon voller Ideen.

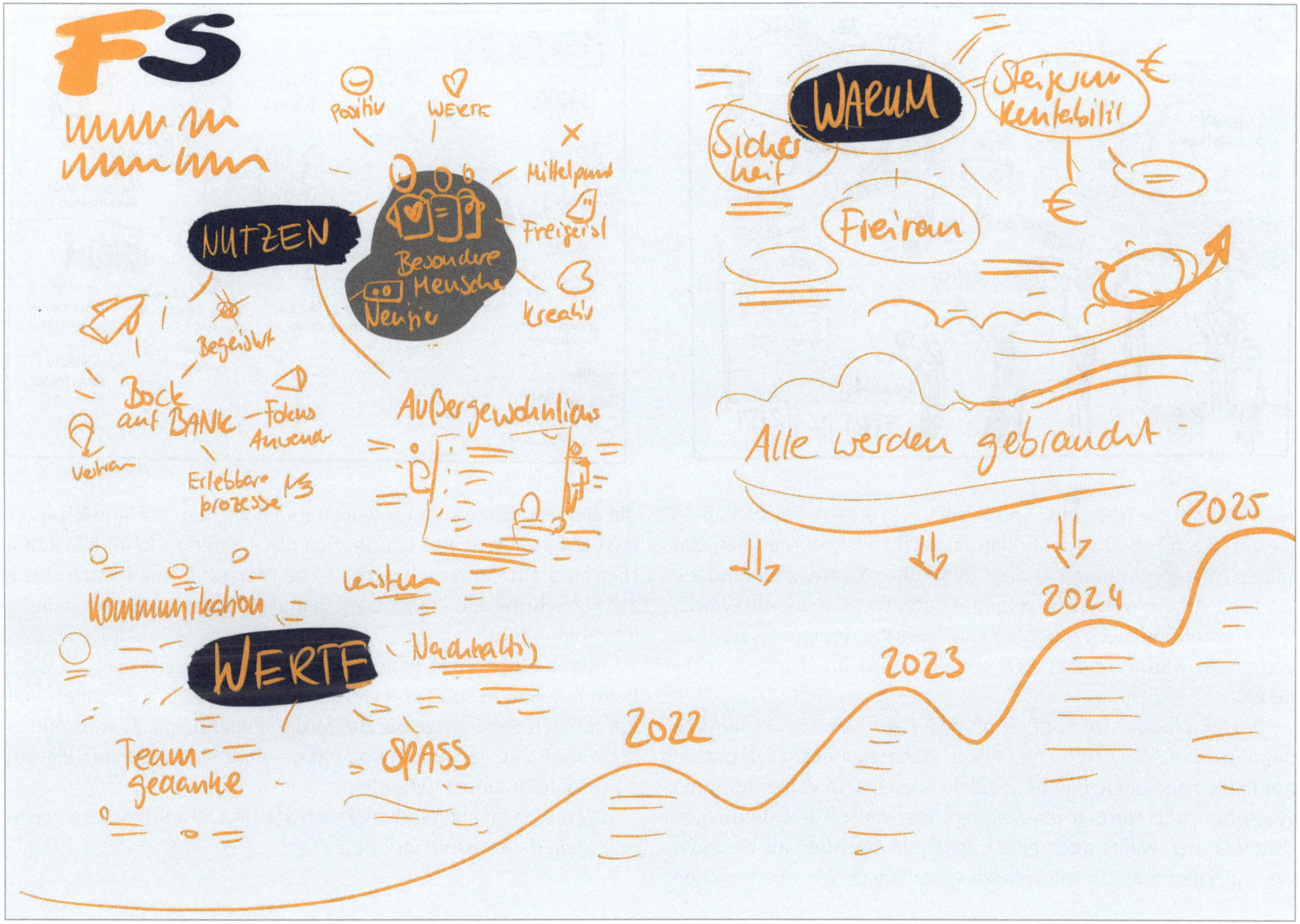
FS
Positiv
Mittelpunkt
NUTZEN
Freigeist
Besondere Menschen
Neugier
Kreativ
Begeistert
Bock auf BANK
Fokus Anwender
Erlebbare prozesse
Außergewöhnliches
Kommunikation
Leisten
WERTE
Nachhaltig
Teamgedanke
SPASS
WARUM
Sicherheit
Freiraum
Alle werden gebraucht
2022
2023
2024
2025

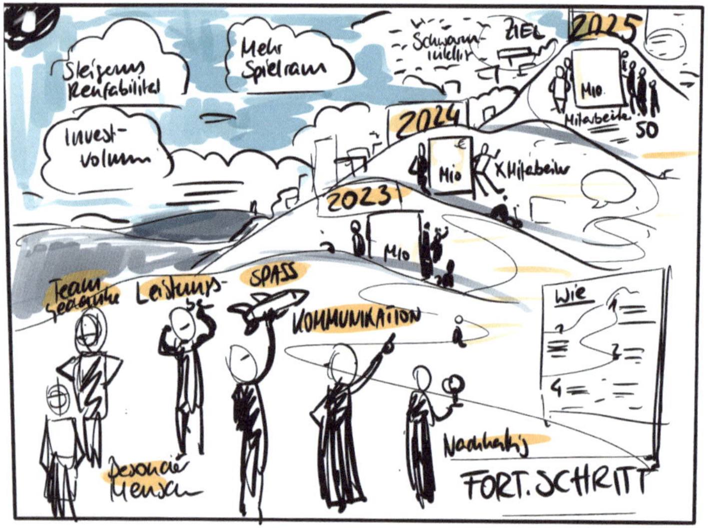

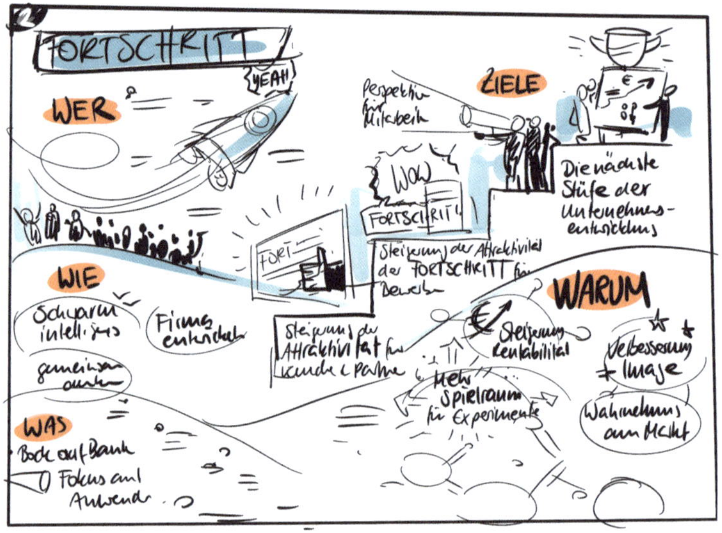

Jetzt beginnt die Test- und Skribblephase. In diesem Beispiel sehen Sie die ersten Entwürfe des Erklärplakats für ein Unternehmen, das seinen Mitarbeiter:innen in dem Bild Kultur, Werte, Ziele und zukünftige Arbeitsweisen aufzeigen wollte. Das Ganze mit Sympathie, Humor und viel Menschlichkeit. Aufgabe des Plakats ist es zu vermitteln, warum Wachstum in dieser Unternehmensphase wichtig ist.

Bei mir ploppen im Kopf schon Bilder auf, wenn ich bestimmte Begriffe höre: Wachstum hat etwas Aufstrebendes. Hier passen gut Pfeile nach oben, Bäume … Ziele erreichen in Verbindung mit Wachstum und Hürden überwinden, hier passen gut Berge. Das Unternehmen wollte auch einen Zeitstrahl einbauen als Wegmarkierung, wann was erreicht werden sollte. Wie die Mitarbeiter:innen die Ziele erreichen können, war ebenfalls wichtig. Toll fand ich auch, dass aufgezählt wurde, warum sich die Anstrengung für alle lohnt. Hier fand eine unternehmensinterne Metapher ihren Platz: »Bock auf Fortschritt«. Ein Ziegenbock, haha! In solchen Momenten liebe ich meinen Job!

Kleine humorvolle Bilder wie in Wimmelbildern machen auch beim Betrachten Spaß und werden so unvergesslich verankert. Auf der rechten Seite sehen Sie das fertige Erklärplakat. Es wird nun in Präsentationen verwendet und hat gerahmt einen schönen Platz in den Meetingräumen gefunden.

Dieses Plakat entstand mit **Procreate**, und das ordentliche Zeichnen allein dauerte fünf Stunden.

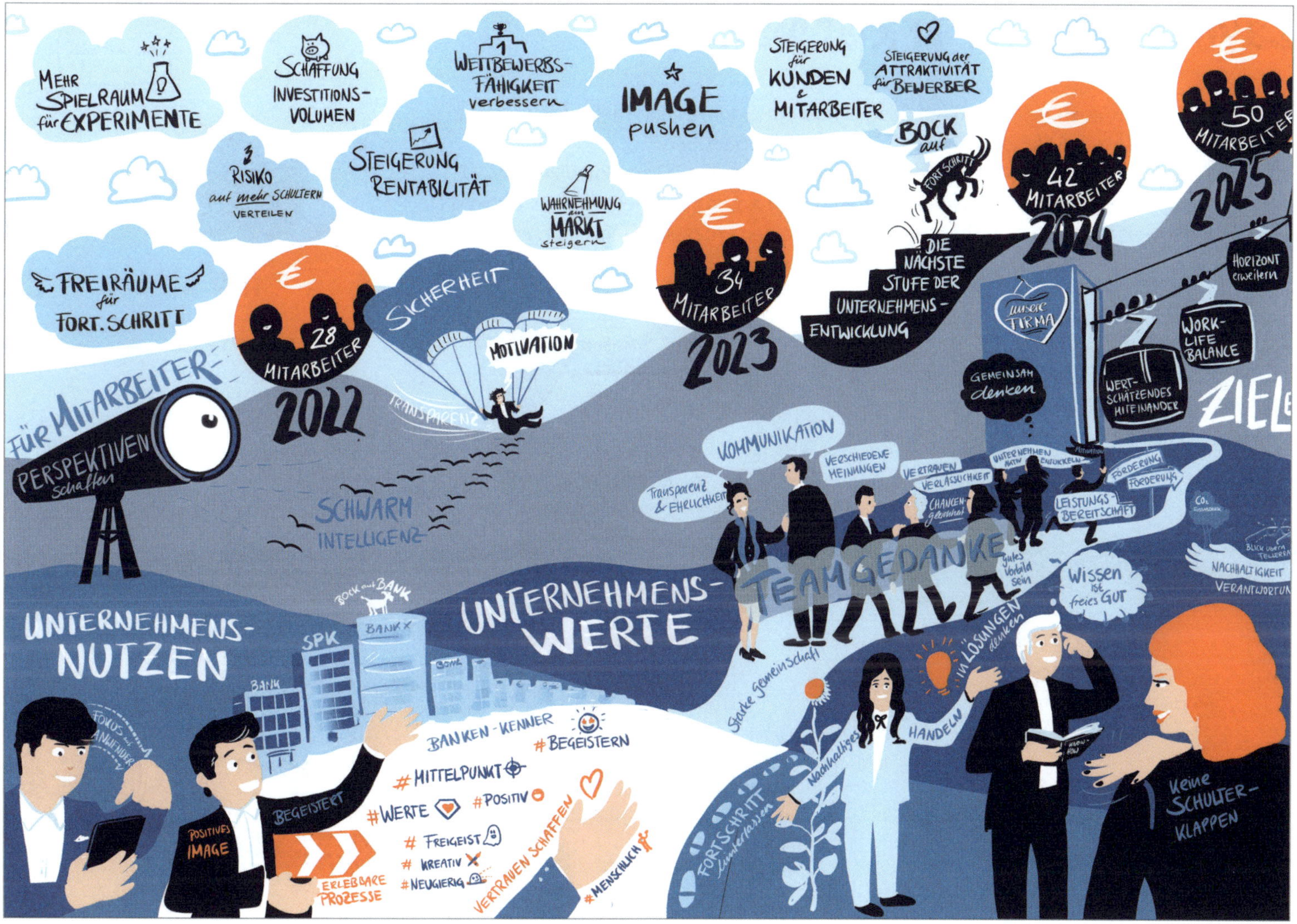
Mehr Spielraum für Experimente
Schaffung Investitions-Volumen
Wettbewerbs-Fähigkeit verbessern
Image pushen
Steigerung für Kunden & Mitarbeiter
Steigerung der Attraktivität für Bewerber
Risiko auf mehr Schultern verteilen
Steigerung Rentabilität
Wahrnehmung am Markt steigern
Bock auf Fort.Schritt
Freiräume für Fort.Schritt
28 Mitarbeiter
2022
Sicherheit
Motivation
Transparenz
34 Mitarbeiter
2023
Die nächste Stufe der Unternehmens-Entwicklung
42 Mitarbeiter
2024
50 Mitarbeiter
2025
Unsere Firma
Horizont erweitern
Work-Life-Balance
Wert-schätzendes Miteinander
Gemeinsam denken
Ziele
Für Mitarbeiter Perspektiven schaffen
Schwarm Intelligenz
Kommunikation
Verschiedene Meinungen
Transparenz & Ehrlichkeit
Vertrauen
Verlässlichkeit
Chancen-Gleichheit
Leistungs-Bereitschaft
Förderung
Forderung
Teamgedanke
gutes Vorbild sein
Wissen ist freies Gut
Nachhaltigkeit
Verantwortung
Unternehmens-Nutzen
Unternehmens-Werte
SPK
Bank
Starke Gemeinschaft
in Lösungen denken
Handeln
Nachhaltiges
Fortschritt hinterlassen
Keine Schulter-Klappen
Fokus auf Anwender
Positives Image
Begeistert
Erlebbare Prozesse
Banken-Kenner
#Begeistern
#Mittelpunkt
#Werte
#Positiv
Freigeist
Kreativ
#Neugierig
Vertrauen schaffen
#Menschlich

Layoutideen für Erklärplakate

Nein, nein das sind noch keine fertigen Erklärplakate, das ist der Anfang: die Grundidee! Auf dieser wird aufgebaut und mit Bildern, Metaphern, Text, Sprechblasen passend zur Bildwelt vollendet. Nicht selten landen in einem Plakat mehrere der aufgeführten Layoutideen.

Die passende Grundidee finden Sie, wenn Sie an das Ziel des Plakates denken. Soll es einen Prozess zeigen, einen Vergleich oder eine Mission?

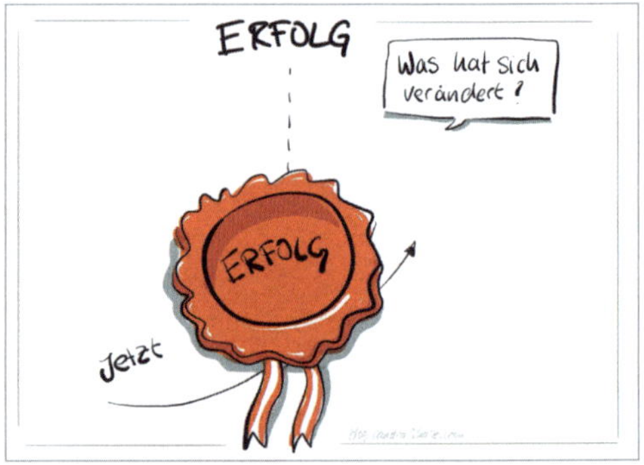

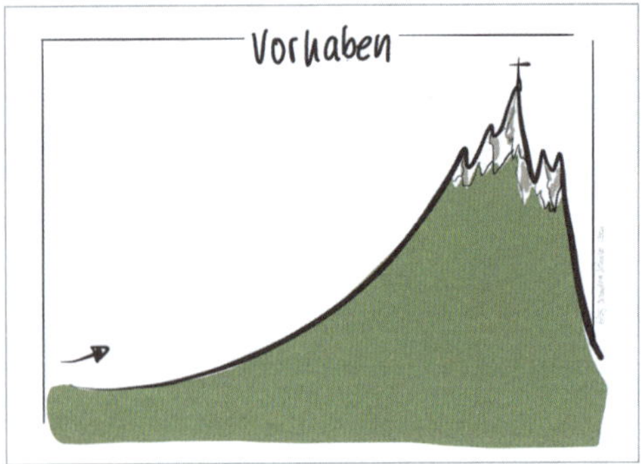

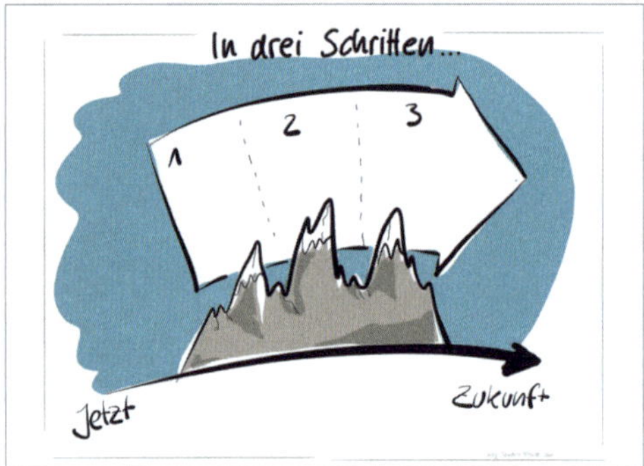

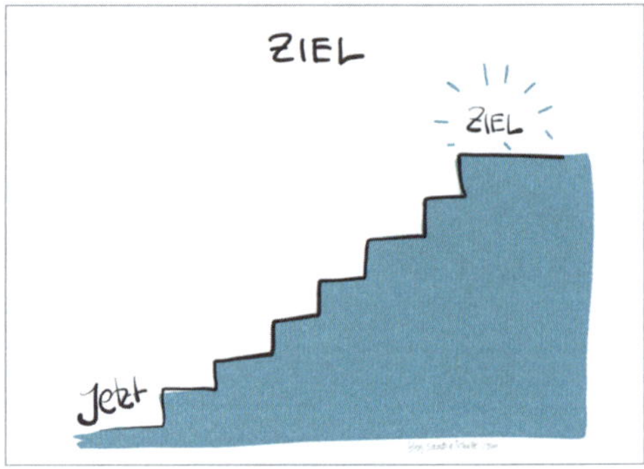

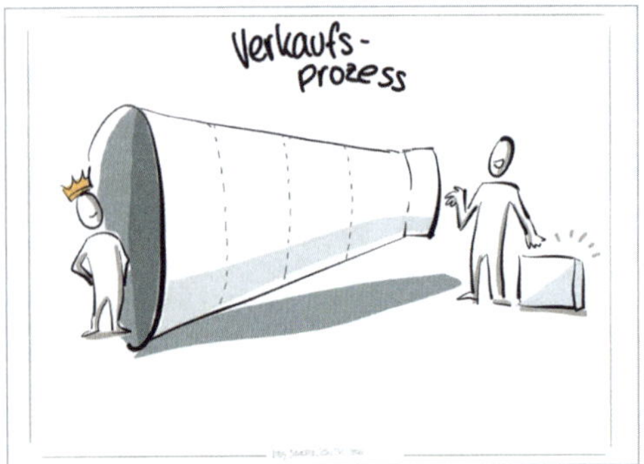

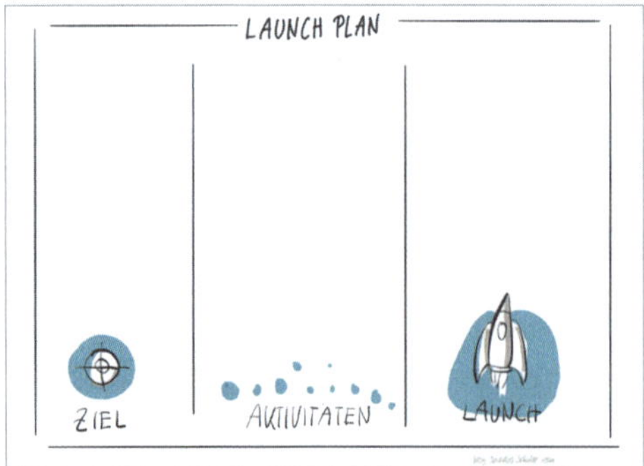

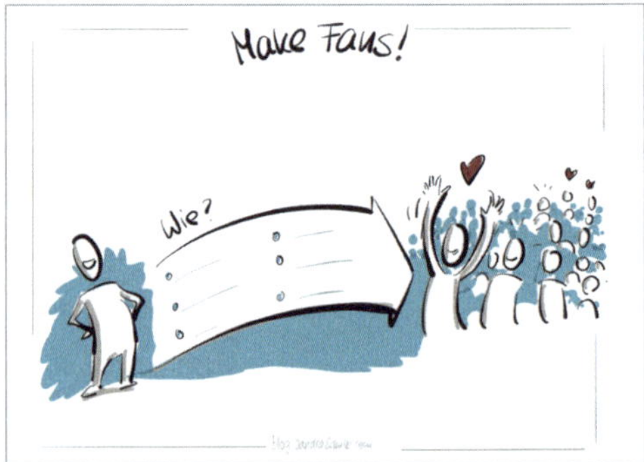

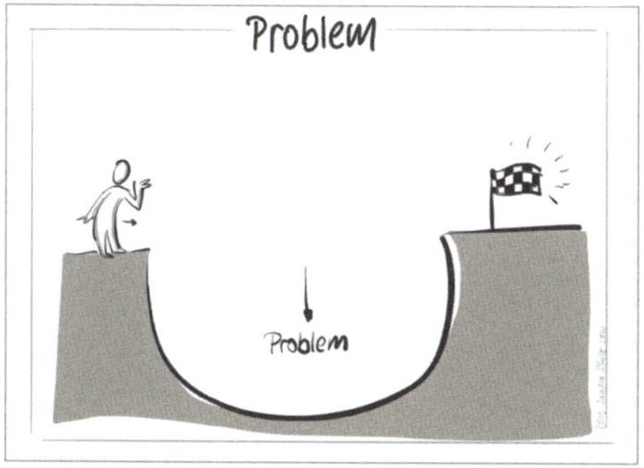
Problem
Problem

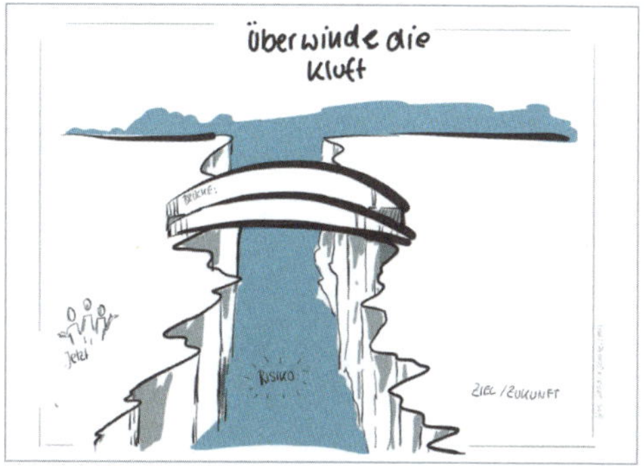
Überwinde die Kluft
Jetzt
Risiko
Ziel / Zukunft

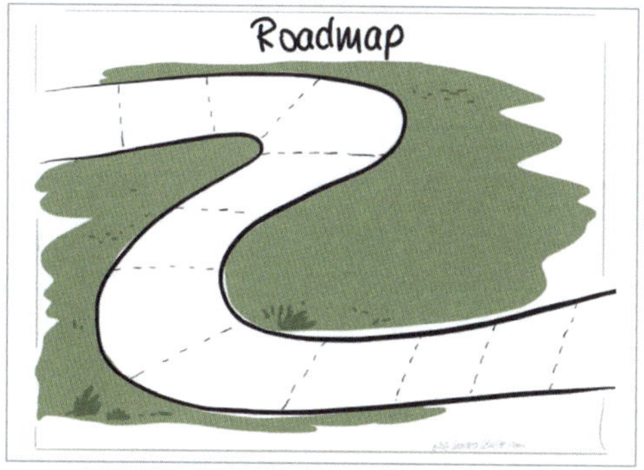
Roadmap

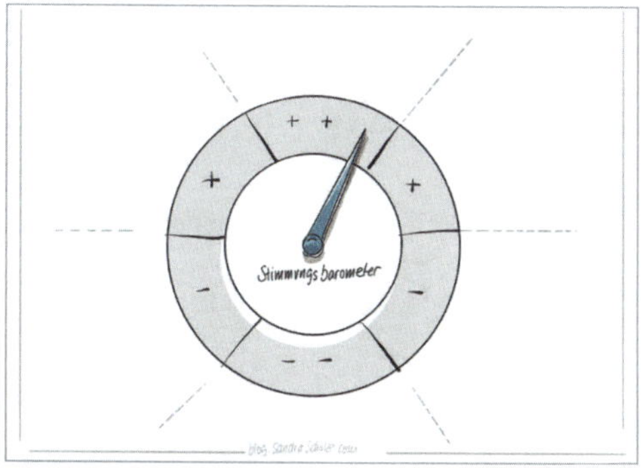
+ +
+
+
-
-
- -
Stimmungsbarometer

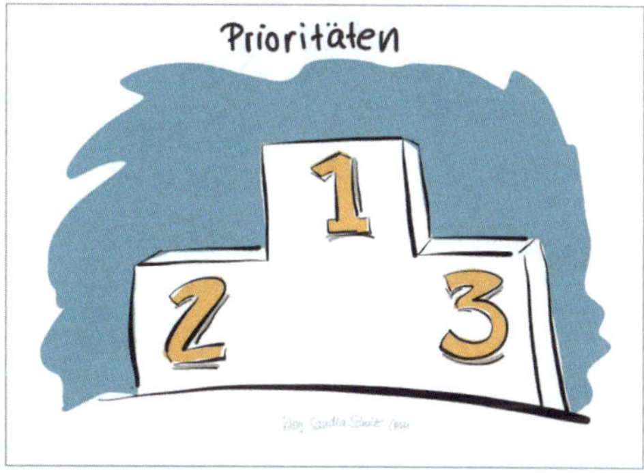
Prioritäten
1
2
3

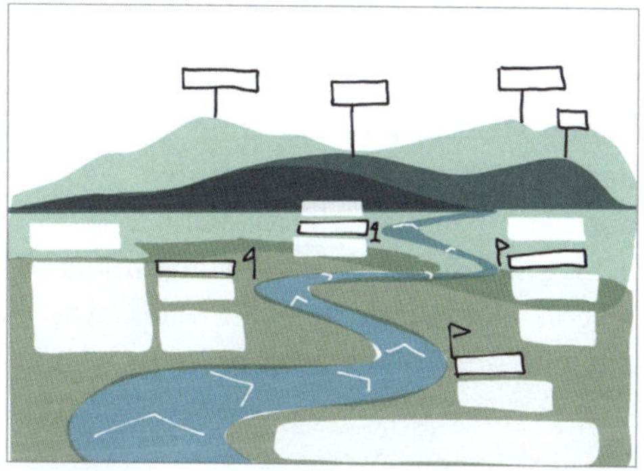

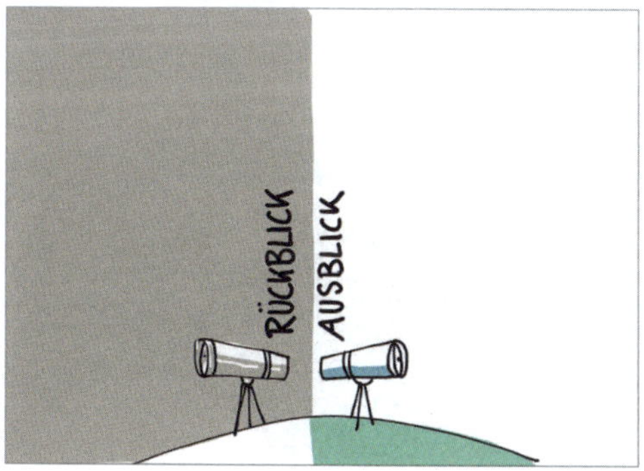
RÜCKBLICK
AUSBLICK

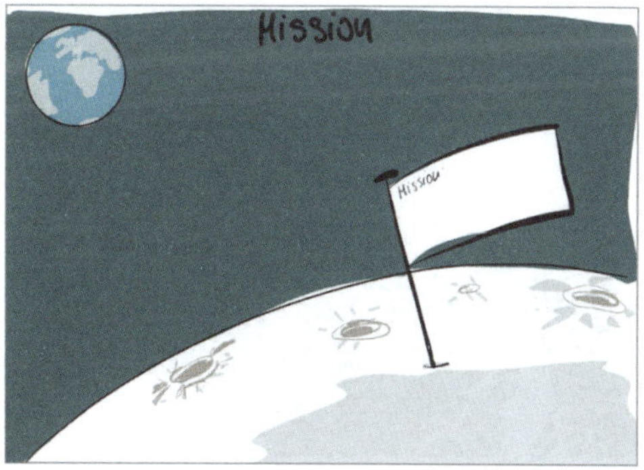
Mission
Mission

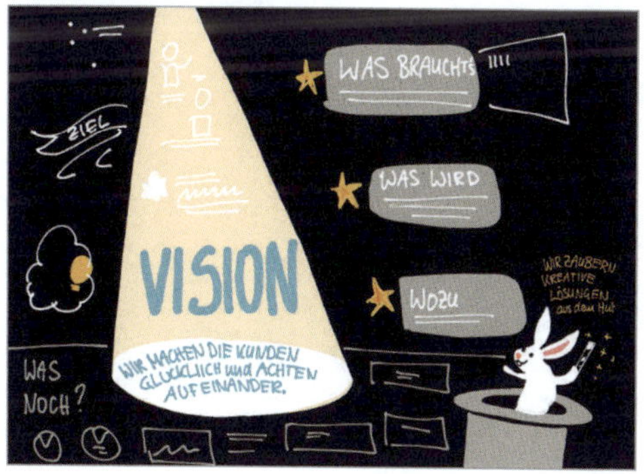
ZIEL
WAS BRAUCHTS
WAS WIRD
VISION
WOZU
WIR MACHEN DIE KUNDEN GLÜCKLICH und ACHTEN AUFEINANDER.
WAS NOCH?
WIR ZAUBERN KREATIVE LÖSUNGEN aus dem Hut

Hierarchien

Ein Erklärplakat besteht aus mehreren Hierarchieebenen. Das Wichtigste bekommt den auffälligsten Platz und wird besonders kontrastreich und groß dargestellt. Wir sind es gewohnt, von links nach rechts und von oben nach unten zu lesen, das nutzen wir auch im Erklärplakat.

Ich beginne immer mit dem wichtigsten Inhalt, da der am meisten Platz braucht. Die nächsten Hierarchieebenen werden dann immer kleiner. Dabei beginne ich erst mit dem Text, danach zeichne ich ein Symbol dazu. Es gibt aber auch Situationen, da baue ich ein Symbol oder eine Bildmetapher direkt in eine Landschaft ein. Alles, was in der Bild- und Themenwelt passt, ist erlaubt, wenn es dem Verständnis dient.

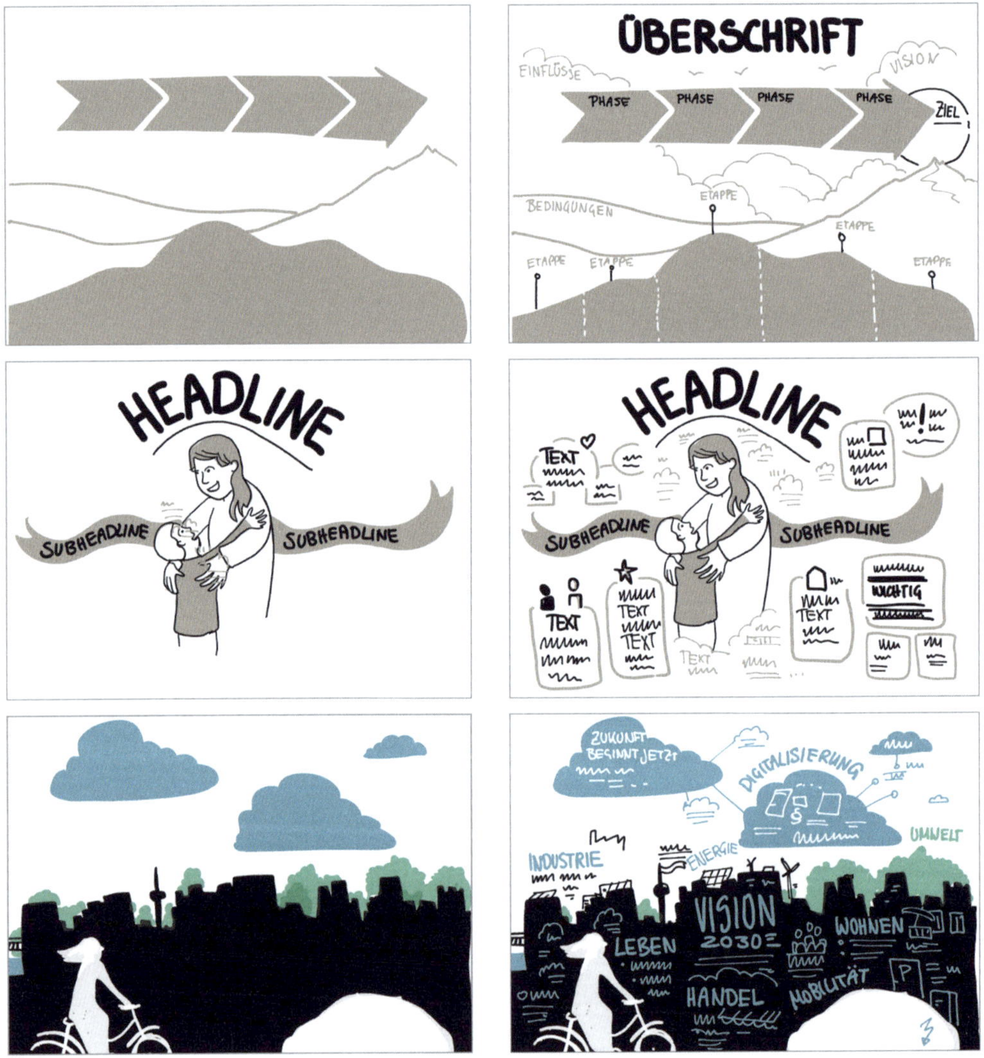

Erklärplakate in Procreate

Einführung

Procreate eignet sich wunderbar für Erklärplakate, da man sehr filigran und detailreich zeichnen kann. Die Striche werden dezent geglättet, ohne zu verfremden. Es ist leicht, schön zu zeichnen und zu schreiben. Die App bietet viele Zeichenwerkzeuge und praktische Effektpinsel.

In Procreate kann man in Ebenen arbeiten und sogar editierbaren Text einfügen. Gerade wenn es um viele Inhalte geht, ist das sehr hilfreich. Ein Nachteil ist, dass das Programm pixelbasiert ist. Das bedeutet, dass ich im Nachhinein das Bild nicht mehr skalieren kann, ohne dass es verpixelt. Sie müssen das Bildformat und die Auflösung vorher festlegen. Umso größer die Leinwand, desto weniger Ebenen stehen Ihnen zur Verfügung. Das heißt, bei einer maximalen druckbaren Größe von DIN A1 (84,1 cm × 59,4 cm und nur 200 DPI) haben Sie nur 13 Ebenen.

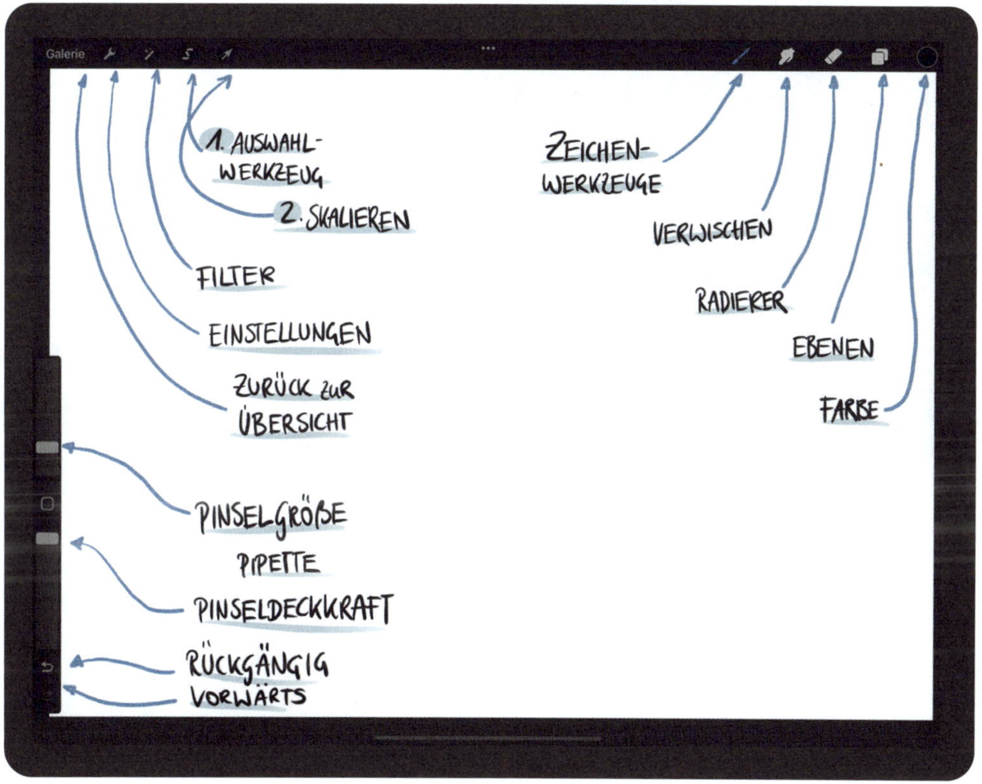

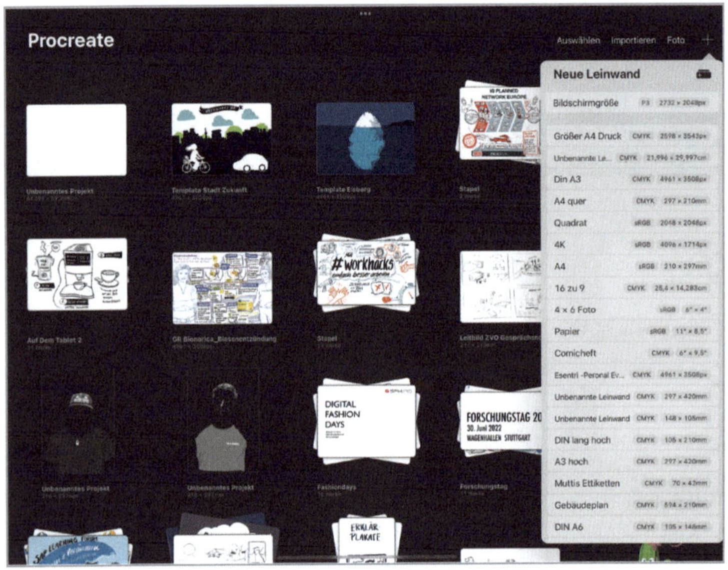

Eine neue Leinwand legen Sie an, indem Sie auf das Plussymbol tippen. Sie können aus den Leinwandformaten auswählen oder eigene Größen angeben und das Format betiteln.

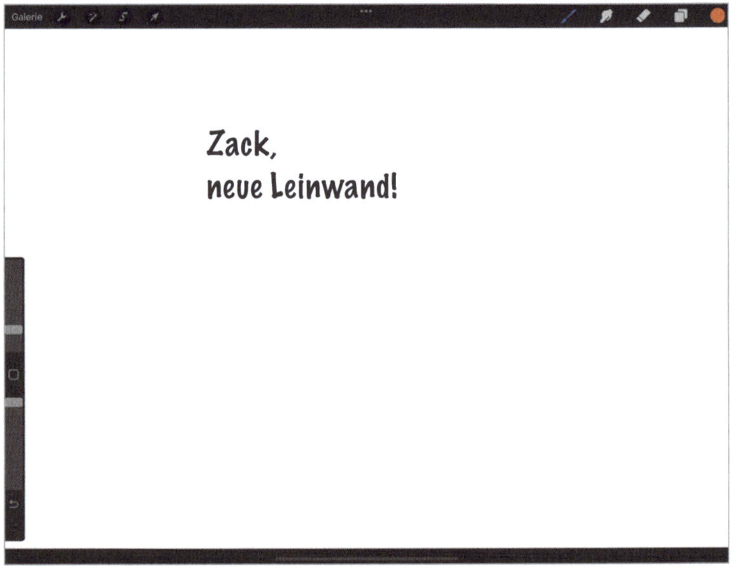

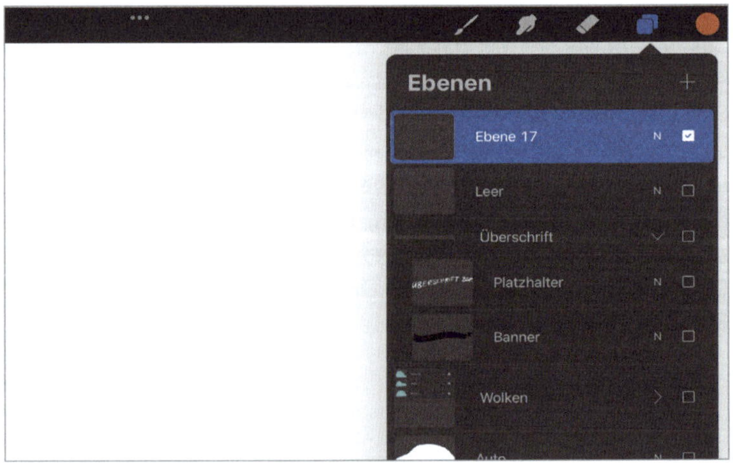

Neue Ebenen können Sie mit dem Plussymbol anlegen. Ebenen verschieben und gruppieren Sie durch Gedrückthalten.

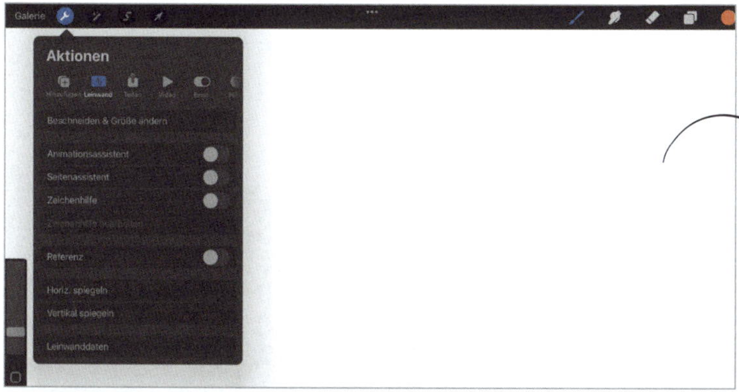

Unter »Aktionen« und dann unter »Leinwand« finden Sie alle Informationen über die Leinwand. Hier können Sie bei »Hinzufügen« Texte, Bilder und Procreate-Dateien importieren.

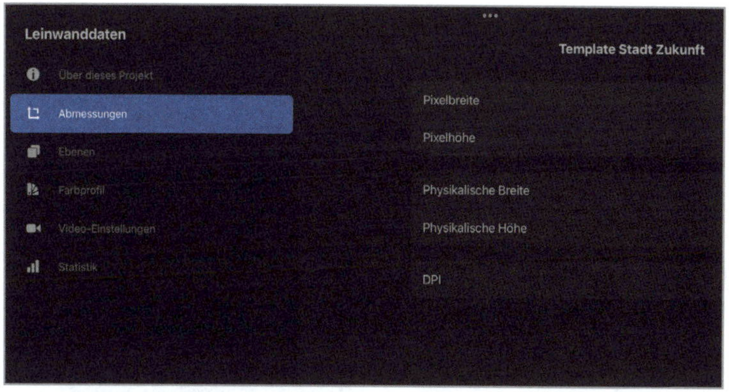

Unter »Abmessungen« überprüfen Sie logischerweise die Pixelgröße und Auflösung der Leinwand.

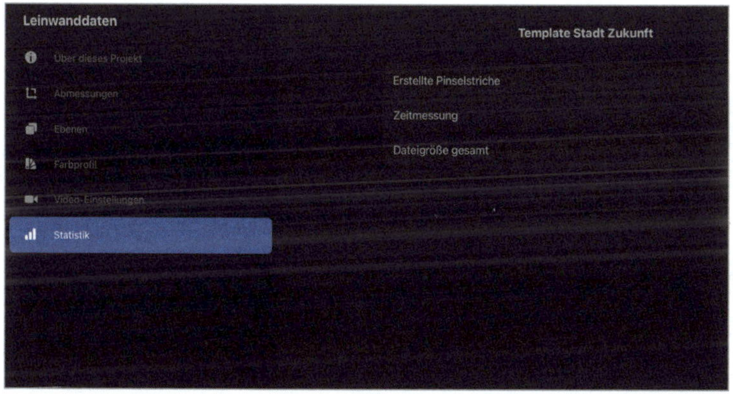

Spannend finde ich die Zeitmessung. Wenn Sie wissen möchten, wie lange Sie für Ihr Werk gebraucht haben, tippen Sie auf »Statistik«.

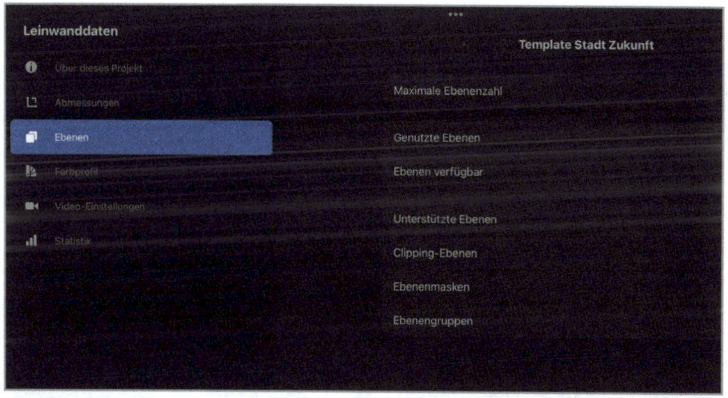

Wie viele Ebenen Sie noch zur Verfügung haben und wie viele schon verwendet sind, finden Sie unter »Ebenen«. Wer hätte das gedacht?

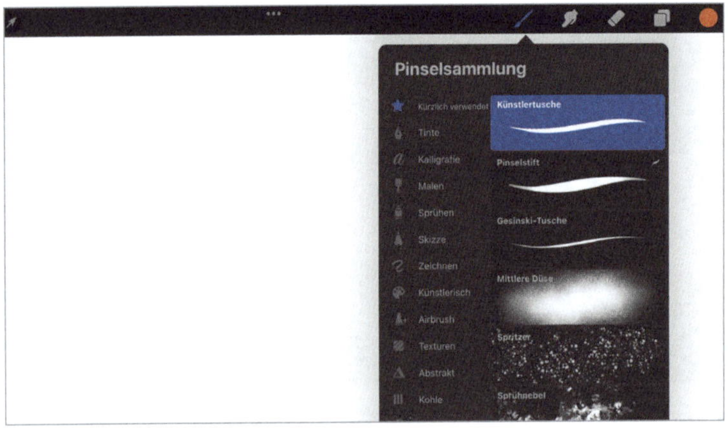

Die Pinselsammlung wäre ein eigenes Buch. Sie brauchen nur: Künstlertusche, Pinselstift, Gesinski-Tusche und Sprühfarbe. Einmal benutzt, finden Sie alles unter »Kürzlich benutzt«.

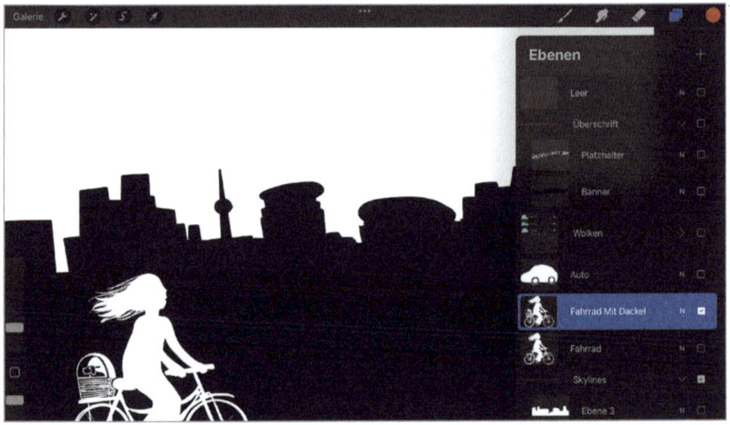

Zum Skalieren wählen Sie die entsprechende Ebene oder direkt das Objekt aus, das Sie transformieren möchten.

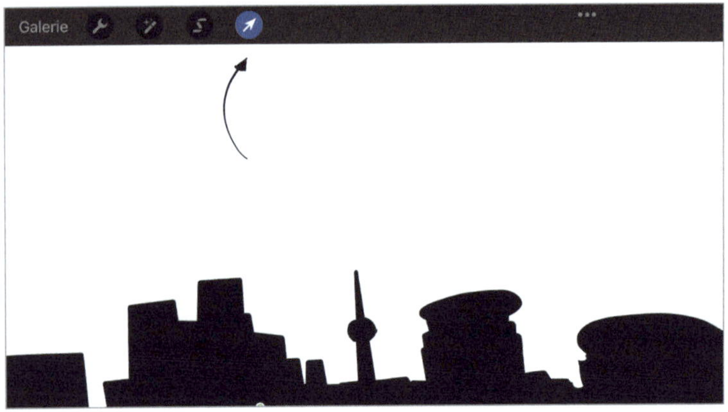

Geht es Ihnen nur um einen Bereich in der Ebene, umfahren Sie ihn mit dem Auswahlwerkzeug.

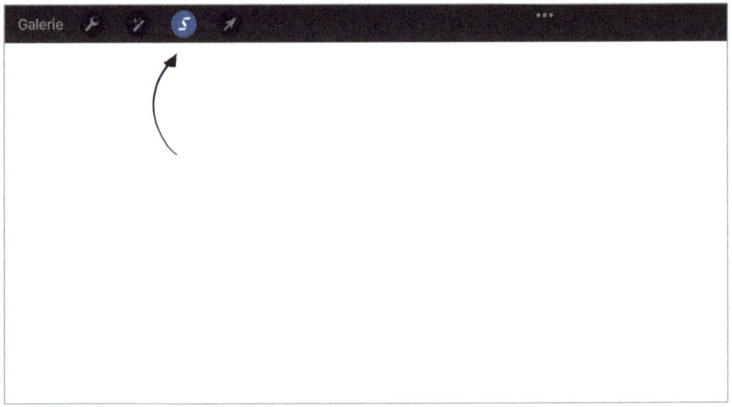

Und dann wieder auf den blauen Pfeil klicken, jetzt können Sie skalieren.

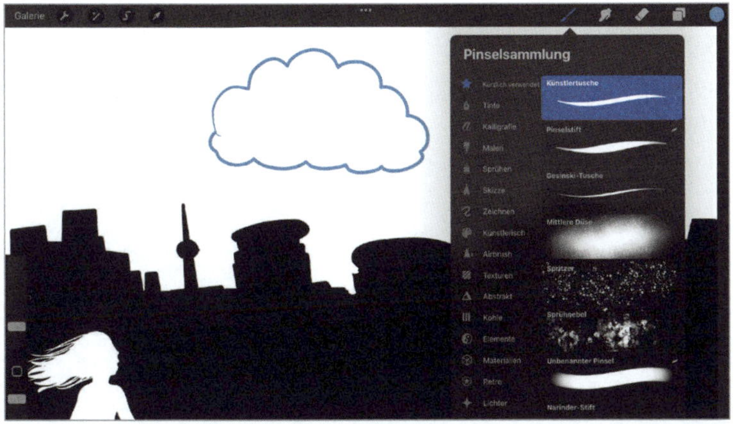

Flächen füllen nennt sich in Procreate »Colordropping«. Dazu braucht es eine geschlossene Kontur.

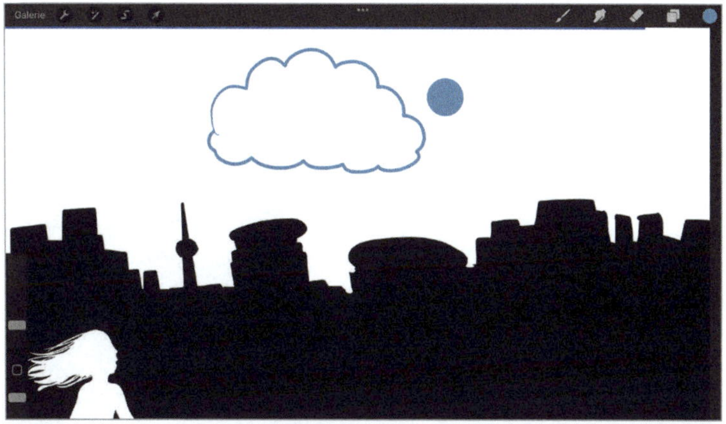

Jetzt gehen Sie oben rechts auf die Farbe (nur kurz, sonst wechselt die Farbe zu der vorher gewählten Farbe) und ziehen diesen Punkt zügig in die Fläche, die gefüllt werden soll.

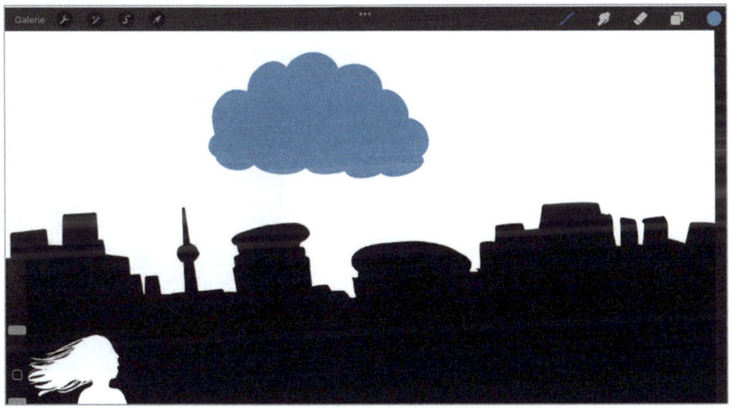

Plopp, gefüllt.

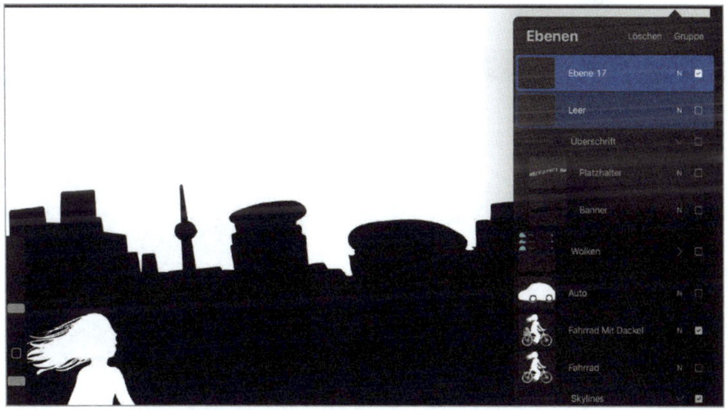

Gruppieren geht ziehmlich schnell, indem Sie eine Ebene kurz antippen und die nächste Ebene leicht nach links schieben.

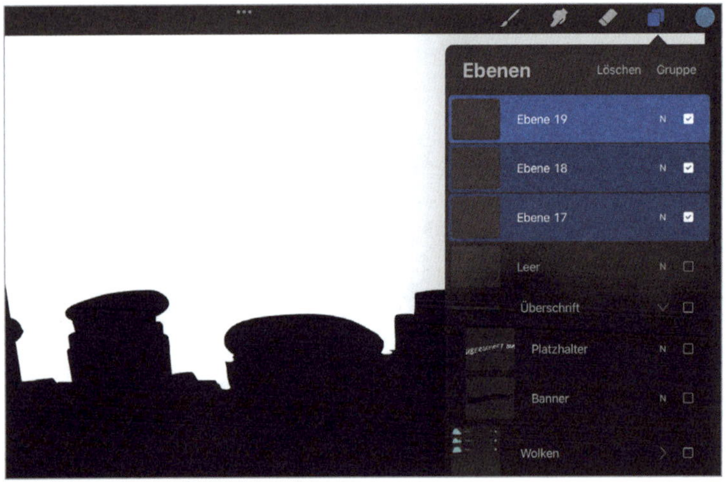

Alle Ebenen, die Sie jetzt nach links schieben, sind nun ausgewählt. Jetzt lesen Sie oben rechts »Gruppieren«.

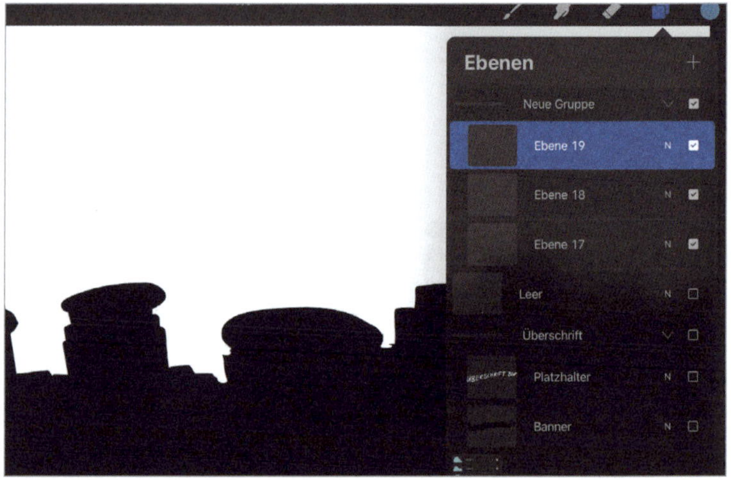

Wenn Sie auf »Neue Gruppe« tippen, können Sie der Gruppe einen Namen geben. Mit dem Häkchen nach unten öffnen und schließen Sie die Ebenen.

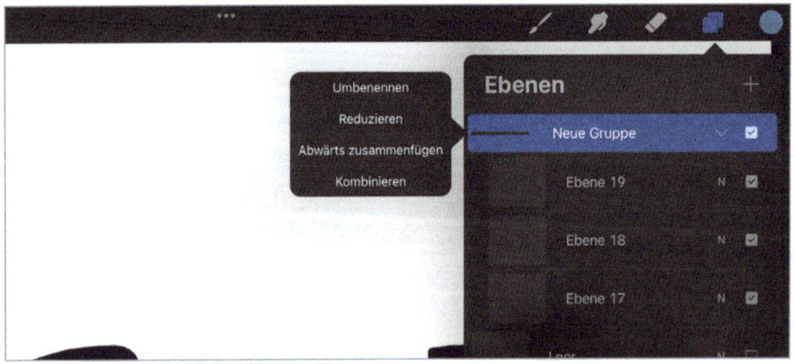

Ein Tipp auf die Gruppe öffnet ein Fensterchen mit der Möglichkeit, alles in der Gruppe auf eine einzige Ebene zu reduzieren.

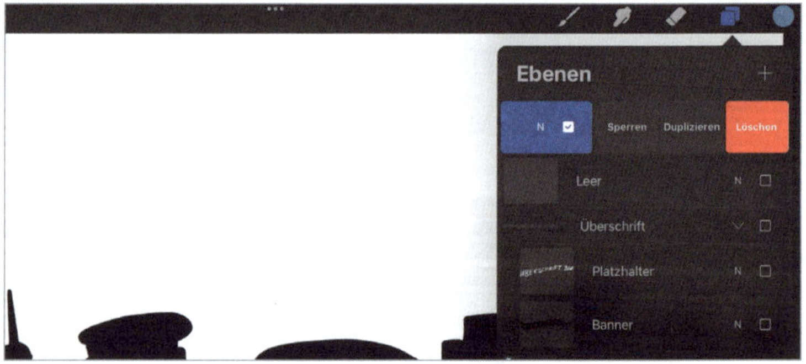

Mit einem Wisch nach rechts können Sie die Ebenen duplizieren oder löschen.

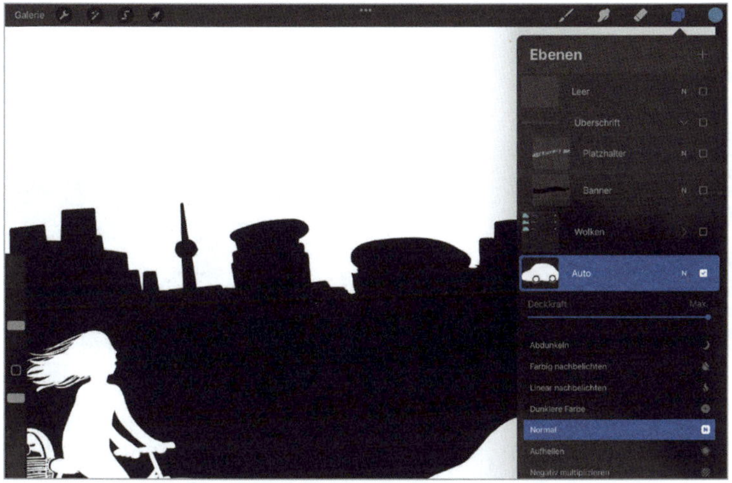

Versteckt, aber toll, sind Einstellungen zur Ebeneneigenschaft. Sie erreichen sie mit einem Tipp auf das »N« (wie »Normal«).

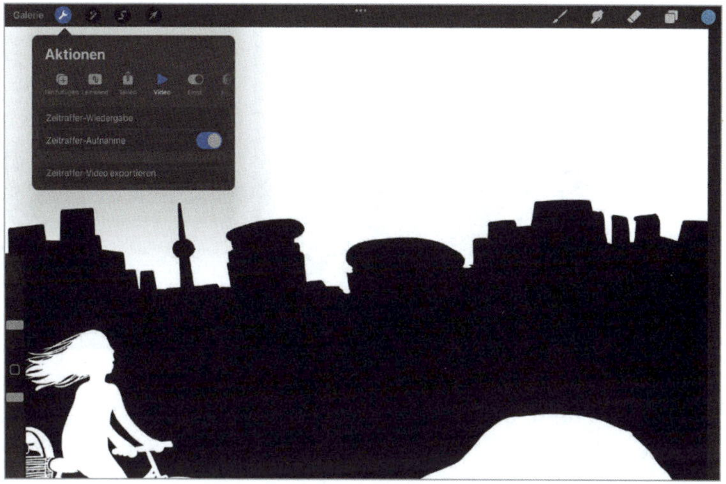

Noch toller ist die Möglichkeit, von Ihrem Werk einen Zeitrafferfilm zu exportieren.

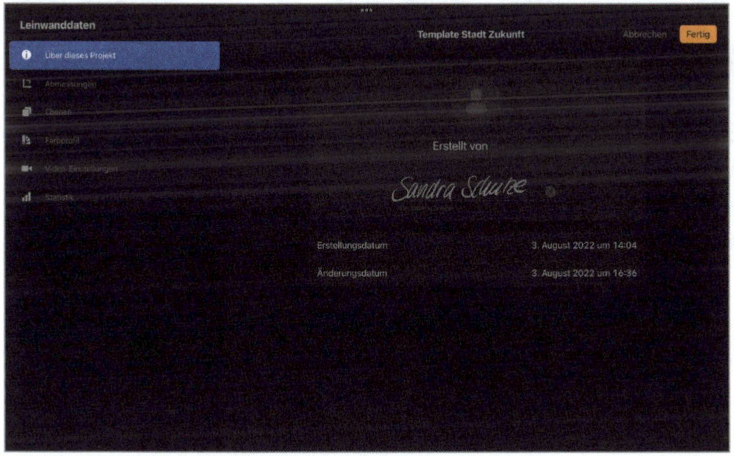

Wer hat's erfunden? Das können Sie bei »Über dieses Projekt« eintragen und signieren.

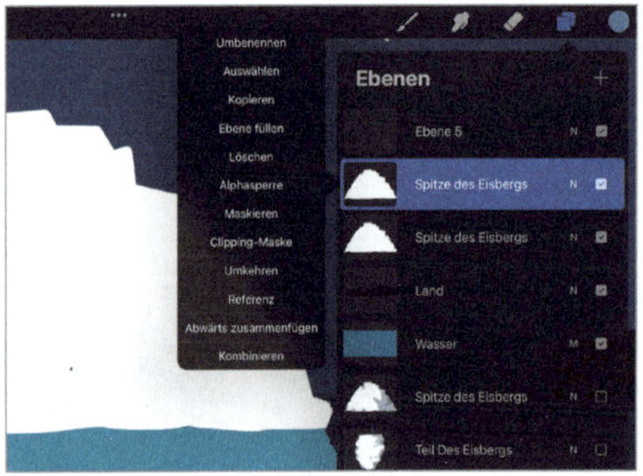

Flächen schnell, schwungvoll schattieren und verschönern, ohne über den Rand zu zeichnen, das geht nicht?

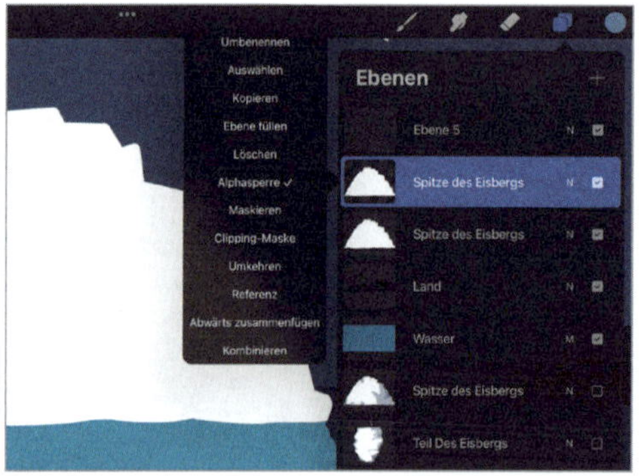

Doch, mit der Alphasperre! Dazu tippen Sie einmal auf die Ebene, auf der das Objekt liegt, das mehr Plastizität bekommen

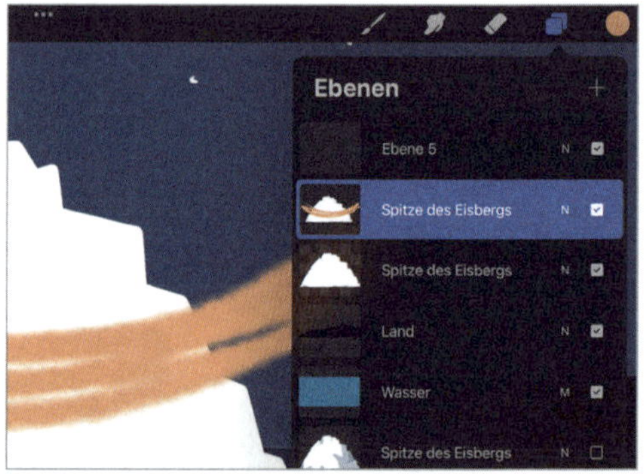

soll, und tippen auf »Alphasperre«. Wenn Sie jetzt im Vorschaufenster der Ebene im Hintergrund ein Schachbrettmuster sehen,

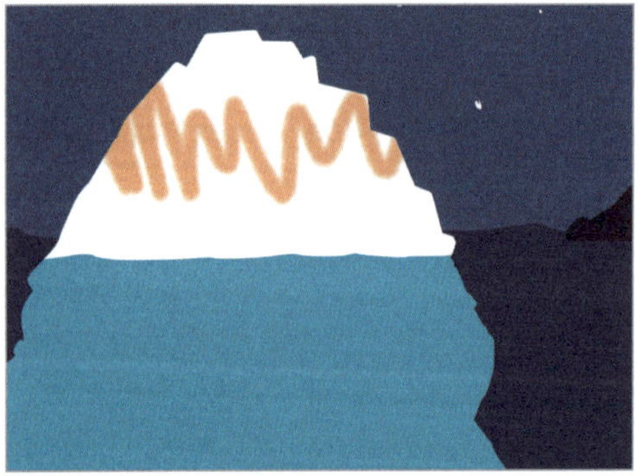

können Sie nicht mehr über bestehende Flächen zeichnen. Ohne Alphasperre schon.

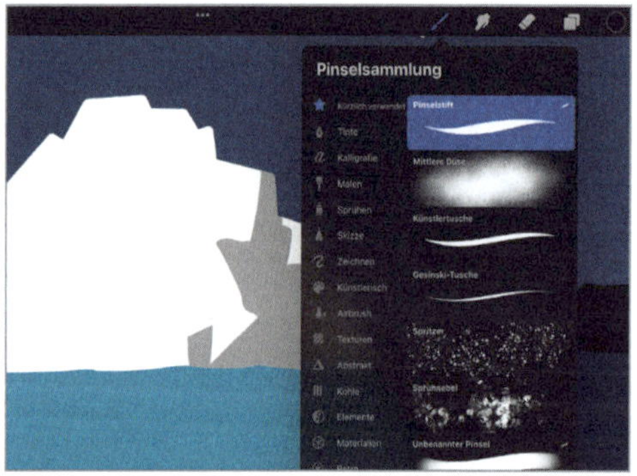

Sie können nun eine schöne Körnung mit einer Sprühflasche (mit großer Düse) zaubern

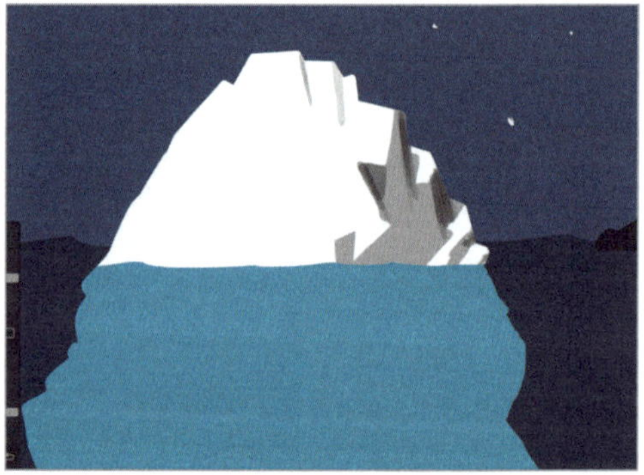

oder wie ich hier mit dem Pinselstift mit einer geringen Deckkraft. Schön, gell?

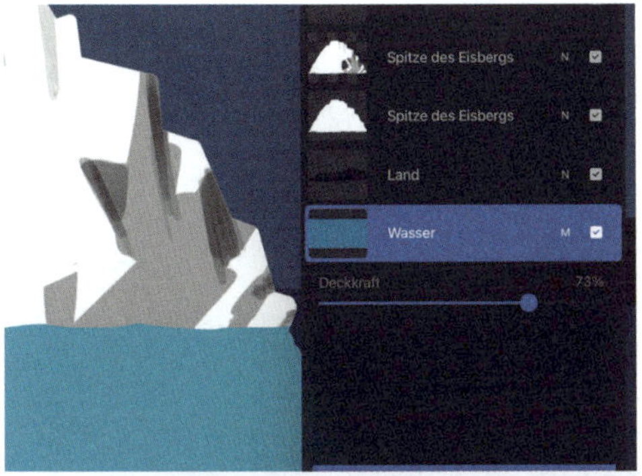

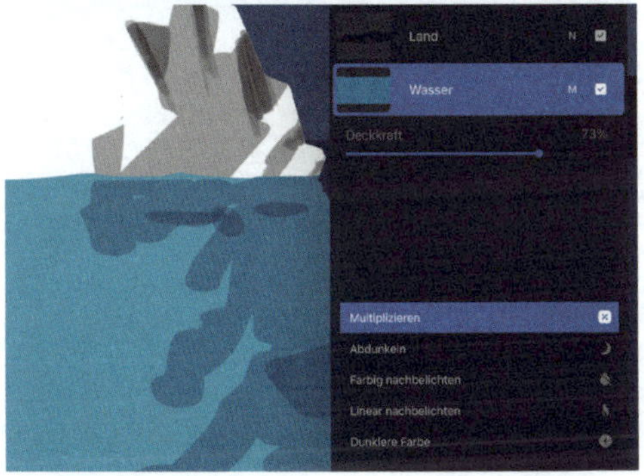

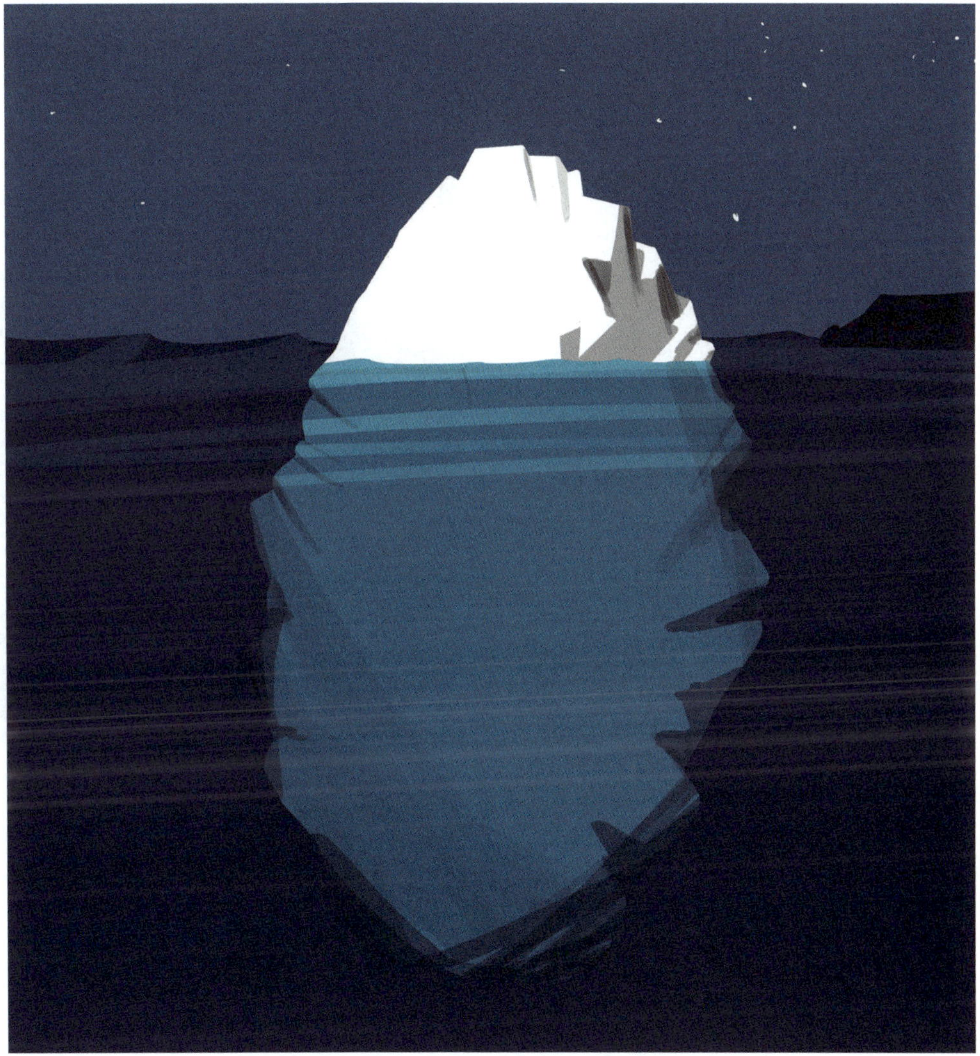

Noch ein Trick?

Um das Wasser auf der entsprechenden Ebene durchsichtig und mehr nach Wasser aussehen zu lassen, einfach wieder auf »N« drücken, um die Ebeneneigenschaften zu ändern. Jetzt die Deckkraft etwas reduzieren und durch Scrollen auf »Multiplizieren« klicken.

Übung:
Lebenswerte Stadt der Zukunft

Die Stadt »Schönheimelig« (fiktiver Name) möchte bis 2030 noch lebenswerter und attraktiver werden.

Am wichtigsten sind für eine Stadt die Themen Mobilität, Wohnen, Leben, Handel und Industrie.

Zur Lebensqualität für die Bevölkerung zählt auch, dass die Menschen mit dem Fahrrad schneller, sicherer und stressfreier ans Ziel kommen. Dass auch Autos genug Platz zum Fahren, Parken und Laden haben, um die E-Automobilität voranzubringen und dadurch die Umwelt zu schützen. Denn auch grüner soll die Stadt werden.

Doch ohne Industrie und Handel bleibt die Stadt leer und arm. Was kann man für diese Bereiche tun?

Die Themen Energieversorgung, Umwelt und Digitalisierung sind ebenfalls nicht ganz unwichtig.

Dies sind die Inhalte für das Erklärplakat. Es soll als Visionsbild dienen in einer Kampagne der Sadt: »Schön – Schöner – Schönheimelig«.

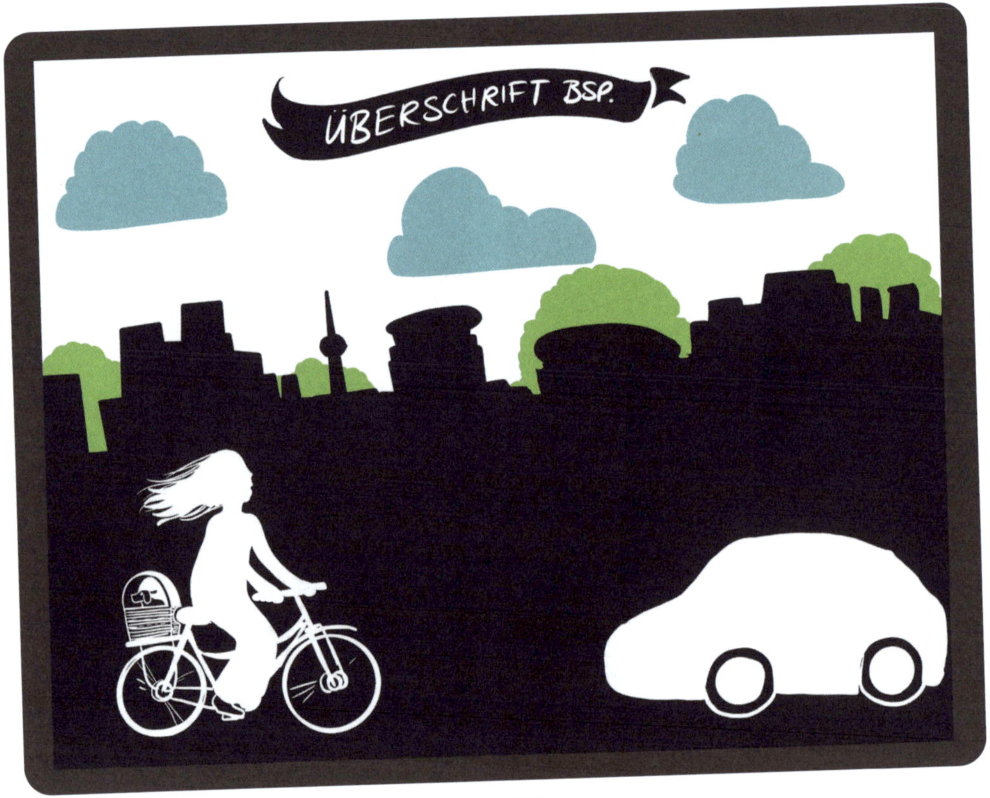

Für diese Übung können Sie die App **Paper** nutzen oder wie die Profis **Procreate**. Dafür habe ich Ihnen eine Procreate-Datei als Template vorbereitet. Eine Einführung in Procreate haben Sie ja schon zuvor bekommen.

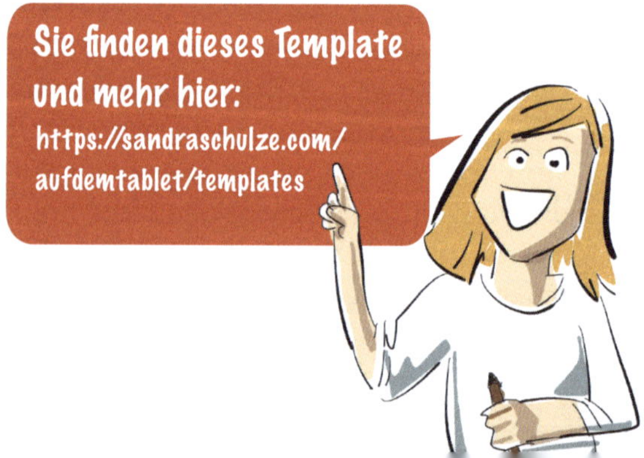

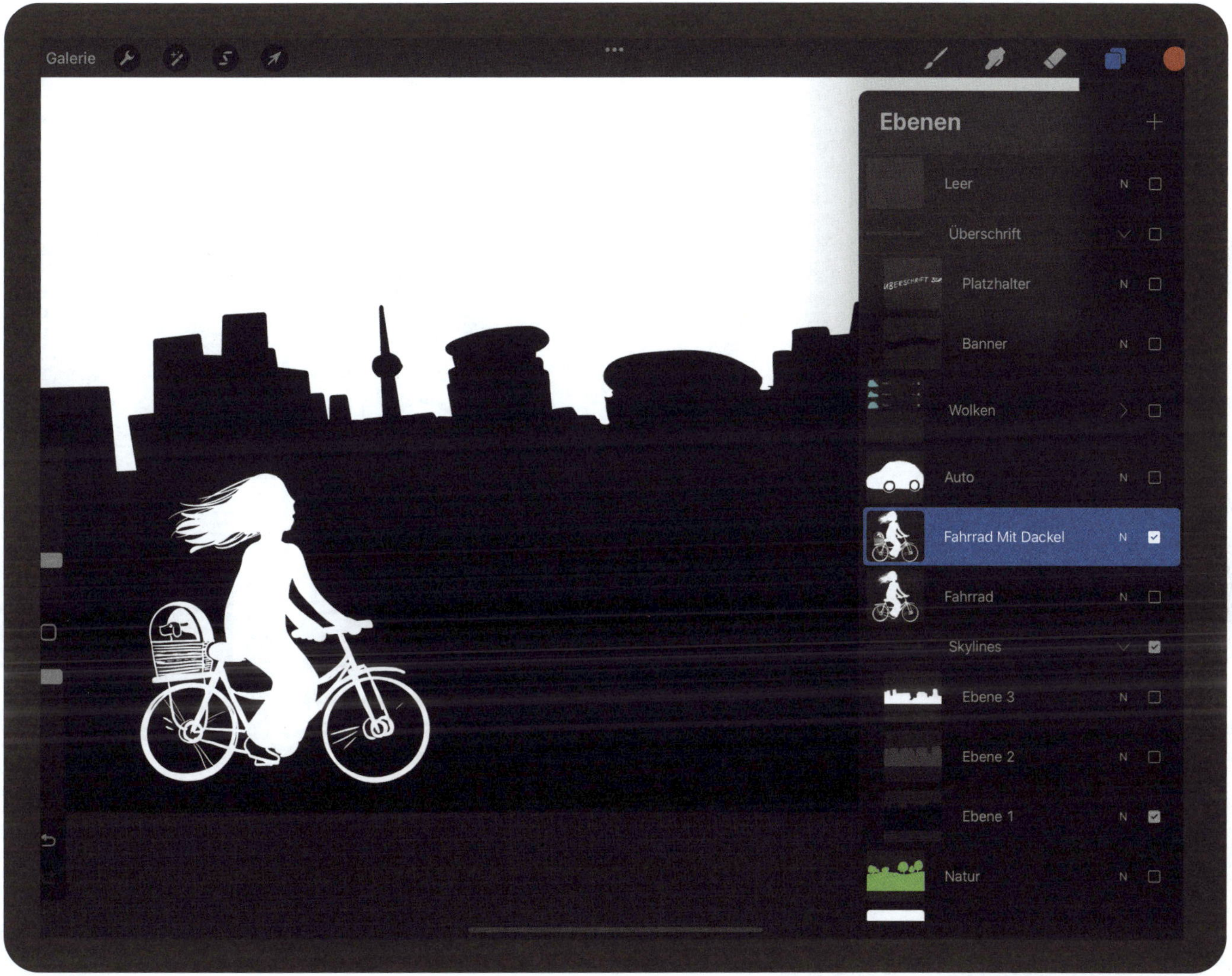
Galerie
Ebenen
Leer
Überschrift
Platzhalter
Banner
Wolken
Auto
Fahrrad Mit Dackel
Fahrrad
Skylines
Ebene 3
Ebene 2
Ebene 1
Natur

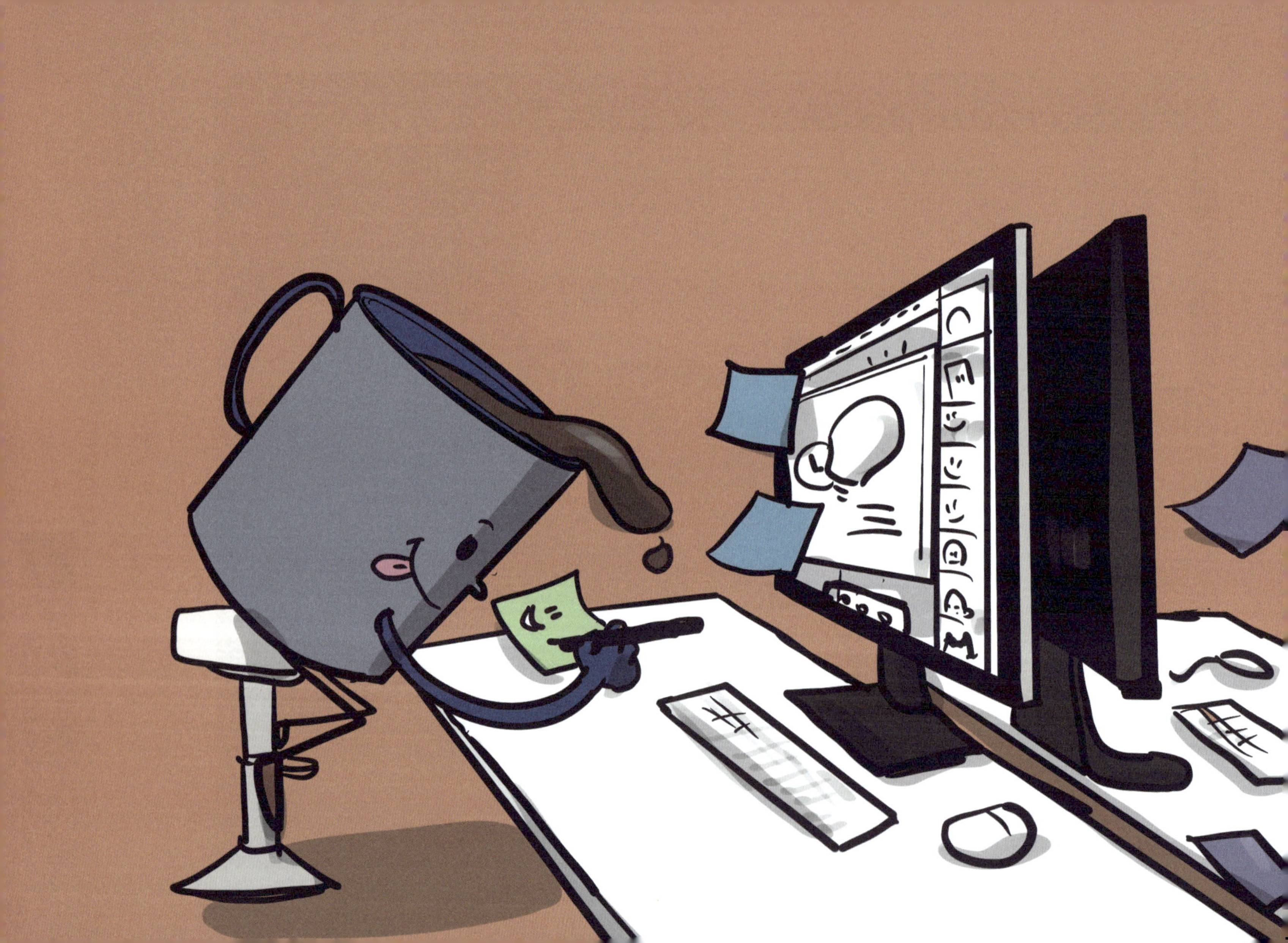

8 Visuelle Meetings

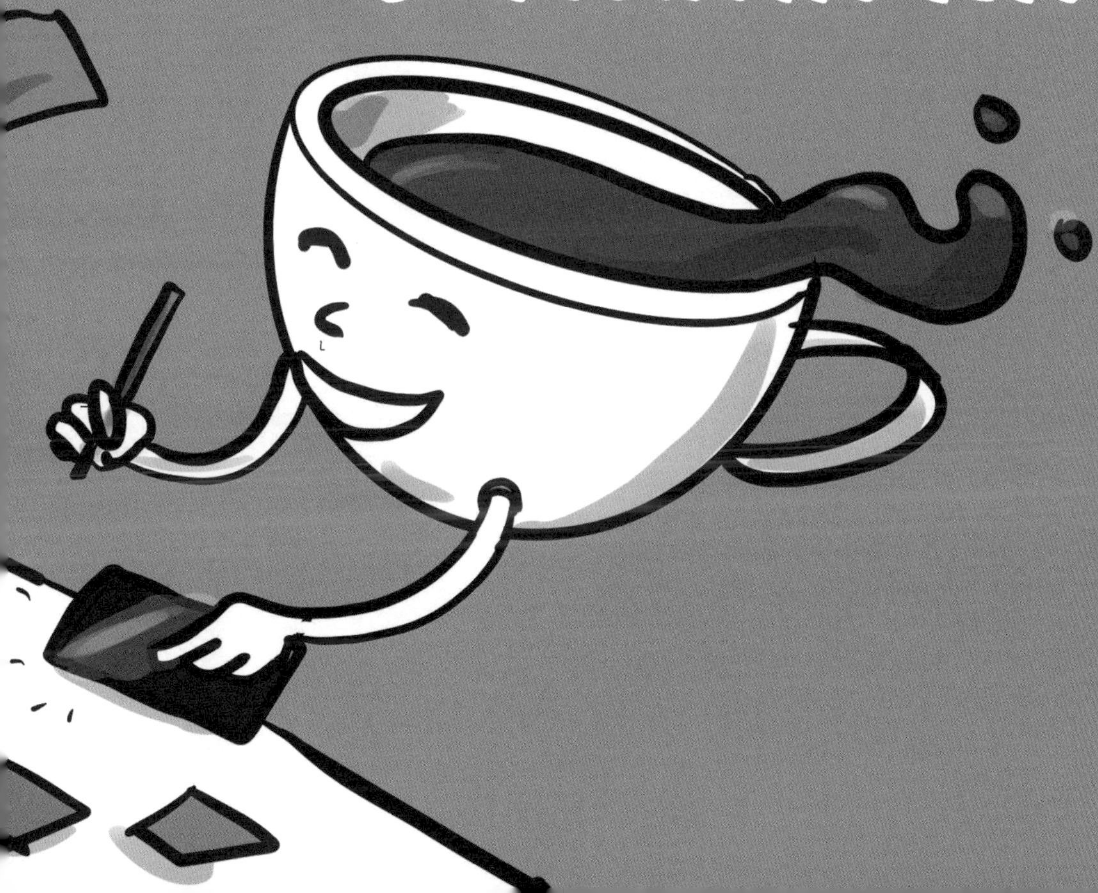

Gadgets für virtuelle Meetings

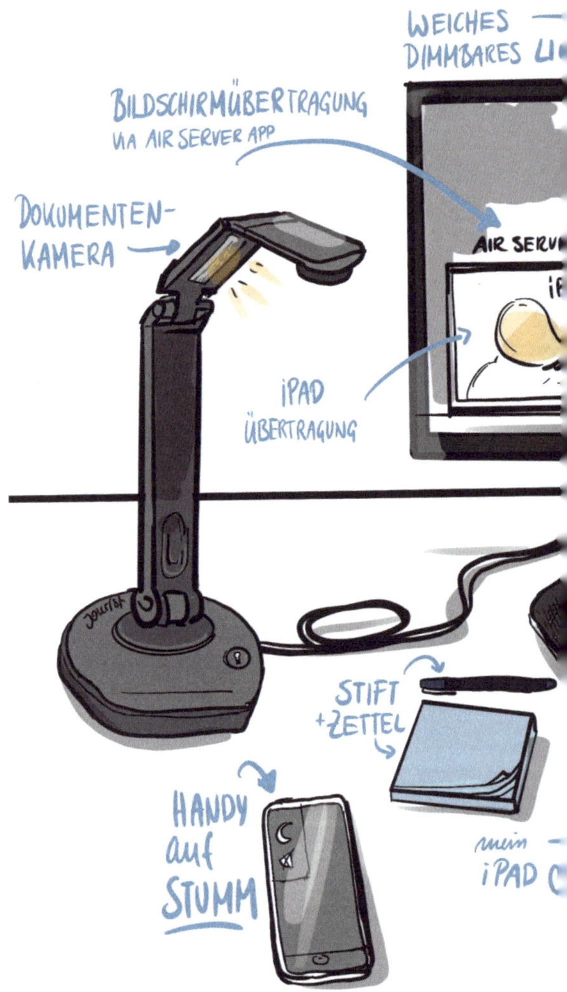

Sie sehen gerade meinen Schreibtisch, fertig eingerichtet, um in einem Meeting loszuzeichnen. Ich führe Sie nun ein bisschen herum und stelle meine bewährten Gadgets vor.

Mein riesiger Monitor ermöglicht es mir, mehrere Fenster nebeneinander zu legen. Denn während des Meetings habe ich keine Zeit, herumzuklicken und nach dem richtigen Fenster zu suchen. Ich brauche natürlich das Fenster des Meetingprogramms, dann die Agenda, mein iPad-Fenster (sicher ist sicher) über dem AirServer, den Chat und vielleicht noch das Miroboard. Alles auf einen Blick. Auf Kommando kann ich so schnell meinen iPad-Bildschirm über den AirServer und den Freigeben-Button teilen.

Webcam und Dokumentenkamera

Klar, meine Webcam auf dem Monitor filmt mich von vorne. Wenn ich zeichne, schaue ich aber eh nach unten, und die Teilnehmer:innen sehen meinen weniger spektakulären Scheitel. Daher verwende ich eine externe Dokumentenkamera und richte sie auf mein iPad. So sieht man meine Hand, wie sie aufs iPad zeichnet, das ist viel spannender. Statt einer Dokumentenkamera können Sie auch eine zweite Webcam benutzen und sie auf einem (Tisch-)Kamerastativ befestigen. Die Auflösung wäre sogar besser.

Weiches dimmbares Licht

Ich habe die billigste und kleinste Variante, aber es reicht, da mein Fenster hinter dem Monitor ist und zu dem Monitor auch noch Licht von vorne bringt. Ich passe alle drei Lichtquellen nach Tageszeit und Wetterlage an, um einigermaßen konferenztauglich auszusehen.

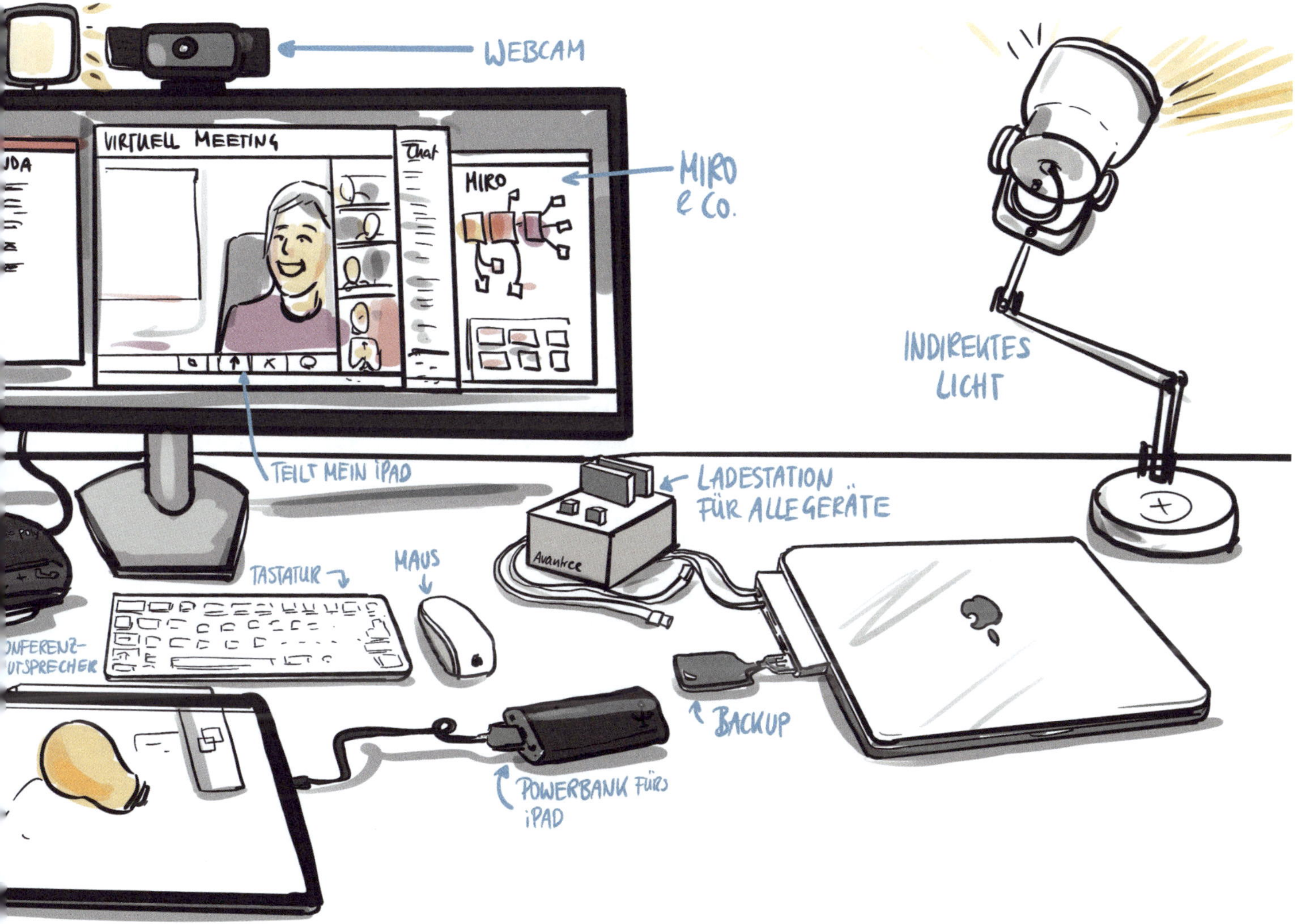
WEBCAM
VIRTUELL MEETING
Chat
MIRO
MIRO & CO.
INDIREKTES LICHT
TEILT MEIN iPAD
LADESTATION FÜR ALLE GERÄTE
Avantree
TASTATUR
MAUS
BACKUP
POWERBANK FÜRS iPAD

Tragbarer Konferenzlautsprecher, der auch eine Freisprecheinrichtung ist. Er ist per Kabel oder Bluetooth mit dem Computer verbunden. Das ist meine bevorzugte Alternative zum Headset.

Mein Handy für Notfälle, um schnell was zu übersetzen oder nachzuschlagen. Oder damit ich, falls doch mal die ganze Technik ausfällt, ein Zeichen in die Außenwelt senden kann. Das Handy ist auf »nicht stören« gestellt. Wie in einem echten Meeting.

Zettel und Stift, um schnell eine Idee oder Bemerkung aufzuschreiben, die nicht verloren gehen soll, aber im Moment noch keinen Platz findet. Ein sogenannter Ideenparkplatz.

Mein Tablet kennen Sie ja bereits, mit den ganzen tollen Apps. Ich zeichne bei virtuellen Meetings meistens mit der App Procreate, da ich in den Meetings ja für das Graphic Recording zuständig bin und für den Entertainmentteil am Ende, in dem ich die Zusammenfassung als Filmchen zeige. Wenn ich Workshops gebe, dann zeichne ich mit der App Paper, einfach weil ich sofort nach dem Ende des Meetings das PDF aus dem Notizbuch als Handout versende.

Meine Highpower Powerbank lädt so schnell, wie ich zeichne. Auch wenn ich mein Tablet über Nacht vollständig aufgeladen habe, würde der Akku einen ganzen Konferenztag nicht mitmachen. Nach vier Stunden Dauerbeschäftigung ist er leer. Ich habe mir angewöhnt, die Powerbank nach zwei Stunden anzustecken. Wenn ich in echten Meetings zeichne und mit dem Tablet herumlaufe, stecke ich die am Tablet angesteckte Powerbank in meine Jackentasche. Darum trage ich Blazer, nur darum.

Tastatur und Maus sind bei mir kabellos, denn Kabel liegen schon genug herum.

Übrigens, mobil:
Wenn ich unterwegs arbeite, nehme ich meine Kabeltasche mit. In der befinden sich neben Kabeln und Powerbank Adapter für Beamer und Smartboards (VGA, HDMI), mit denen man theoretisch das Tablet gleichzeitig laden kann. Geht aber nur theoretisch.

Ein Wireless USB-Stick von SanDisk. Die USB-Buchse für einen Stick suchen Sie am iPad vergeblich, dennoch kommt es vor, dass bei Veranstaltungen die Technik gerne die Dateien auf einem Stick haben möchte. Dieser USB-Stick empfängt die zu übertragenden Daten, indem er ein eigenes WLAN aufmacht. Über die dazugehörige App kann man dann die Daten auf den Stick schieben.

Noch einen Apple Pencil und Ersatzspitzen habe ich dabei, falls ein Pencil verloren oder kaputt geht. Das ist zwar noch nie passiert, aber man weiß ja nie …

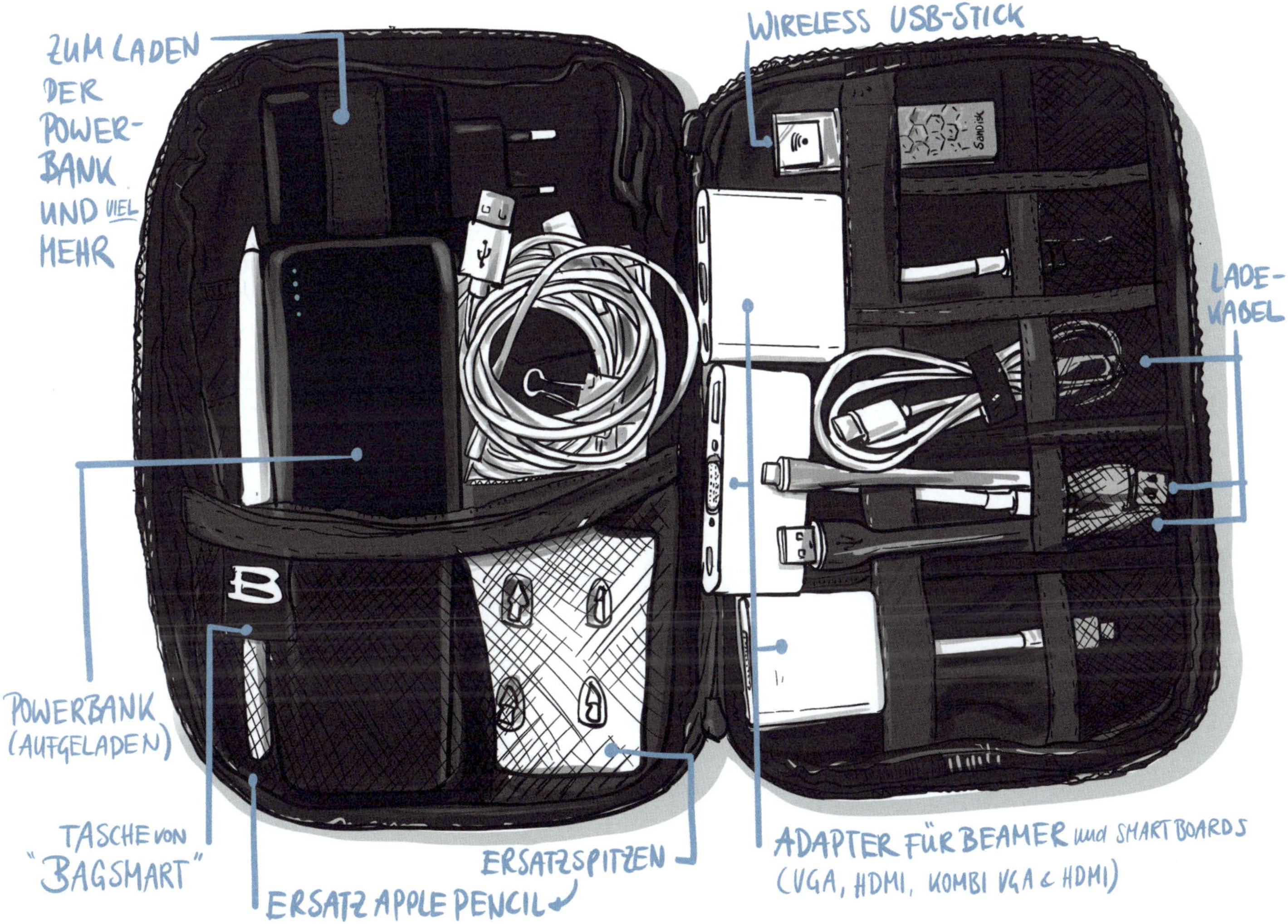
ZUM LADEN DER POWER-BANK UND VIEL MEHR
WIRELESS USB-STICK
SanDisk
LADE-KABEL
POWERBANK (AUFGELADEN)
TASCHE VON "BAGSMART"
ERSATZ APPLE PENCIL
ERSATZSPITZEN
ADAPTER FÜR BEAMER und SMARTBOARDS
(VGA, HDMI, KOMBI VGA & HDMI)

Online-Meetings

Fluch oder Segen? Zum einen sind Online-Meetings klasse, weil man sich die Anreise spart und sich nur zur Hälfte (bis zum Bauchnabel) aufhübschen muss. Das spart so viel Zeit! Zum anderen fehlen die kleinen Plauschs zwischendurch, das Kommunikative, das spontane Zusammentun und Arbeiten an einer Idee. Machen wir das Beste daraus. Und zwar kreativ, bunt und bildlich!

Es gibt mehrere Möglichkeiten:

- Meetings visuell vorbereiten mit Präsentationen, die Lust auf Inhalte machen und leicht verständlich sind
- Kreative Pausen einbauen, Erklärfilme, die mitreißen, Kollaboration durch Gruppenarbeiten
- Vielleicht einmal Miro anders nutzen? Mit gezeichneten Templates?
- Prozesse und Abläufe in Erklärplakaten, die sich Schritt für Schritt aufbauen
- Oder wie wär's mit einer Customer Journey als Comic?
- Eine Live-Sketchnote dezent im Hintergrund der Veranstaltung als eine andere Art des Handouts

Egal für was Sie sich entscheiden oder ob Sie sich für alle Möglichkeiten entscheiden, ein wichtiges Grundprinzip ist:

Never host alone!

Es ist einfach unmöglich, zu sprechen oder/und zu visualisieren und dabei den Chat zu bedienen. Versuchen Sie, es sich so einfach wie möglich zu machen und vorzubereiten, was geht, um während des Meetings sich ganz auf das Geschehen zu konzentrieren.

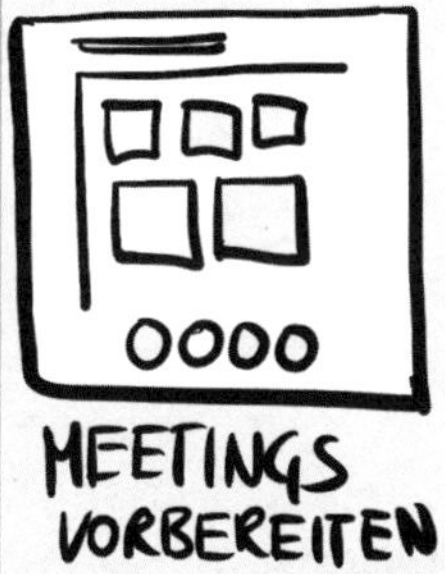

Eine gezeichnete Agenda, die live vervollständigt wird. Zum Beispiel mit der App Paper.

Seite 154

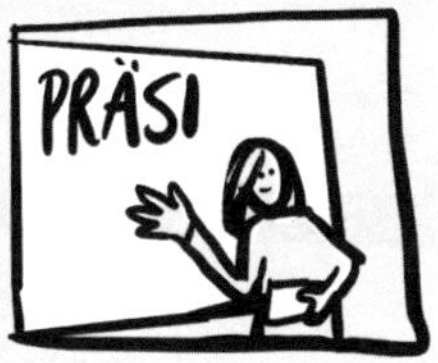

Eine illustrierte Präsentation oder ein Erklärfilm mit Videoscribe Anywhere.

Seite 164

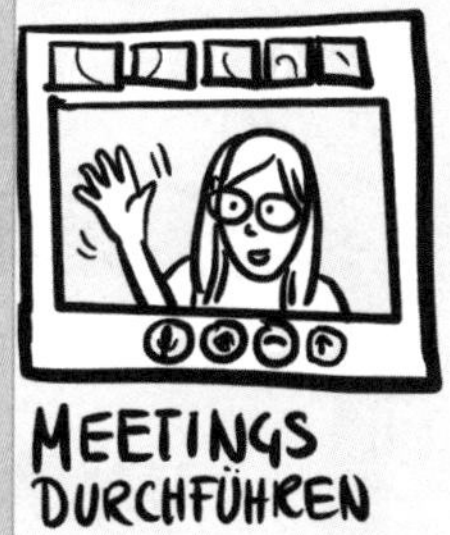

Live Ideen erfassen und zeichnen mit der Mindmap-Methode.

Seite 113

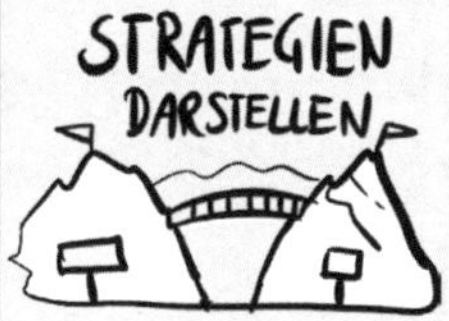

Ein Erklärplakat, um das »Big Picture« zu verdeutlichen.

Seite 125

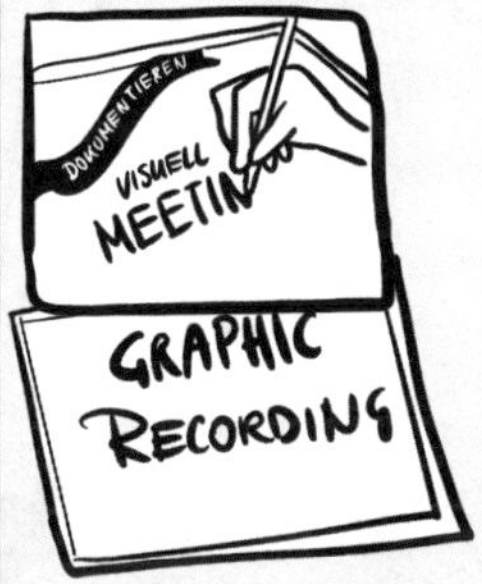

Sketchnotes oder Graphic Recording (intern oder extern gebucht) verbildlichen und verankern das Besprochene.

Seite 95

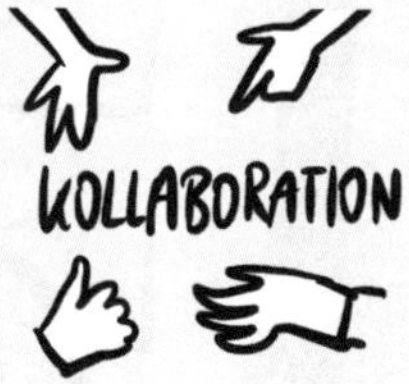

Eine kreative Kaffeepause lockert auf und bringt Spaß.

Seite 180

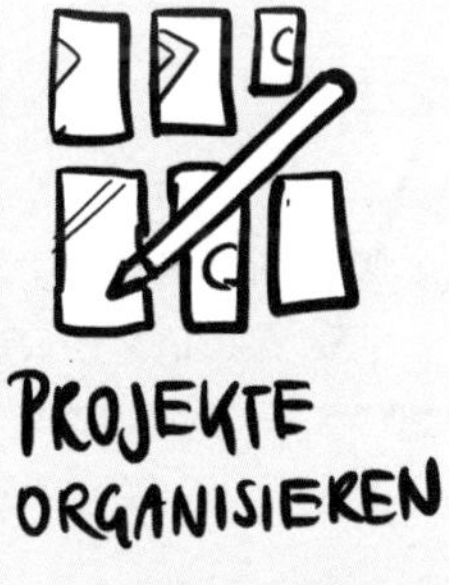

Meine Methode sind digitale Notizbücher für jedes Projekt.

Seite 76

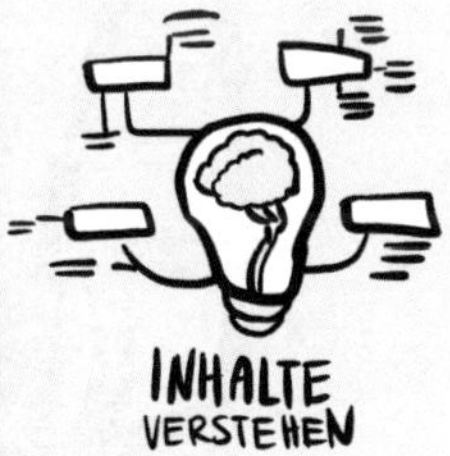

Infografiken und Daten visualisieren bringt mehr Aufmerksamkeit als Exceltabellen.

Seite 200

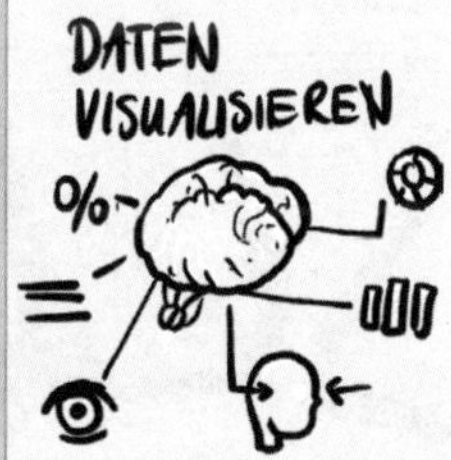

Prozesse bildlich darstellen brennt sich besser ins Hirn der Teilnehmer:innen.

Los geht's!

Seite 191

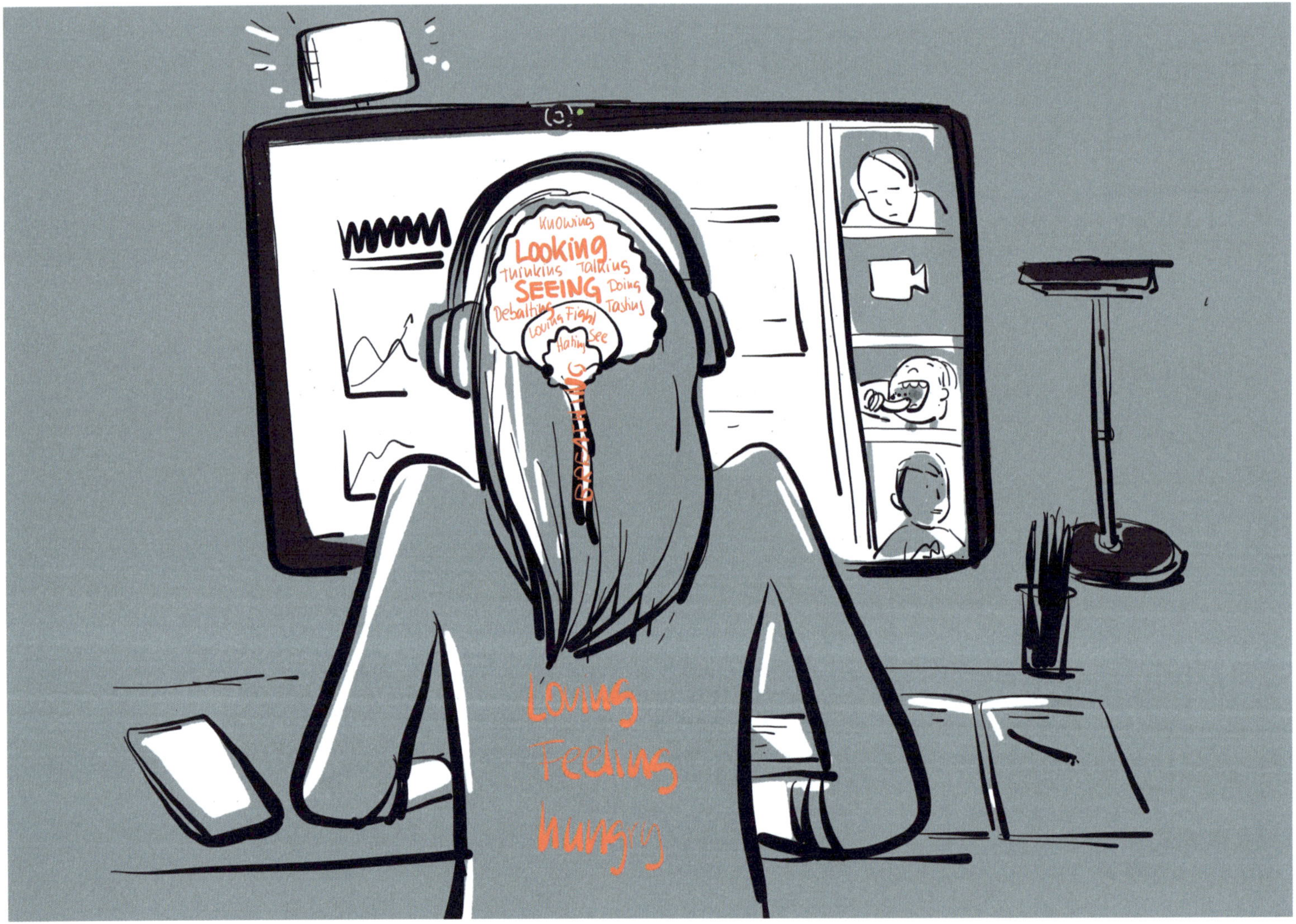
Knowing
Looking
Thinking
Talking
SEEING
Doing
Loving
Feeling
hungry

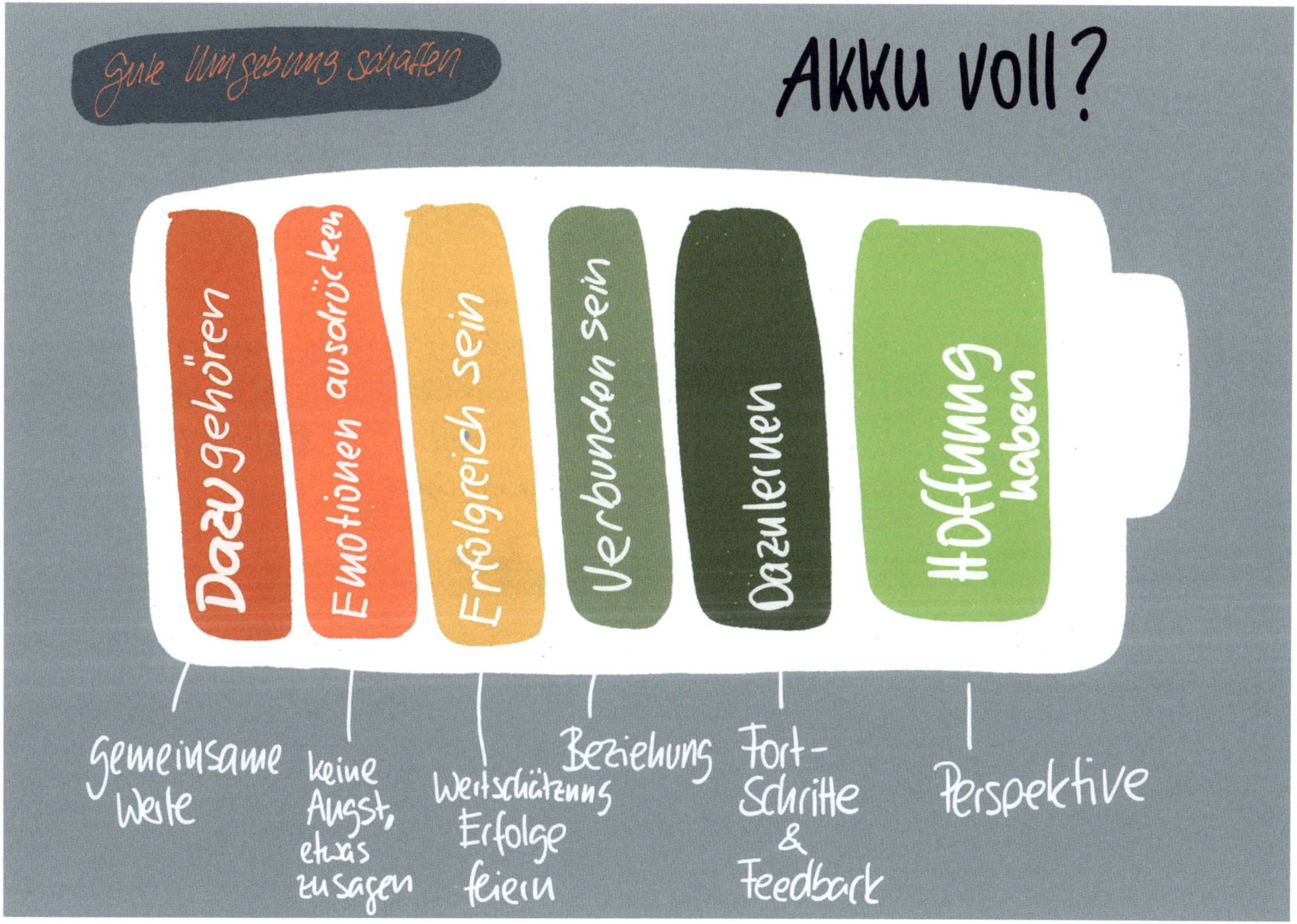
Gute Umgebung schaffen
Akku voll?
Dazugehören
Emotionen ausdrücken
Erfolgreich sein
Verbunden sein
Dazulernen
Hoffnung haben
Gemeinsame Werte
keine Angst, etwas zu sagen
Wertschätzung
Erfolge feiern
Beziehung
Fort-Schritte & Feedback
Perspektive

Meetings vorbereiten
Agenda

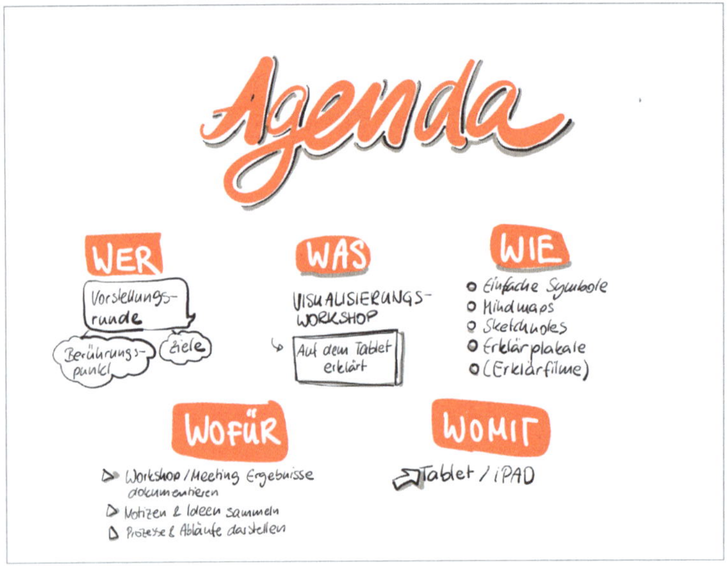

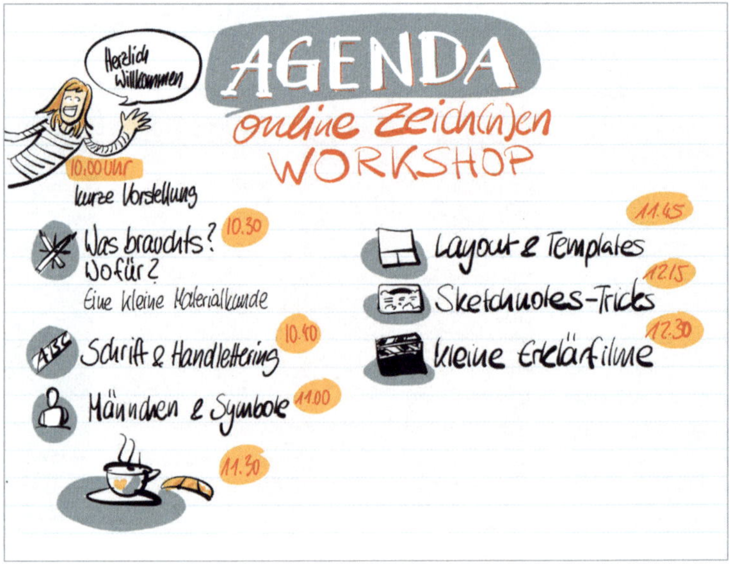

Die Workshopvorbereitung beginnt bei mir immer damit, eine Agenda zu basteln. Dabei frage ich mich:

- Wie viel Zeit habe ich?
- Was muss ich vermitteln?
- Was brauchen die Teilnehmer:innen? Wie viele Pausen wären gut?
- Welche Kreativspiele passen als Einstieg nach der Pause?

Ich schreibe mir alle Themen, Übungen und Pausen jeweils auf ein Post-it, und diese verteile ich auf ein A4-Blatt im Querformat. Somit habe ich schon eine Einteilung des Blattes und kann ohne Vorskizze loslegen.

Dann zeichne ich die Agenda ab. Ich benutze die **Modularstruktur** wie bei Sketchnotes auf Seite 106.
Zeitaufwand: 20 Minuten maximal

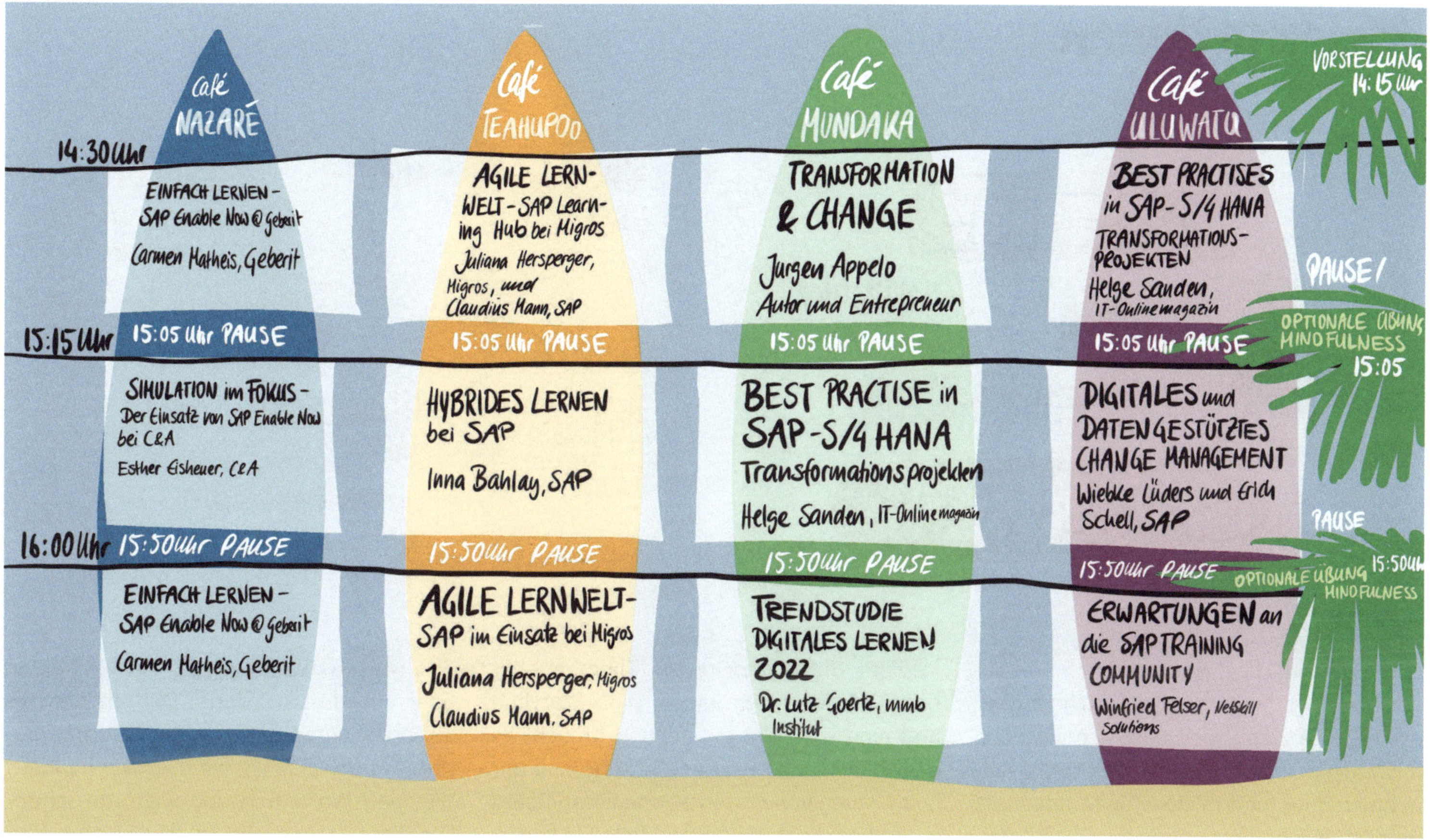

Auch so kann eine Agenda aussehen: Alles auf einen Blick und passend zu dem Thema der Veranstaltung: »Surfen«.

Präsentationen

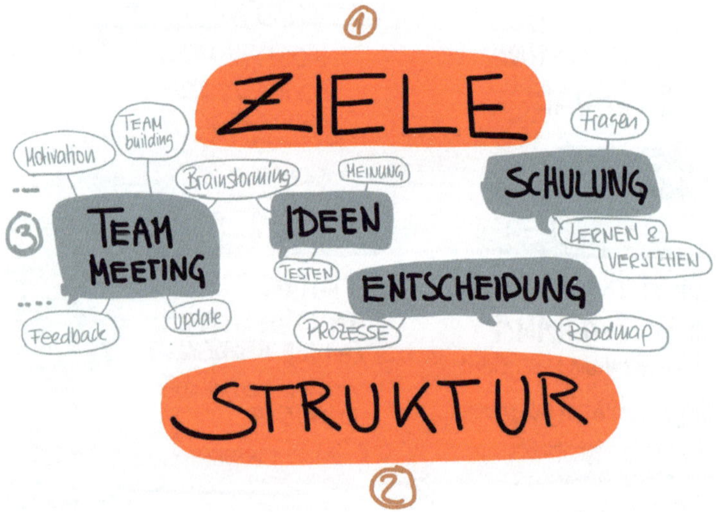

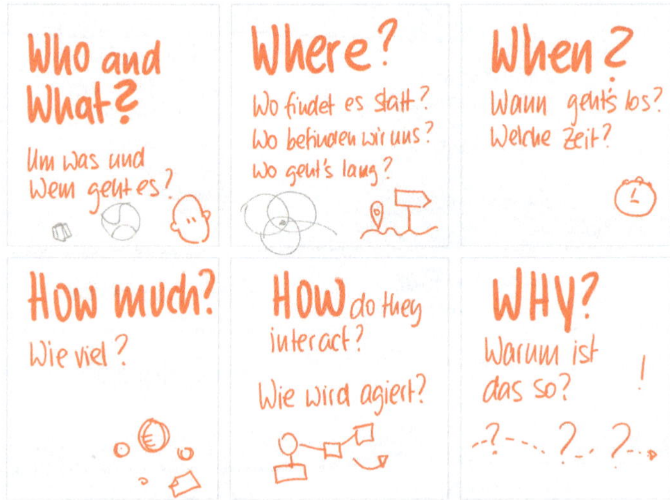

Mein persönliches Horrorthema. Kreisch! Furchtbar, vor Menschen zu sprechen! Aber es gehört ja zum Leben dazu. Ich versuche mich zu motivieren, indem ich es für die Teilnehmer:innen und mich so angenehm wie möglich mache. Was würde mir Spaß bereiten? Was hilft mir, das Thema anschaulich und unterhaltsam zu machen? Soweit es das Thema zulässt.

Zum Glück sind meine Themen eher positiv. Einen roten Faden, eine Storyline und eine sinnvolle Darstellung braucht es ja trotzdem. Eine Buchentdeckung half mir beim Bauen von Präsentationen: Dan Roam mit seinem Buch »Show and Tell«. Sie finden nun eine sehr kurze Fassung der Methodik:

Die erste Überlegung ist, welches Ziel hat die Präsentation? Daraus ergibt sich ihre Struktur, abhängig davon, was nötig für das Ziel ist: ein Teammeeting, eine Schulung oder eine Entscheidung. Danach geht es auf der rechten Seite weiter im Uhrzeigersinn. Warum machen wir das? Wer handelt? Wie viel? Wo? Wann und wie bitte schön? Für diese Fragen gibt es jeweils eine Darstellungsform und einen roten Faden. Auf den nächsten Seiten finden Sie ein paar Beispiele.

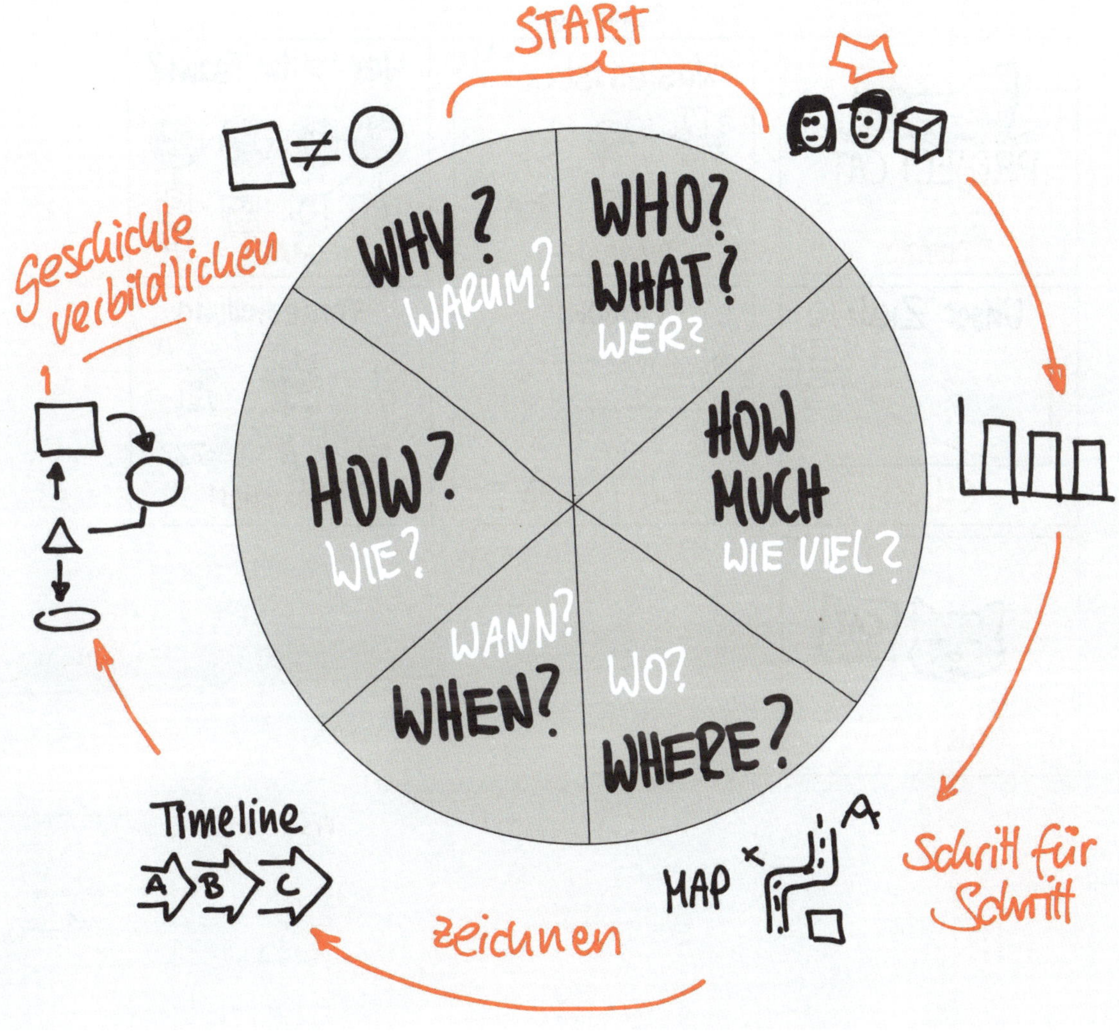
START
WHY?
WARUM?
WHO?
WHAT?
WER?
HOW
MUCH
WIE VIEL?
WHERE?
WO?
WHEN?
WANN?
HOW?
WIE?
Geschichte verbildlichen
Timeline
A
B
C
zeichnen
MAP
A
Schritt für Schritt

Reportage

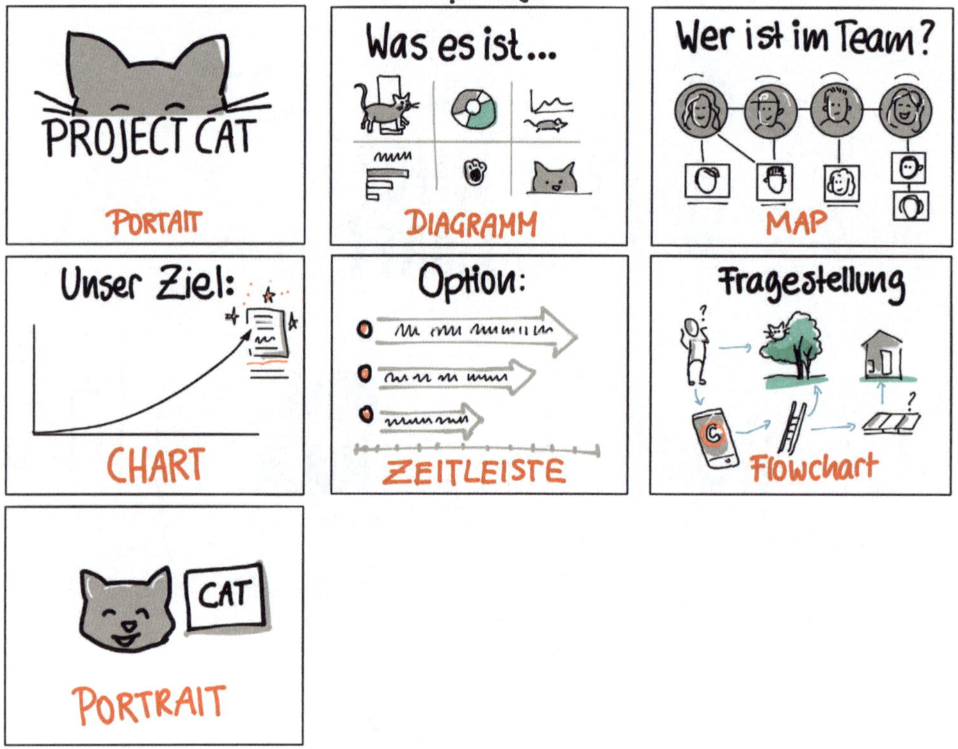

Wofür?

- Teamstatus-Meeting
- Finanzupdate
- Quartalsbericht
- Projektvorschau

Dramaturgie

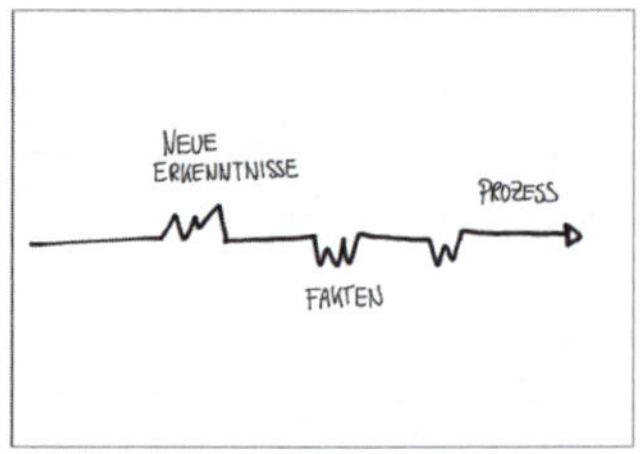

Erklärung

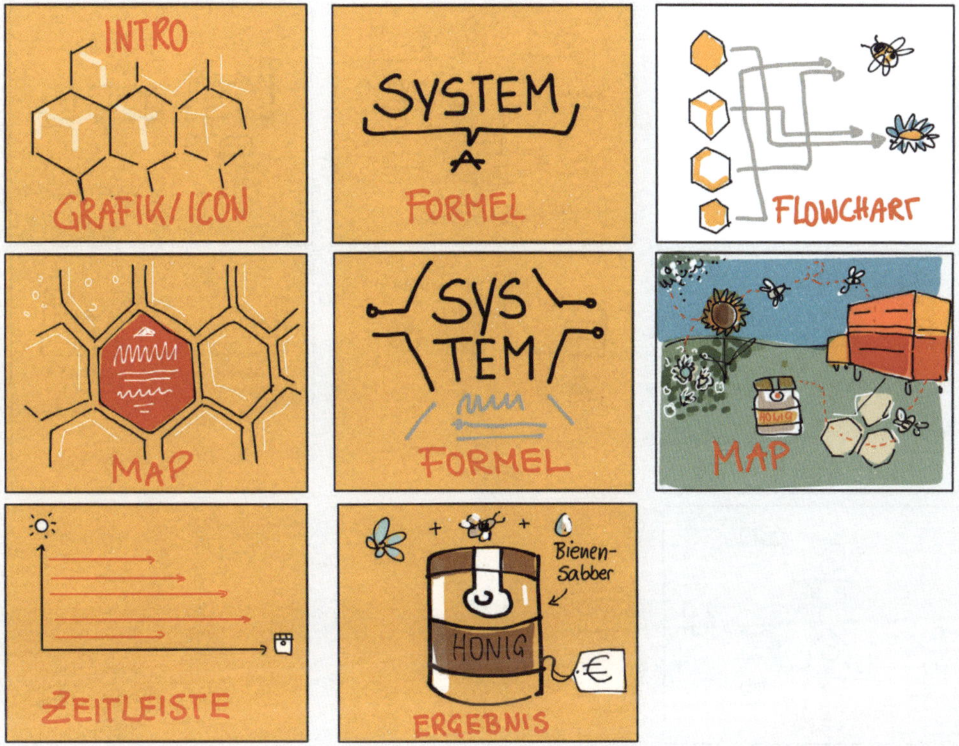

Wofür?

- Unterricht, Schulung
- Kochshow
- Studie

Dramaturgie

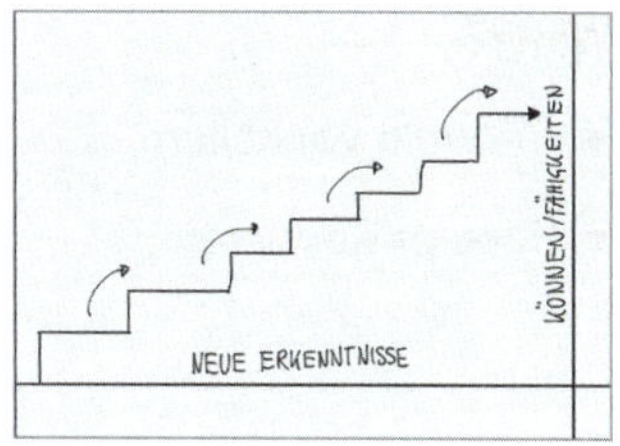

Idee vorstellen oder ein Pitch

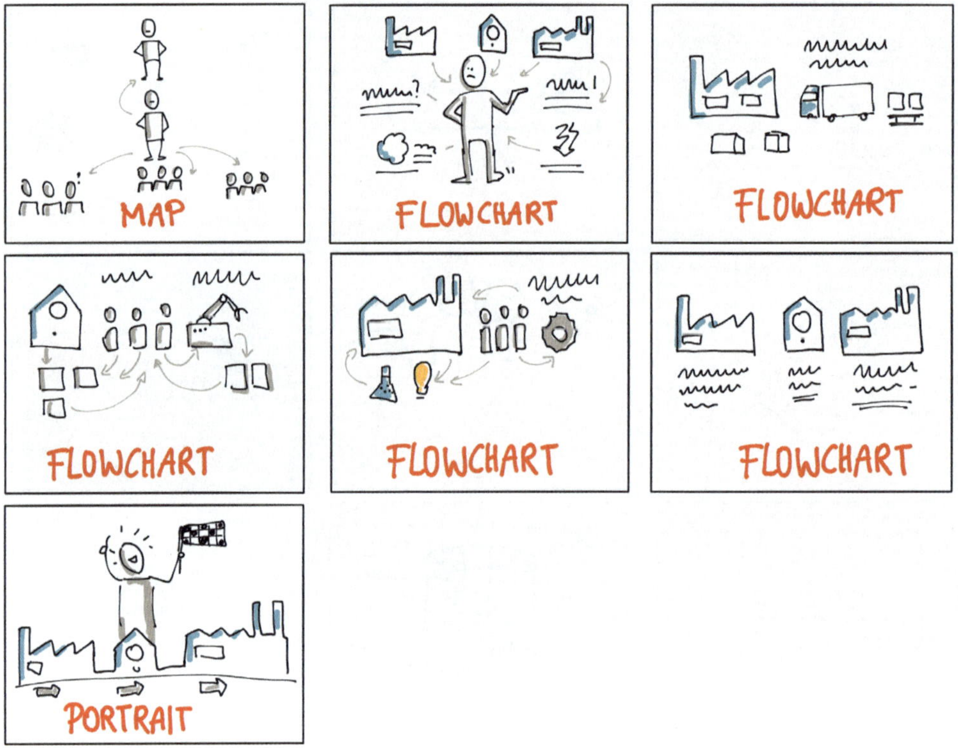

Wofür?

- Produkt vorstellen
- Idee präsentieren

Dramaturgie

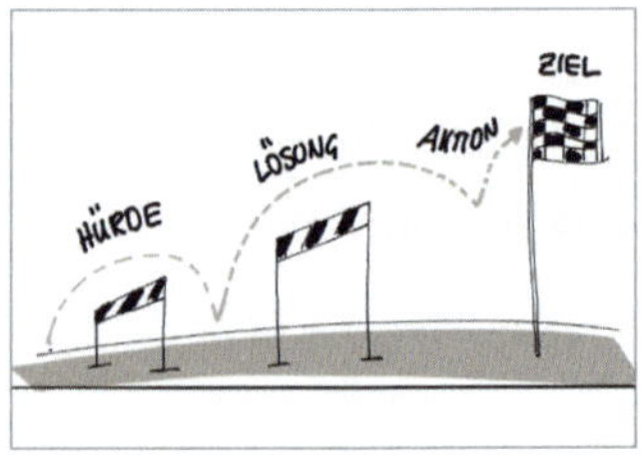

Geschichte

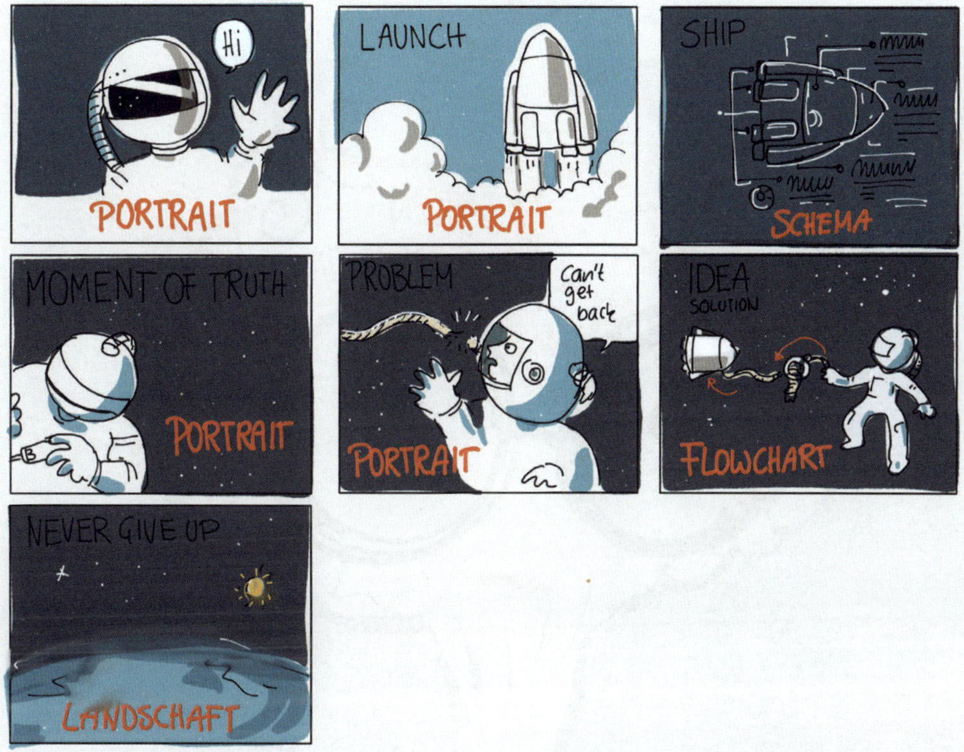

Wofür?

- Reden
- Auftakt
- Kundenreise
- Abläufe
- Problem darstellen

Dramaturgie

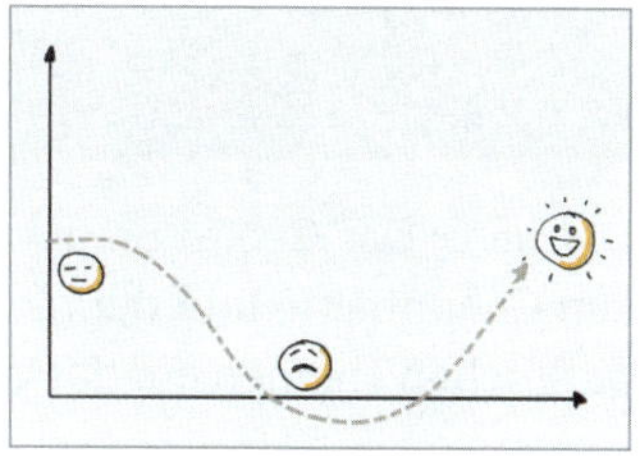

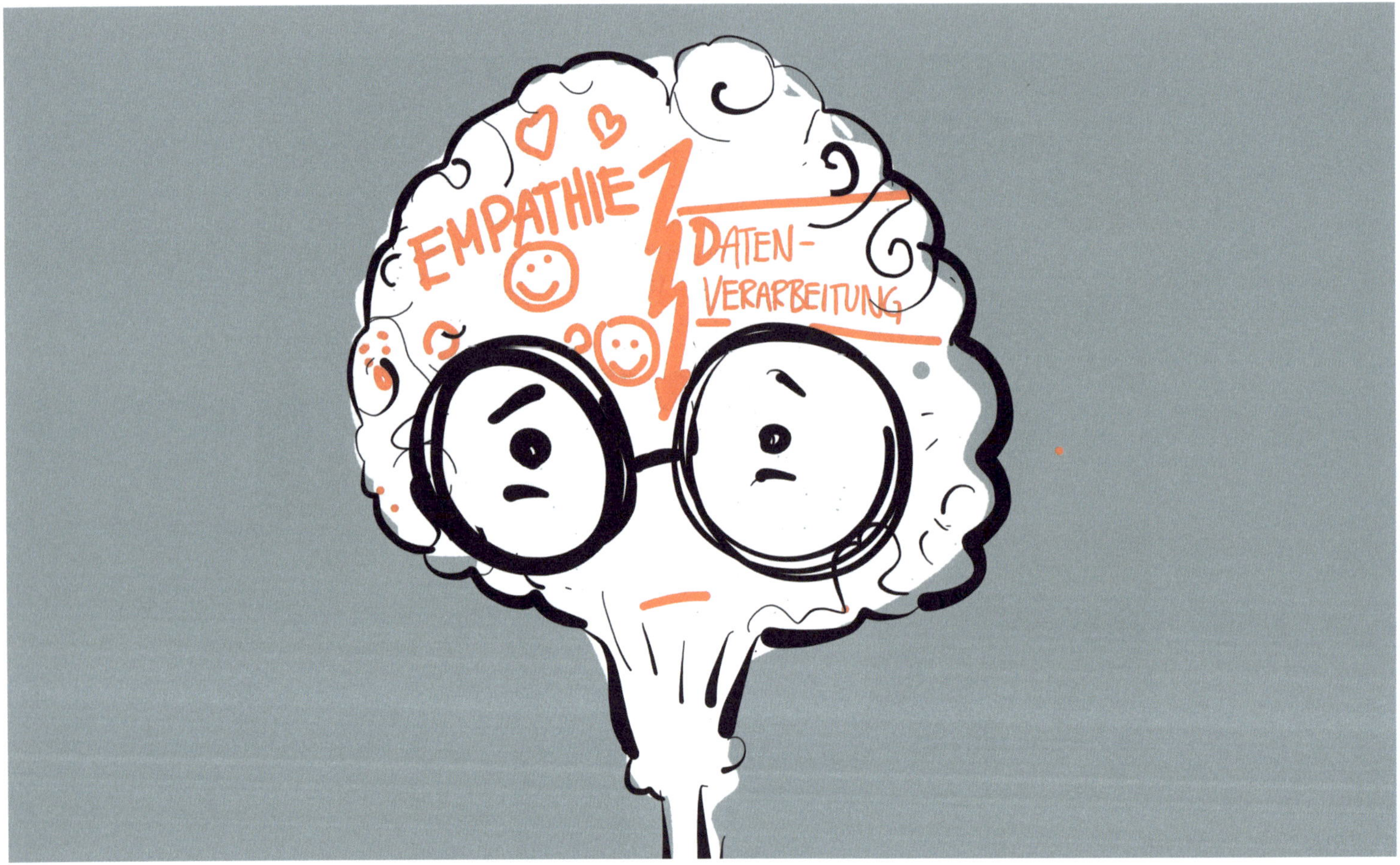

Übrigens: Das Gehirn braucht ein wenig Zeit, um zwischen der linken Gehirnhälfte und der rechten hin- und herzuschalten, von empathischen Themen auf das Verarbeiten von Zahlen, Daten, Fakten.

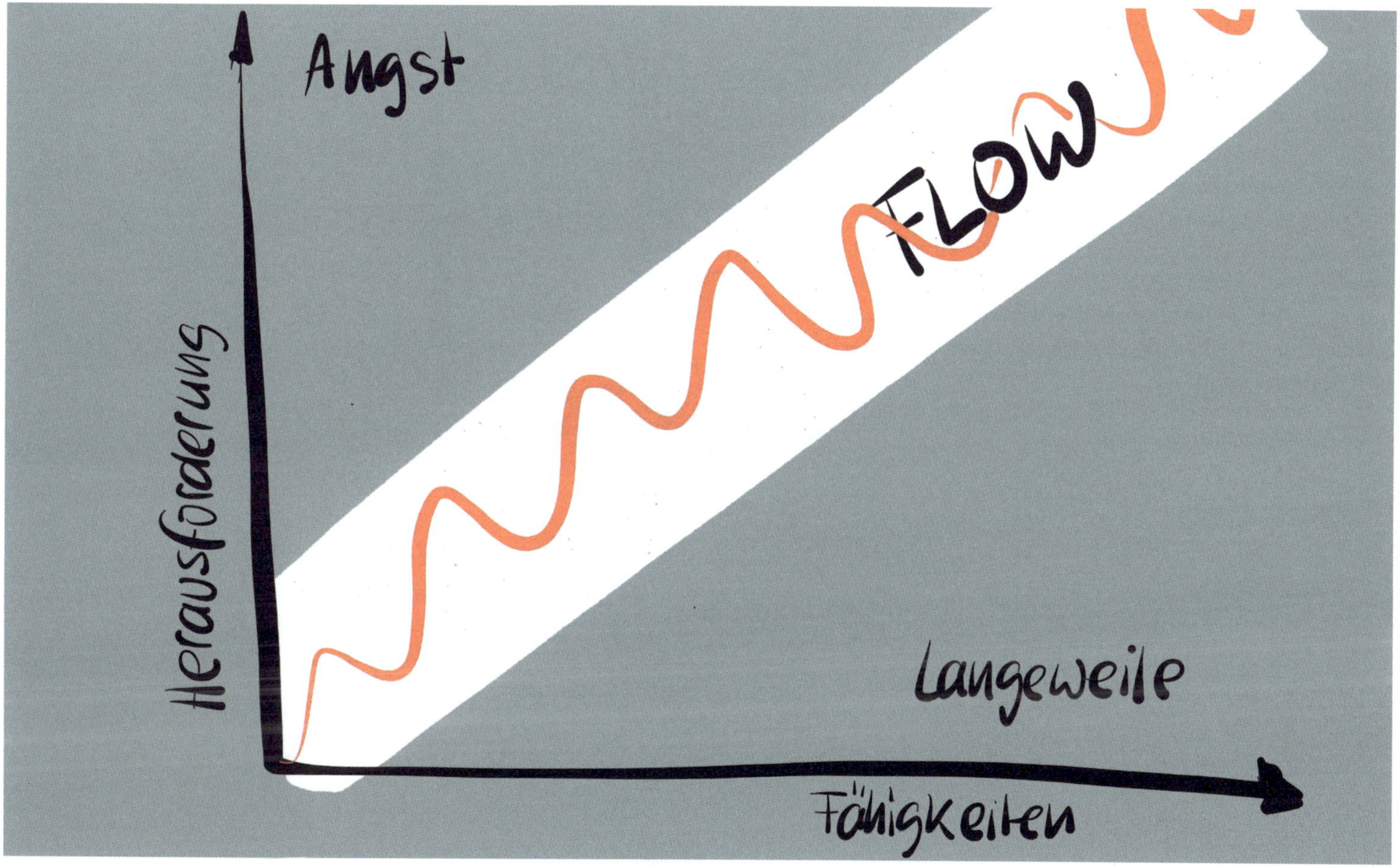

Die beste Leistung bringen wir, wenn wir im »Flow« sind. Spannung und Anspruch darf da sein, aber nicht ständig. Andererseits schalten wir ab, wenn wir unsere Fähigkeiten nicht einsetzen können. Also immer schön im Flow bleiben!

Präsentationen mit VideoScribe Anywhere

Kennen Sie diese Erklärfilme, in denen man eine Hand sieht, die etwas illustriert? Manche nennen diese Art von Film »Whiteboarding«, da die Illustrationen auf Whiteboards gezeichnet werden und dabei der Entstehungsprozess abgefilmt wird.

So viel Aufwand möchten Sie nicht betreiben? Dann ist die App VideoScribe Anywhere perfekt für Sie – vorausgesetzt, Sie besitzen ein iPad. Für Android Tablets gibt es zwar eine ähnliche App (Whiteboard), die ist aber nicht empfehlenswert. Glauben Sie mir, damit zu arbeiten macht keinen Spaß, denn die Funktionen machen einfach nicht das, was sie sollen.

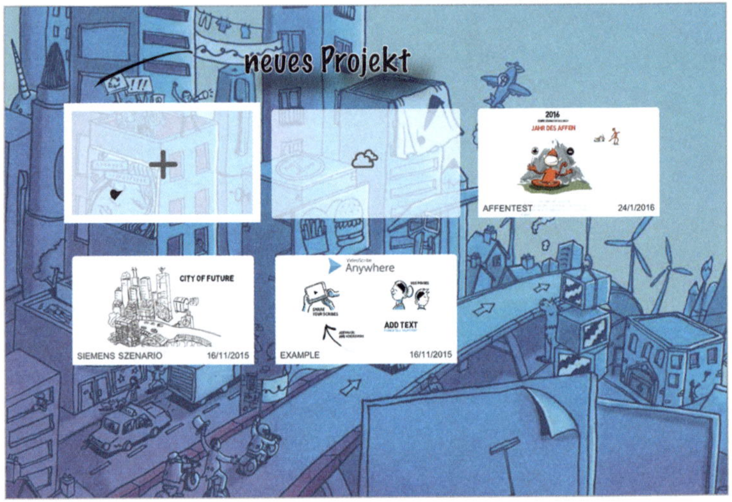

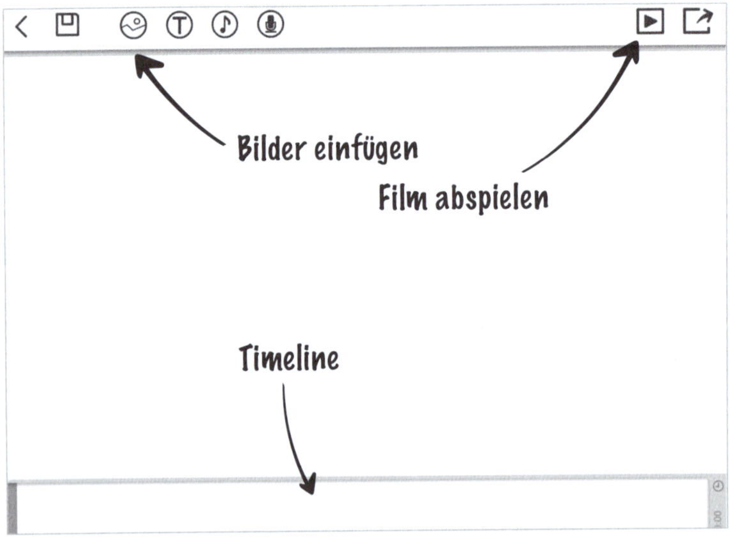

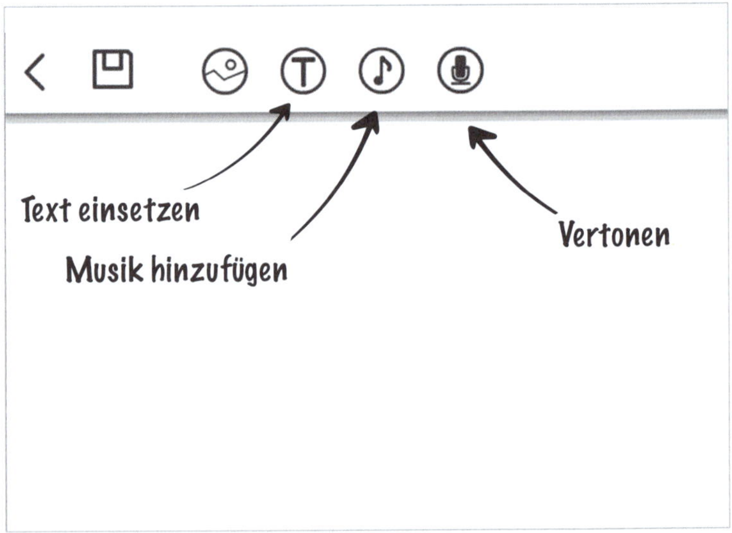

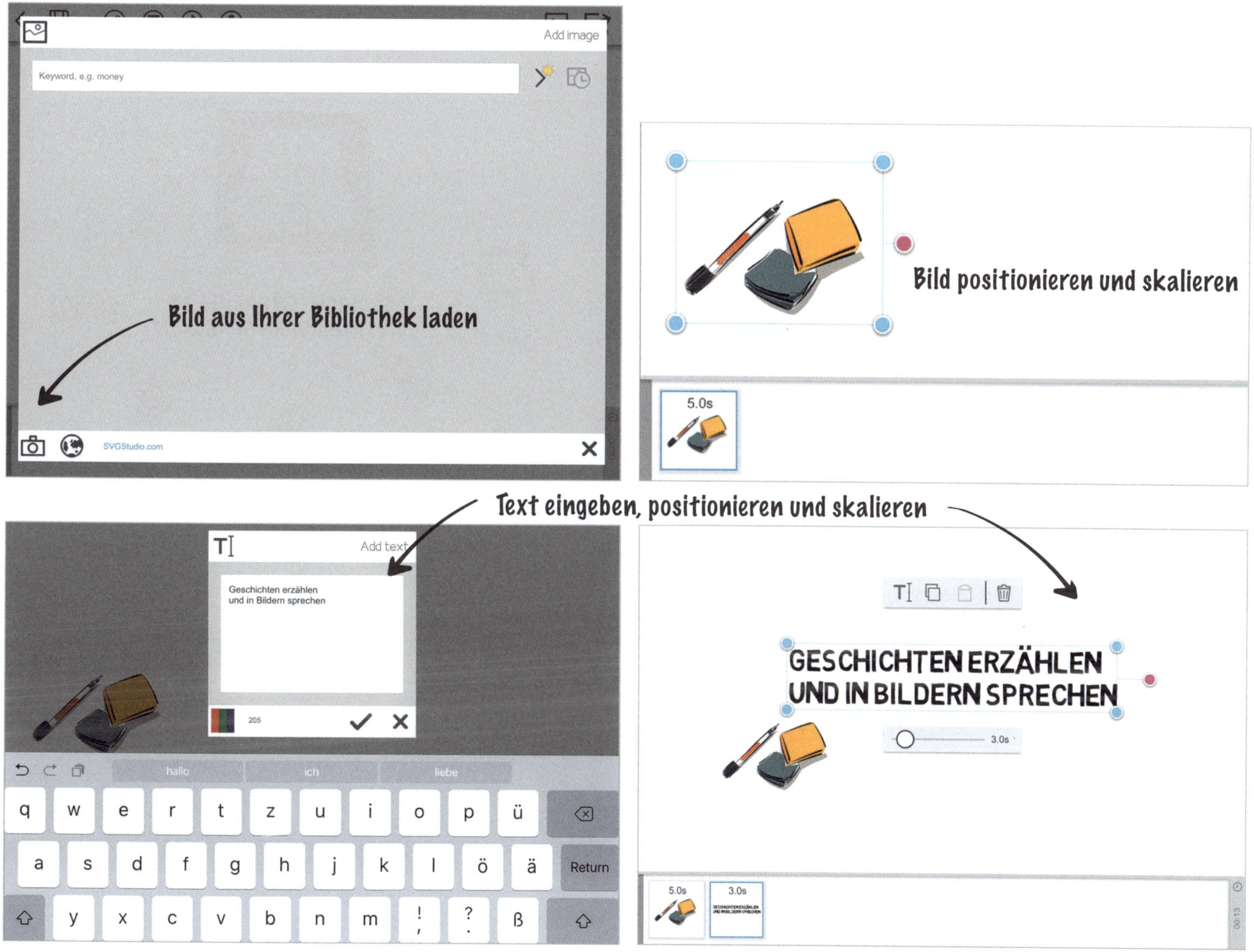
Add image
Keyword, e.g. money
Bild aus Ihrer Bibliothek laden
SVGStudio.com
Bild positionieren und skalieren
5.0s
Text eingeben, positionieren und skalieren
Add text
Geschichten erzählen
und in Bildern sprechen
205
hallo
ich
liebe
Return
GESCHICHTEN ERZÄHLEN
UND IN BILDERN SPRECHEN
3.0s
5.0s
3.0s

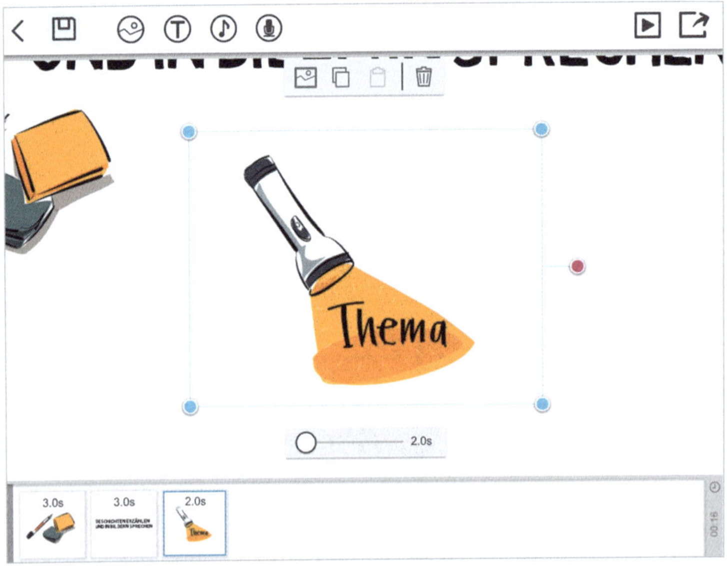

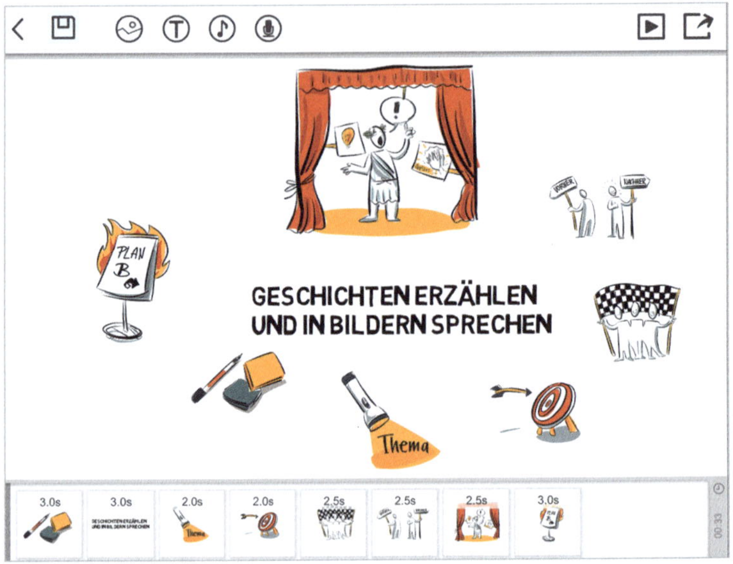

Sie können hier die Reihenfolge der Bilder ändern und die Dauer der Illustration, wie lange das Bild gezeigt und gezeichnet wird.

Überprüfen Sie noch einmal, ob die Position, Größe und Dauer für Sie optimal sind.

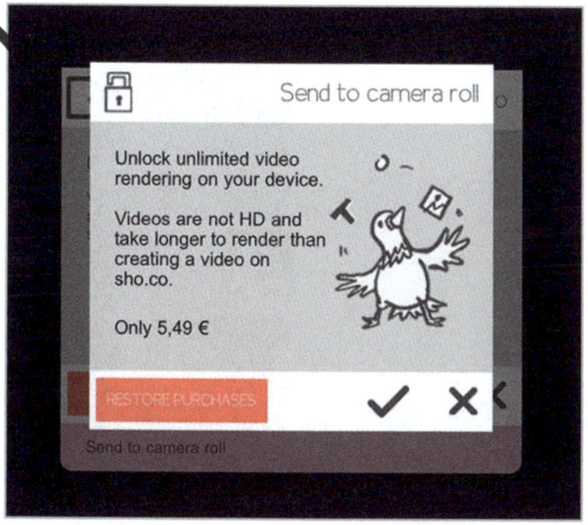

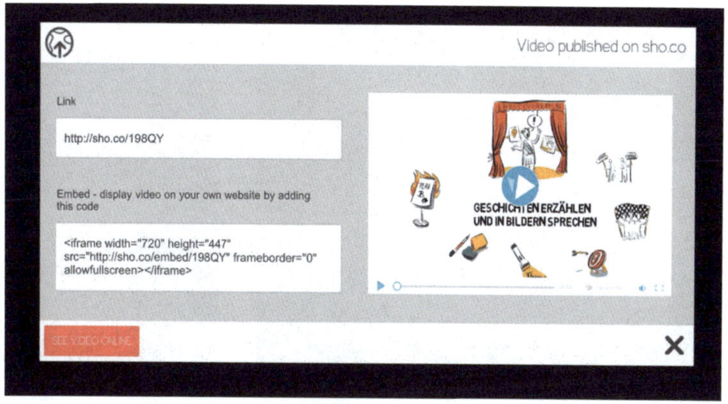

Möchten Sie die Präsentation hochauflösend als Film auf Ihrem Tablet gespeichert haben? Wenn ja, dann kostet das leider etwas. Wenn Sie nichts zahlen möchten, blättern Sie jetzt weiter.

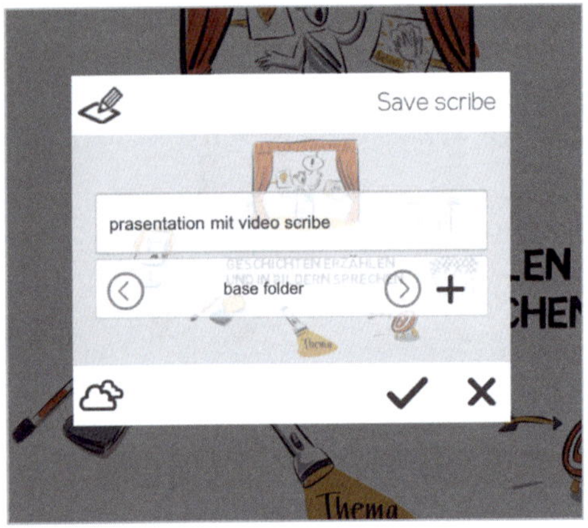

Eigentlich genügt es Ihnen, wenn Sie die Präsentation von Ihrem Tablet aus präsentieren? Dann tippen Sie auf das lustige Diskettensymbol zum Speichern, und Sie bleiben, solange Sie möchten, in dieser App. Sie können Ihre Präsentation jederzeit vorführen.

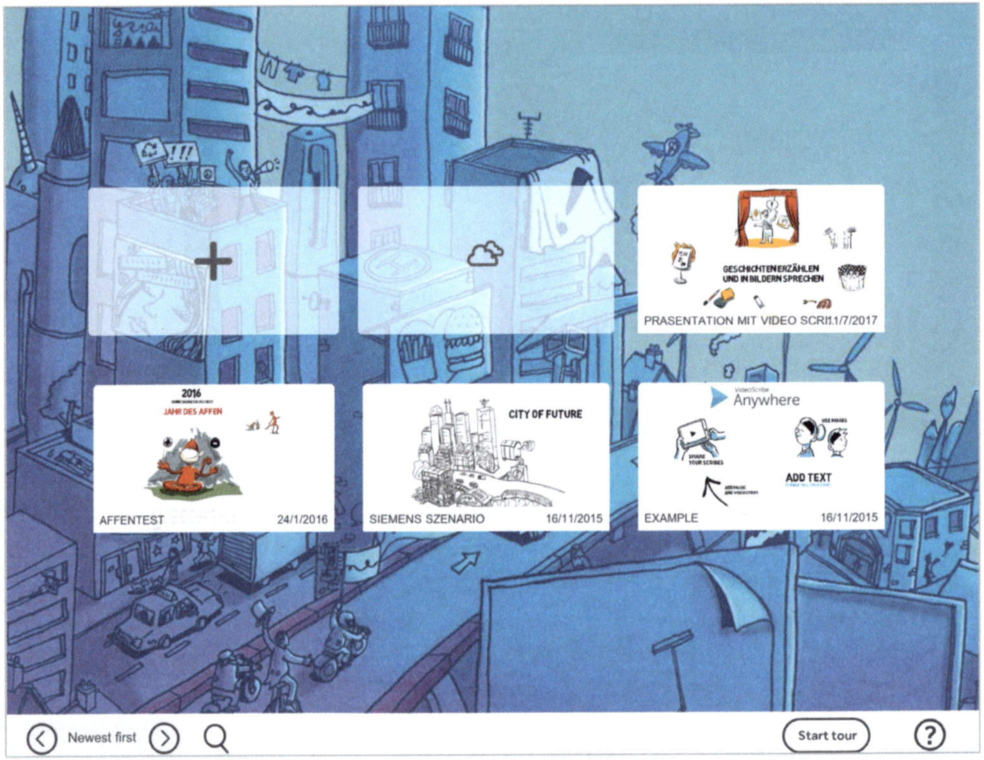

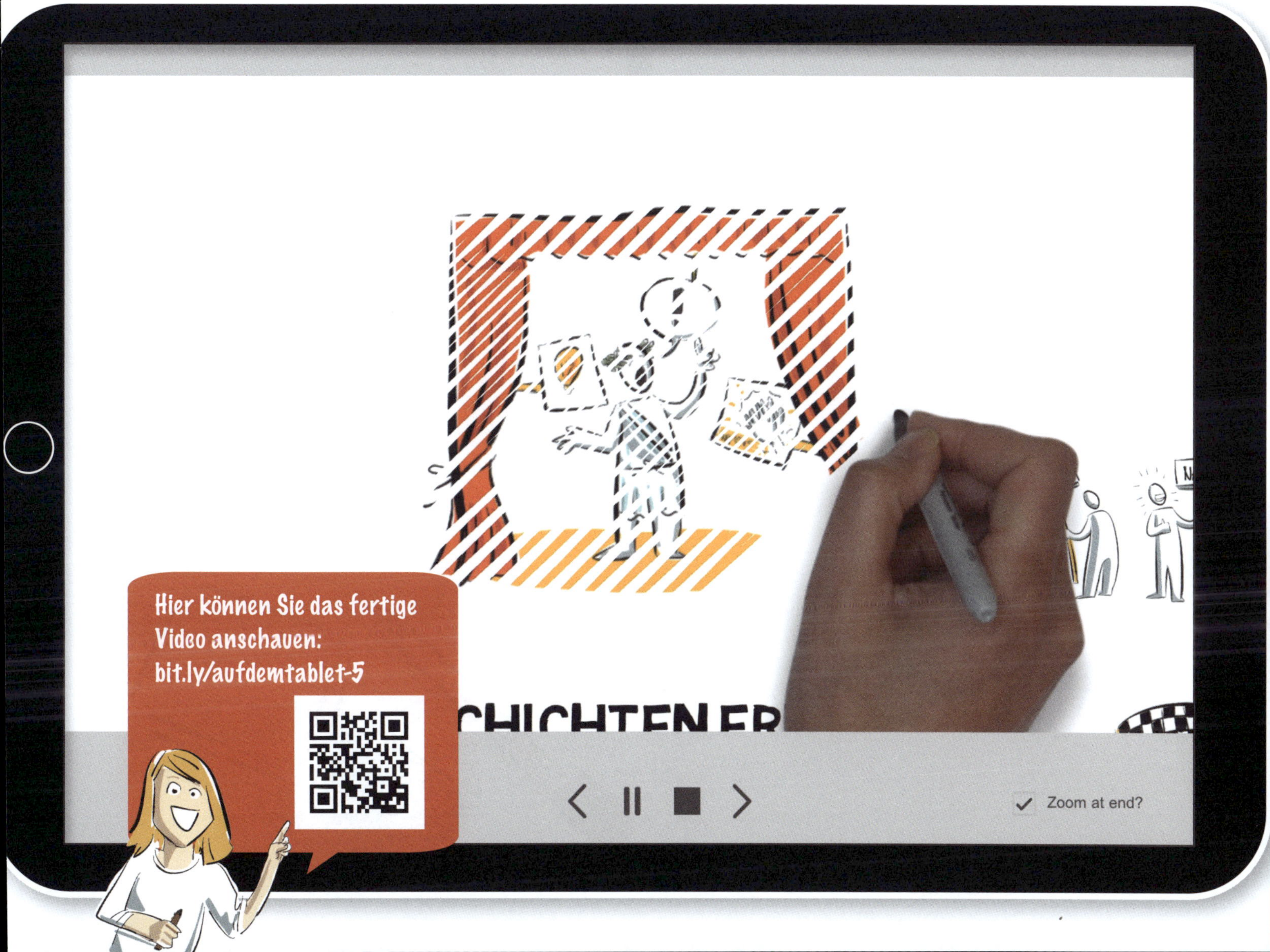

Hier können Sie das fertige Video anschauen:
bit.ly/aufdemtablet-5

Klassisch präsentieren

Sie können Ihre Illustrationen zu Ihrem Vortrag auch einfach aus Ihrer Zeichen-App als Bilder exportieren, anschließend in Ihrer Fotobibliothek ein neues Album erstellen und von dort aus den Präsentationsmodus starten.

Wenn Sie PowerPoint lieben und Sie es gewohnt sind, damit zu arbeiten, werde ich Sie nicht abhalten. Sie können die Bilder auch in PowerPoint importieren. Sie können sie senden, synchronisieren, in die Dropbox legen oder, wenn gerade kein WLAN verfügbar ist, mit einem Stick übertragen (z.B. mit dem SanDisk iXpand 32 GB Flash-Laufwerk, ca. 45 €).

Evernote kennen Sie ja bereits. Auch hiermit können Sie präsentieren: einfach neue Notiz anlegen, Bilder importieren, drauf tippen und blättern.

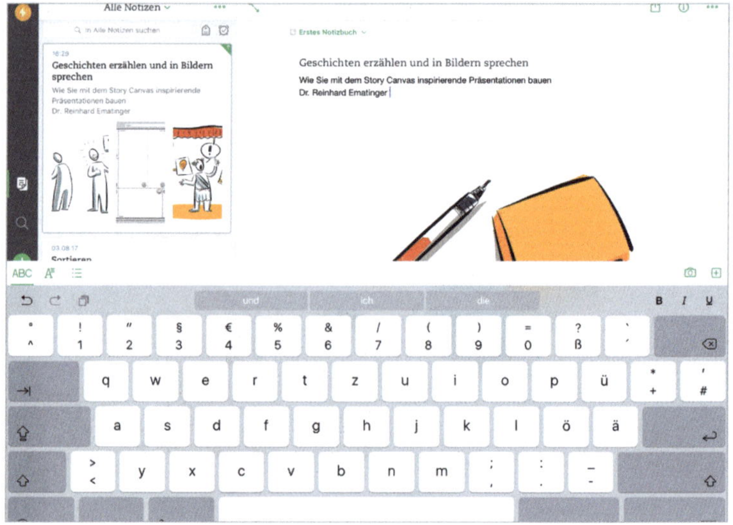

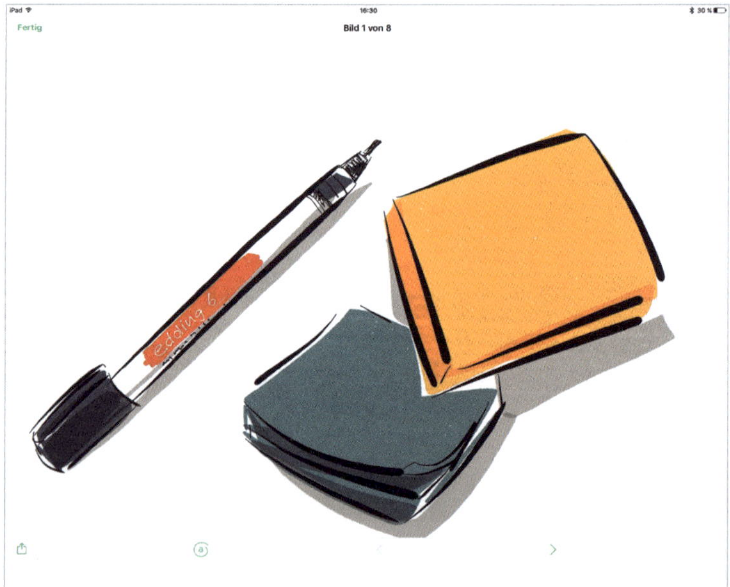

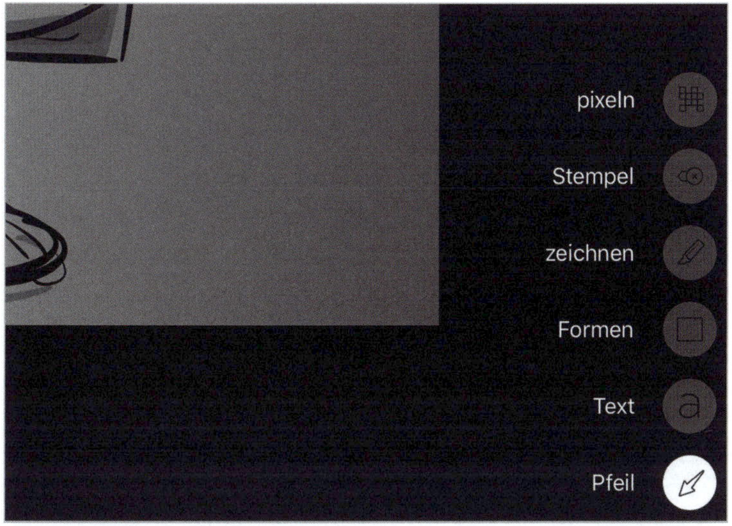

In Evernote können Sie auch noch Kommentare, Pfeile, Text und anderes ergänzen. Eigentlich auch ganz nett, um sich einen Spickzettel für den Vortrag zu machen, oder?

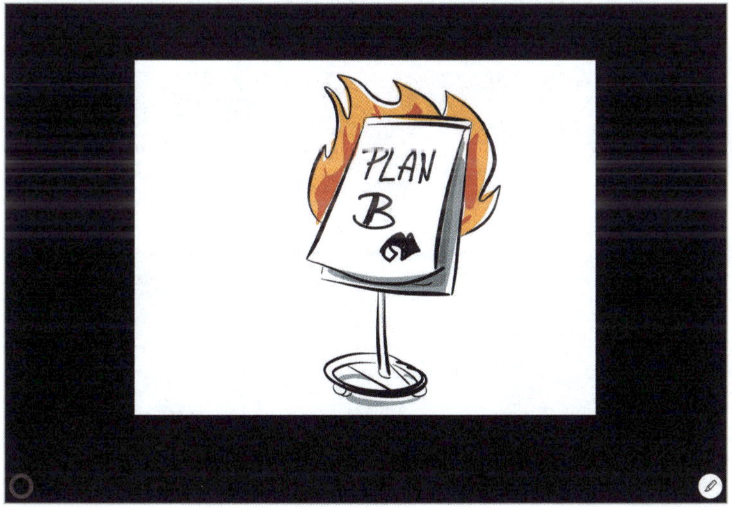

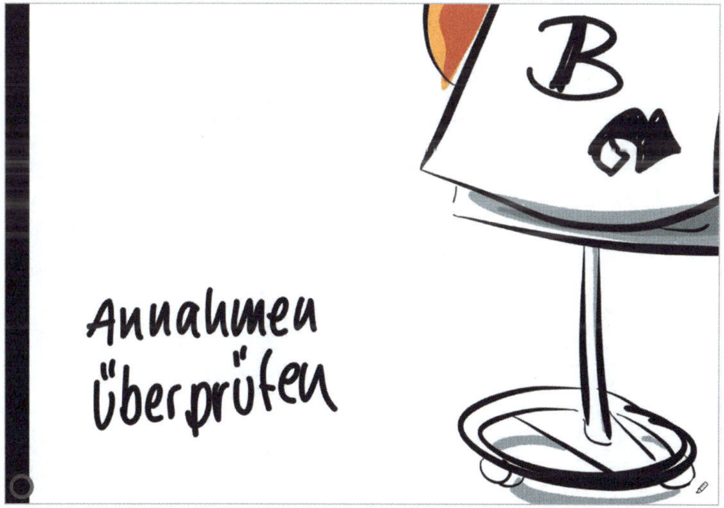

Express-Präsentation aus Paper exportieren

Wenn Sie auf dem iPad und in Paper ein paar Bilder für eine Präsentation angefertigt haben, können Sie mit zweimal Tippen eine Präsentation erstellen.

Exportieren

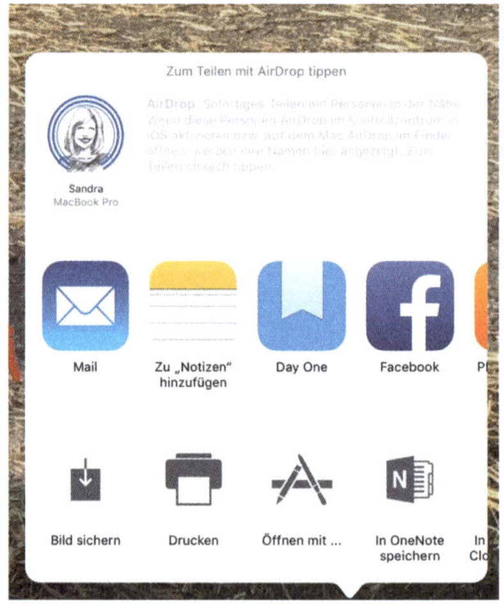

Als Präsentation teilen

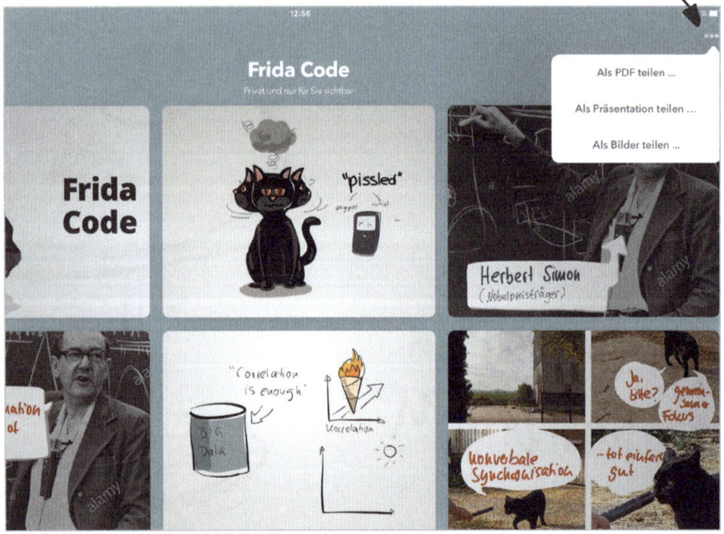

Importieren mit Keynote

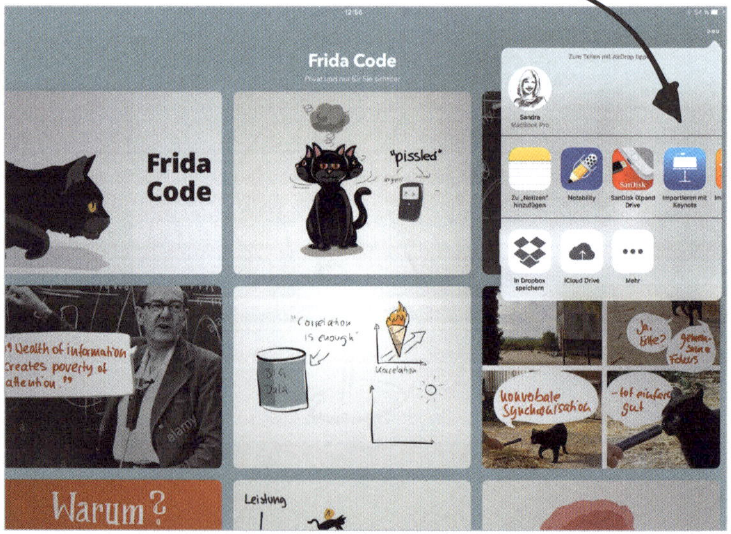

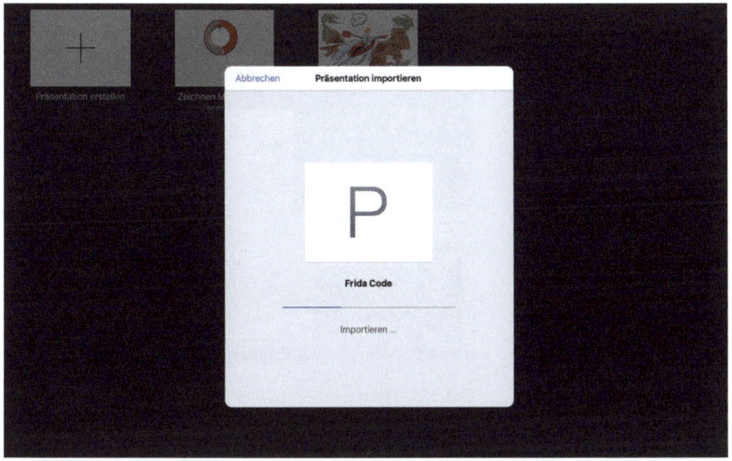

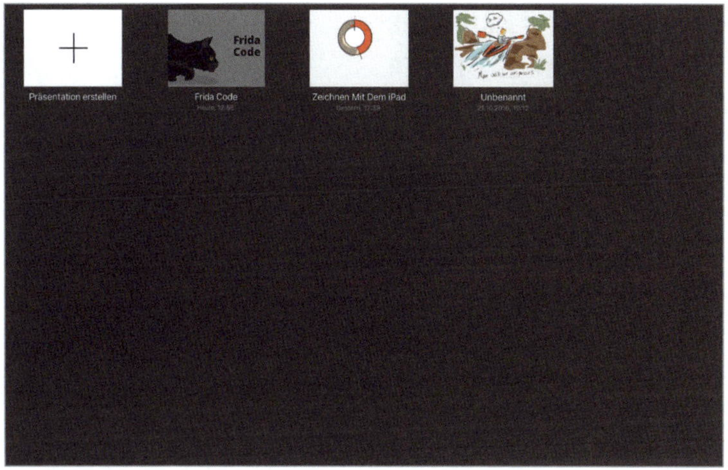

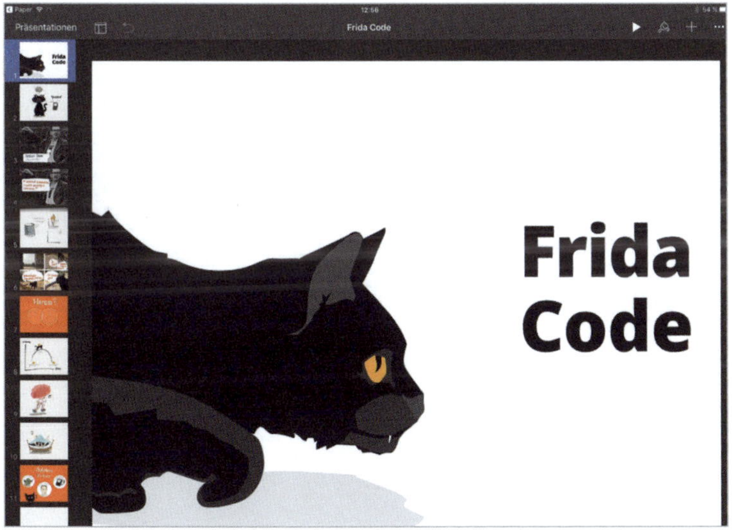

Warten ...

und auf »Play« drücken zum Präsentieren.

Das Symbol mit den drei Punkten zeigt Ihnen auch, dass Sie diese Präsentation nun als PowerPoint-Präsentation exportieren können.

Express-Unternehmenspräsentation mit Paste

Innerhalb von maximal 30 Minuten mal eben eine Unternehmenspräsentation basteln? Ja, das geht ganz schnell und einfach mit der App Paste. Die App ist von dem Entwicklerteam von WeTransfer – ja, das sind die, die gratis Filesharing anbieten und auch die App Paper entwickelt haben.

Sie können Bilder einfügen, Text, Filme, PDFs und animierte GIFs. Alles schön reduziert und schnell erstellt und versendet. Oder Sie präsentieren direkt aus der App mit dem Play-Button und wischen dann Seite für Seite weiter.

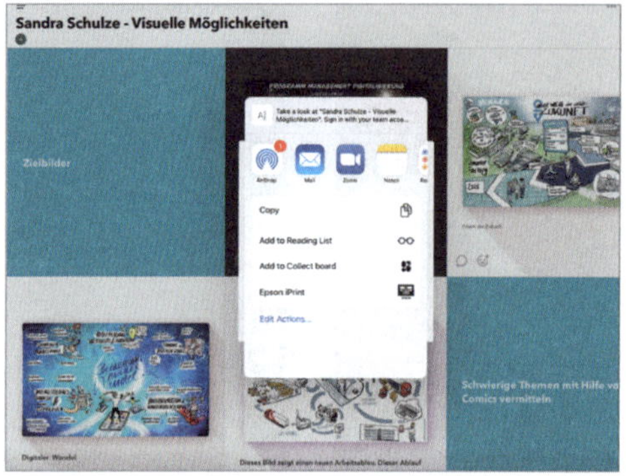

Fertige Präsentationen sind schnell geteilt per E-Mail …

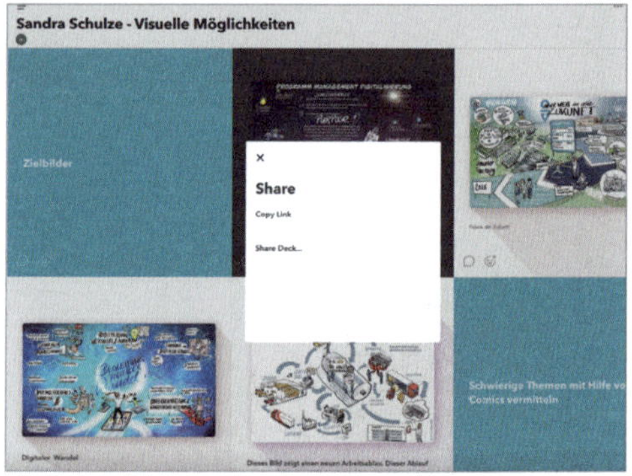

oder Link.

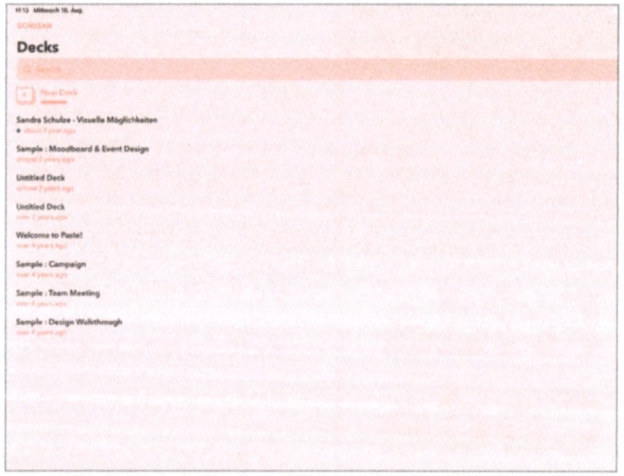

Starten Sie eine neue Präsentation mit einem Tipp auf »New Deck« oder Plus.

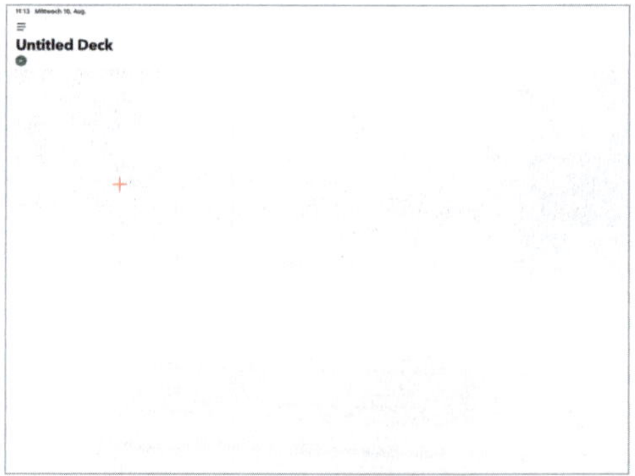

Plus heißt immer neues Slide.

So sieht meine Präsentation aus:

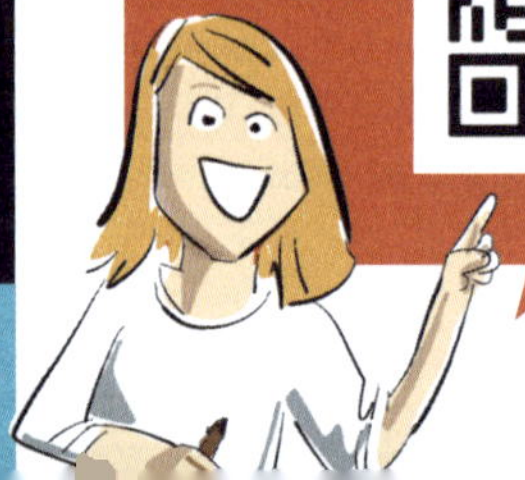

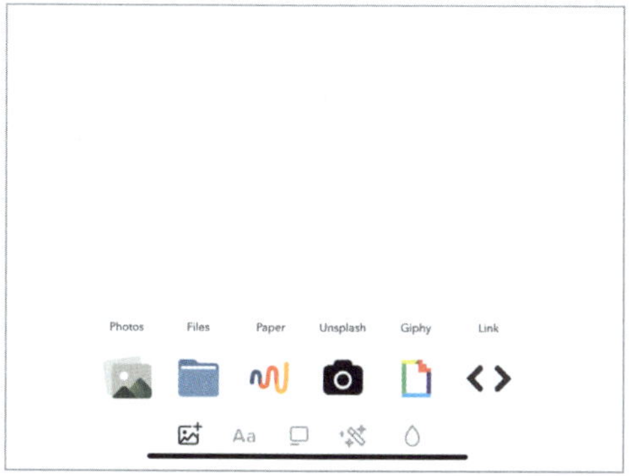

Jetzt kann's losgehen. Sie können nun Bilder, Texte … alles einfügen.

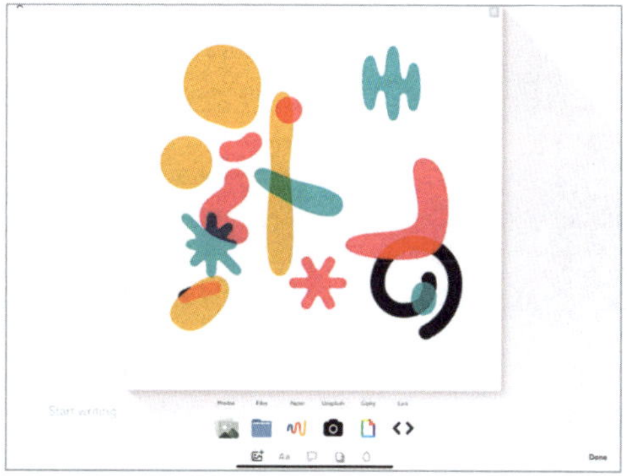

Ich empfehle Ihnen kurze Texte auf einer Seite.

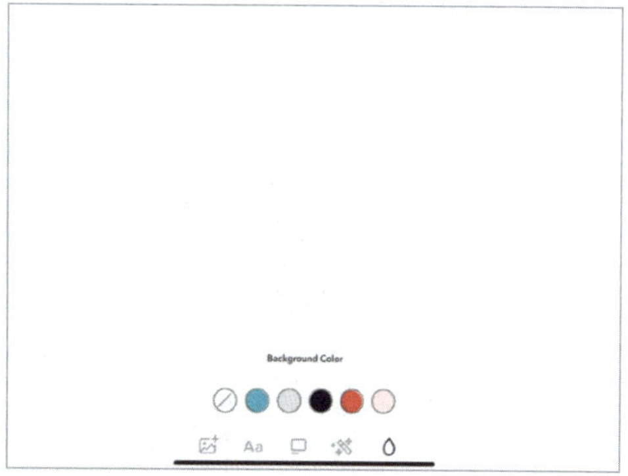

Über das Tropfensymbol können Sie den Hintergrund einfärben.

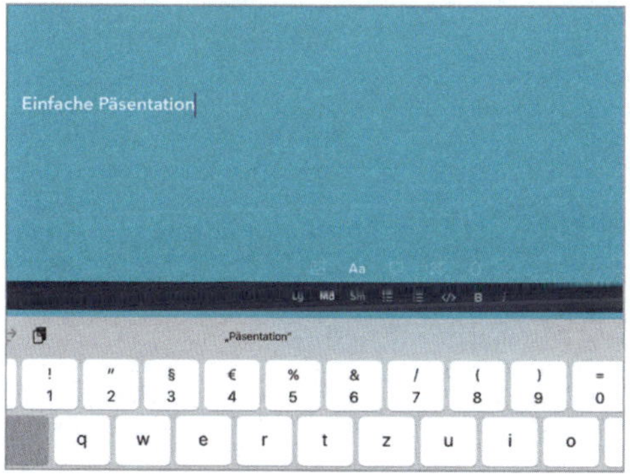

Die Schriftart und Größe können Sie auch anpassen.

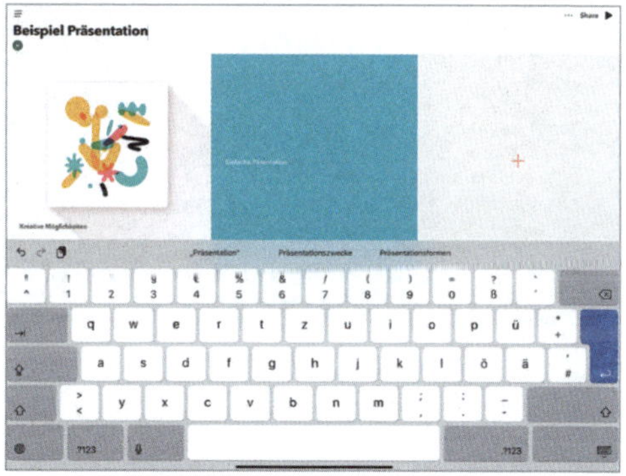

Abwechselnde Slides mit Farbflächen und Text, eine nächste mit Bildern oder Grafiken machen eine Präsentation sehr stilvoll.

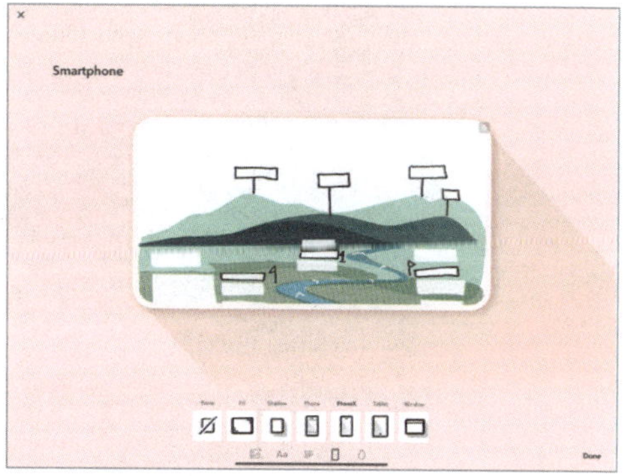

Das Zauberstabsymbol eröffnet noch mehr Möglichkeiten, Bilder in Szene zu setzen. Es gibt Bildrahmen als Smartphone oder Browserfenster oder Vollbild.

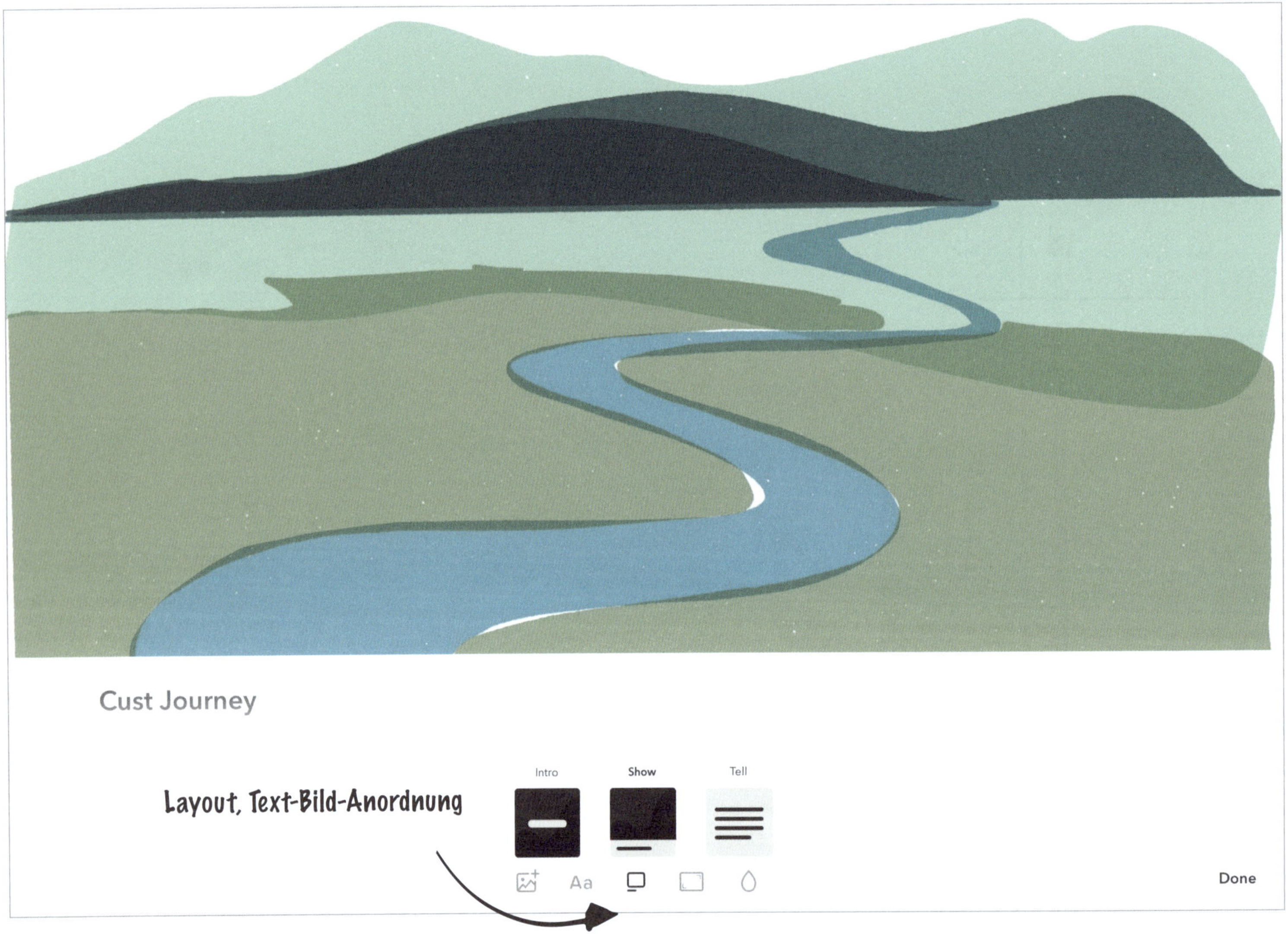
Cust Journey
Intro
Show
Tell
Layout, Text-Bild-Anordnung
Aa
Done

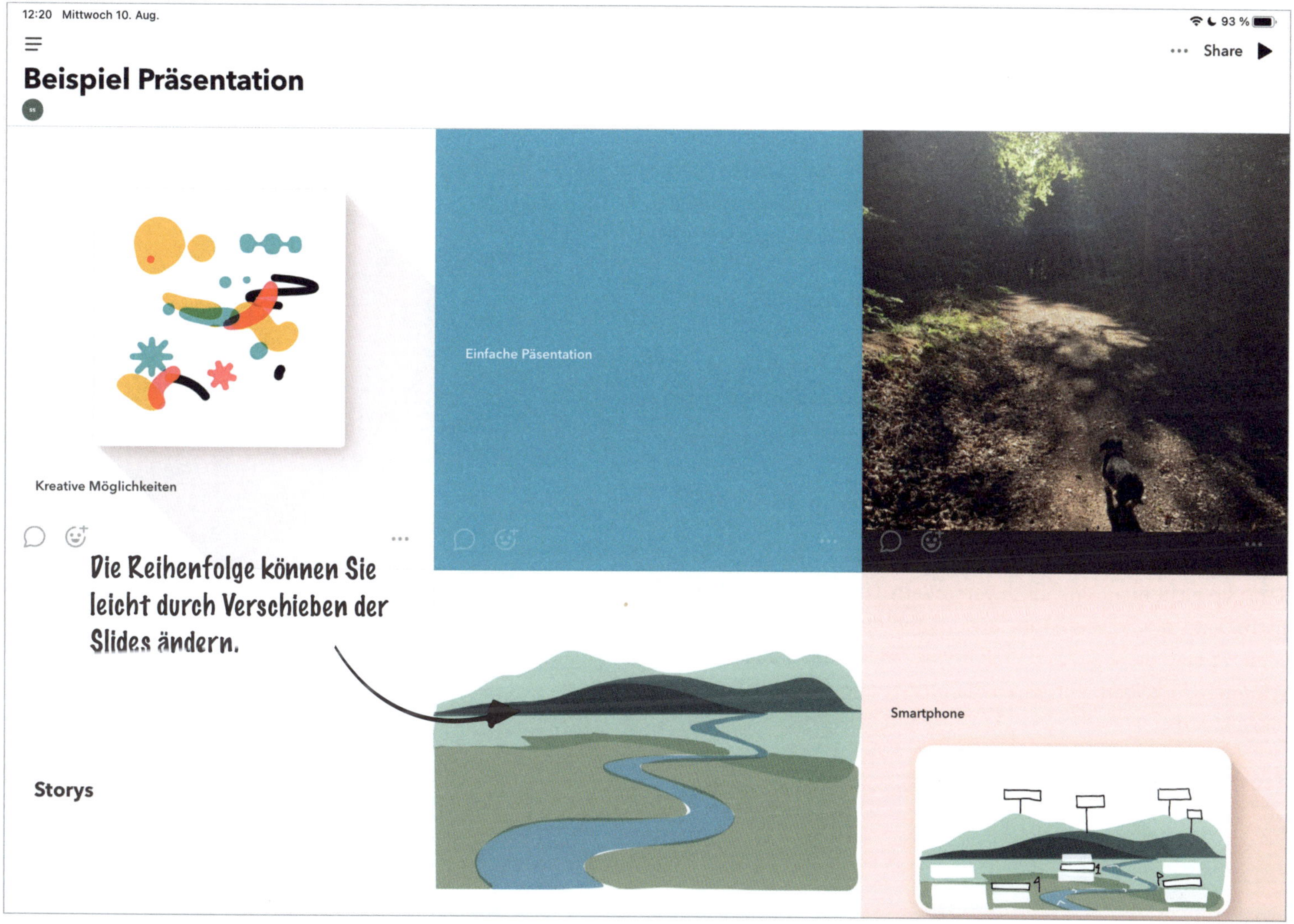

Die Reihenfolge können Sie leicht durch Verschieben der Slides ändern.

Exportieren

Ein weiterer entzückender Vorteil beim Zeichnen mit dem Tablet ist, dass man seine Skizzen nicht mehr scannen, fotografieren und nachbearbeiten muss. Darum liebe ich es so sehr, auf dem Tablet zu zeichnen. Skizzieren, ausarbeiten, korrigieren, kolorieren und – zack – versenden.

PDF-Dateien eignen sich wunderbar zum Versenden, Präsentieren und Weiterverarbeiten. Wer die Creative Suite und Creativ Cloud von Adobe besitzt, kann aus der Zeichen-App **Adobe Draw** das eigene Kunstwerk an den Laptop, direkt zu Adobe Illustrator oder Photoshop, senden. Die Vektoren der Zeichnung bleiben erhalten. So kann man Dateien für Druckdateien oder Webdateien speichern.

PNG-Dateien sind fast Alleskönner. Jede App, jedes Programm kann sie öffnen und verarbeiten. Der Nachteil ist, dass sich die Vektor-Dateien in pixelbasierte Dateien verwandeln. Das heißt, man kann sie nicht mehr unendlich vergrößern. Das ist nicht so dramatisch, denn die Zeichen-Apps exportieren die Dateien hochauflösend. So sind diese Dateien groß genug, um sie auf größeren Bildschirmen zu zeigen, auf A3 auszudrucken und in Präsentationen einzubauen.

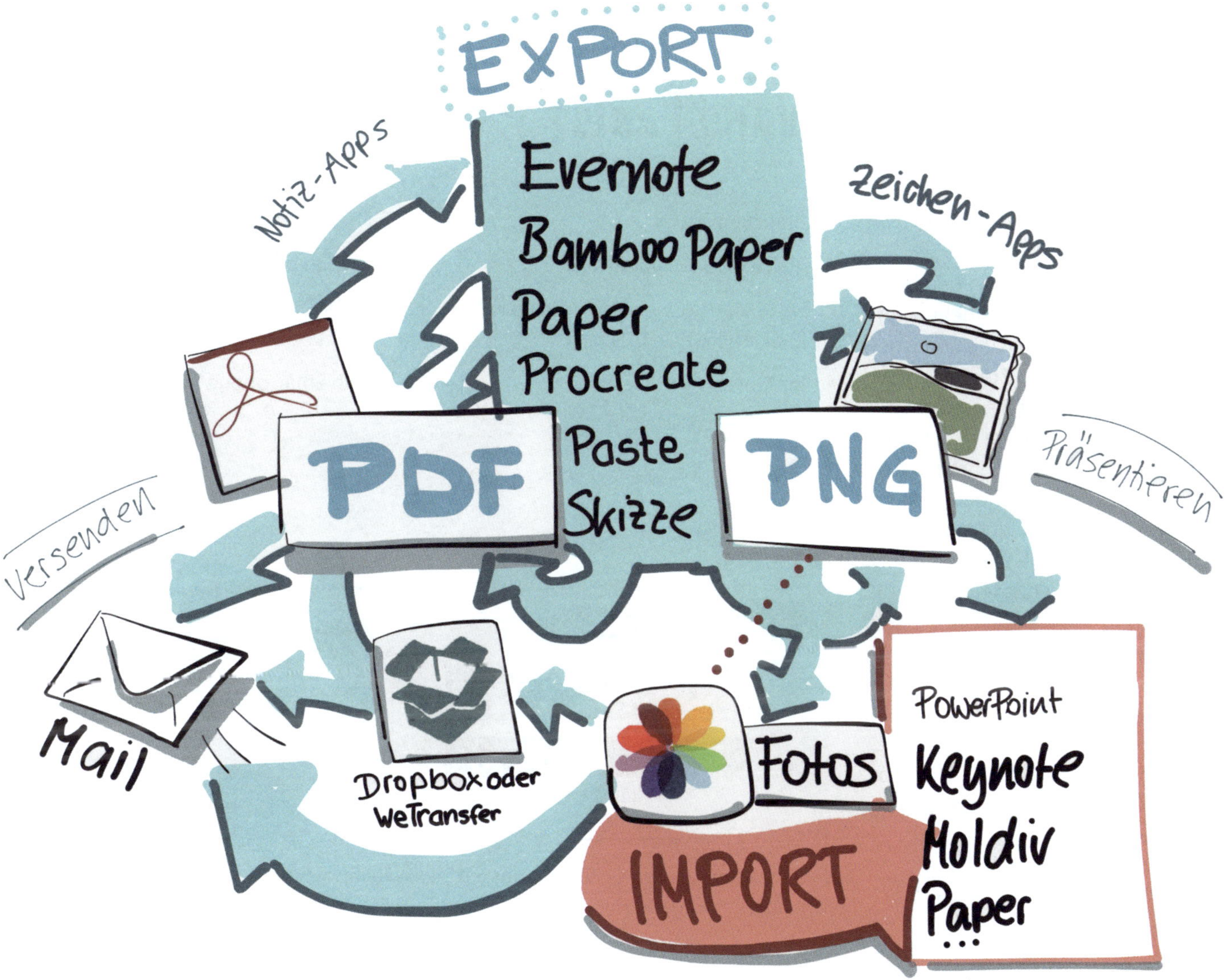
EXPORT
Evernote
Bamboo Paper
Paper
Procreate
Paste
Skizze
Notiz-Apps
Zeichen-Apps
PDF
PNG
Präsentieren
Versenden
Mail
Dropbox oder WeTransfer
Fotos
PowerPoint
Keynote
Moldiv
Paper
...
IMPORT

Kreative Kaffeepause auf der digitalen Pinnwand Padlet

Zeit für eine Pause und ein wenig Spaß, finden Sie nicht?

Ich spiele in Konferenzpausen gerne ein kleines Kreativspiel mit den Teilnehmer:innen. Ziel ist es, dass sie eine kleine Comicgeschichte mit ganz einfachen Strichen zeichnen und mit den anderen teilen. Ich richte dazu kostenlos auf der Website padlet.com eine Pinnwand ein. Die Teilnehmer:innen können die einzelnen Zeichnungen oder ihre komplette Geschichte einfach mit ihrem Smartphone darauf hochladen, ohne sich vorab irgendwo zu registrieren oder etwas zu installieren.

Alternativ können die Teilnehmer:innen ihre Geschichten auf ihren Notizzetteln zeigen. Das ist aber oft schwierig mit der Webcam.

Ich zeige Ihnen erst einmal, wie ich das Padlet einrichte, und danach die Übung, Schritt für Schritt.

Sie brauchen:

- gleich große Notizzettel
- Stifte (vorzugsweise einen schwarzen Marker, Filzstift, Fineliner)
- Ihr Tablet

Teilnehmer:innen brauchen:

- gleich große Notizzettel
- Stifte (vorzugsweise einen schwarzen Marker, Filzstift, Fineliner)
- ein Smartphone

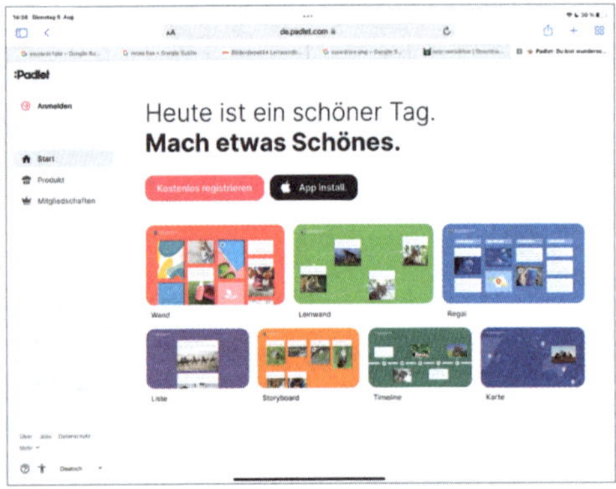

Um eine Pinnwand zu erstellen, müssen Sie sich mit einer E-Mail-Adresse registrieren.

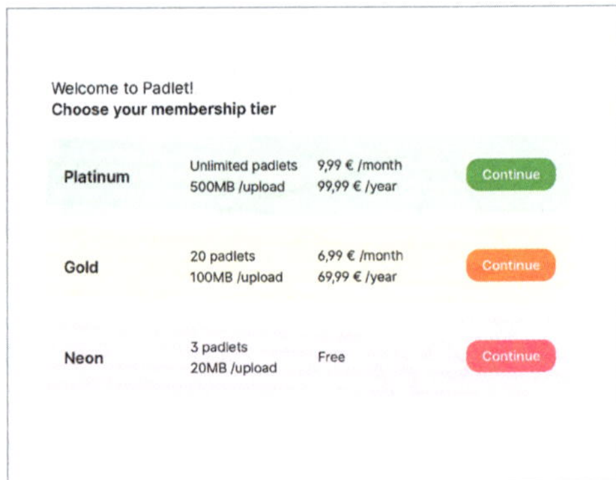

Nein, Sie brauchen kein Abo. Sie können drei Pinnwände gratis erstellen. Jetzt wieder »Zurück« tippen, dann geht's weiter.

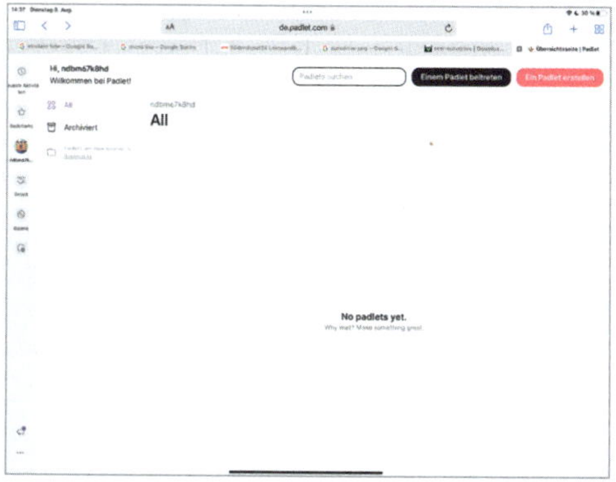

Jetzt noch einmal mit der E-Mail-Adresse einloggen.

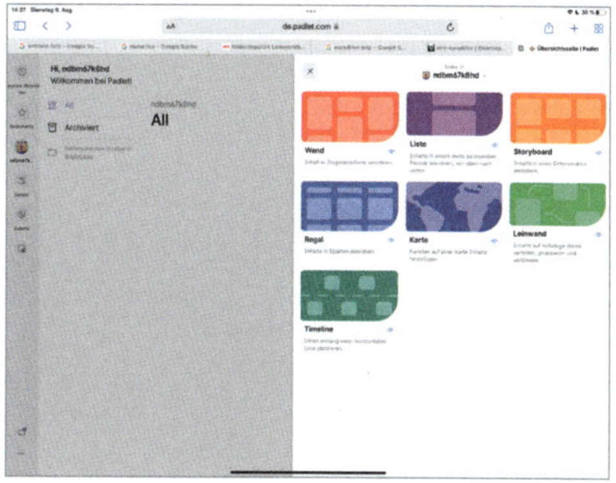

Sie können aus mehreren Anordnungen wählen. Für diese Übung passt die Storyboard-Anordung am besten.

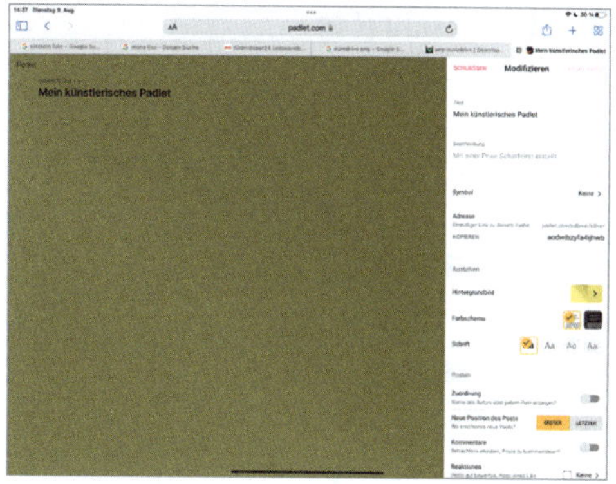

Jetzt können Sie auf der rechten Seite der Pinnwand noch ein Namen eingeben …

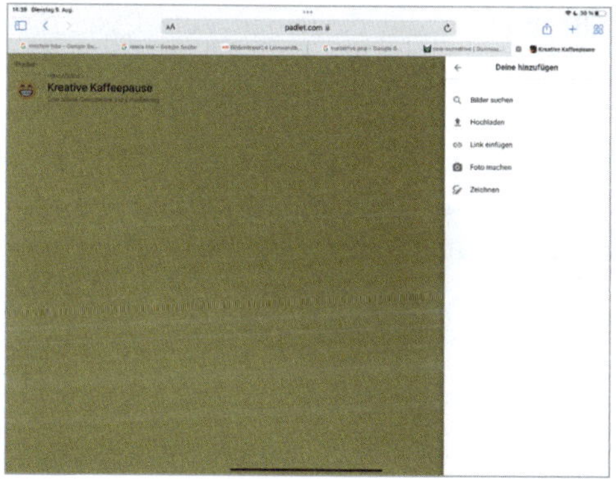

und ein Symbol hochladen oder aus der Liste auswählen.

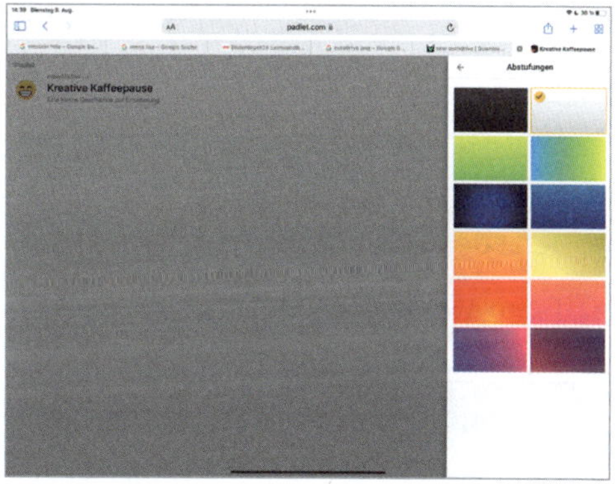

Noch eine etwas schönere Hintergrundfarbe vielleicht? Fertig!

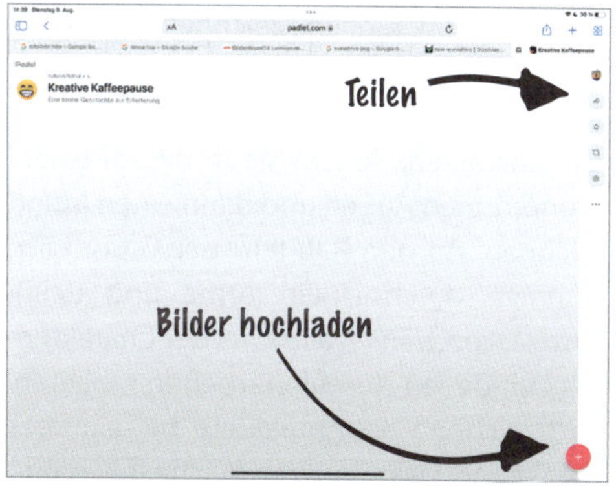

Auf der rechten Seite ist ein Teilen-Pfeil. Hier können Sie Mitglieder hinzufügen oder einfach den Link teilen. Die Teilnehmer:innen können dann auf das pinke Plus tippen und Bilder hochladen.

Die Übungsschritte

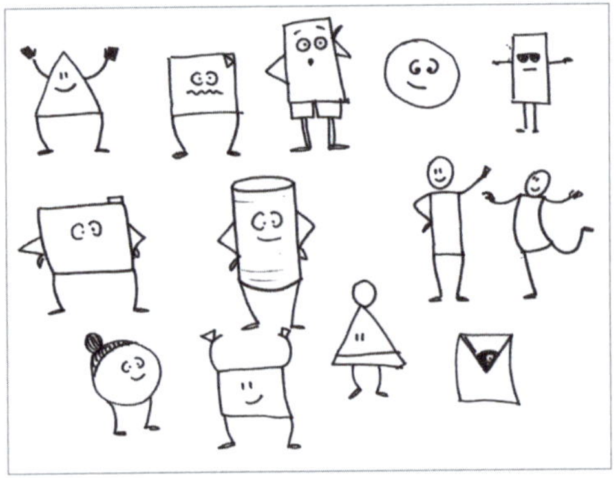

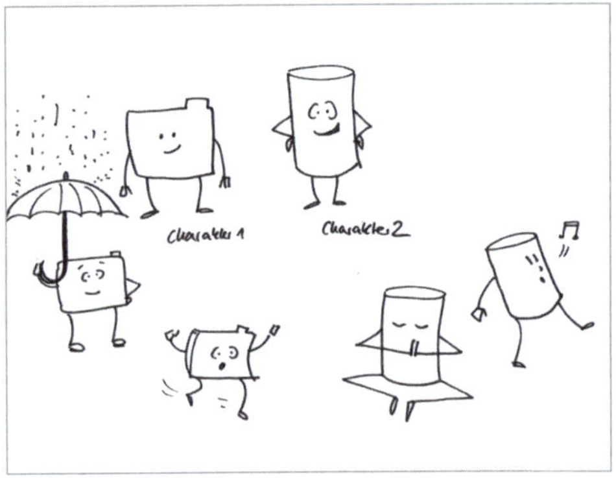

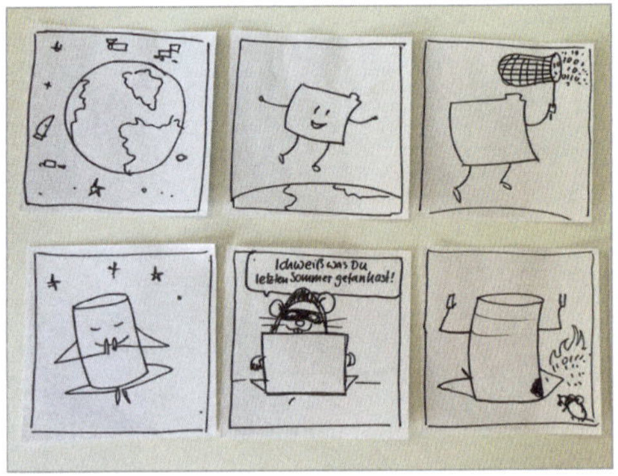

Schritt 1

Die Teilnehmer:innen zeichnen aus geometrischen Grundformen (Dreieck, Kreis, Zylinder, Rechteck) verschiedene einfache Charaktere, indem sie in die Mitte der Grundformen Augen und dann einen Mund zeichnen. An den Rändern der Grundform kommen durch Linien Arme und Beine hinzu. Dann wählen alle zwei der Charaktere aus, mit denen sie weiterarbeiten möchten. Und zeichnen die Charaktere bei ein paar Tätigkeiten. Das können einfache Bewegungen sein.

Schritt 2

- Auf einen Zettel zeichnen sie eine Umgebung.
- Nun auf einen weiteren Zettel jeweils die Charaktere in der Umgebung.
- Jetzt den Charakter bei einer Handlung.
- Dann, warum der Charakter das macht.
- Dann ein, zwei Zettel mit einer Hintergrundgeschichte (Motivation).
- Und zum Schluss einen Zettel mit der Konsequenz.

Schritt 3

Alle breiten die einzelnen Zettel vor sich aus und betrachten ihre entstandene Geschichte. Die Erzählung ändert sich leicht, wenn sie die Reihenfolge der Zettel ändern. Es können auch Zettel entfernt werden, die nicht so gut in eine Erzählung passen.

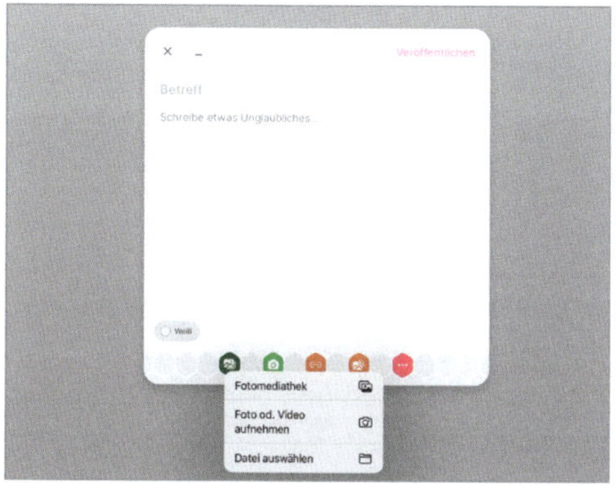

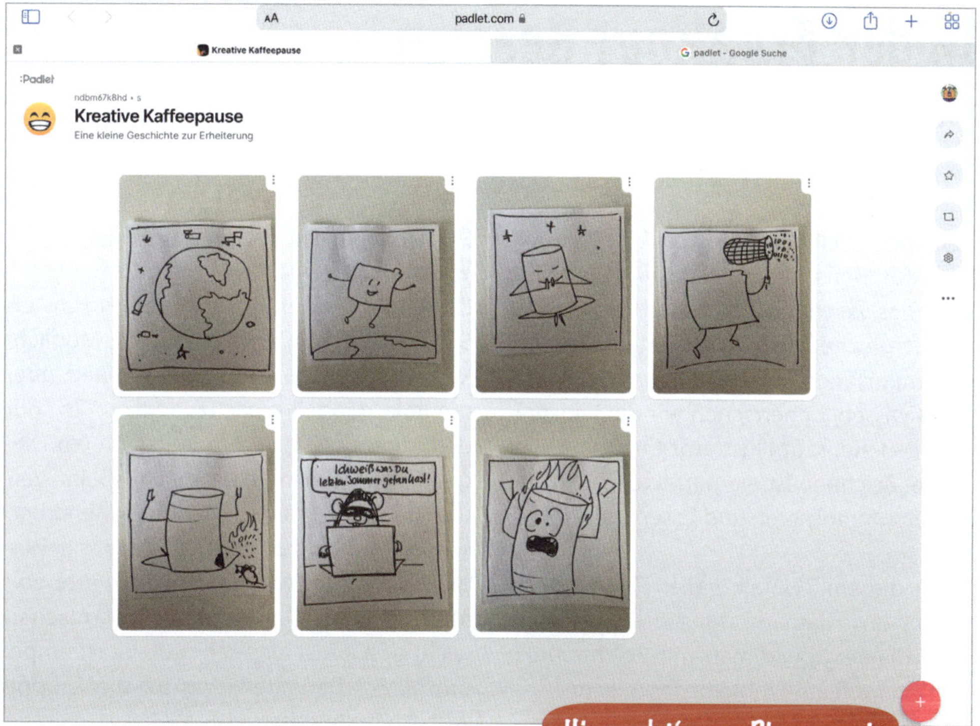

Schritt 4

Jetzt können alle entweder die einzelnen Zettel mit dem Smartphone abfotografieren oder die gesamten Bilder in einer fertigen Reihenfolge und dann über den zuvor geteilten Link hochladen. Sie können auch einen QR-Code von der Pinnwand herunterladen. Das ermöglicht es den Teilnehmer:innen, schneller auf der Pinnwand zu landen.

Die fertige Pinnwand kann im Anschluss als PDF oder Bild gespeichert werden.

In der Breakout Session

Ein Toast für die Problemlösung

Zeichnen ist eine der ältesten Ausdrucksformen des Menschen. Es wird angenommen, dass das Zeichnen vor der Erfindung der Schriftsprache als spezialisierte Form der Kommunikation verwendet wurde. Ohne es zu wissen, beherrschen wir die Bildsprache fließend, sagt Illustrator Christoph Niemann. Zeichnen ist ein perfektes Werkzeug zum Kommunizieren und Lösen von Problemen.

In diesem TEDTalk voller Zeichnungen nimmt uns Niemann mit auf eine visuelle Tour, die zeigt, wie man mit Zeichnungen und einem Team Probleme lösen kann.

Eine Einführung in Systemdenken und Wicked Problem Solving™

DrawToast-Workshops (siehe auch Hinweis Seite 189) bieten eine großartige Möglichkeit, Gruppen dazu zu bringen, neu über mentale Modelle nachzudenken. In nur drei Minuten skizziert jede Person ein Diagramm, wie man Toast macht. Beim Vergleich von Diagrammen sind die Menschen schockiert darüber, wie vielfältig die Diagramme sind, und eine breite Palette von Modellen zeigt, was beim Toastmachen wichtig ist. Es ist eine sehr gute Startrampe, um herauszuarbeiten, was für die Gruppe wirklich wichtig ist.

Danach erhält die Gruppe ein Werkzeug, um das »große Ganze« zu sehen, und kann Prozesse verstehen und auch erkennen, wo es vielleicht hakt.

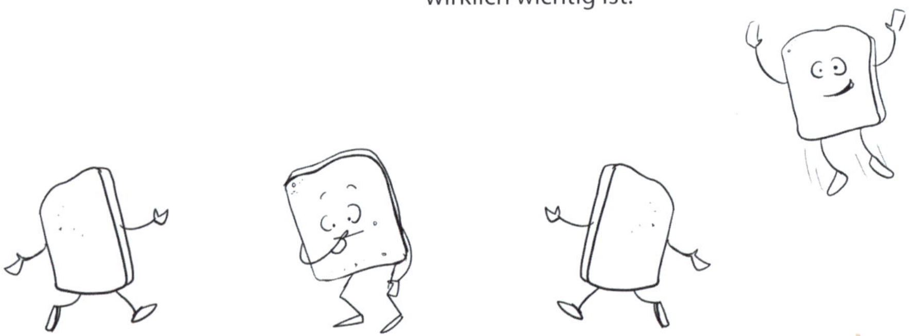

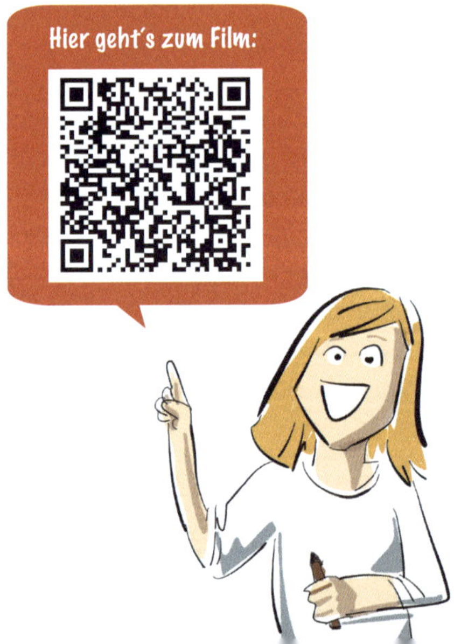

Es gibt acht einfache Schritte für die DrawToast-Übung

Schritt 1
Vorbereiten

Besorgen Sie sich die Zutaten: Filzstifte, dickes Papier, Haftnotizen oder Karteikarten. Inszenieren Sie Ihren virtuellen Raum mit Miro oder Padlet, wo die Teilnehmer:innen ihre Arbeit anpinnen können. Es ist wichtig, genügend Platz für alle Teilnehmer:innen zu haben, damit sie alle Kreationen sehen können.

Schritt 2
Einladen

Legen Sie in Ihrer Einladung fest, dass sich Ihr Meeting darauf konzentrieren wird, ein Systemmodell einer wichtigen Herausforderung zu erstellen – Ihre Vision zu verdeutlichen, den Cashflow zu verbessern oder die nächste mutige Herausforderung zu finden. Beginnen Sie mit einer einfachen Designübung.

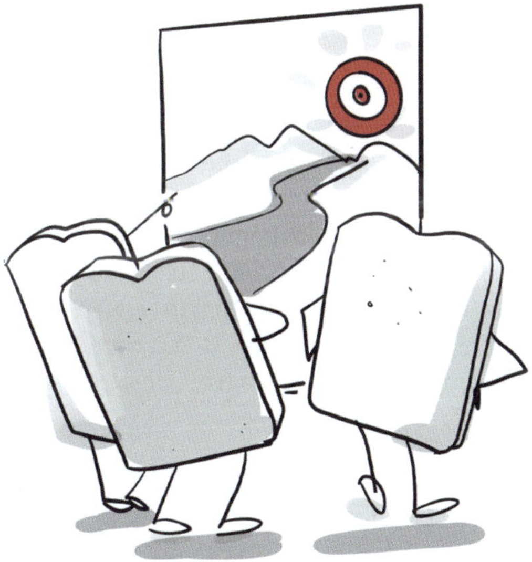

Schritt 3
Verhalten

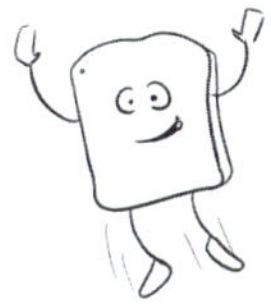

Führen Sie das Meeting informell durch. Die Teilnehmer:innen können Stifte und Papier verwenden (wie in der Übung »kreative Kaffeepause«) oder auf dem Tablet mit einer Zeichen-App arbeiten. Bitten Sie die Teilnehmer:innen, ein Bild zu malen, wie man Toast macht. Geben Sie ihnen zwei bis drei Minuten. Vielleicht möchten Sie Musik abspielen?

Schritt 4
Reflektieren

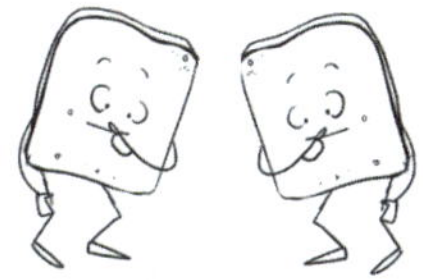

Lassen Sie jede Person ihre Zeichnung hochhalten oder hochladen und präsentieren, damit alle sie sehen können. Das ist der unterhaltsamste Teil. Auf der virtuellen Pinnwand können die Zeichnungen kommentiert werden; darauf hinweisen, welche Abläufe einfach und welche komplex sind, welche Menschen beinhalten und welche nicht.

Schritt 5
Video

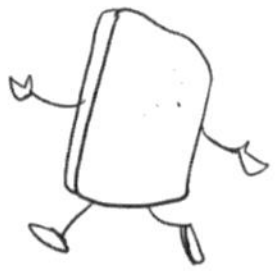

Spielen Sie das DrawToast-Video von TED.com ab und lassen Sie sich die großen Ideen des Systemdenkens erklären. Fragen Sie nach der Wiedergabe die Gruppe, wie viele Knoten sie gezeichnet hat und welche.

Schritt 6
Zeichnen Sie Ihre Herausforderung

Lassen Sie die Teilnehmer:innen ein Bild zeichnen, wie sie das verbessern können, woran sie als Gruppe arbeiten. Dies kann fast alles beinhalten, strategisch oder taktisch. Stellen Sie sicher, dass die Personen einzeln und schweigend zeichnen.

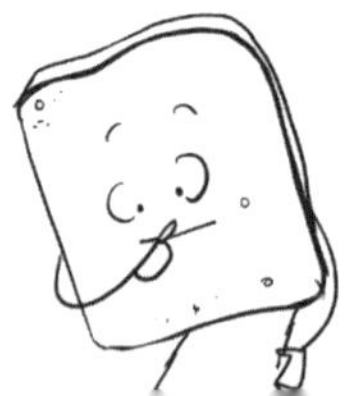

Schritt 7
Teilen

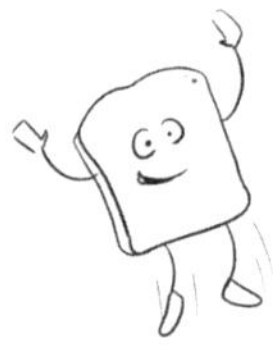

Lassen Sie die Leute in kleinen Gruppen arbeiten, zeigen und ihre Diagramme erklären. Vergleichen und kontrastieren Sie die Diagramme und sehen Sie, was zwischen ihnen ähnlich und unterschiedlich ist. Welche Links und Knoten sind üblich?

Schritt 8
System

Wenn Sie Zeit haben, lassen Sie die Gruppe mithilfe von Haftnotizen und gezeichneten Links ein Systemdiagramm der Herausforderungen entwickeln. Aufbauend auf den vorherigen Einzeldiagrammen lassen Sie Gruppen von vier bis sechs Personen Knoten und Links erstellen, um die Herausforderungen zu lösen.

Nachdenken über Arten von Toast-Zeichnungen

Sie werden feststellen, dass Menschen eine Vielzahl von Arten von Zeichnungen anfertigen, von scharf und klar bis hin zu unübersichtlich und verwirrt und von denen, die das gesamte System betrachten, bis zu denen, die eine einzelne Komponente auswählen.

Es geht darum, die Vorurteile hervorzuheben. Keine einzelne Zeichnung ist vollständig oder umfassend. Jede repräsentiert lediglich einen Standpunkt.

Darstellungsmöglichkeiten der gemeinsamen Umsetzung

Diagramme von geschäftlichen Herausforderungen erfordern in der Regel eine erhebliche Menge an Erklärungen. Sie können jedoch Themen aufwerfen, die sonst nicht ausgesprochen werden, und visuelle Metaphern einführen, die lebendig und einprägsam sind.

Lassen Sie jede Person ein Bild zeichnen, wie sie persönlich die Herausforderung sieht. Wie beim DrawToast-Ansatz formuliert und teilt jede Person ihr mentales Modell der Frage und ihrer Lösung. Verwenden Sie diesmal jedoch Wörter, Gleichungen, Zahlen sowie Zeichnungen. Dann reflektieren und diskutieren Sie. Nicht alle wissen, wie man ein Vision Statement zeichnet, aber alle können Ideen mit Kästchen und Pfeilen ausdrücken.

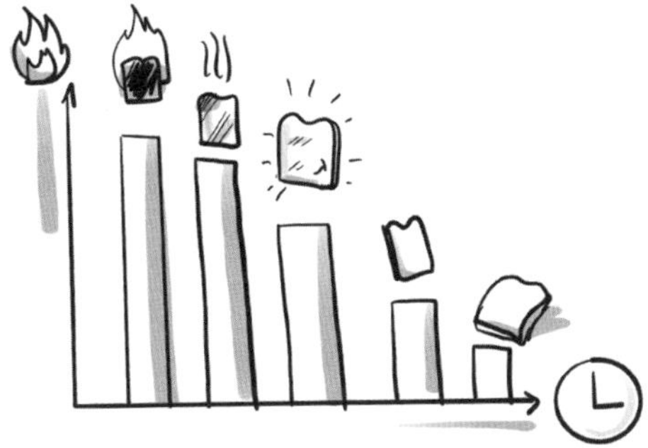

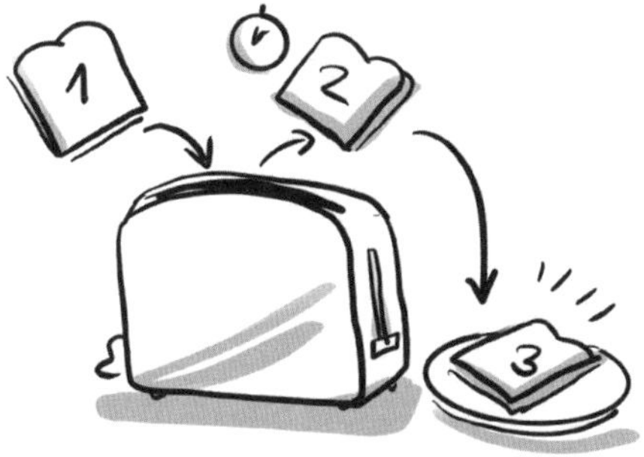

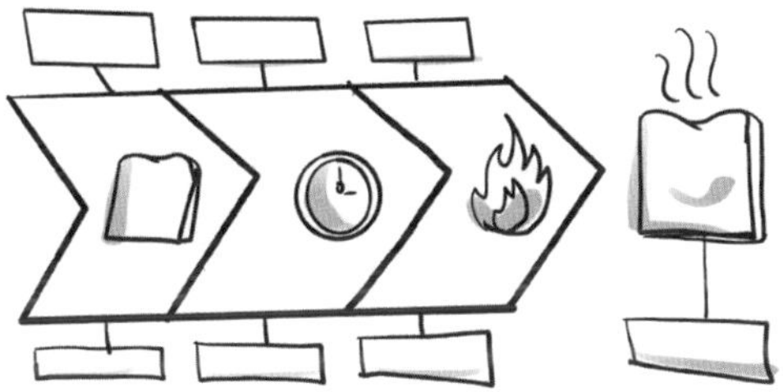

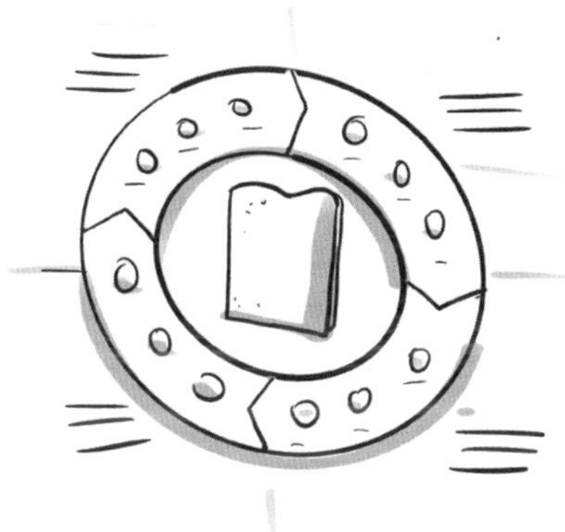

Visualisierungsvorlagen können eine Diskussion erheblich strukturieren. Gleichzeitig bieten sie einen umfassenden Überblick über mehrere Schlüsselfaktoren, die eine Situation prägen, sowie Raum, um Details herauszuarbeiten.

Wählen Sie eine visuelle Vorlage von *sandraschulze.com/aufdemtablet/vorlagen* oder *drawtoast.com* oder erstellen Sie Ihre eigene und lassen Sie die Teilnehmer:innen die Knoten und Links mit Haftnotizen ausfüllen. Arbeiten Sie zuerst in Stille zusammen und füllen Sie die Zettel. Legen Sie dann die Notizen auf die Vorlage. Diskutieren Sie schließlich die Bedeutung, indem Sie die Inhalte gemeinsam destillieren und synthetisieren, um das zu finden, was die Gruppe für die beste Darstellung und Lösung hält. Dies ist der zugänglichste und strukturierteste der Ansätze.

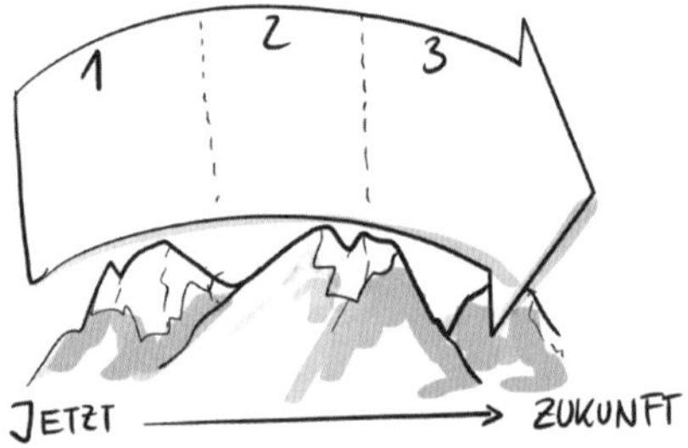

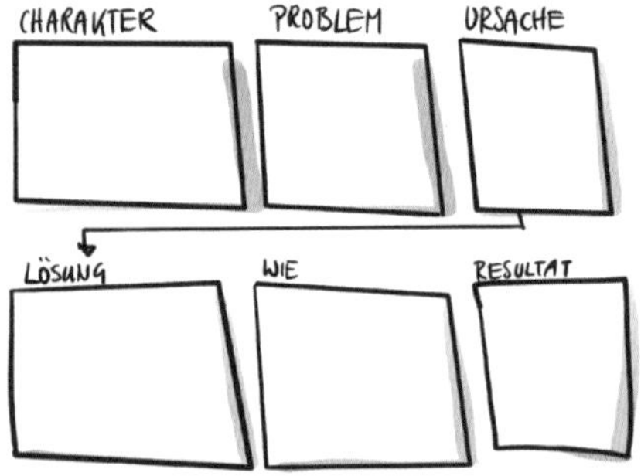

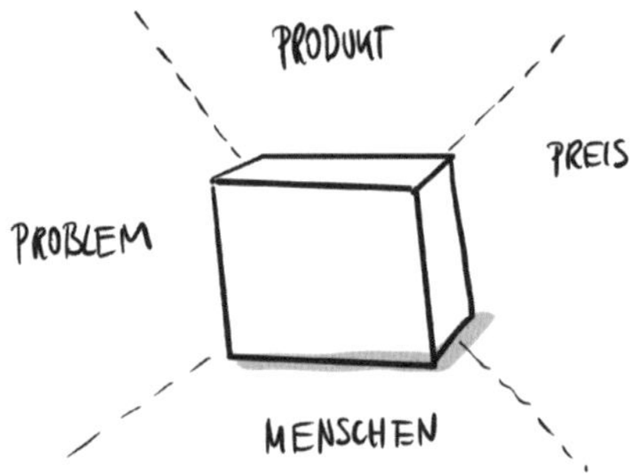

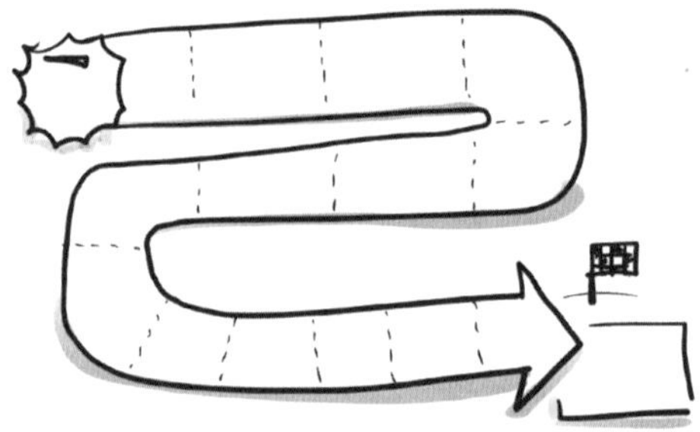

Freiform-Klebezettel-Mapping fördert ein breites Spektrum an Diskussionen, die eine große Vielfalt an Meinungen und Interpretationen sowie einen kollektiven Ansatz zur Synthese von Bedeutung umfassen.

Lassen Sie alle Teilnehmer:innen wichtige Knotenpunkte identifizieren, die in die Ausgangsfrage eingebettet sind, und schreiben Sie sie auf Haftnotizen, während Sie schweigend arbeiten. Beispielsweise kann die Klärung des Wertversprechens einer Gruppe bedeuten, ihre wahren Kunden, ihre Bedürfnisse, das Produkt- oder Dienstleistungsangebot und die nachhaltige Differenzierung zu identifizieren. Lassen Sie kleine Gruppen von vier bis acht diese Knoten posten und sie stillschweigend in aussagekräftige Cluster sortieren. Diskutieren und synthetisieren Sie gemeinsam.

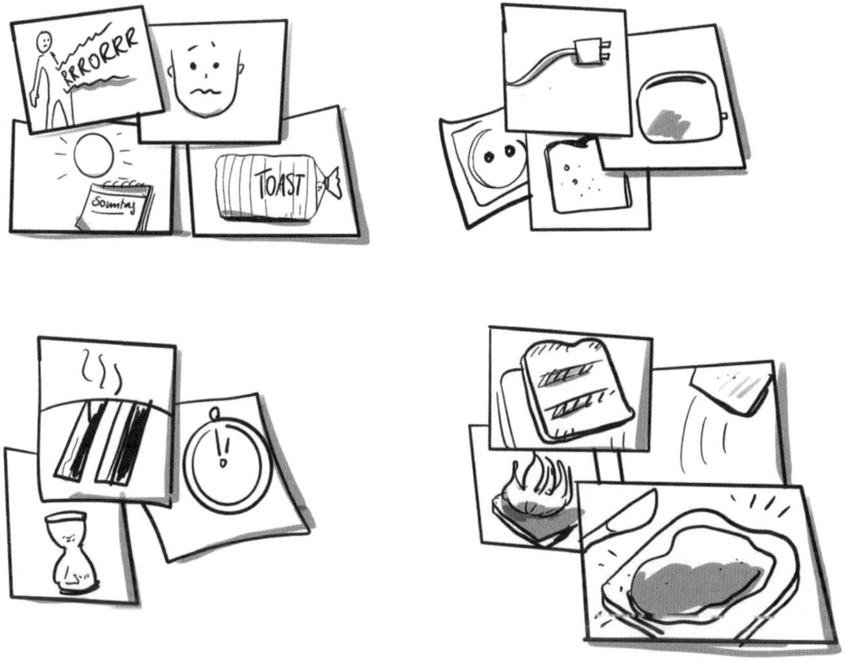

*DrawToast *(http://www.drawtoast.com/index.html#.YuPJci-23Bw)* wurde entwickelt von Tom Wujecs »Wicked Problem Solving™ toolkit«; es hilft Ihnen, sich spielerisch klar zu werden, was in Ihrer Organisation wichtig ist. Dieses Werk ist unter einer Creative Commons Attribution-NonCommercial-ShareAlike 3.0 Unported License lizenziert: *https://creativecommons.org/licenses/by-nc-sa/3.0/deed.en_US*

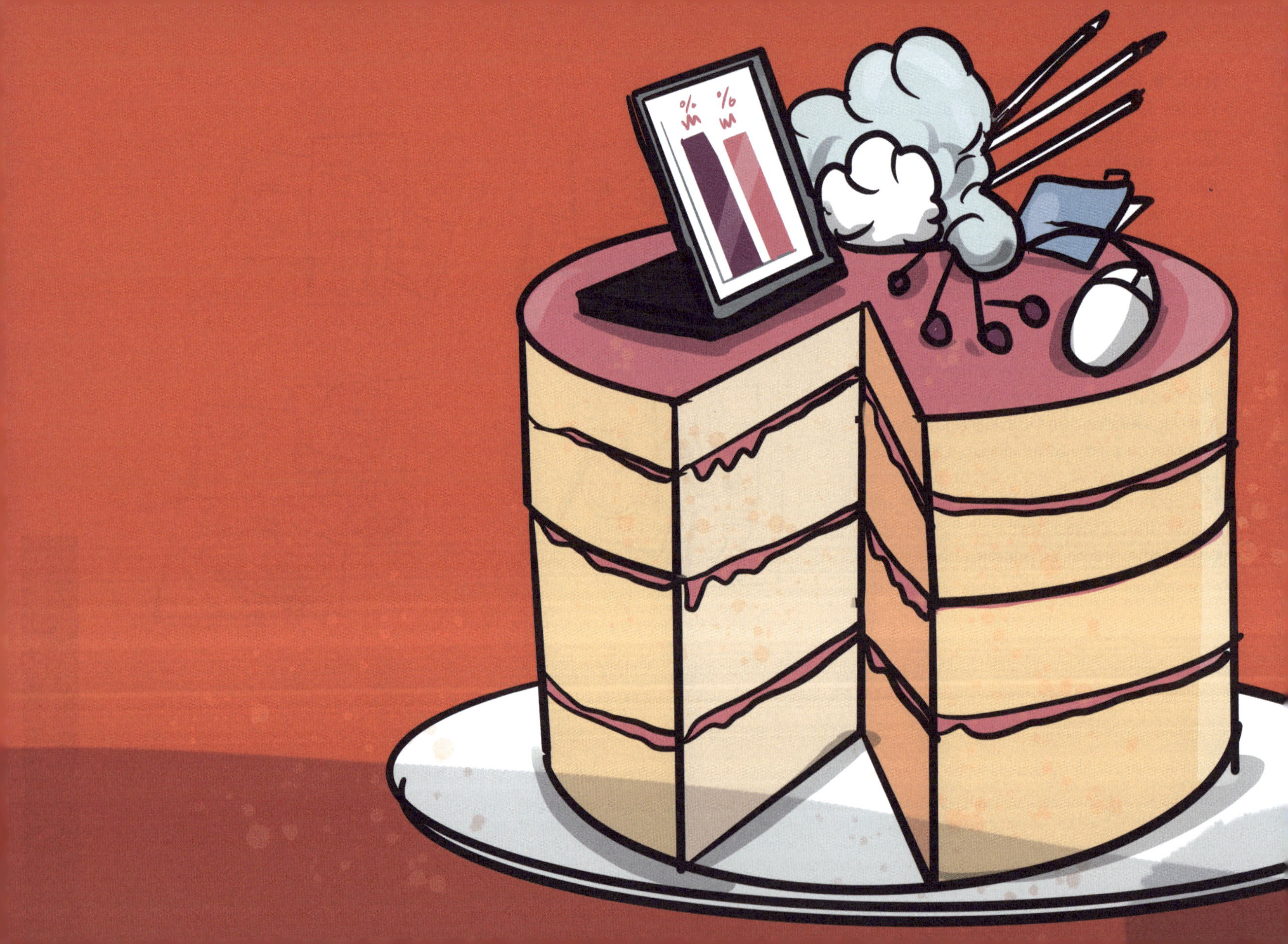

9 Daten visualisieren

Unstrukturierte Informationen bedeuten Realität, die Welt da draußen in all ihren Facetten, eine herrliche Komplexität.
Jedes Phänomen, das wahrgenommen wird oder gemessen werden kann, kann als Information beschrieben werden.

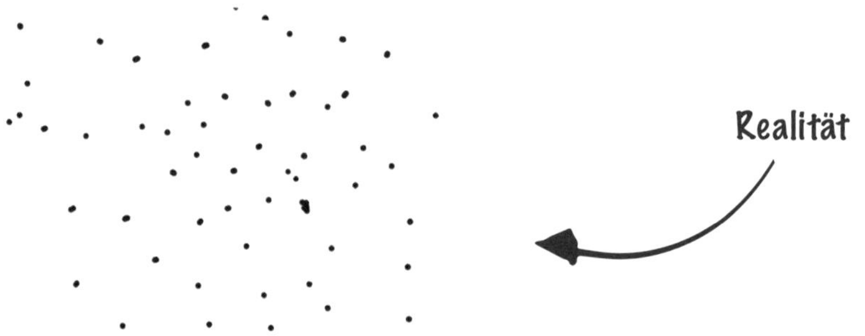

Datenvisualisierung

Ein Chart, Diagramm oder Bild, das kreiert wird als bildliche Repräsentation von Information.

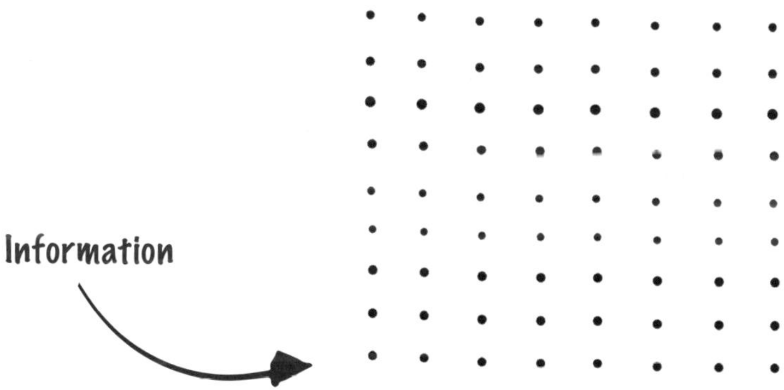

Visuelle Variablen

Alles hat Bedeutung: Farbe, Größe, Nähe, Distanz, Dicke, Menge und Transparenz. Je größer, desto wichtiger, je heller, desto unwichtiger ist die Information.

Anhand einiger grundlegenden Formen kann man leicht ein **Diagramm** darstellen. Jedoch durch Kombination von verschiedenen Elementen, plus Ergänzung einer Bildmetapher, werden die Daten bildlicher und leichter zu erfassen und zu erinnern. Es sind manchmal nur kleine Veränderungen im Diagramm, die eine Geschichte hinter den Daten verdeutlichen. Wenn Sie zum Beispiel in einem Streudiagramm statt Kreise Luftballons zeichnen, um zu beschreiben, dass es leichter wird oder es mehr Grund zum Feiern gibt …

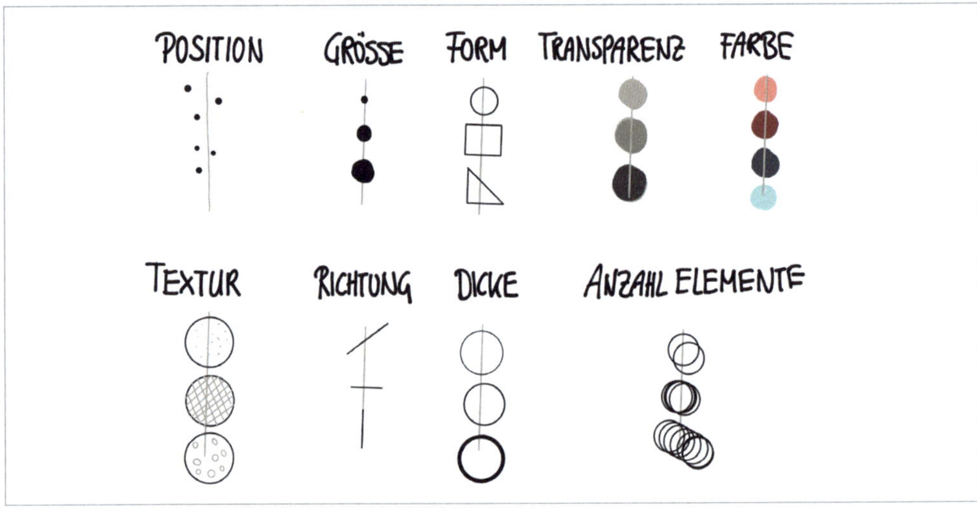

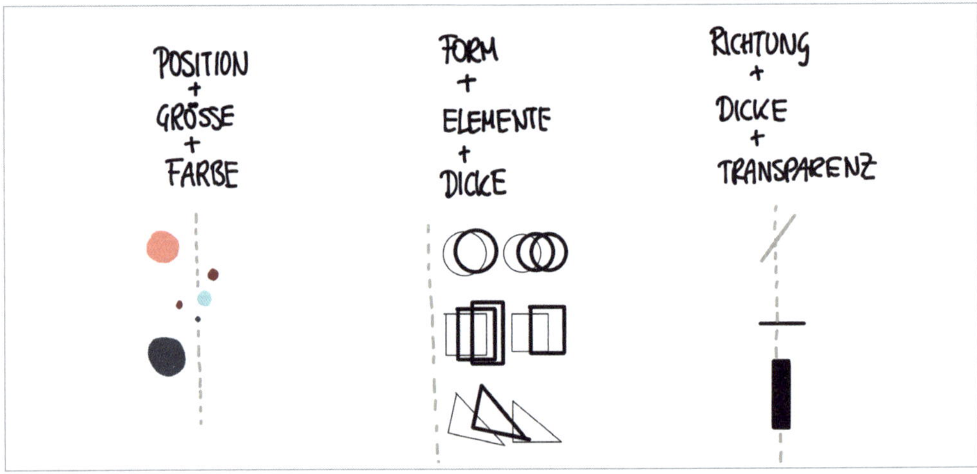

Histogramm

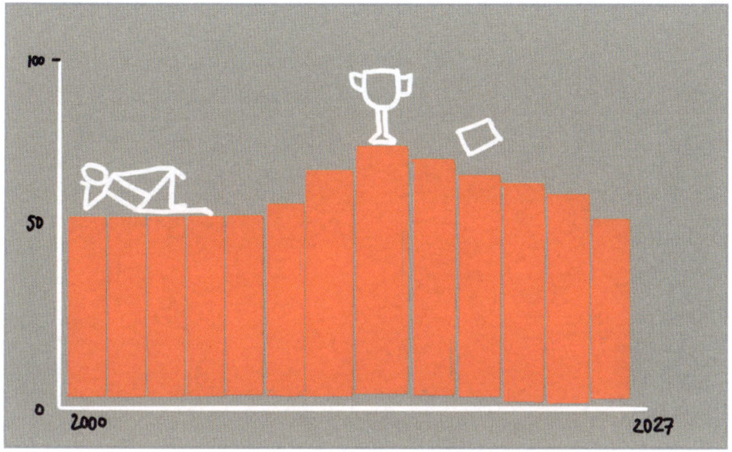

Ein Histogramm ist ein Diagramm, das numerische Daten in Klassen gruppiert und die Klassen als segmentierte Spalten anzeigt. Sie werden verwendet, um die Verteilung eines Datensatzes darzustellen: wie oft Werte in Bereiche fallen. Das Histogramm wurde zuerst von Karl Pearson eingeführt.

Um ein Histogramm zu erstellen, besteht der erste Schritt darin, den Wertebereich zu klassifizieren und dann zu zählen, wie viele Werte in jedes Intervall fallen. Ein Rechteck wird mit einer Höhe proportional zur Anzahl und einer Breite gleich der »Bin-Größe« (engl. bin = Klasse) gezeichnet, sodass Rechtecke aneinander angrenzen.

Bubble Timeline

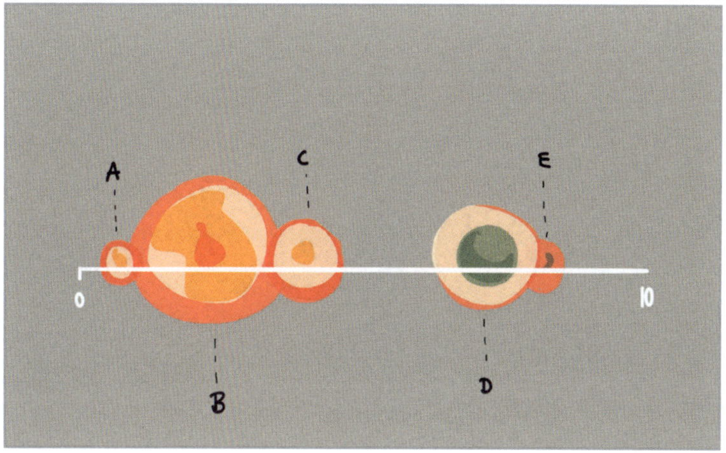

Mit einer Bubble Timeline lässt sich eine Reihe von Ereignissen oder Elementen auf einer Zeitleiste anzeigen, wobei eine Variable durch die Größe der Blasen angezeigt wird.

Im Wesentlichen ist die Blasenzeitachse eine zusammengesetzte Datenvisualisierung aus einer skalierten Zeitachse und einem proportionalen Flächendiagramm.

Streudiagramm

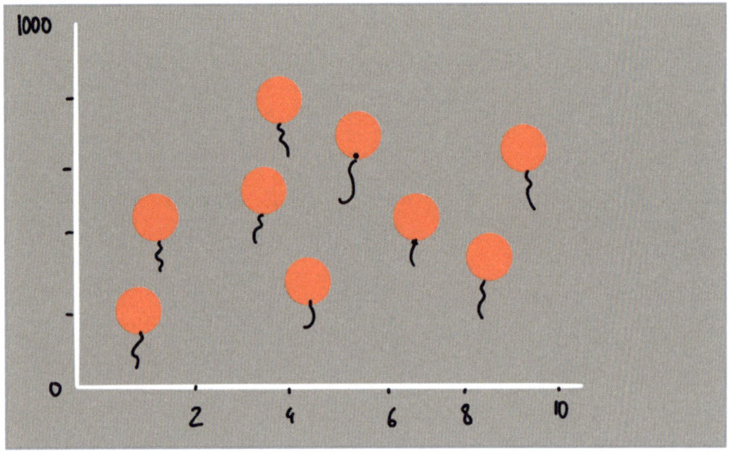

Ein Streudiagramm ist eine Art mathematisches Diagramm, das kartesische Koordinaten verwendet, um Werte für zwei Variablen für einen Datensatz anzuzeigen. Die Daten werden als eine Sammlung von Punkten angezeigt, die jeweils den Wert einer Variablen haben, die die Position auf der horizontalen Achse bestimmt, und den Wert der anderen Variablen, die die Position auf der vertikalen Achse bestimmt.

Bubble Chart

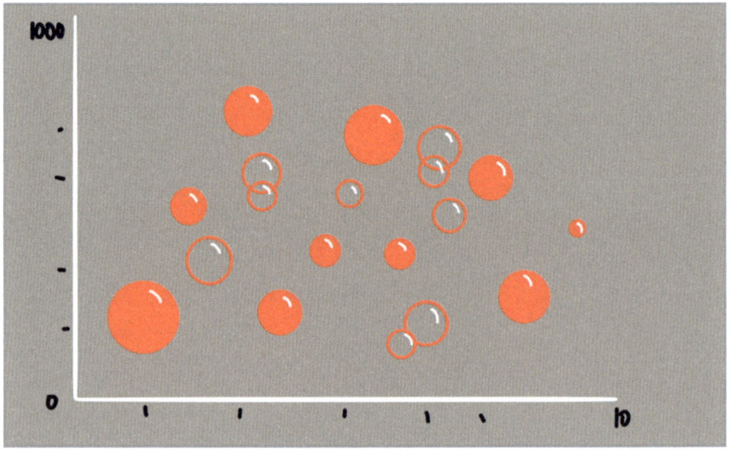

Ein Bubble Chart kann als Variation des Streudiagramms betrachtet werden, in dem die Datenpunkte durch Bubble (»Blasen«) ersetzt werden. Es kommt hier eine dritte Dimension hinzu, die durch ihre Größe ausgedrückt wird. Bubble Charts können das Verständnis sozialer, wirtschaftlicher, medizinischer und anderer wissenschaftlicher Zusammenhänge erleichtern.

Radiales Histogramm

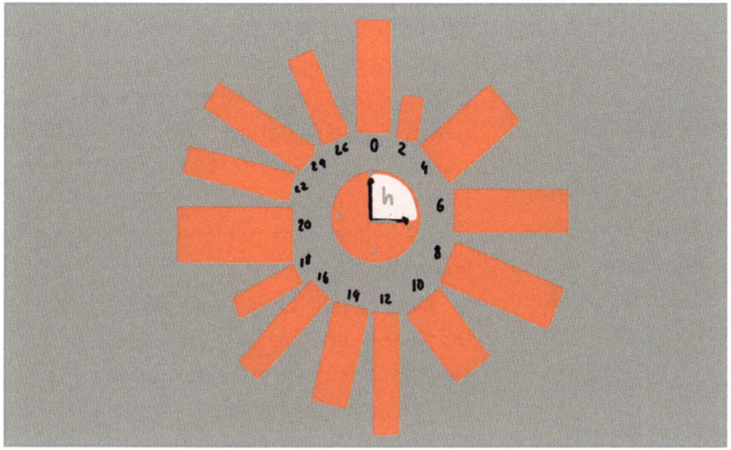

Ein radiales Histogramm wird für eine kreisförmige Darstellung der Daten verwendet, wobei das übliche Histogramm um einen Kreis gewickelt wird. Jeder Balken im Histogramm ist in der Mitte der Gruppenperiode zentriert, wobei die Länge des Balkens proportional zur Häufigkeit in der Gruppe ist.

Proportionales Flächendiagramm

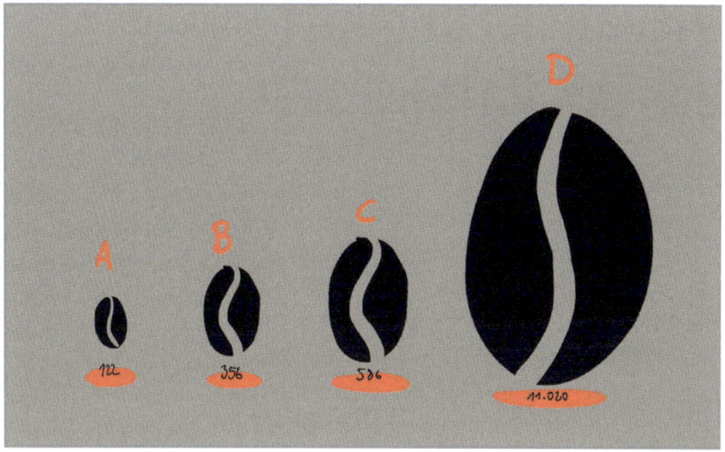

Ein proportionales Flächendiagramm (Symbol) wird zum Vergleichen von Proportionen (Größe, Mengen usw.) verwendet, um einen schnellen Überblick über die relative Größe von Daten ohne Verwendung von Skalen zu erhalten.

Eine neue Datenvisualisierung mit echten Daten

Die Daten finden: Welche Quellen?

Wichtig ist, offizielle und zuverlässige Quellen zu finden und diese zu durchsuchen, um die Daten und Geschichten zu finden, die Sie erzählen möchten. Das Datenset können Sie mit Google Tabellen importieren und untersuchen. Danach geht es zu einem Wechsel von einer Tabelle zu einer visuellen Darstellung. Eine gute Datenquelle zum Üben ist zum Beispiel »Unsere Welt in Daten«, Link: *https://ourworldindata.org/* und *https://data.worldbank.org/*.

Daten sammeln, sortieren, filtern, löschen

Erkunden Sie die Quellen und finden Sie ein Thema, das Sie interessiert.

Wählen Sie Ihre Daten und laden Sie sie herunter

Nachdem Sie nun ein Thema ausgewählt haben, können Sie die zu verwendenden Datensätze auswählen und herunterladen.

Erstellen Sie Ihren Datensatz in Google Tabellen

Jetzt können Sie Ihren eigenen Datensatz in Google Tabellen erstellen. Sie können beispielsweise eine Liste von Ländern oder Städten oder Büchern oder Filmen verwenden und dann zwei oder drei Datenspalten (oder mehr).

Erkunden Sie den Datensatz mit Google Tabellen

Wenn Sie es noch nie verwendet haben, probieren Sie aus, wie Sie Google Tabellen verwenden können. Sie können die Filteroption nutzen, um Ihre Daten leichter nach Relevanz zu sortieren.

Die korrekte Darstellung der Daten als »Vorskizze«

Hier finden Sie das kostenlose Online-Tool, das ich zum Entwerfen von Datenvisualisierungen verwende: *https://www.rawgraphs.io*

Mit RAWGraphs können Sie die Struktur Ihrer Grafik entwerfen und anschließend den Datensatz importieren, um die Visualisierung zu entwickeln.

Sammeln Sie Bilder und erstellen Sie daraus eine Sammlung mit zwei Kategorien: Bilder für Datenvisualisierungsprojekte, die Ihnen gefallen, und Bilder aus anderen Bereichen und Domänen (Kunst, Natur, Skulptur, Bereiche, für die Sie sich begeistern). Es wird Ihnen helfen, Ihre persönliche Bildsprache zu finden.

Dazu lege ich mir gerne in Pinterest eine Pinnwand an mit inspirierenden Bildern. Das hilft auch, wenn beim nächsten Projekt schnell eine Idee hermuss.

Verwenden Sie die Bilder, um das visuelle Modell zu definieren

Nachdem Sie nun die Bilder ausgewählt haben, die Sie inspirieren, skizzieren Sie mit ihnen Ihr eigenes visuelles Modell unter Berücksichtigung Ihrer Datenstruktur.

Nicht vergessen:

Die Quellenangabe. Woher sind die Daten? Und eine Legende zum Verständnis der Darstellung.

Ideen gefällig?

Gefühlt über hundert Möglichkeiten der Datenvisualisierung finden Sie auf der Website *datavizproject.com*. Dort sind alle Arten von Diagrammen aufgelistet. Wenn Sie auf ein Diagramm klicken, bekommen Sie Tipps, bei welcher Art von Daten diese Darstellung sinnvoll ist. Das Beste aber sind für mich tolle Beispiele, wie die Daten visualisiert und illustriert aussehen, die Sie finden, wenn Sie ein kleines Stückchen nach unten scrollen. Sehr inspirierend, finde ich.

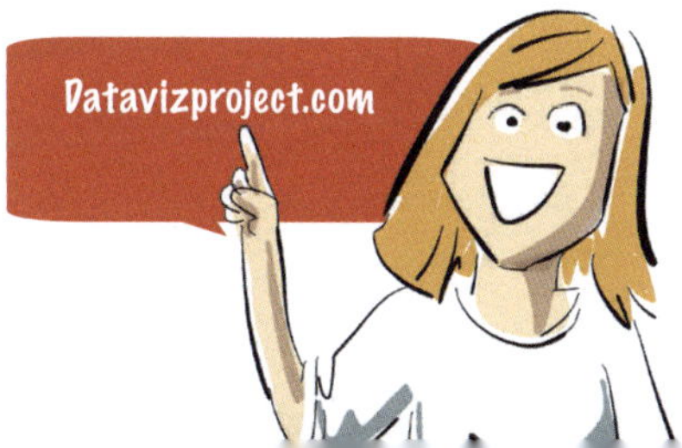

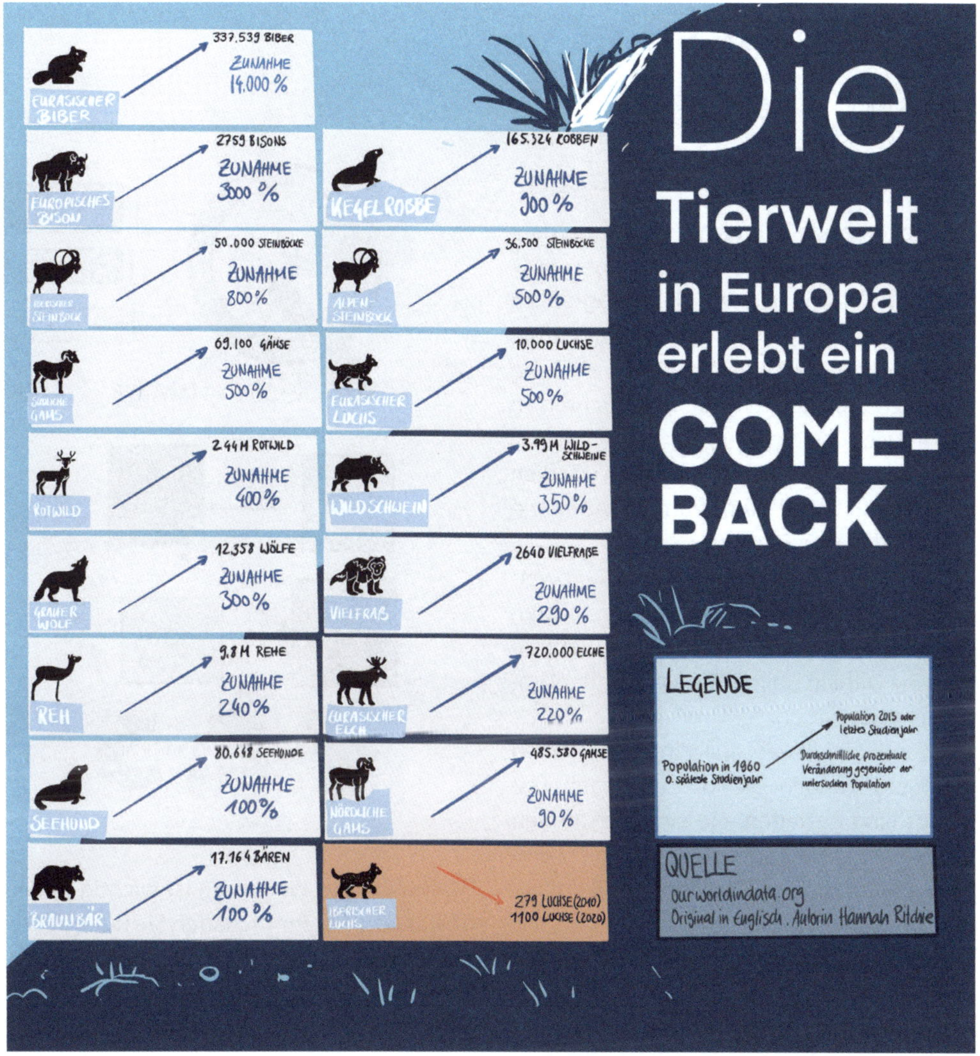

Infografiken leicht gemacht

Sie möchten viele Informationen anschaulich und leicht verständlich auf einen Blick darstellen? Dann eignen sich Infografiken wunderbar. Infografiken sind visuell aufbereitete Fakten. 65 % der Menschen erinnern sich noch drei Tage nach dem Betrachten an den Inhalt.

Gerade in Zeiten der sozialen Medien herrscht ein harter Kampf um die Aufmerksamkeit der Mitmenschen.

Infografiken können Sie als PowerPoint-Dateien, auf Plakaten oder am besten in sozialen Medien teilen. Welche Verbreitung Sie wählen, sollten Sie sich vor der Umsetzung überlegen.

Wenn Sie etwas auf Pinterest posten möchten, können Sie die Infografik fast endlos lang gestalten – in einem extremen Hochformat. Auf Facebook oder in PowerPoint eignet sich ein Querformat oder Quadrat am besten.

Mit wenigen Elementen schaffen Sie Ihre eigene Infografik: Zahlen, Daten, Fakten, Bilder, Text, Nummerierung, Pfeile und

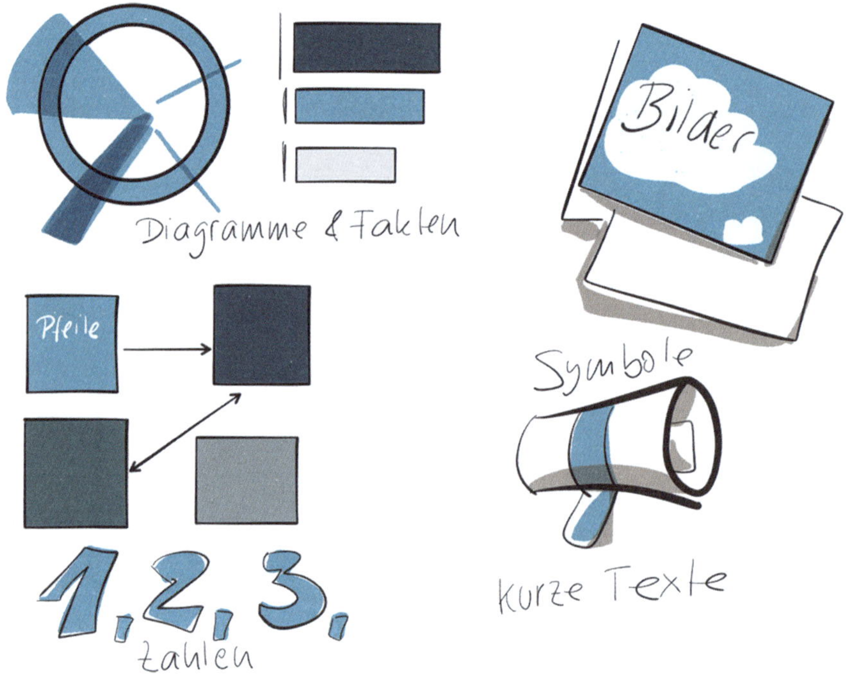

Weißraum. Der Weißraum ist wichtig in der Gestaltung: Mit ihm schaffen Sie Ruhe in der Grafik. Auf diese Weise überfluten Sie die Betrachter:innen nicht mit zu vielen Informationen.

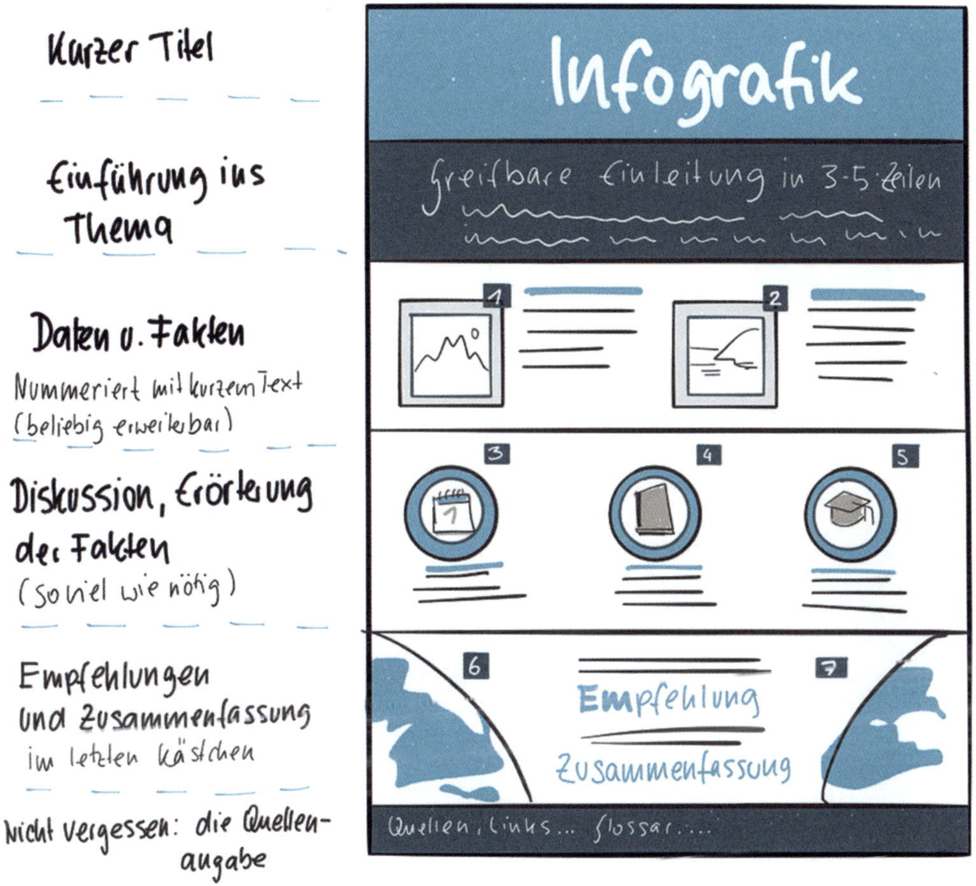

Der Grundaufbau einer Infografik ist immer ähnlich: ein Titel, eine kurze Beschreibung oder Einführung ins Thema, Daten und Fakten mit Nummerierung, Beschreibung und Erörterung, die tiefer ins Thema geht, vielleicht eine Empfehlung, eine Zusammenfassung und natürlich die Quellenangabe. Fertig ist die Infografik!

Die Umsetzung

Welchen Inhalt möchten Sie darstellen? Wer ist Ihre Zielgruppe? Suchen Sie sich aus dem Text die relevanten Inhalte und fassen Sie ihn kurz zusammen.

Welche Aussagen sind wichtig? Welche Symbole beschreiben die Aussagen am besten? Wie viele Elemente haben Sie? Welche Strukturierung wäre also am sinnvollsten? Eine Skizze vorab hilft Ihnen bei der Überlegung. Den schwierigsten Teil haben Sie jetzt geschafft.

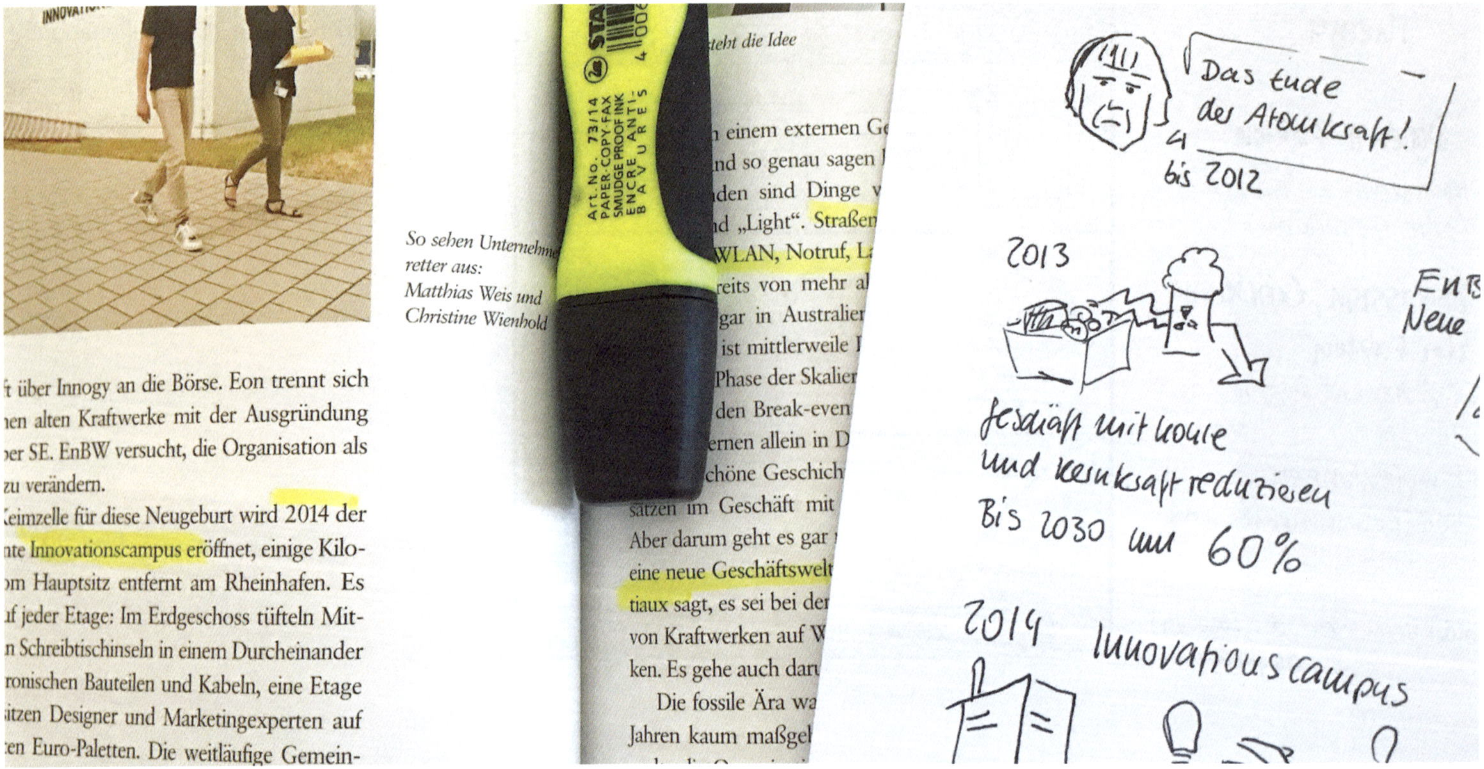

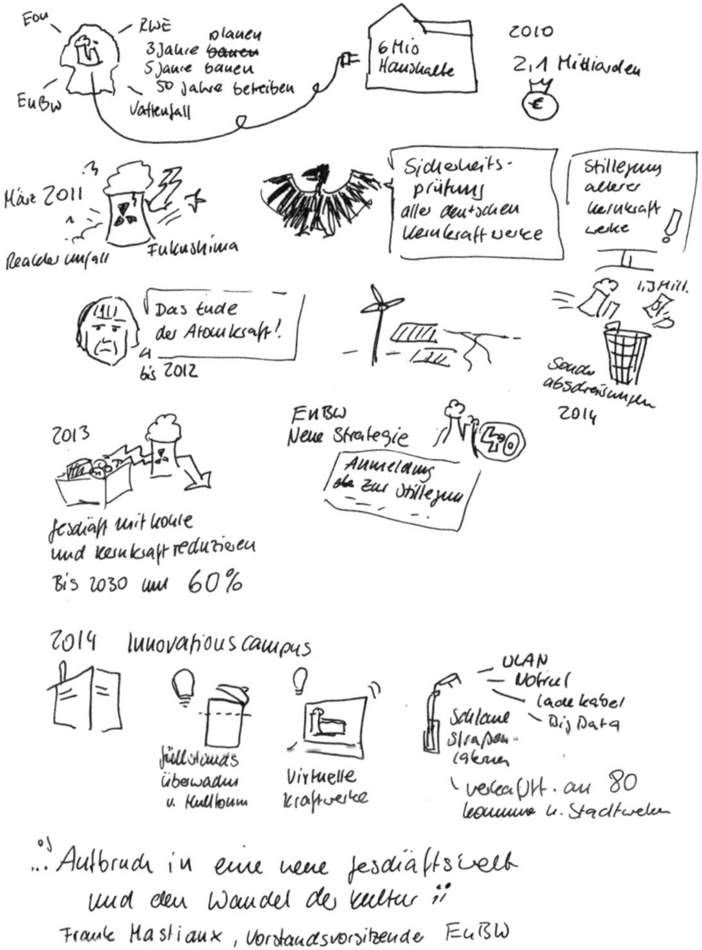
Eon
RWE
3 Jahre planen
5 Jahre bauen
50 Jahre betreiben
EnBW
Vattenfall
6 Mio Haushalte
2010
2,1 Milliarden
März 2011
Reaktorunfall
Fukushima
Sicherheits-prüfung aller deutschen Kernkraftwerke
Stillegung älterer Kernkraftwerke!
Das Ende der Atomkraft!
bis 2012
1,3 Mill.
Sonderabschreibungen
2014
2013
Geschäft mit Kohle und Kernkraft reduzieren
Bis 2030 um 60%
EnBW
Neue Strategie
Anmeldung zur Stillegung
2014 Innovationscampus
WLAN
Notruf
Ladekabel
Big Data
Füllstands überwachen u. Kurzkommunikation
Virtuelle Kraftwerke
Schlaue Straßenlaternen
verkauft an 80 Kommunen u. Stadtwerke
„Aufbruch in eine neue Geschäftswelt und den Wandel der Kultur"
Frank Mastiaux, Vorstandsvorsitzende EnBW

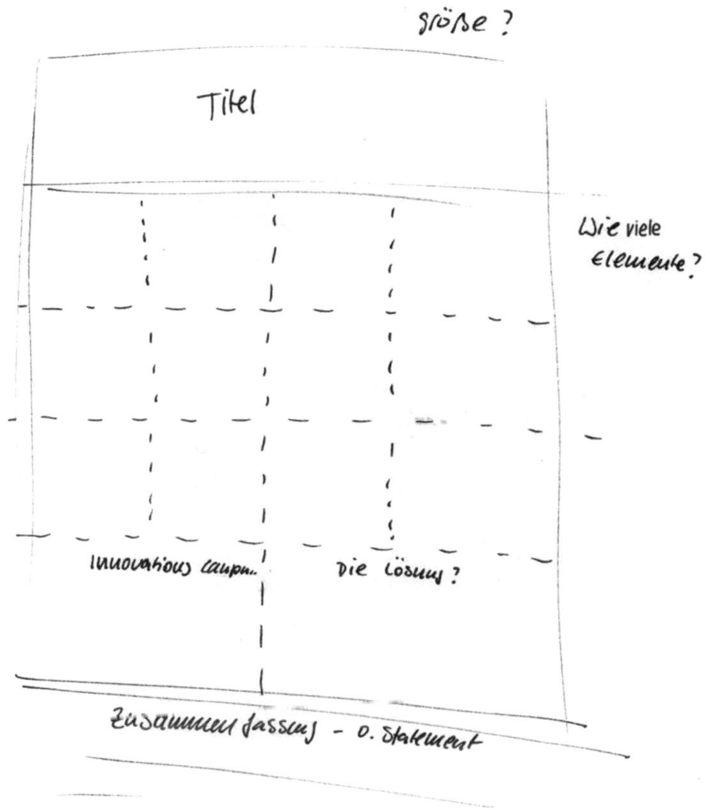
Größe?
Titel
Wie viele Elemente?
Innovations campus
Die Lösung?
Zusammenfassung – o. Statement

Das sieht doch nach einem guten Plan aus.

Ich zeige Ihnen auf den nächsten Seiten, wie ich ohne viel Aufwand mit der Android-App **Skizze** und der Collagen-App **Moldiv** eine Infografik gebaut habe. Sie können auf dem iPad auch die App **Paper** verwenden. Hauptsache, Sie können gut darauf schreiben und Elemente transformieren.

Ich werde die Infografik später aus fünf Einzelbildern zusammensetzen und starte daher mit dem Titelbild. Dazu fülle ich mit dem Farbeimer den Hintergrund.

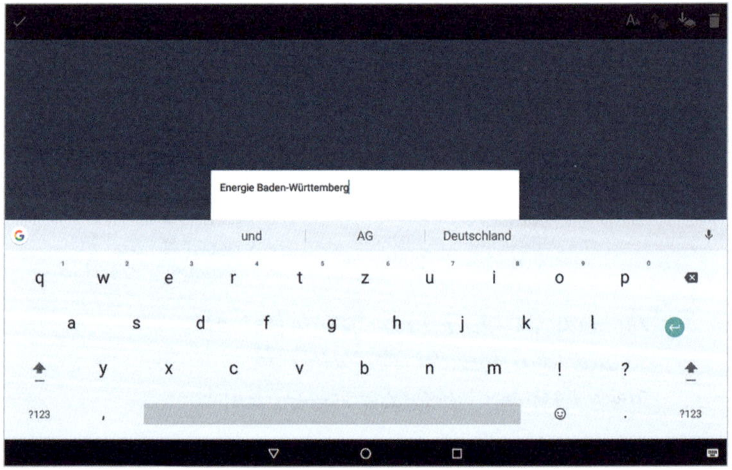

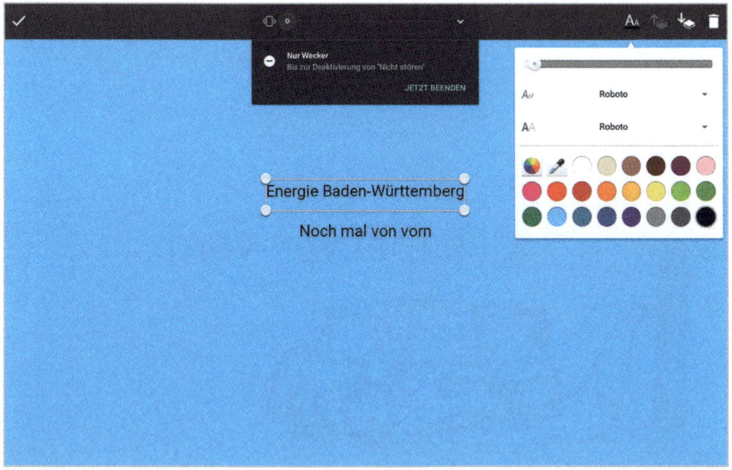

In der App **Skizze** können Sie mit dem »T«-Werkzeug Text eingeben. Mit dem »A«-Symbol oben links können Sie die Textgröße mit dem Regler ändern und Ihre Wunschfarbe auswählen.

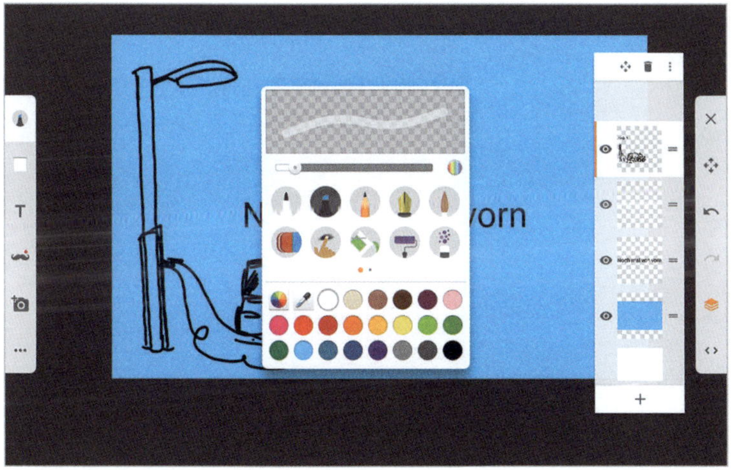

Der Text wird immer automatisch auf einer neuen Ebene gespeichert. Ich möchte zu dem Titel noch ein Bild als Blickfang zeichnen. Dazu lege ich eine weitere Ebene an und zeichne mit einer schwarzen Kontur, setze Glanzeffekte mit Weiß und zum Schluss noch etwas Schatten.

So sieht das fertige Titelbild aus.

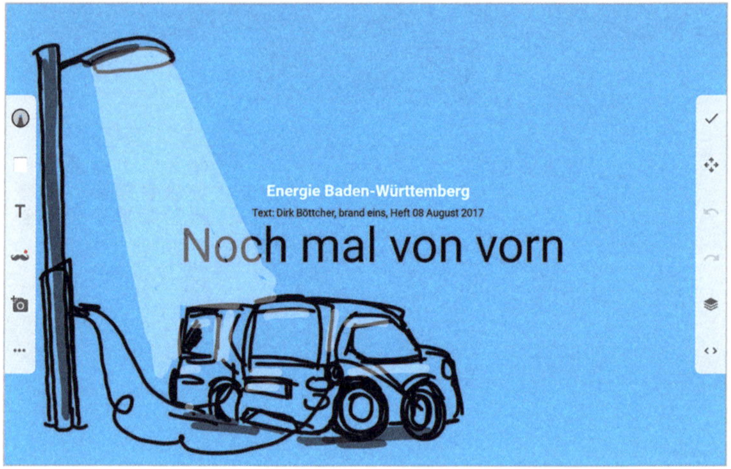

Auf dem nächsten Bild möchte ich die ganzen Fakten unterbekommen. Laut meiner Skizze brauche ich zwölf Felder. Um mich beim Zoomen auf der Zeichenfläche nicht zu verlieren, blende ich mir ein Karomuster ein. Das können Sie einstellen, wenn Sie auf die Hintergrundebene tippen und eines der vorgeschlagenen Muster auswählen.

Auf einer weiteren Ebene zeichne ich mit dem Bleistift eine Einteilung in zwölf Felder. Später kann ich die Ebene wieder löschen.

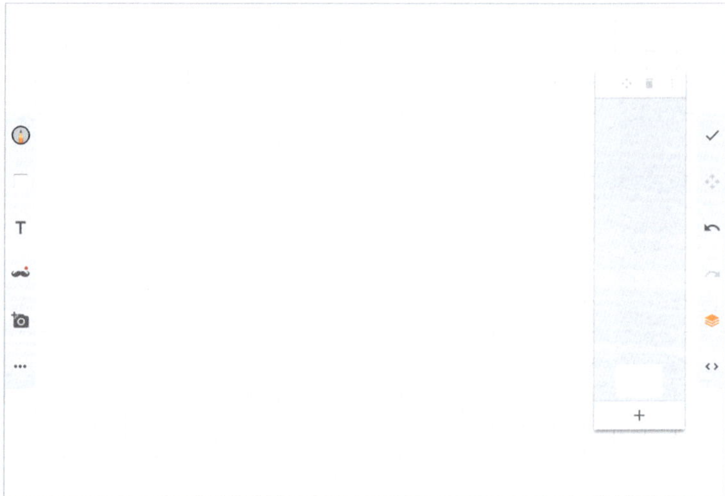

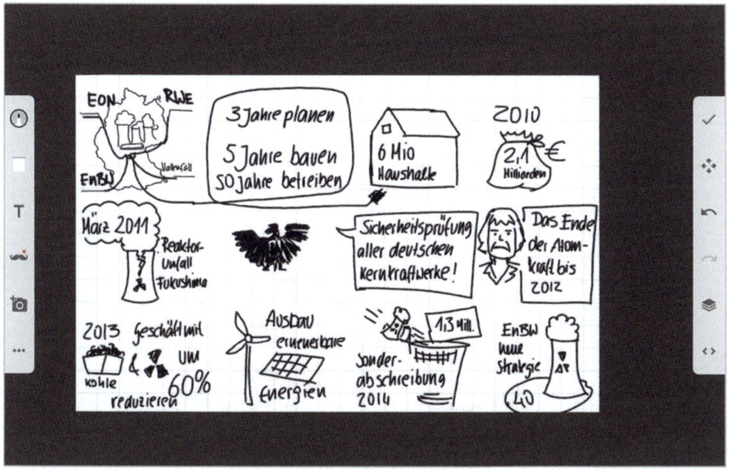

Zum Zeichnen erzeuge ich eine weitere Ebene und stelle durch Tippen darauf sicher, dass ich wirklich auf der richtigen Ebene arbeite.

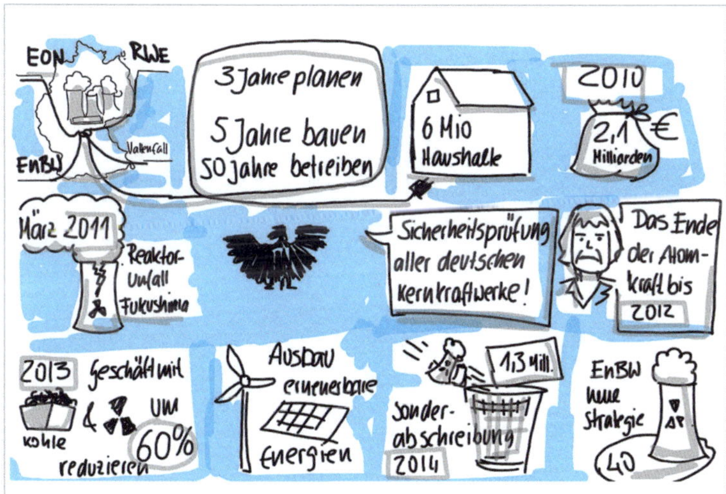

Mit etwas Farbe und Schatten sieht es gleich viel besser aus. Und fertig ist das zweite Bild.

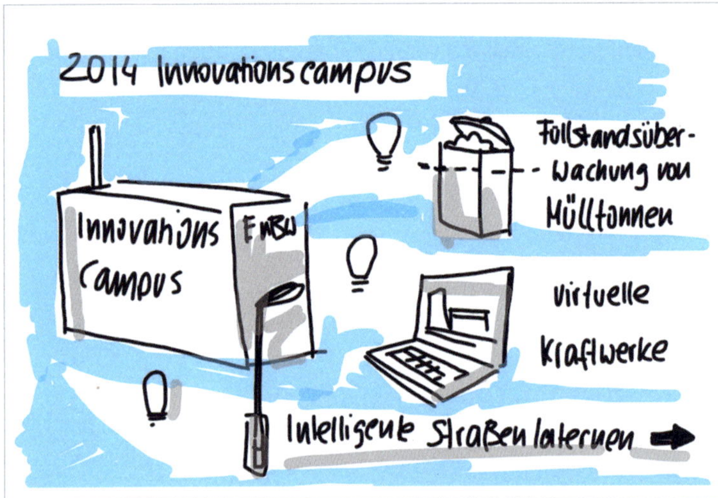

Die nächsten Bilder zeigen Lösungen und Innovationen. Es sind wichtige zusammenfassende Bilder, daher zeichne ich diese etwas größer und separat auf eine Zeichenfläche.

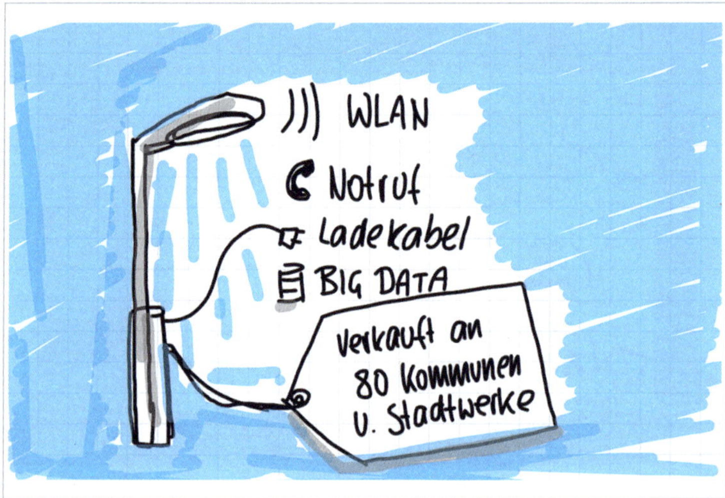

Auf dem letzten Bild schreibe ich das Schlusswort, speichere auch dieses Bild und exportiere es, indem ich auf »Als Bild exportieren« tippe. Das wiederhole ich mit allen fertigen Bildern. Erst dann erscheinen sie in den Fotos.

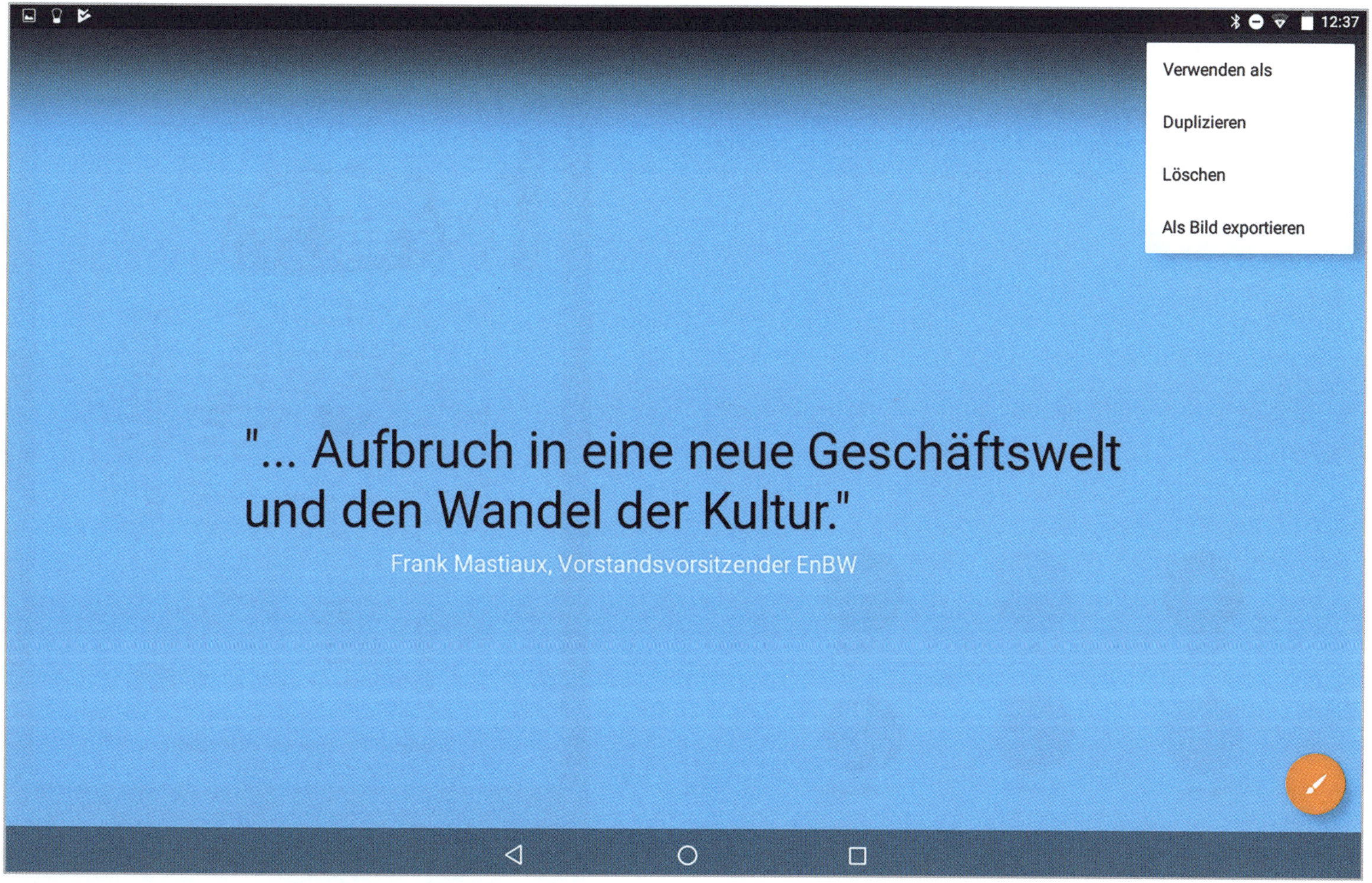
12:37
Verwenden als
Duplizieren
Löschen
Als Bild exportieren
"... Aufbruch in eine neue Geschäftswelt
und den Wandel der Kultur."
Frank Mastiaux, Vorstandsvorsitzender EnBW

Mit der Foto-App **Moldiv** (Android und iPad) können Sie Collagen aus Ihren Fotos oder Ihren Zeichnungen erstellen.

Wenn Sie auf »Collage« tippen, gibt es verschiedene vorgefertigte Raster, die Sie verwenden können. Sie können dort »Stitch« auswählen, um mehrere Bilder einfach direkt untereinander zusammenzusetzen. Das ist perfekt, um Infografiken für Pinterest zu erstellen.

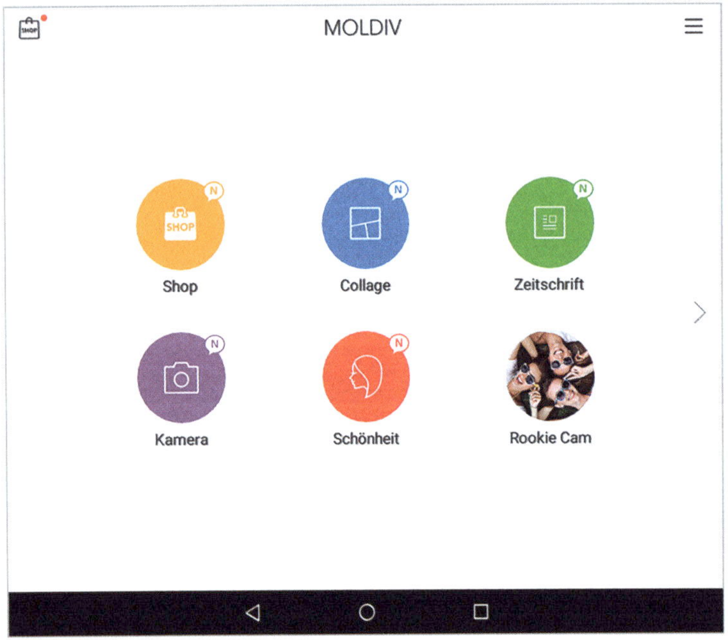

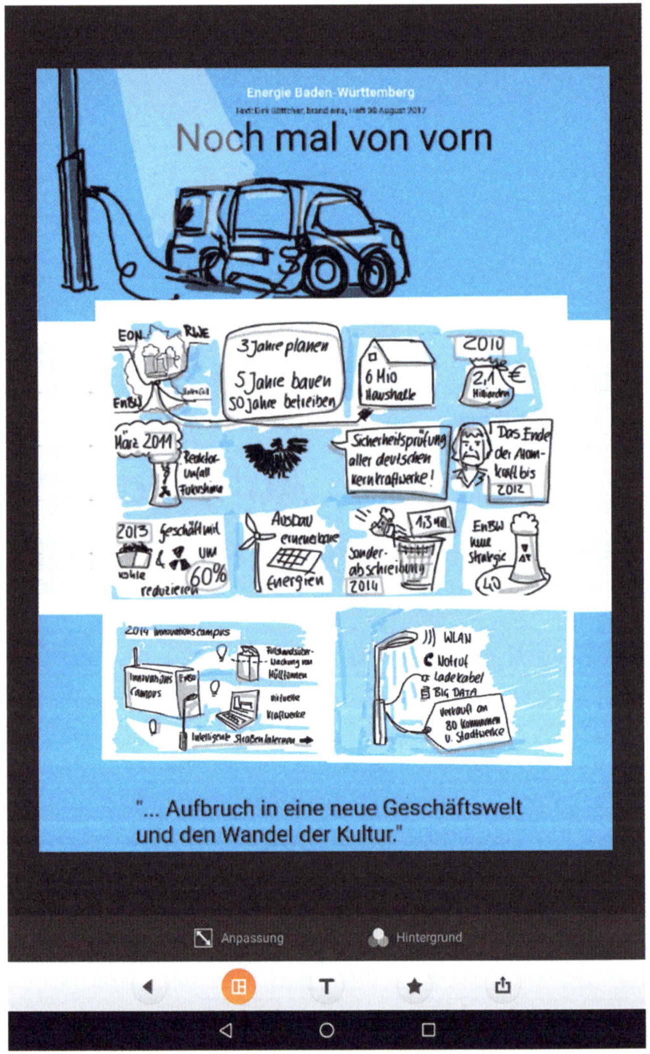

Für diese Infografik war kein passender Layoutvorschlag dabei, also wählte ich »Freestyle«. Nachdem ich die gewünschten Bilder importiert hatte, sortierte ich sie auf der Fläche. So richtig wollten die Bilder nicht auf die Fläche passen, also verlängerte ich die Fläche, indem ich auf »Anpassung« tippe und den Regler verschob, bis alles so aussah, wie ich es haben wollte.

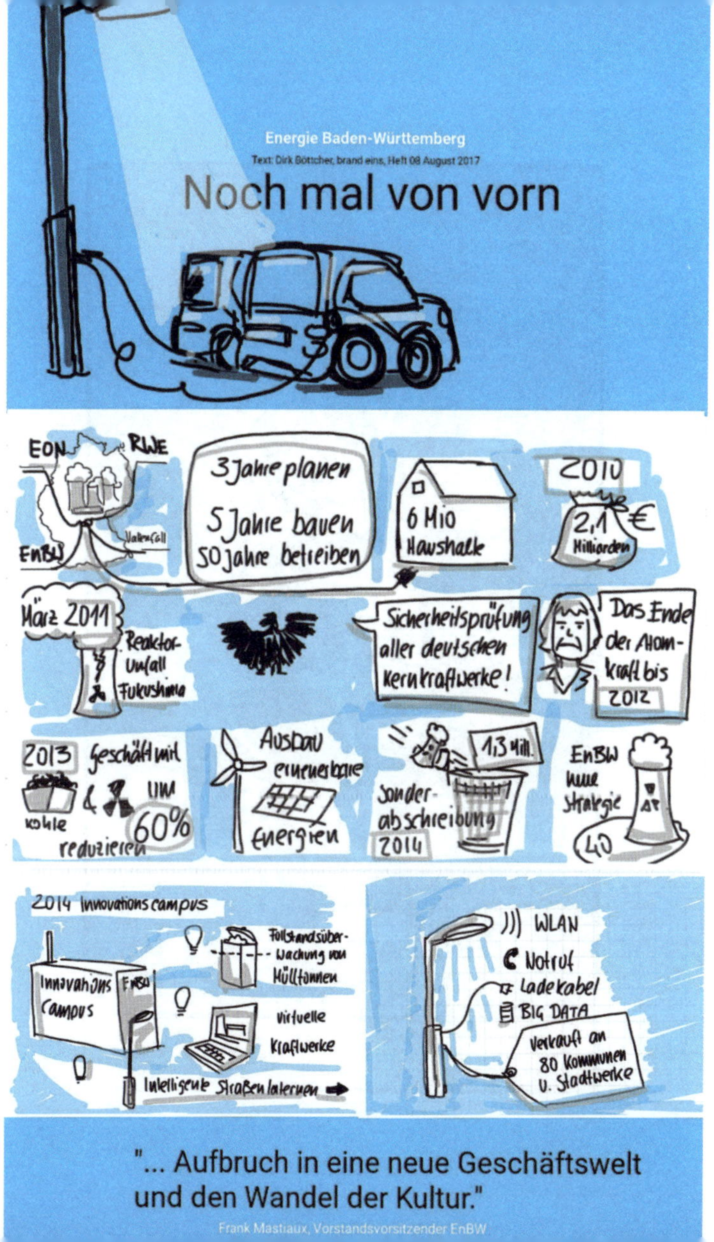

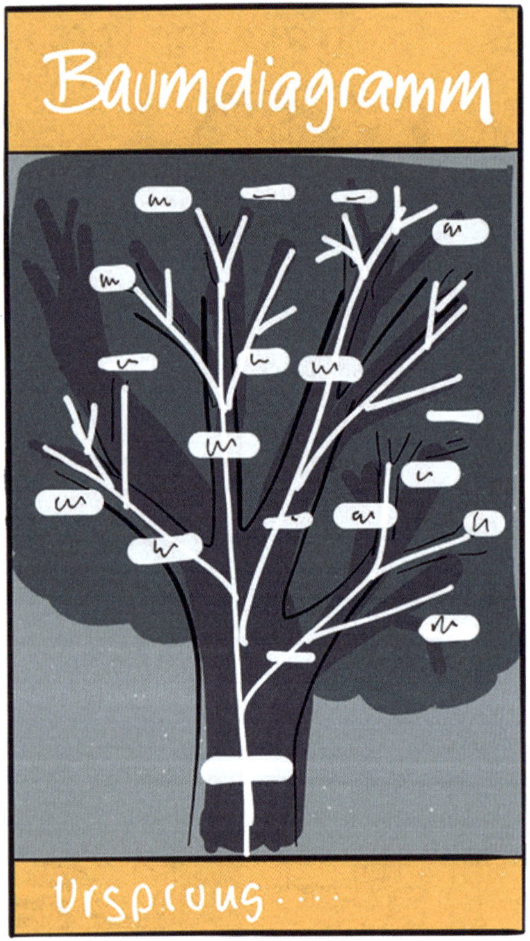
Baumdiagramm
Ursprung....

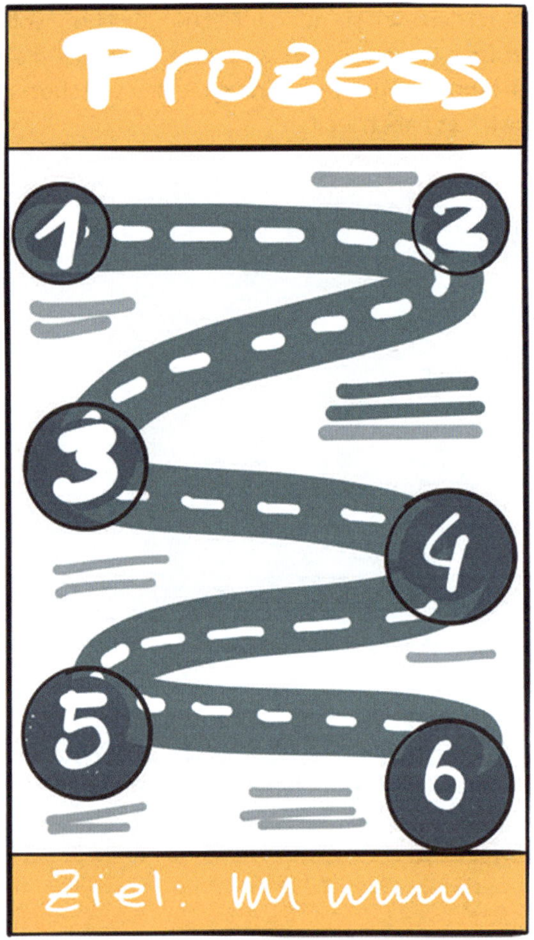
Prozess
1
2
3
4
5
6
Ziel:

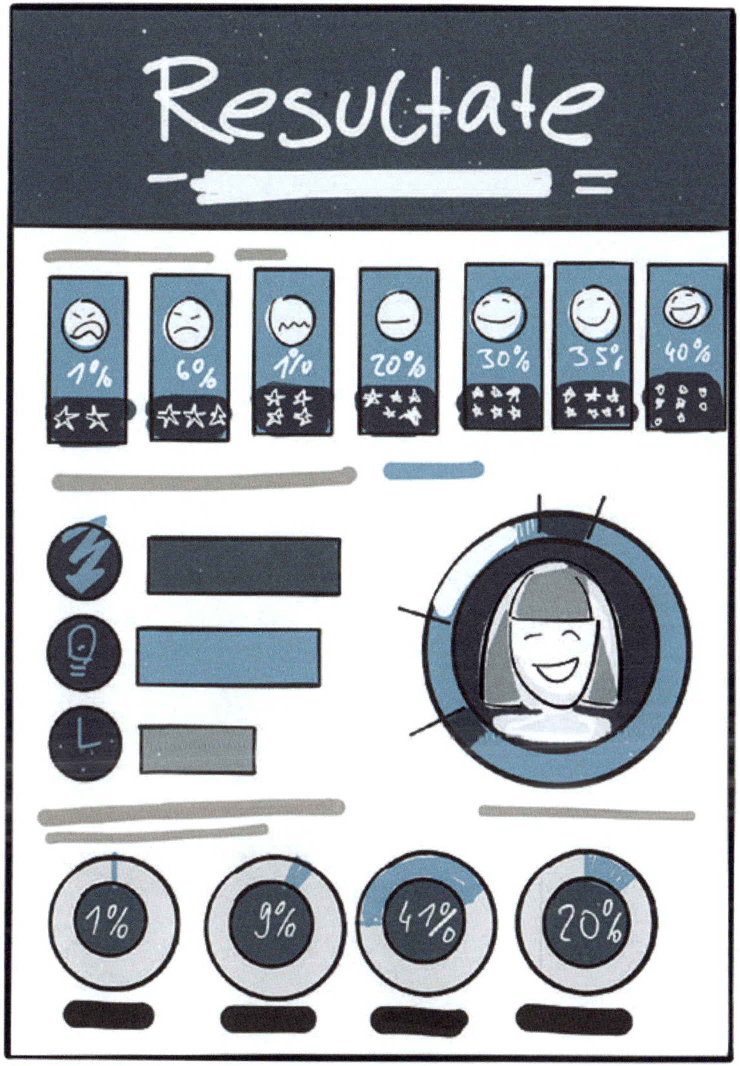

Es gibt viele Möglichkeiten, Ihre Daten und Fakten darzustellen: Ein **Baumdiagramm** zeigt gut, wie Dinge zusammenhängen. Ein **Prozess** führt von Anfang bis zum Ende durch eine Entwicklung. Resultate lassen sich am einfachsten mit Diagrammen darstellen, die Sie ja bereits oben kennengelernt haben (siehe ab Seite 194). Diagramme sind weniger kühl und langweilig, wenn Sie sie mit Emotionen und Geschichten kombinieren.

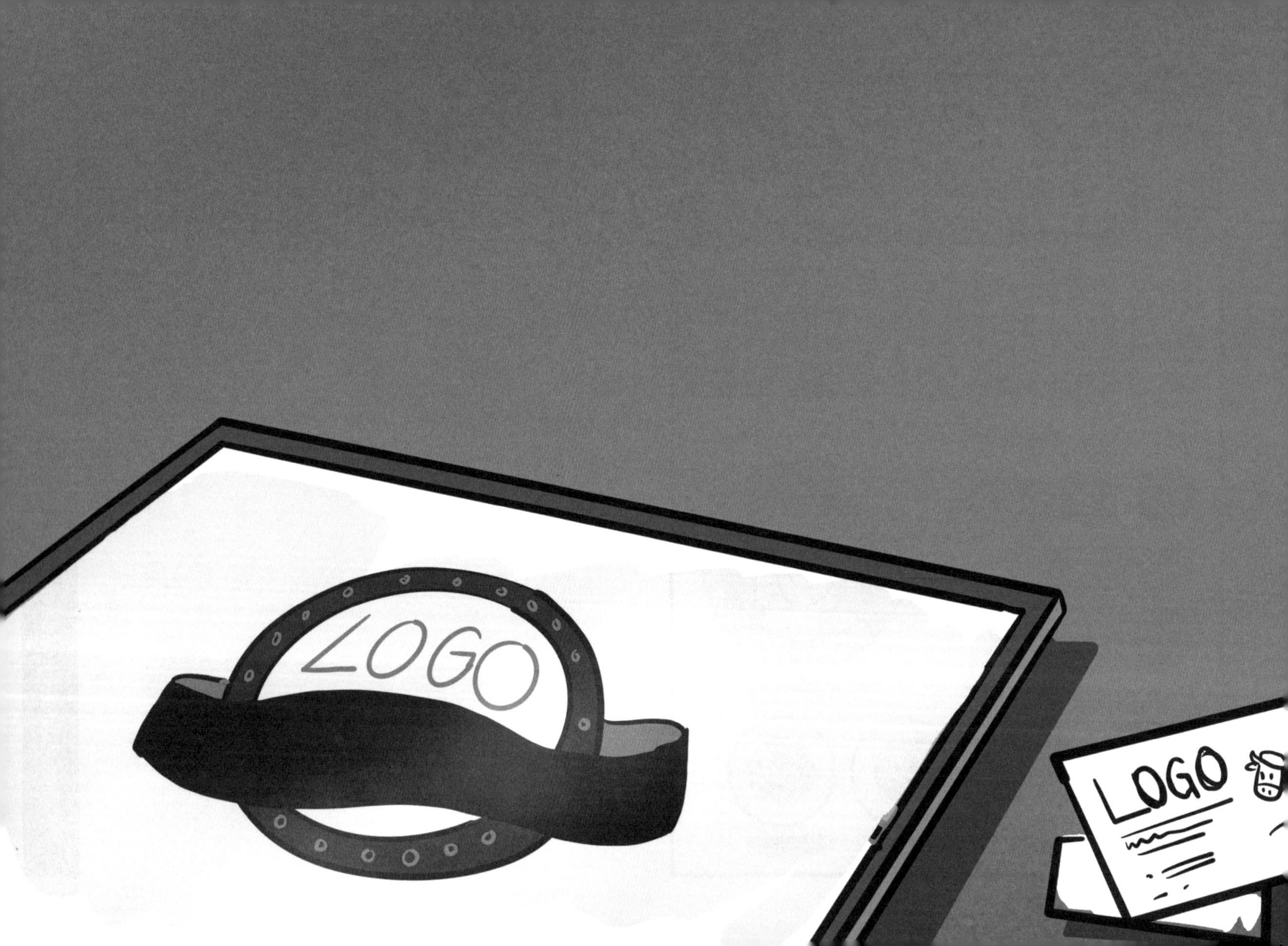
LOGO
LOGO

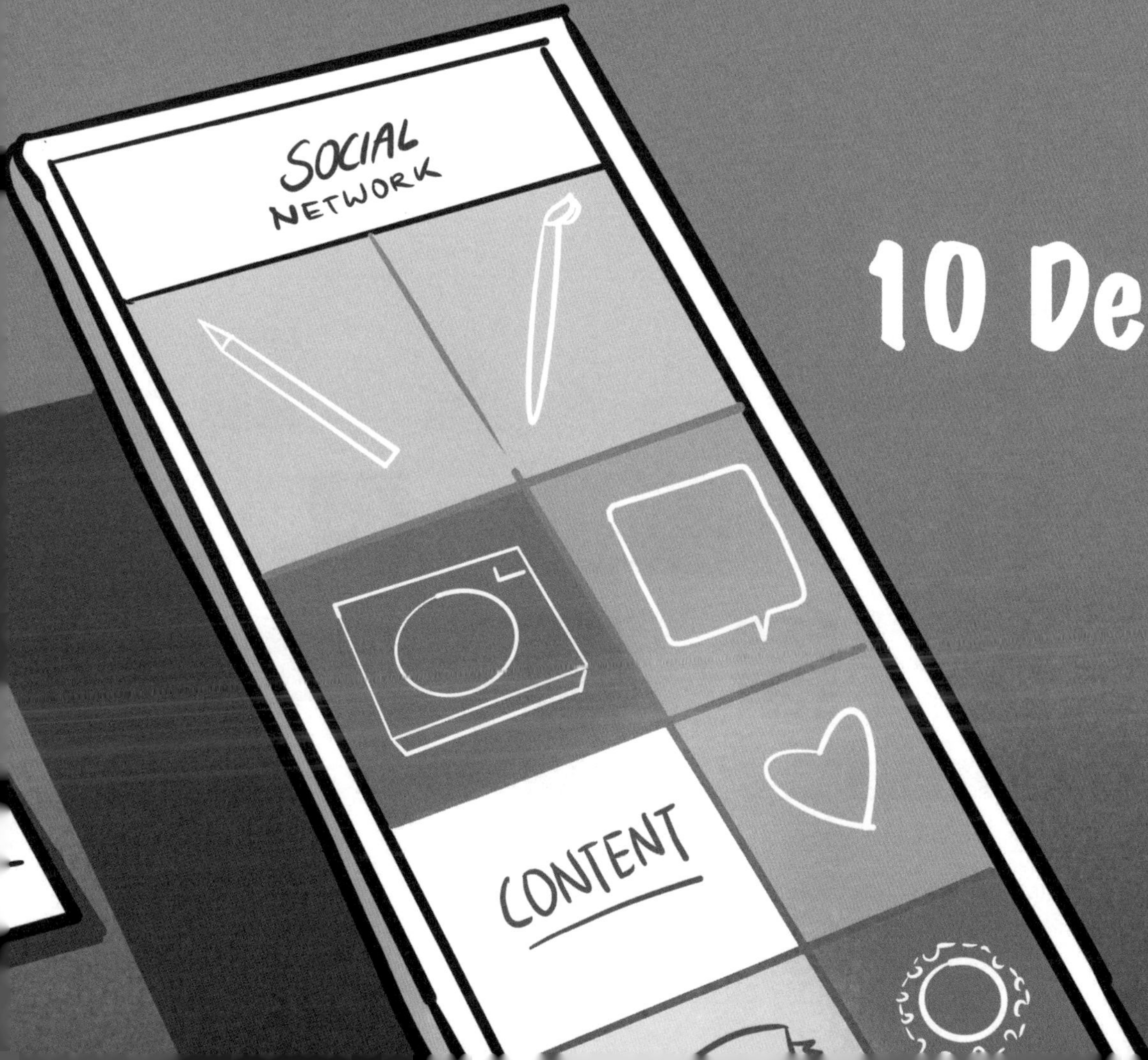

10 Design

Logos

Wenn Sie mal schnell ein Logo brauchen und keine Zeit, keine Geduld und keine Idee haben, gibt es zwei tolle Apps, mit denen Sie schnell einen Entwurf zaubern können: die App **Logo** und die App **Adobe Express**.

Diese Entwürfe können Sie dann für digitale Medien oder Flyer und Co benutzen. Es sind keine Vektorgrafiken, nur Pixeldateien, die Sie nicht unendlich skalieren können, doch um mal eben schnell was Vorzeigbares zu zaubern, ist das genial!

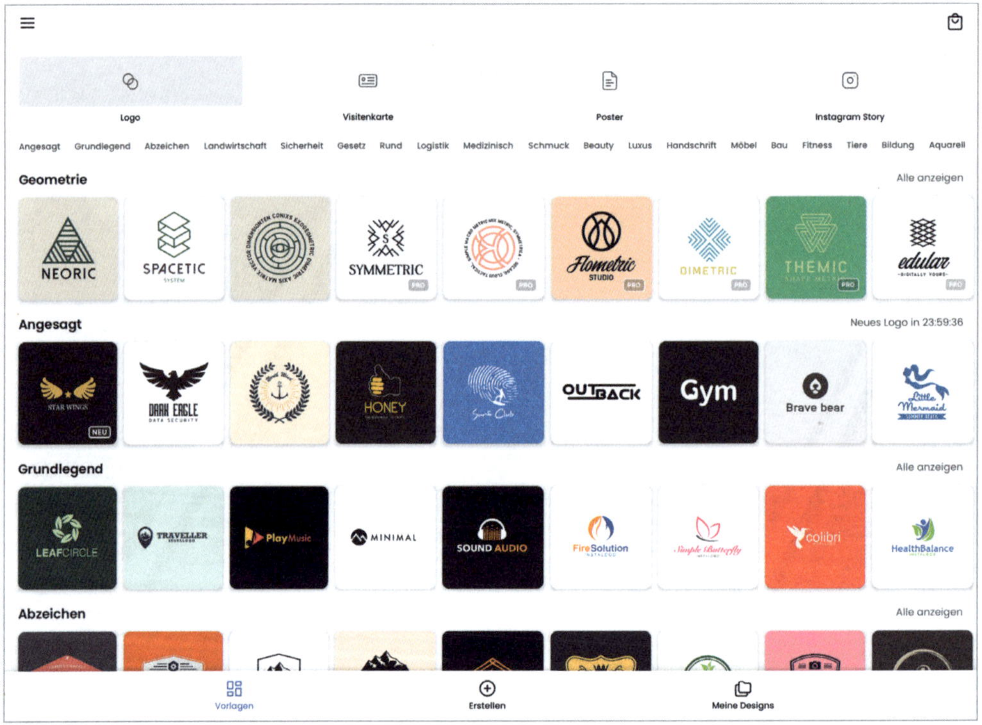

Die App Logo bietet unter dem Menüpunkt »Logo« viele Designs, sortiert nach Branchen.

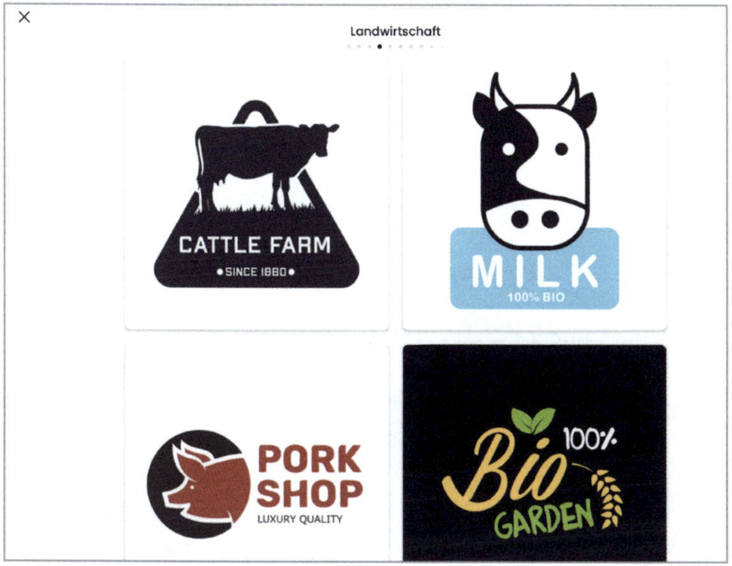

Einfach einen Favoriten auswählen …

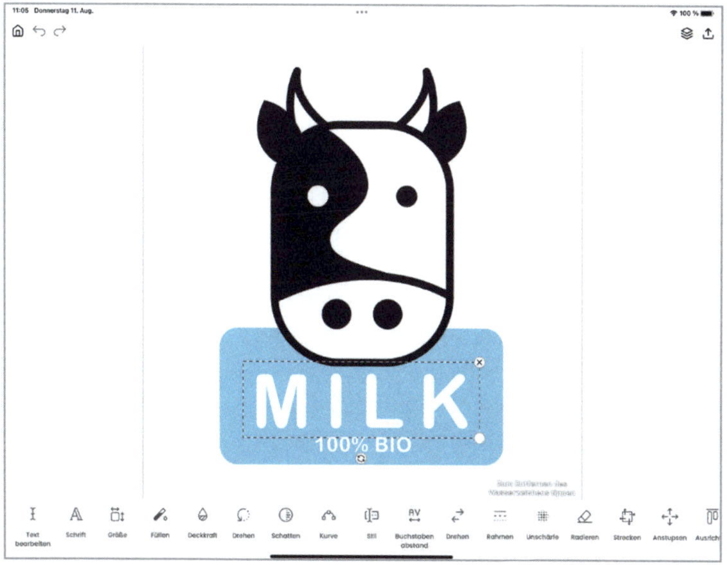

Text und vielleicht das Bild anpassen …

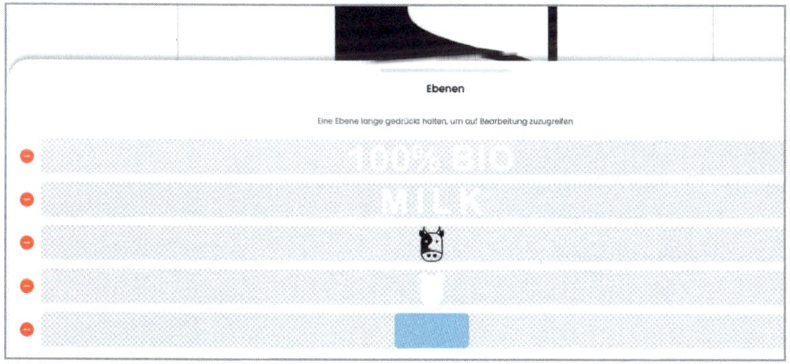

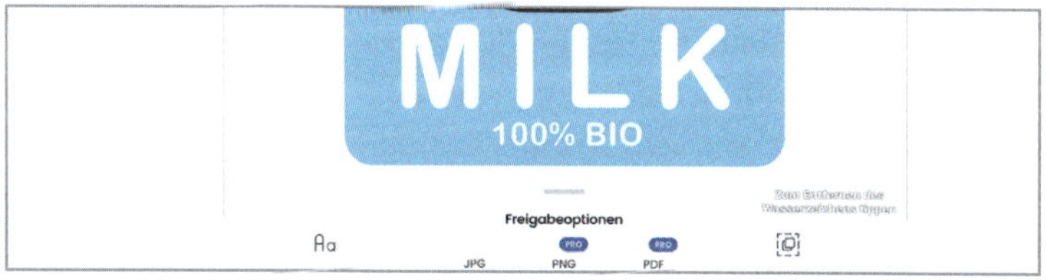

und exportieren. Mein Tipp: mit transparentem Hintergrund und als PNG-Datei exportieren. So können Sie das Logo freigestellt verwenden.

Ein Logo ist keine Marke

Ja, was macht denn ein Logo aus? Was muss es können, und warum ist das noch keine Marke?

Ein Logo soll sich beim Betrachten gut ins Gedächtnis einprägen und schnell wiedererkennbar sein. Es soll im besten Fall gut verstanden werden, Dazu muss es wirklich sehr einfach dargestellt sein. Leicht merken können wir uns Symbole, die grafisch reduziert sind. Symmetrische Symbole, Bilder und Textblöcke finden wir schön und auch leicht zu erinnern. Eine Marke hingegen besteht zwar auch aus einem Logo, aber ebenso aus den Eigenschaften und Werten des Unternehmens hinter dem Logo. Es ist ein Versprechen an die Kund:innen, das unbedingt eingehalten werden muss: eine Philosophie und eine Leidenschaft. Ein berühmtes Beispiel ist das Markenei von BMW auf der rechten Seite. Sie dürfen die Struktur gerne einmal für sich oder Ihr Unternehmen testen. Es ist gar nicht so einfach, aber wirklich ein Mehrwert für jegliche weitere Schritte.

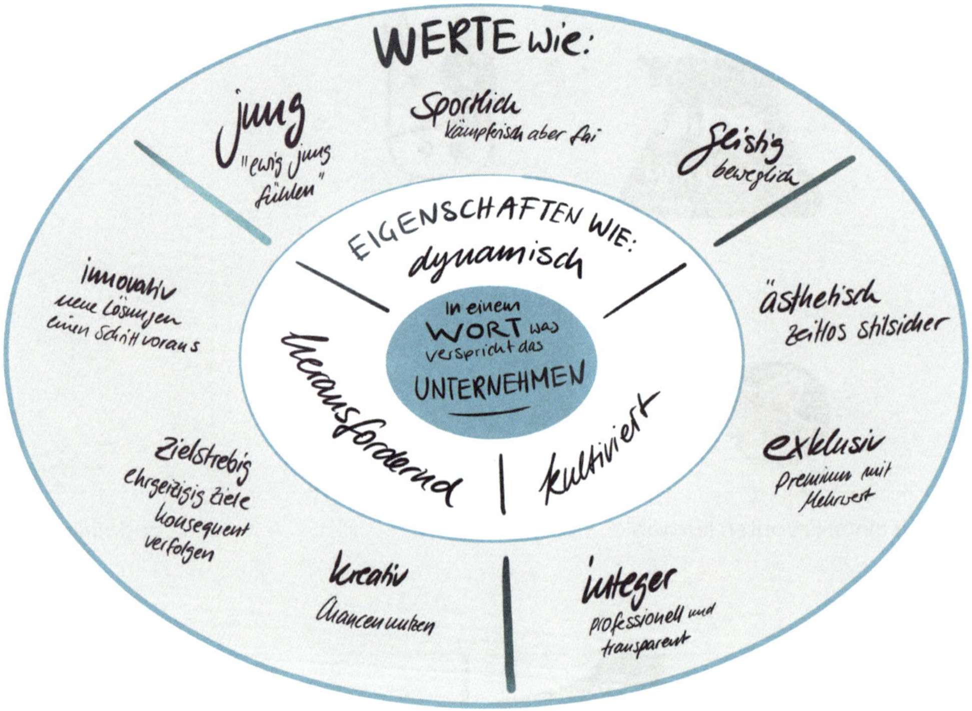

Man kann es auch so ausdrücken: Ein Logo ist wie das Gesicht eines Menschen, und der Charakter ist das, was den Menschen ausmacht und sich in den Gesichtszügen widerspiegelt.

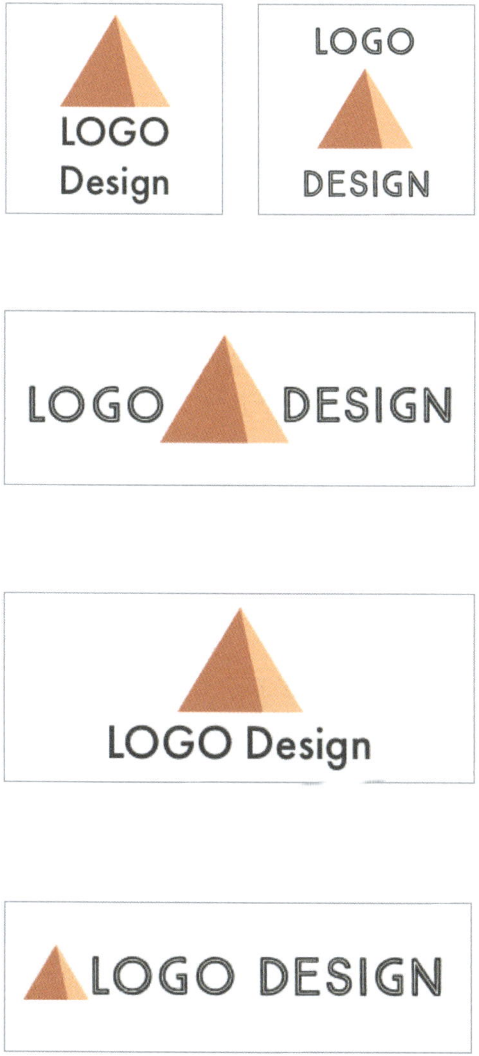

Ein Logo kann rein aus Text (typografisch) bestehen oder nur aus einem Bild oder aus der Kombination von beidem, eine Wort-Bild-Marke.

Bevor Sie mit dem wilden Brainstorming anfangen, überlegen Sie, was das Logo können muss. Wo wird es platziert? Wie kann es sich gut abgrenzen? Wird es auf Kleidung gedruckt oder gestickt? Dann darf es nicht zu filigran sein.

Die Typografie, also die Schriftart, ist wie die Betonung eines Wortes, es kann ein freundliches Flüstern sein oder eine kräftige laute Stimme, die sagt: »HIER BIN ICH!« Die Schriftart sollte auch gut zu dem Bild passen. Sie kann eine harmonische Bildmetapher sein, mit einer leichten serifenlosen Schrift, oder ein Traditionsunternehmen verbildlichen, wenn es eine Serifenschrift ist.

Legen Sie einfach los und skribbeln Sie Ihre Ideen erst einmal mit Bleistift auf Papier. Dann wird eine Idee zur nächsten führen. Die für Sie beste Idee können Sie nun abfotografieren und in einer Zeichen-App Ihrer Wahl nachzeichnen oder nachbauen.

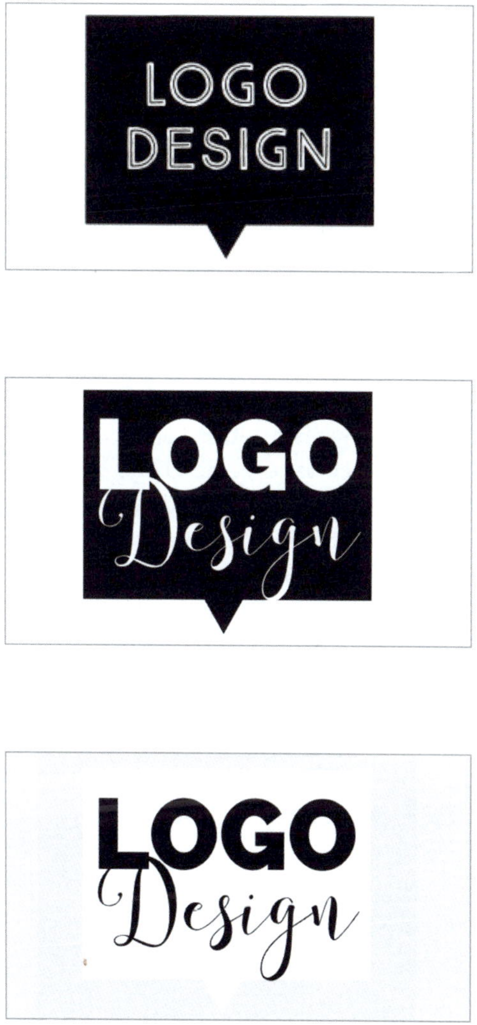

Ein reales Projekt

Meine liebe Freundin aus meiner Heimat Quedlinburg möchte ein Restaurant eröffnen. Sie hat ein altes Fachwerkhaus gekauft, das früher einmal eine Weberei war. Im Ort ist das Haus bekannt als altes Tuchmacherhaus. Dort wird sie ein Restaurant für Genießer eröffnen, und wir suchen (Spoileralarm!) zusammen nach einem Namen.

Ich machte ein paar Skizzen, wie man die Verbindungen von dem Haus zu dem Restaurant sinnvoll umsetzen kann.

Mein Ziel war es, einen Logo-Vorschlag vorzeigbar so schnell wie möglich umzusetzen, damit sich meine ungeduldige Freundin/Kundin ein eindeutiges Bild davon machen kann, ob der Restaurantname mit der Spinnerei-Idee funktioniert.

Sie sehen mir auf den folgenden Seiten bei der Entstehung über die Schulter.

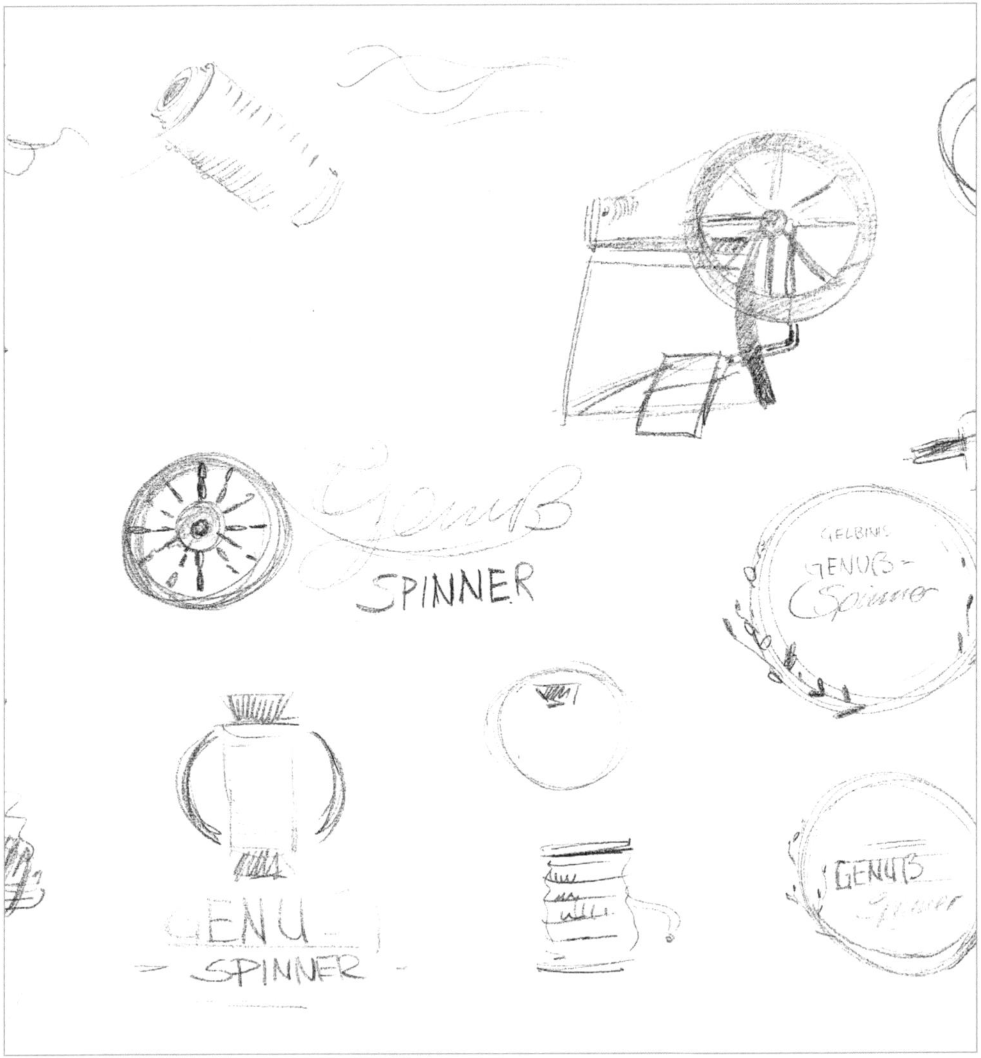

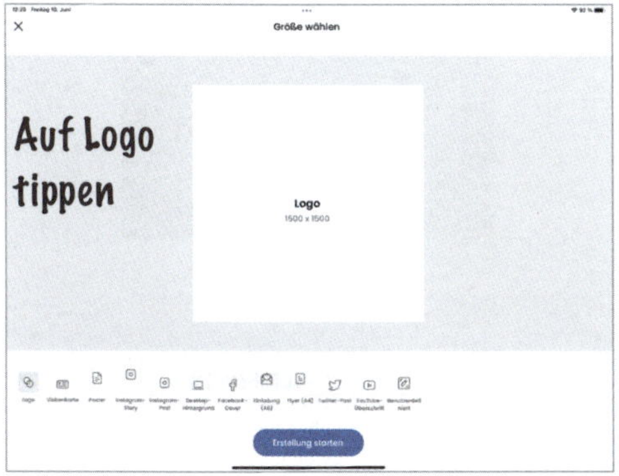

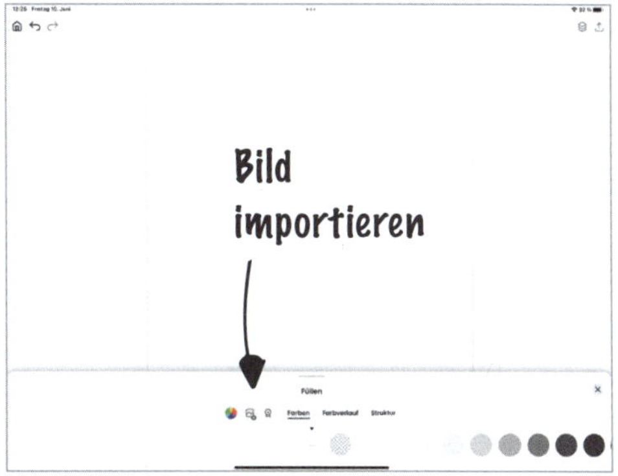

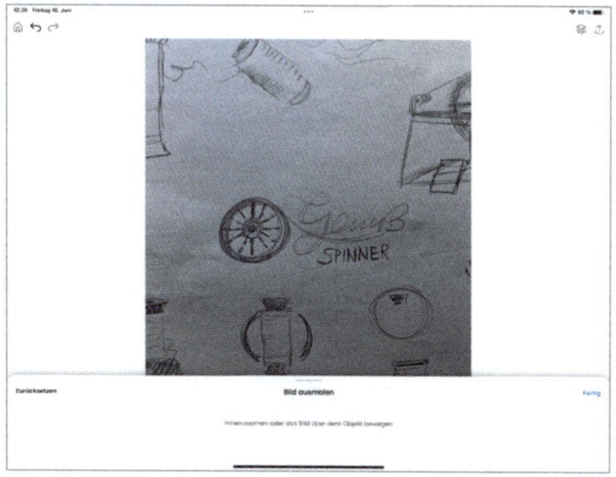

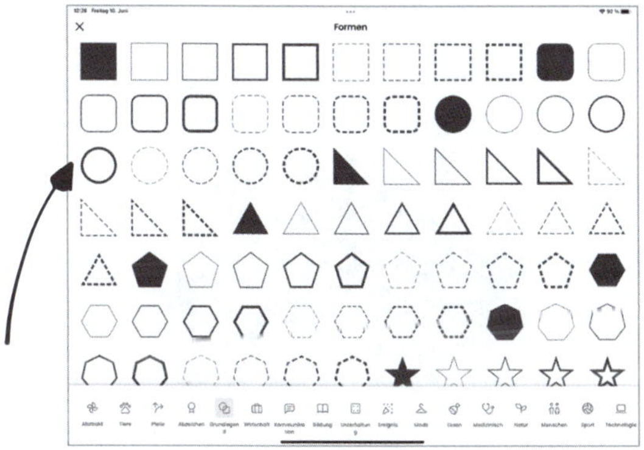

Grundformen durchsuchen und auswählen

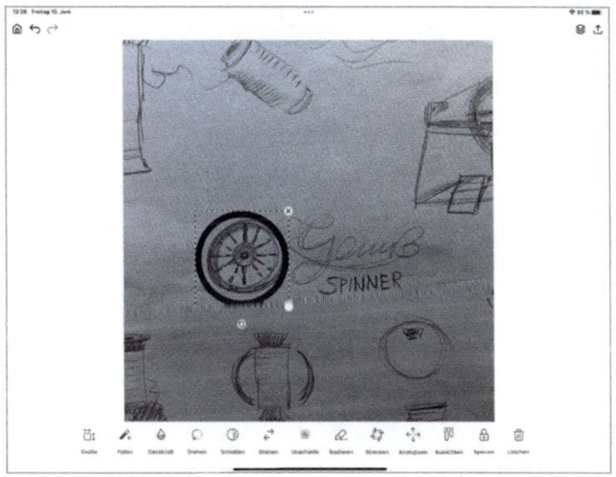

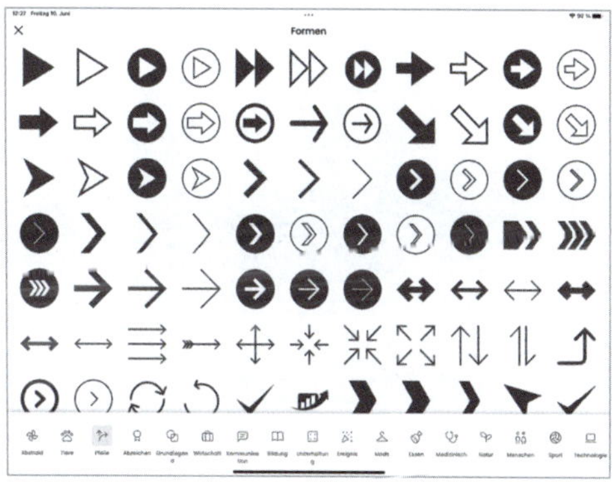

Symbole durchsuchen und auswählen

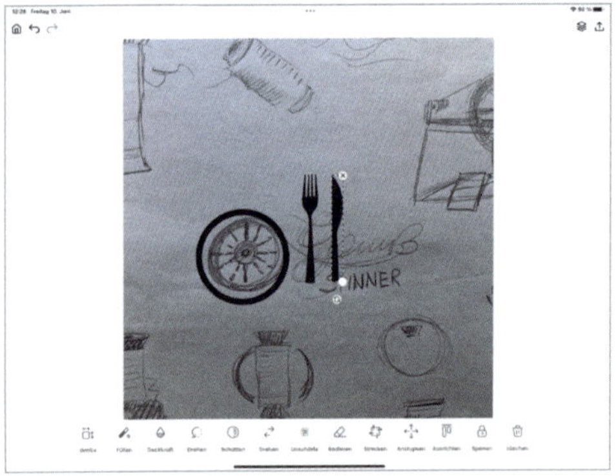

Ich habe in Formen Symbole für Messer und Gabel gefunden …

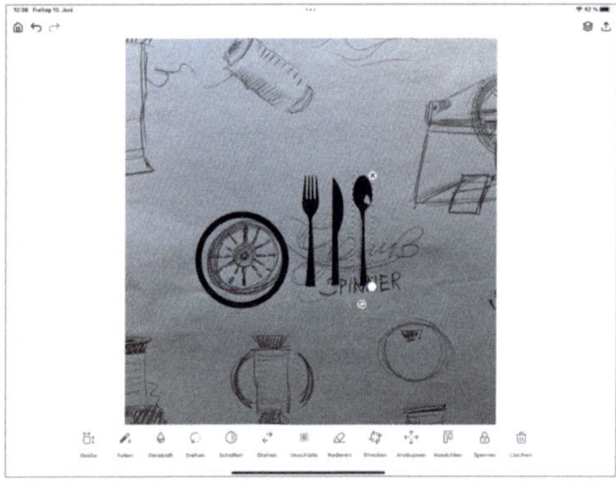

und einen Löffel.

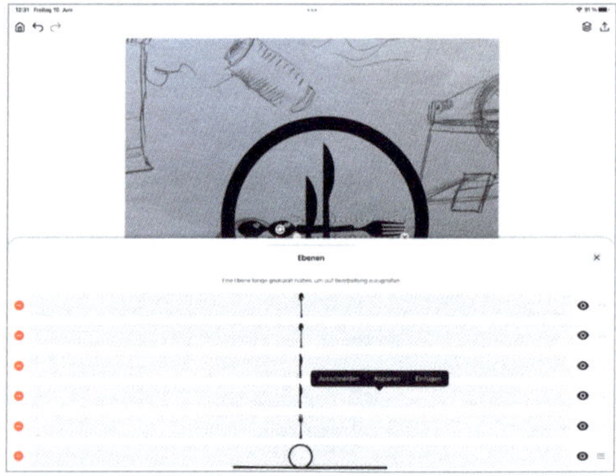

Unter »Ebenen« sieht man die Formen einzeln aufgelistet.

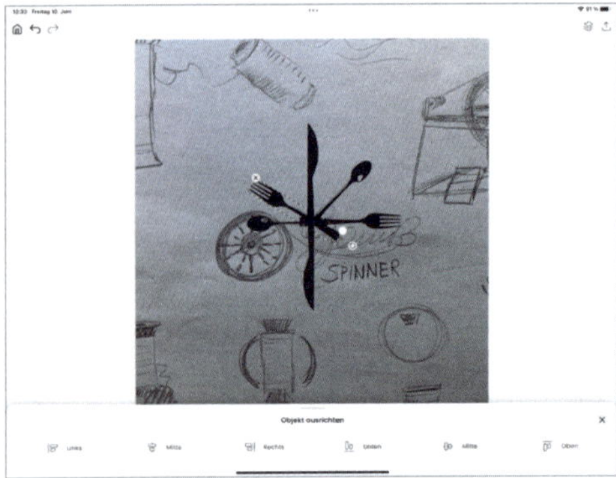

Die Objekte kann ich nun ausrichten …

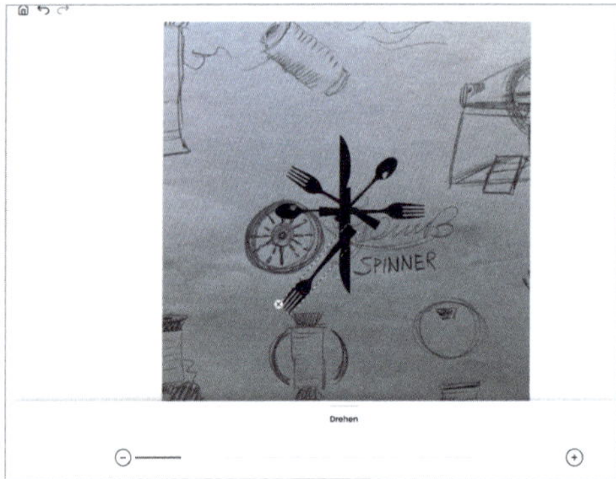

und drehen.

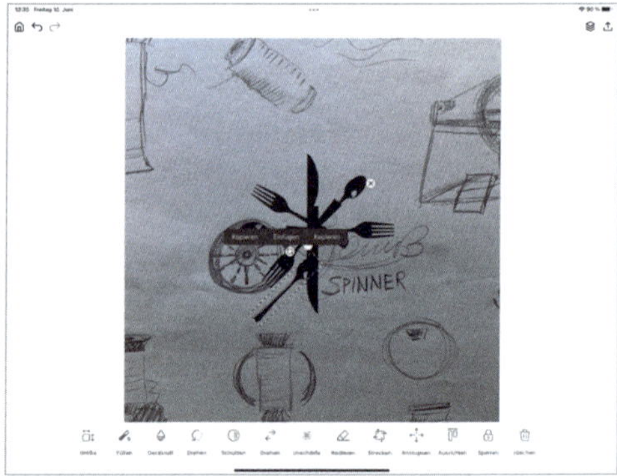

Wenn die Objekte angetippt sind, erscheinen auch die Funktionen »Kopieren« und »Einfügen«.

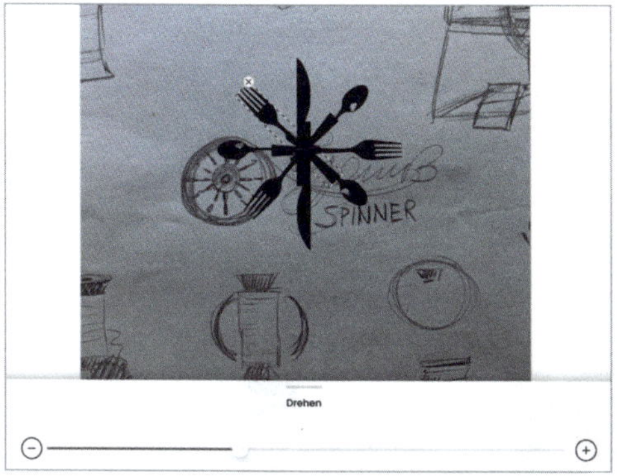

Jetzt richte ich sie manuell durch Drehen noch genauer aus.

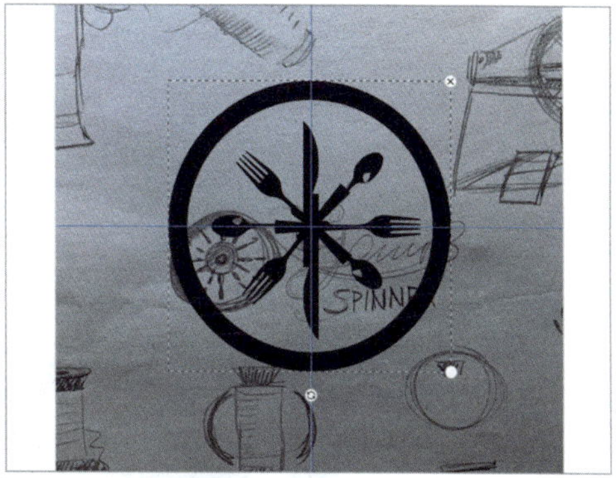

Den Kreis mache ich auch wieder sichtbar und kopiere ihn mir auch gleich, …

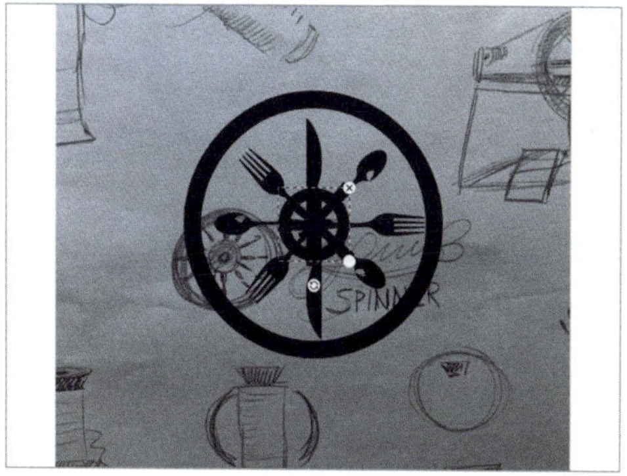

dann skaliere ich ihn noch kleiner.

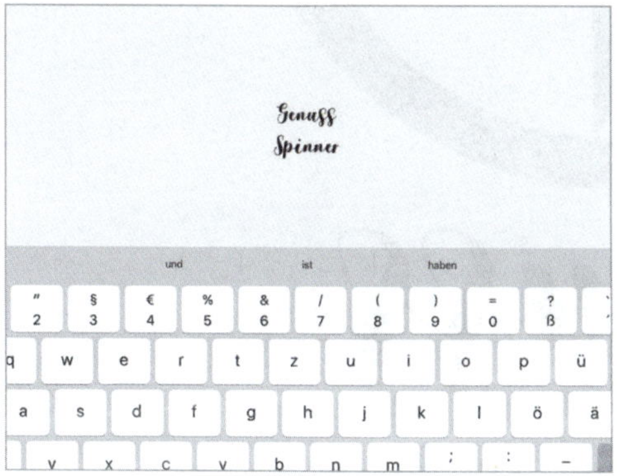

Unter »Hinzufügen« befindet sich auch »Text hinzufügen«.

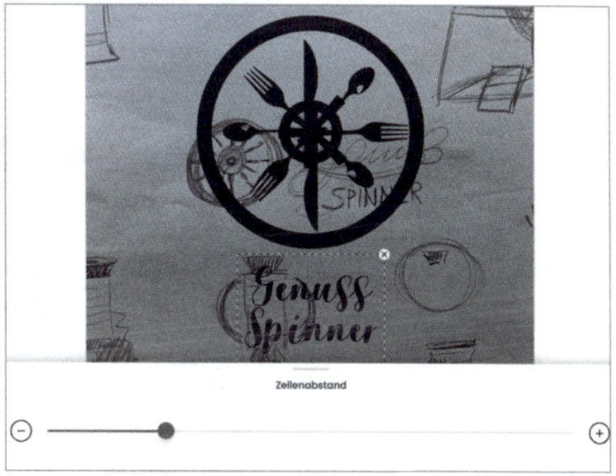

Hier gebe ich den Restaurantnamen ein.

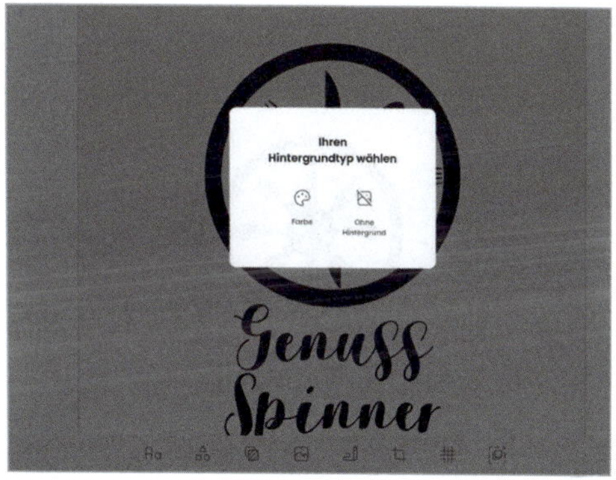

Jetzt möchte ich das Logo exportieren und werde gefragt, ob das mit oder ohne Hintergrund geschehen soll. Ohne natürlich.

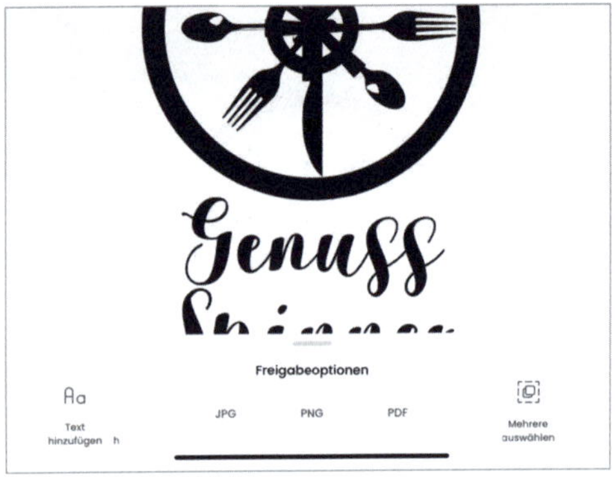

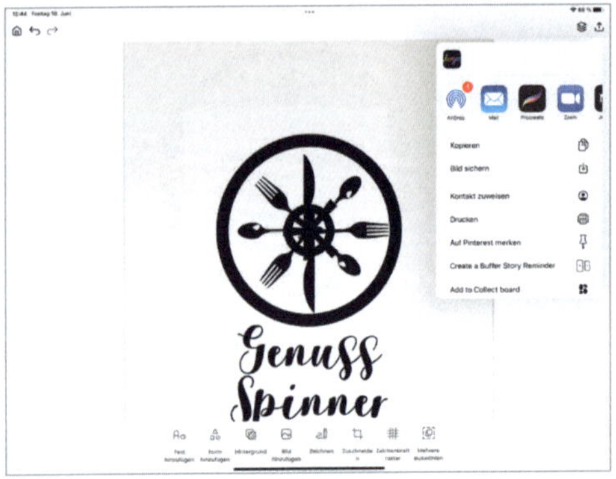

Nur noch an den richtigen Ort speichern und fertig ist der Logo-Entwurf.

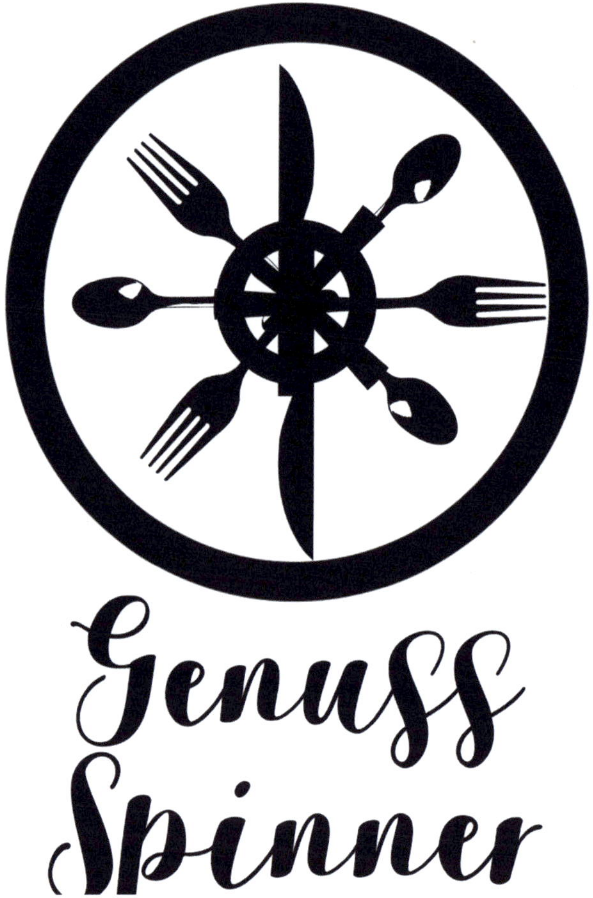

Noch eine Expressversion

In drei Minuten ein Logo erstellen, das geht auch gut mit **Adobe Express.** In der App kann man nicht nur Logos, sondern quasi alles entwerfen: vom Logo über Flyer, Poster bis hin zu Instagram Stories.

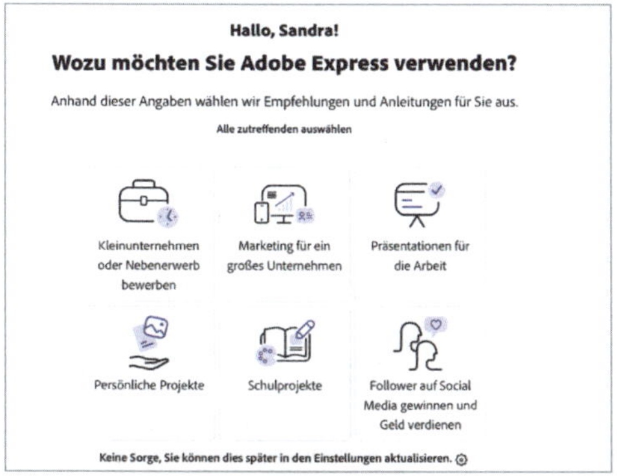

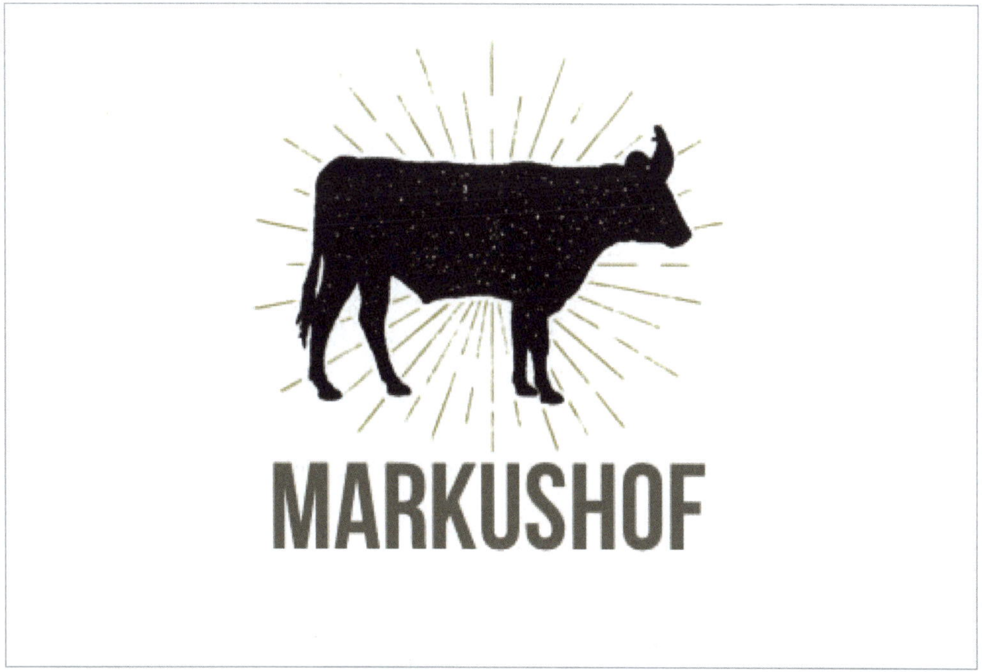

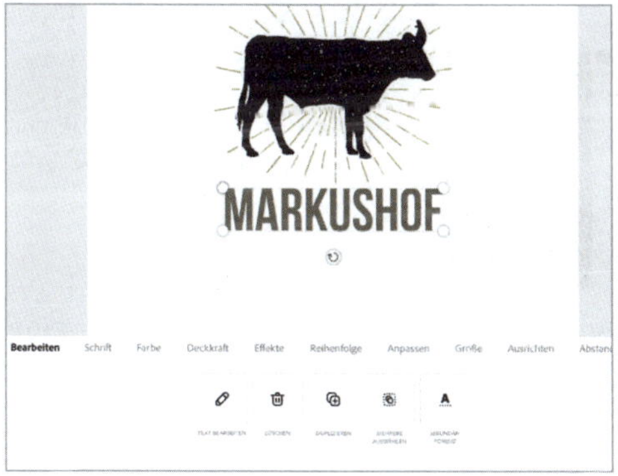

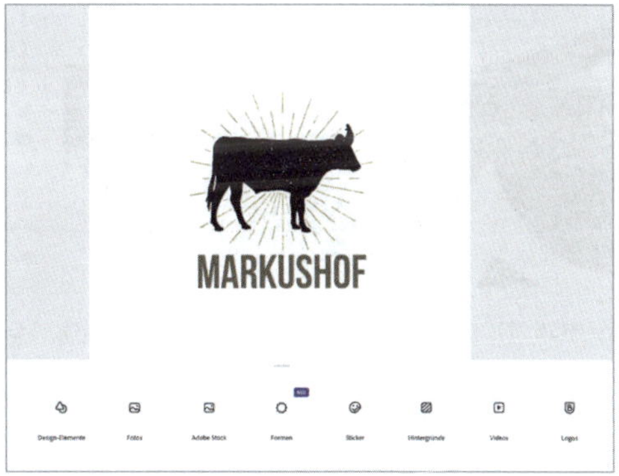

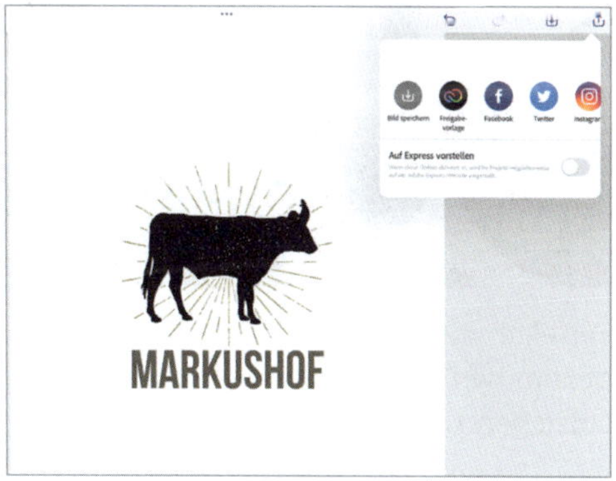

Ein Logo professionell konstruieren

Profis verwenden **Illustrator** (von Adobe), um ein Logo zu erstellen. Das Programm gibt es nun auch als App! Ich habe es für Sie getestet und als gute Alternative für unterwegs befunden.

Ein Bild-Logo besteht aus geometrischen Formen, genau wie beim Zeichnen. Dieses Logo hier ist wieder ein reales Projekt. Ich habe damit begonnen, eine Kuh aus Rechtecken und Kreisen zu bauen.

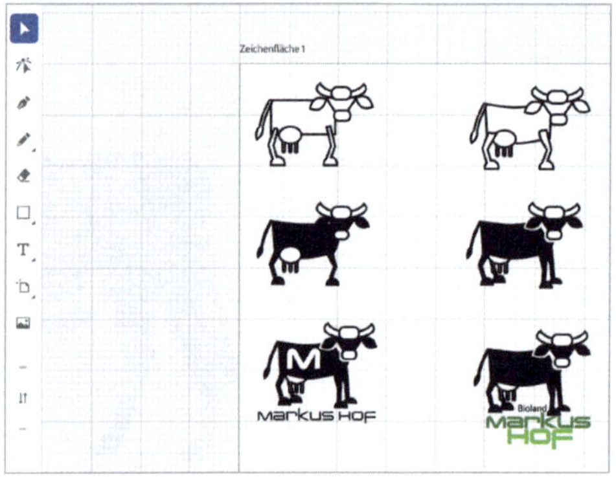

Ich arbeite gerne erst in Schwarz-Weiß, mit schwarzen dicken Konturen.

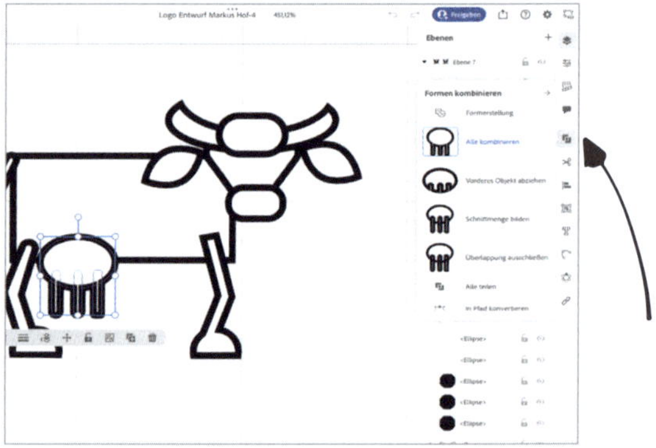

Mit dem »Pathfinder« können Sie zwei Formen verschmelzen oder abziehen.

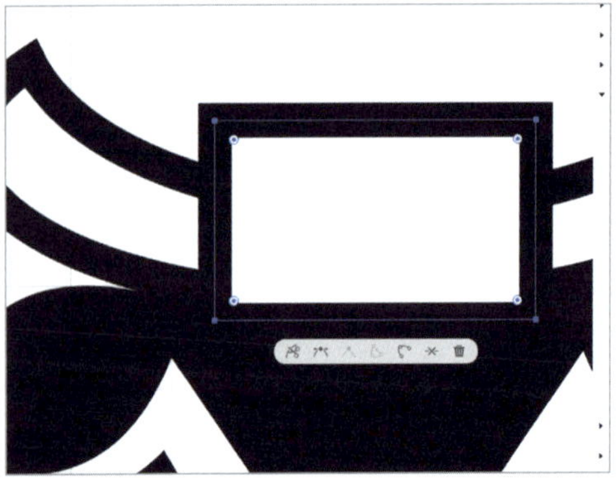

Perfekte Formen mit abgerundeten Ecken bekommen Sie, wenn Sie ein Rechteck aufziehen und dann auf einen der blauen

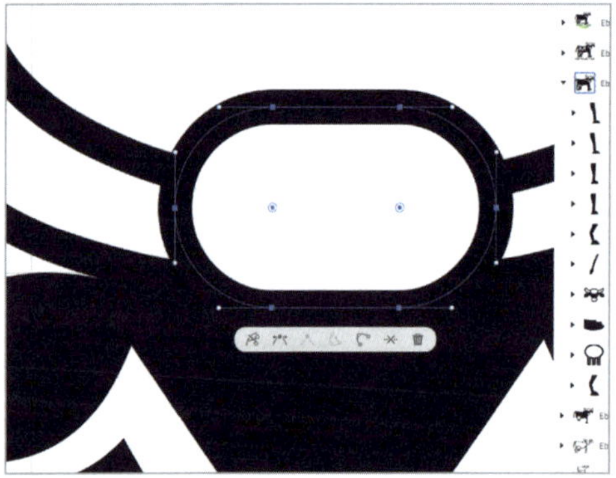

Kreise tippen und nach innen ziehen, so weit, bis die gewünschte Form erreicht ist. Genial, oder?

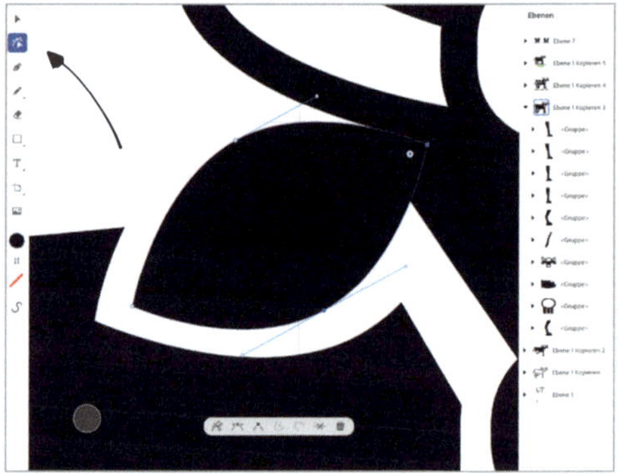

Aus einem Kreis können Sie leicht eine Blattform machen, wenn Sie mit der »Pfadauswahl« erst auf das Objekt und dann im

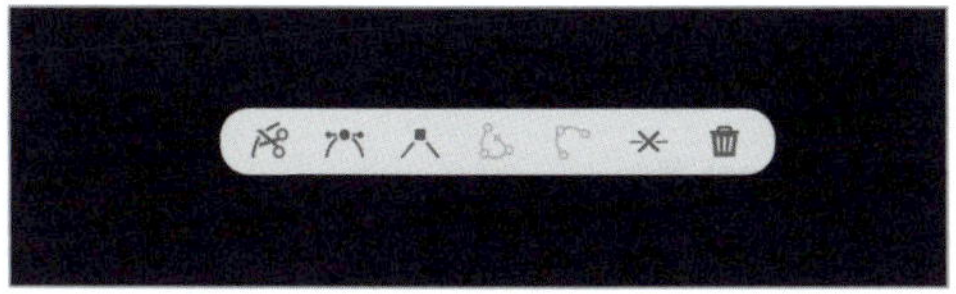

Menü im unteren Bildschirm auf das dritte Symbol tippen. Das verwandelt runde Pfade in eckige Pfade. Das zweite Symbol von rechts verwandelt eckige Pfade in kurvige Pfade. Das erste Symbol trennt die Pfade.

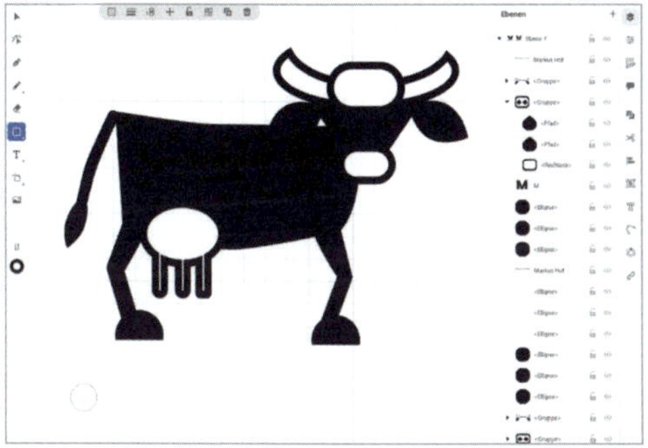

Noch ein paar Feinheiten …

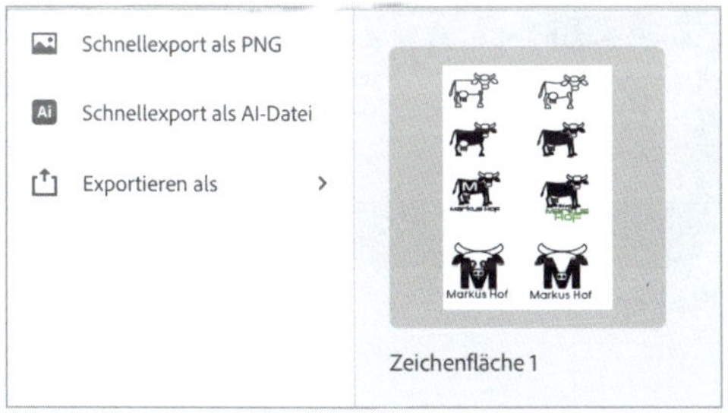

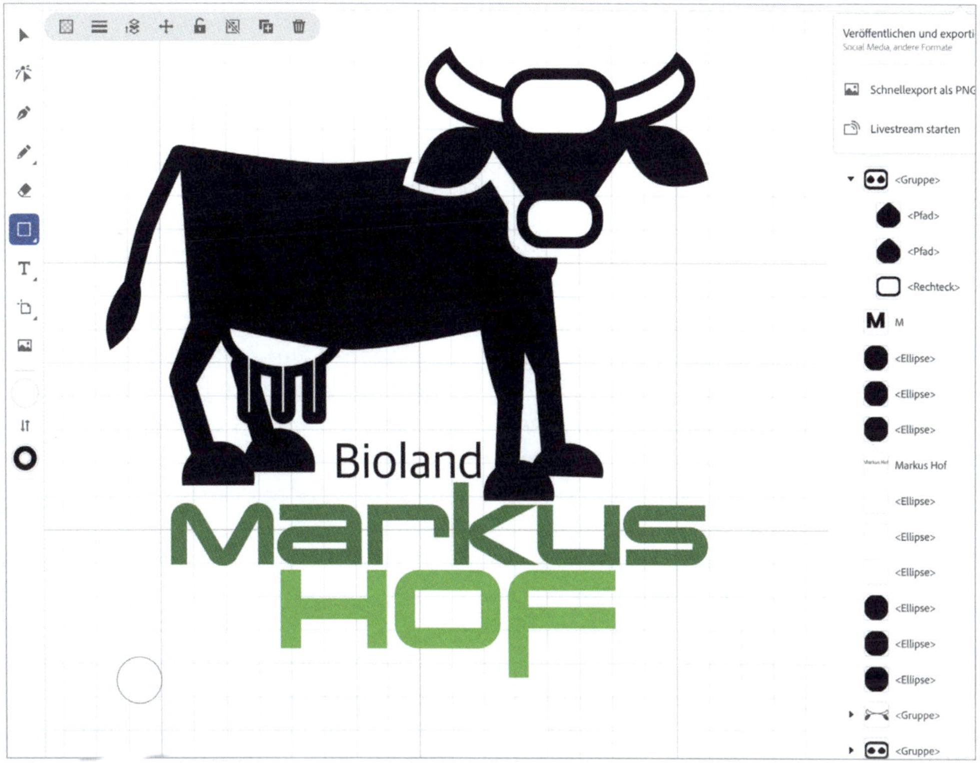

und schönen Text dazu, dann kann es exportiert werden. Als Illustratordatei (AI) bleiben die Vektoren (Pfade) erhalten, da freuen sich die Druckerei und alle Designer:innen. Denn jetzt kann man das Logo skalieren und ausplotten und sticken und … ach, einfach alles machen!

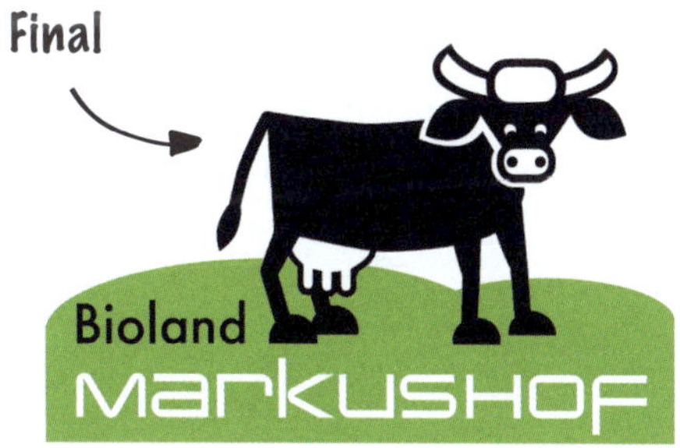

Social Media Tuning

Instagram Highlights

Ein ordentliches (Unternehmens-)Profil auf Instagram ist genauso wichtig wie auf LinkedIn. Personen, die Ihr Profil finden, entscheiden innerhalb von maximal drei Sekunden, ob sie interessiert sind. Sie müssen schnell verstehen können, wer Sie sind und was Sie zurzeit tun! Ist Ihr Profil vervollständigt, kann man kann wunderbar Stories posten, sich oder die Unternehmensmarke sichtbar machen und die Follower bei Laune halten.

Das Instagram-Profil ist wie eine Website und sollte die wichtigsten Informationen übersichtlich zeigen. Zunehmend wird Instagram zur Suchmaschine (anstelle von Google). Wählen Sie für sich als Benutzer:in und für Ihr Profil nicht denselben Namen, um die Suche zu optimieren. Auf diese Weise wird in Suchanfragen beides angezeigt: Profil und Nutzernamen. Das optimiert!

Wenn Sie Ihre Profilinformationen bearbeiten, lehrt Sie die Tastatur der Instagram-Anwendung, nicht die Eingabetaste zu verwenden, um Zeilenumbrüche hinzuzufügen, denn damit senden Sie einen Post direkt ab (d.h., anstatt dass alle Zeilen hintereinander erscheinen, werden sie in verschiedenen kurzen Zeilen angezeigt). Wenn Sie Zeilenumbrüche haben und so das Lesen erleichtern möchten, schreiben Sie den Text in Ihre Notizen oder WhatsApp-Anwendung, kopieren Sie ihn und fügen Sie die Informationen ein, wenn Sie Ihr Profil bearbeiten.

Highlights

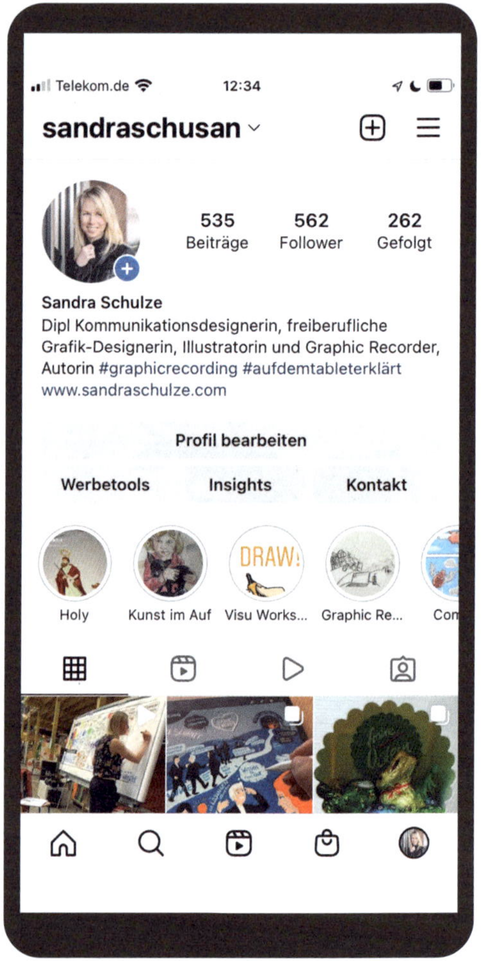

Vorher

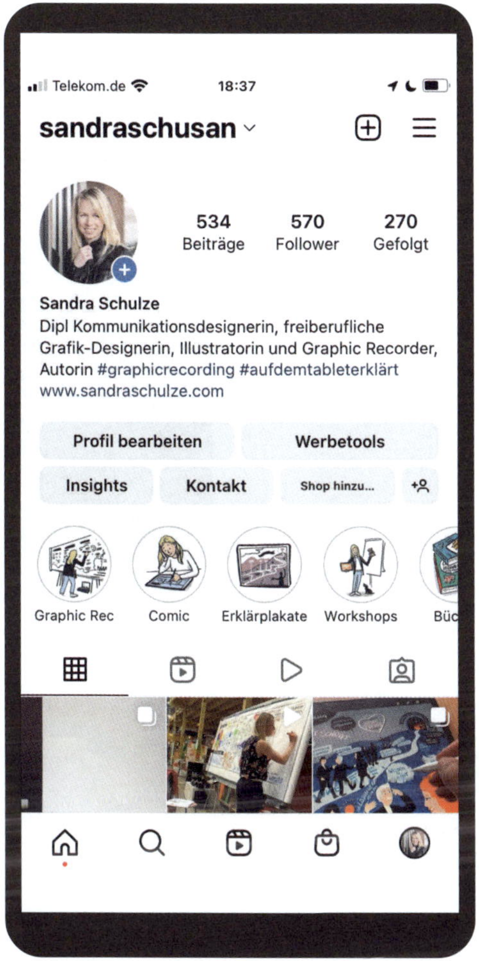

Nachher

Wenn Sie in Ihren Profilinformationen ein Schlüsselwort zu Ihrem Thema verwenden, geben Sie es in Form eines Hashtags ein! Wenn Sie beispielsweise Illustrator:in sind und in Ihrem Profil »Benutzerdefinierte Illustrationen für Ihre GIFs« geschrieben haben, können Sie ein ausgewähltes Wort mit einem Hashtag versehen, um Ihre Reichweite zu verbessern und es in #Benutzerdefinierte #Illustrationen für Ihr #GIF umwandeln.

Letzter Tipp! Wenn Sie einen physischen Standort haben, geben Sie IMMER Ihren Standort und Ihre Öffnungszeiten in Ihre Profilinformationen ein. Es ist wichtig!

Die Highlight-Icons sollten Sie einheitlich und deutlich darstellen. So können Sie Ihre Stories besser sortieren und präsentieren. Denn die Stories werden eher betrachtet als die Posts, die schnell in der Timeline untergehen.

Stories verschwinden nach 24 Stunden, wenn Sie sie aber in den Highlights speichern, bleiben sie. Sorgen Sie dafür, dass sie in der richtigen Kategorie landen.

Ich zeige Ihnen nun eine visualisierte Variante, erstellt in **Procreate**.

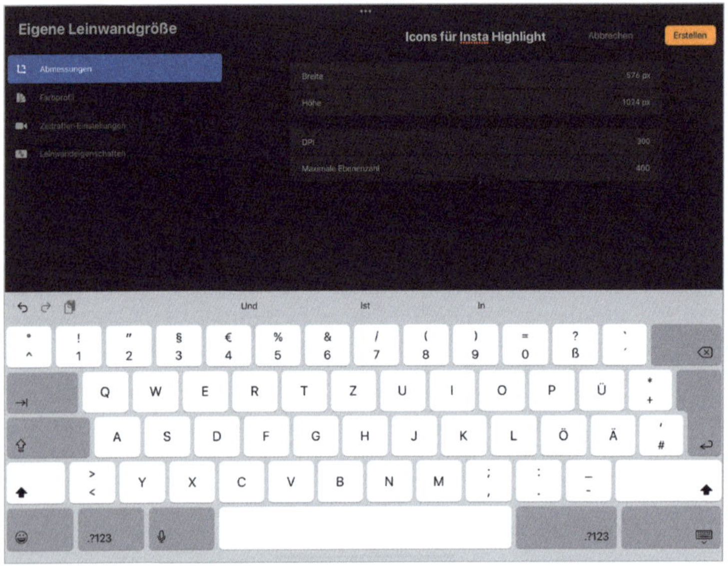

Sie brauchen eine neue Leinwand mit den Maßen 576 px × 1024 px und am besten eine Auflösung von 300 dpi.

Und da ist sie. Gehen Sie zurück auf die Galerie.

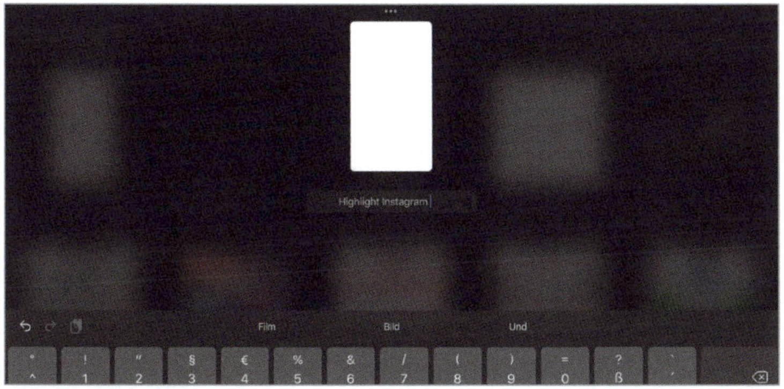

Mit einem Tipp auf die Leinwand benennen Sie diese gleich.

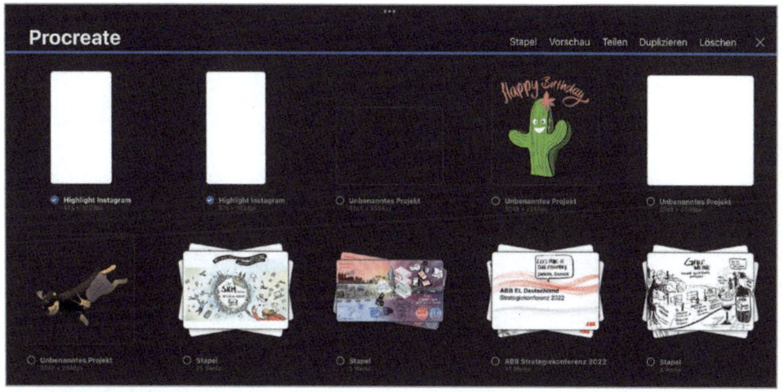

Ich gehe auf »Auswahl« und dann auf »Duplizieren«, da ich gerne mehrere Story-Highlight-Icons zeichnen möchte.

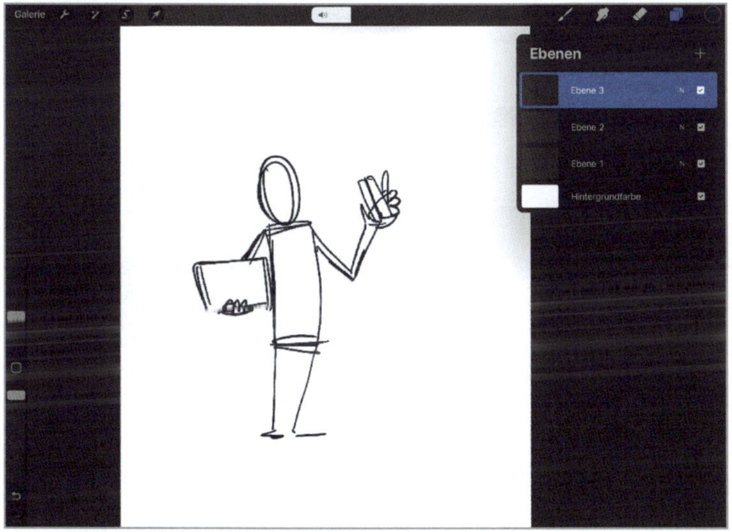

Dann geht's los. Ich skizziere auf einer Ebene eine Männchengrundform …

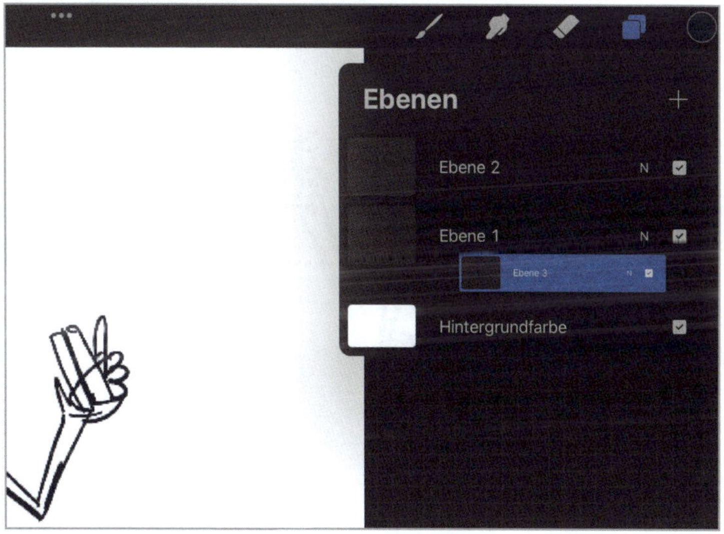

und ziehe die Skizzen-Ebene ganz nach unten.

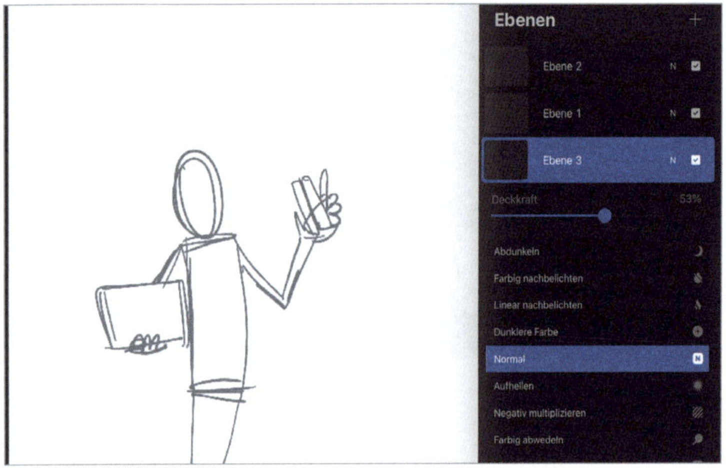

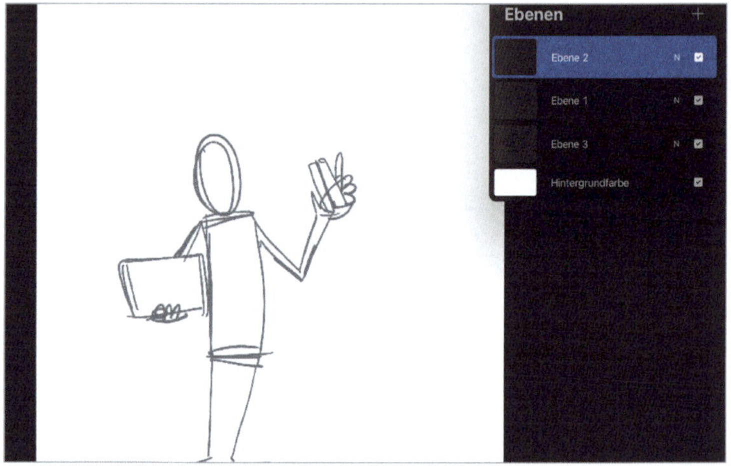

Auf der ausgewählten Ebene tippe ich auf »N«, reduziere anschließend die Deckkraft, um später meine saubere Zeichnung besser zu sehen. Nun gehe ich auf die oberste Ebene, um eine ordentliche Zeichnung anzufertigen.

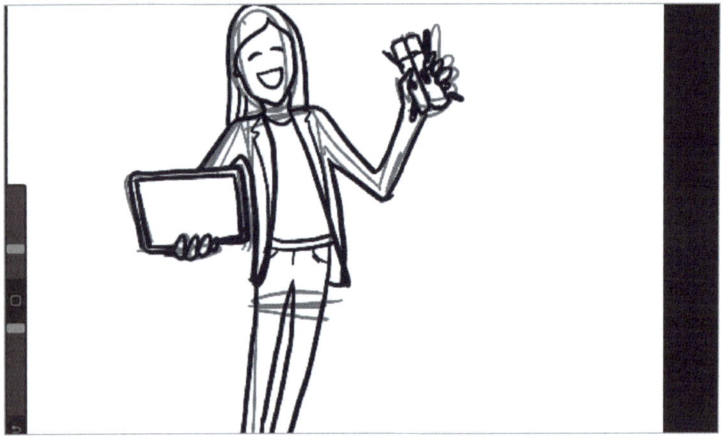

Für die Zeichnung benutze ich das Werkzeug »Künstlertusche«.

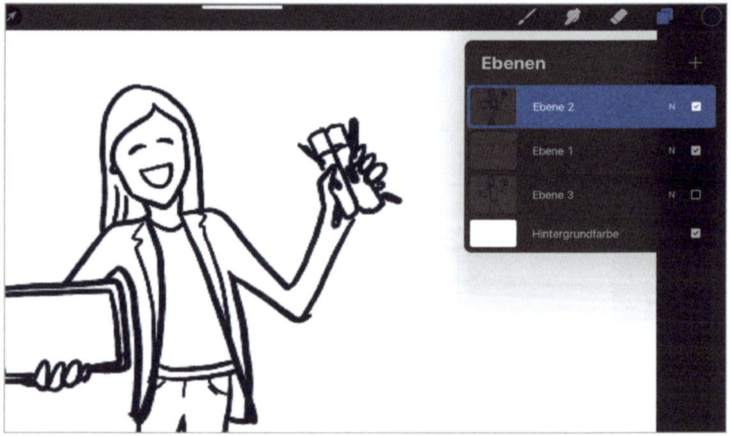

Die unterste Ebene, auf der die Skizze ist, blende ich aus, indem ich das Häkchen abwähle.

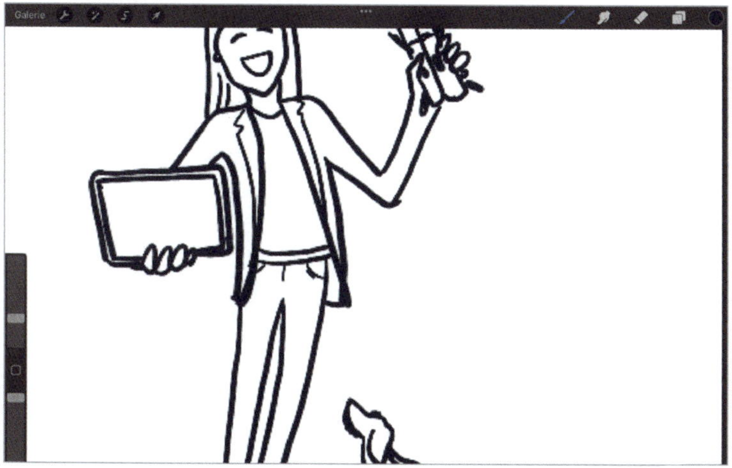

Nun sieht man nur noch meine Zeichnung, wie sie sein soll.

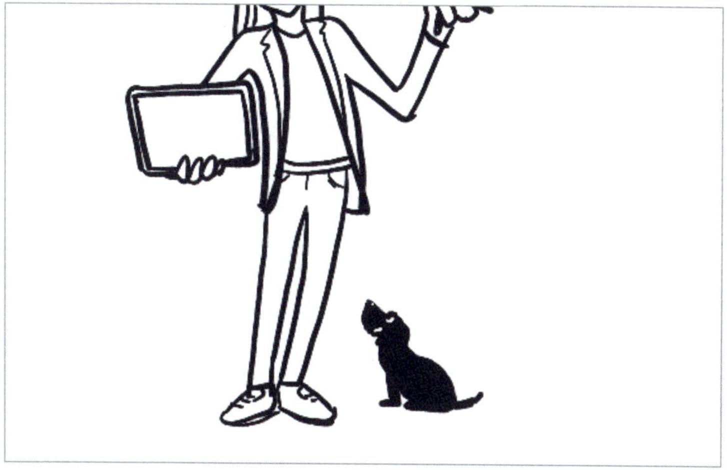

Den Dackel neben der Figur fülle ich noch mit der Colordropping-Funktion.

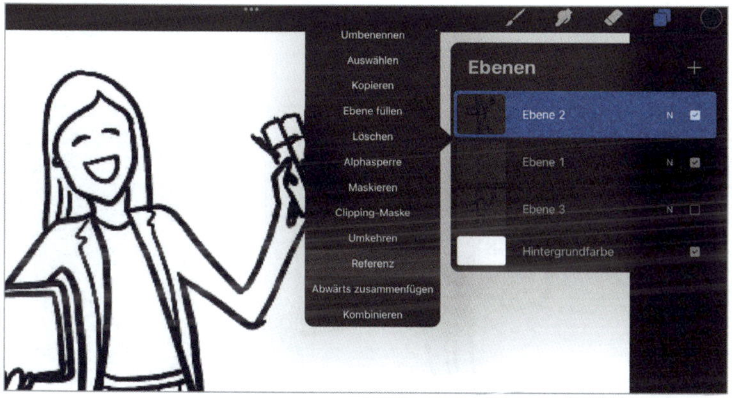

Besser ist aber, wenn die Farbe auf einer eigenen Ebene liegt, so kann man sie im Nachhinein besser bearbeiten. Ein Trick ist, die Ebene mit der Zeichnung als Referenzebene anzulegen.

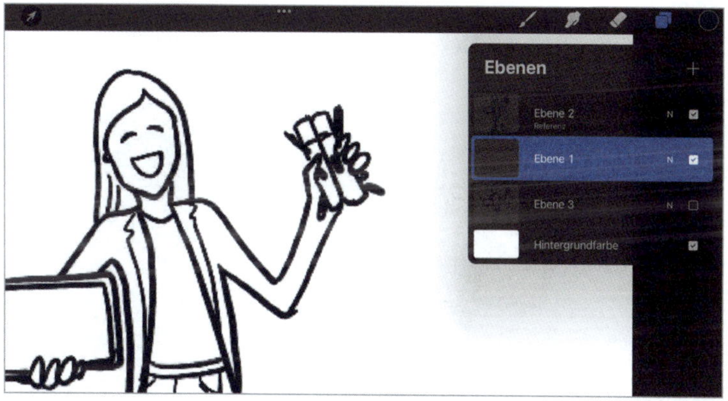

Dazu tippen Sie die Ebene an und wählen »Referenzebene« aus. Achten Sie darauf, dass die Konturen auf der Ebene geschlossen sind!

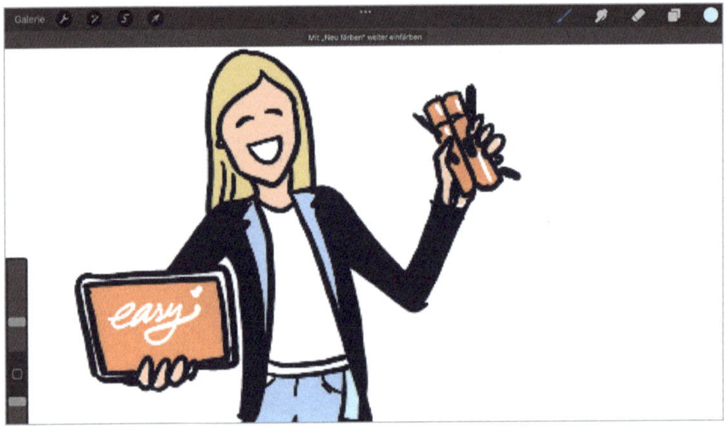

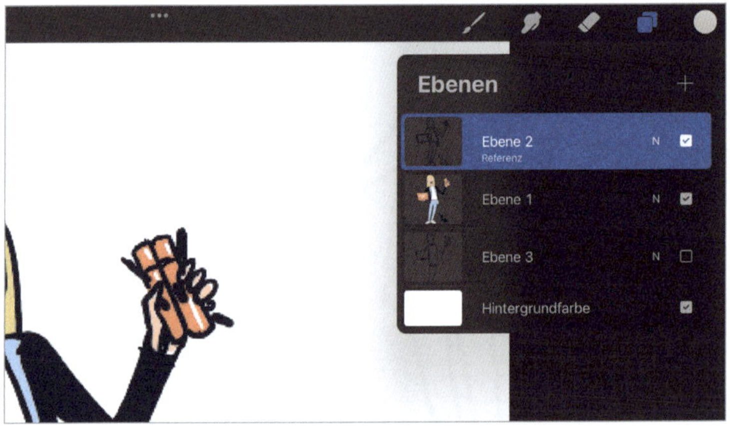

Ich gehe auf die mittlere Ebene und ziehe die Farbe von oben rechts in die gewünschte Fläche. Plopp, gefüllt.

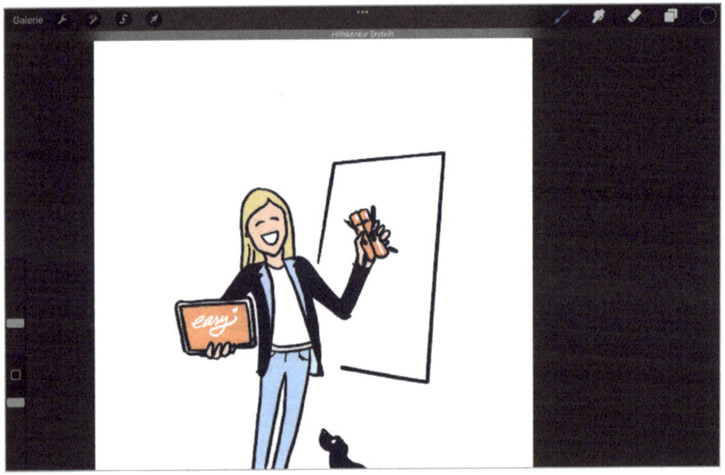

Mir fällt noch ein, ich brauche in dem Bild noch ein Flipchart. Das ergänze ich auf der Referenzebene.

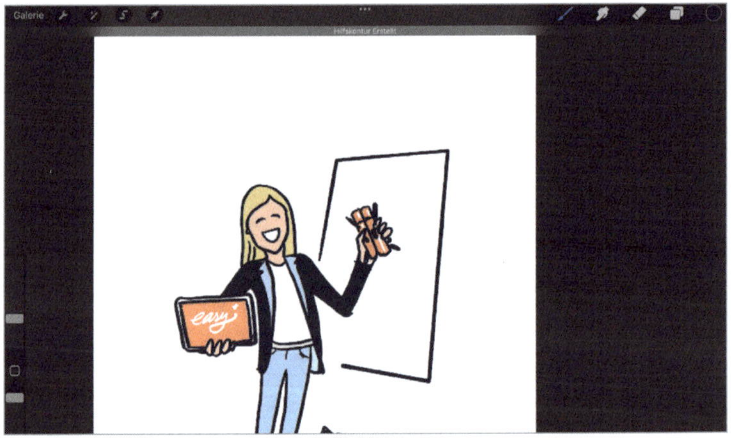

Übrigens: Ein perfektes Rechteck erhalten Sie, wenn Sie freihändig ein Rechteck zeichnen und den Stift aufgesetzt lassen. Dann wird die Form automatisch perfekt.

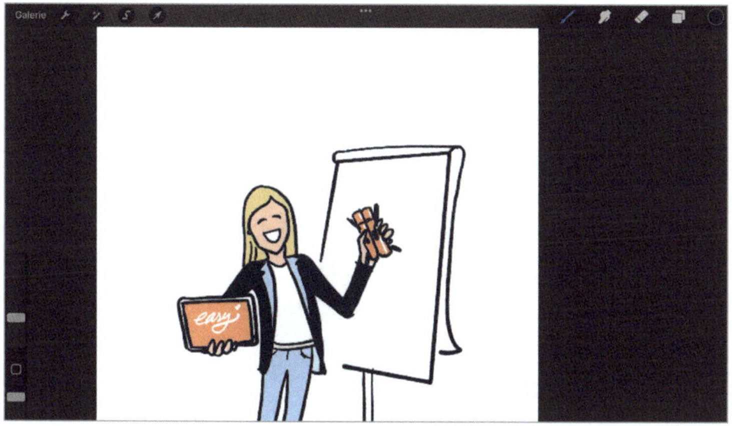

Ich deute mal noch ein umgeschlagenes Flipchartblatt an,

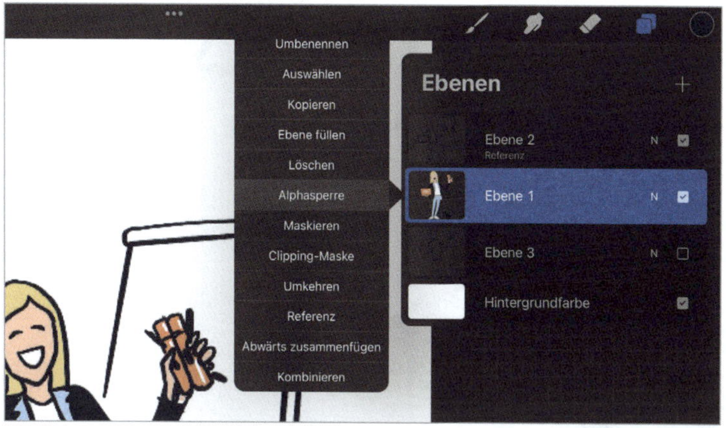

um die Zeichnung eindeutig zu machen. Nun möchte ich gerne noch Licht und Schatten setzen, ohne über die Ränder zu malen. Dazu wähle ich auf der Farbebene »Alphasperre« aus.

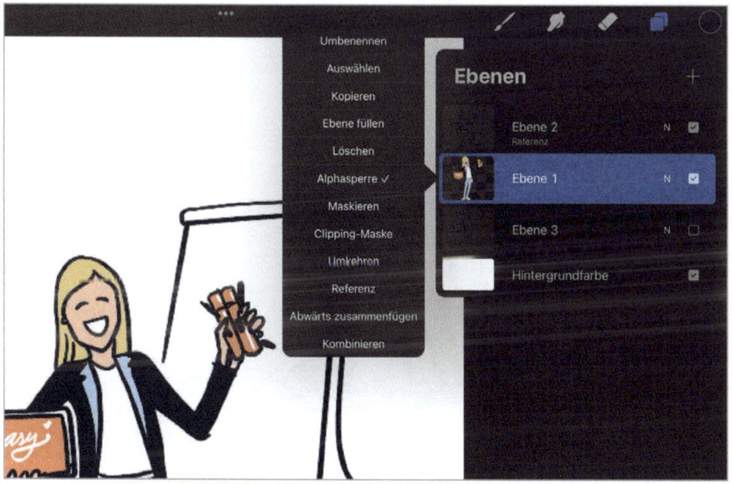

Mit dem Werkzeug »Pinselstift«, der Farbe Weiß und der

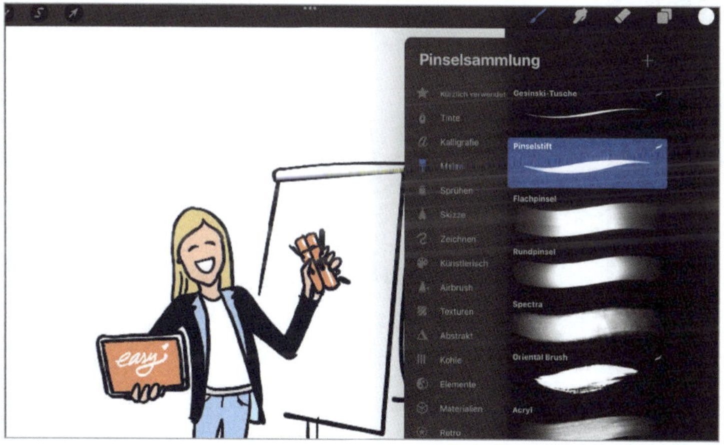

Pinseleinstellung mit geringerer Deckkraft setze ich nun Lichtreflexe.

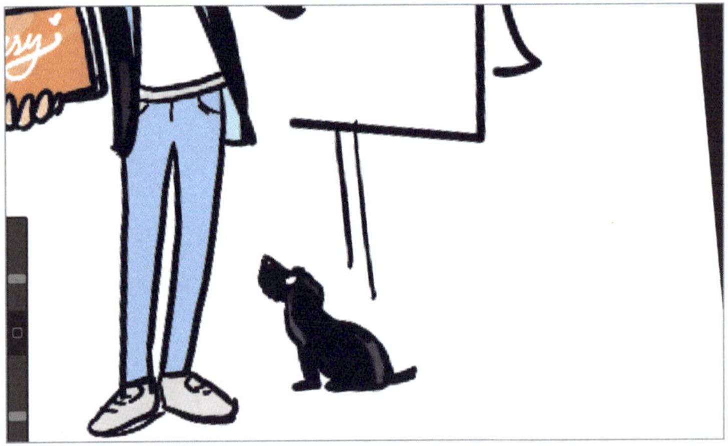

Auch beim Dackel. Ein bisschen Farbe braucht der Dackel ja auch

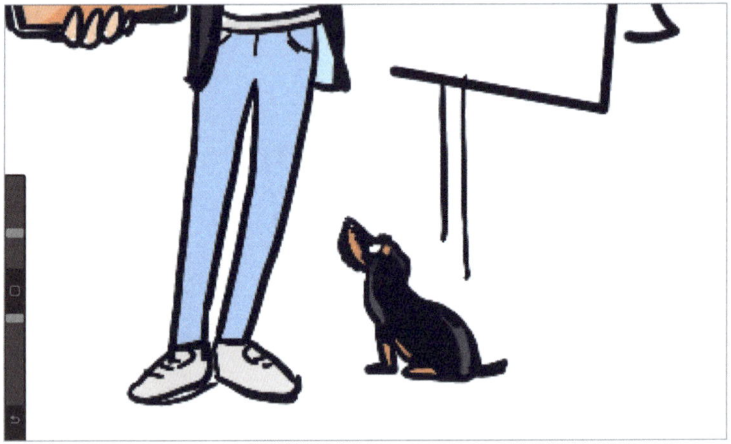

noch. Nun möchte ich gerne einen Objektschatten zaubern, damit es auch so aussieht, als würden der Dackel und ich auch auf dem

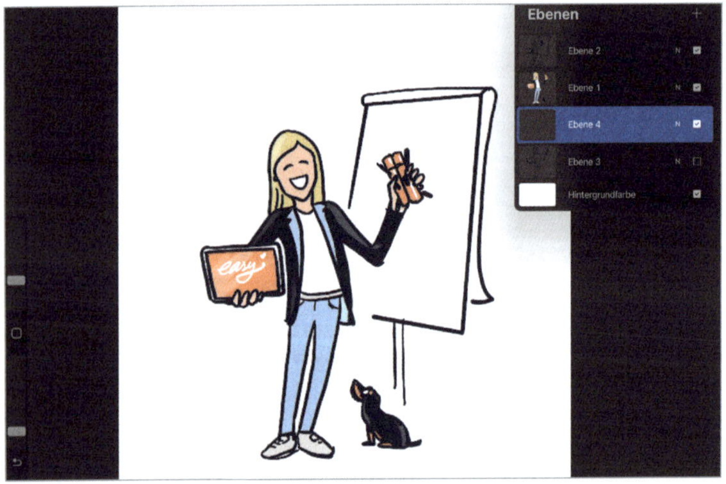

Boden stehen. Dazu lege ich eine neue untere Ebene an, wähle

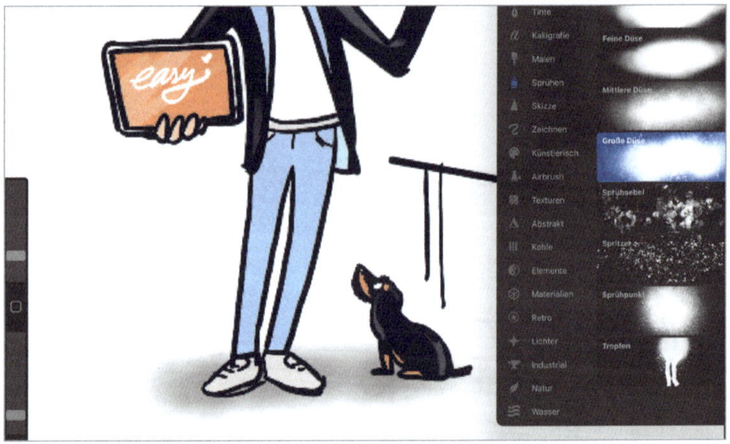

unter »Sprühen« das Werkzeug »Große Düse« aus und sprühe mit Schwarz ganz soft einen Schatten.

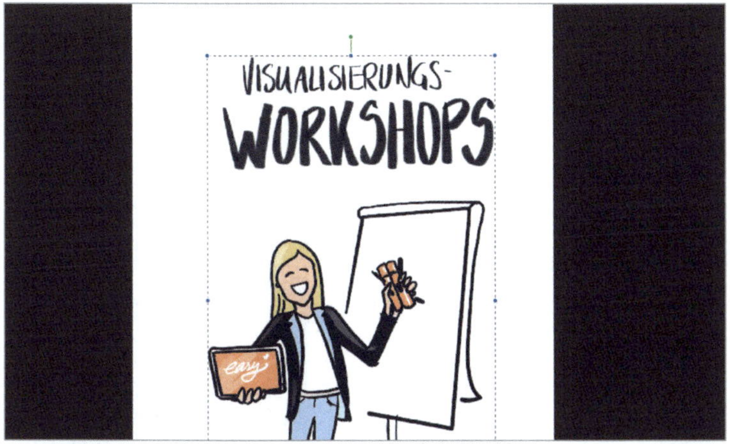

Eine Überschrift wäre gut, hier mit dem Werkzeug »Gesinski-Tusche«.

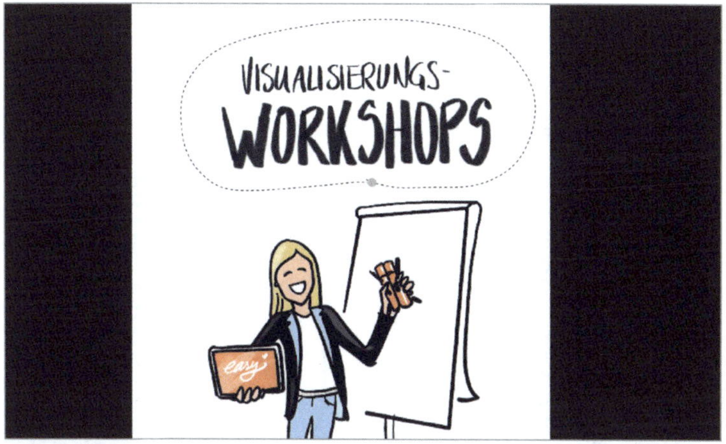

Oh Mist, jetzt ist der Text auf der falschen Ebene! Mit dem Auswahlwerkzeug umkreise ich den Text …

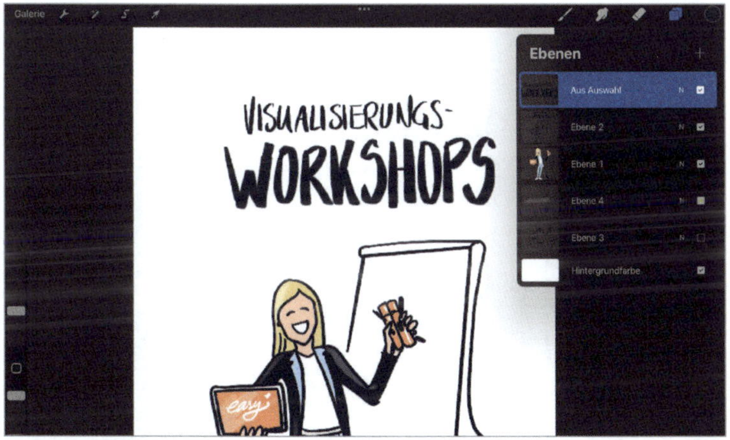

und bringe mit der Funktion »Kopieren und einfügen« den Bereich auf eine neue Ebene.

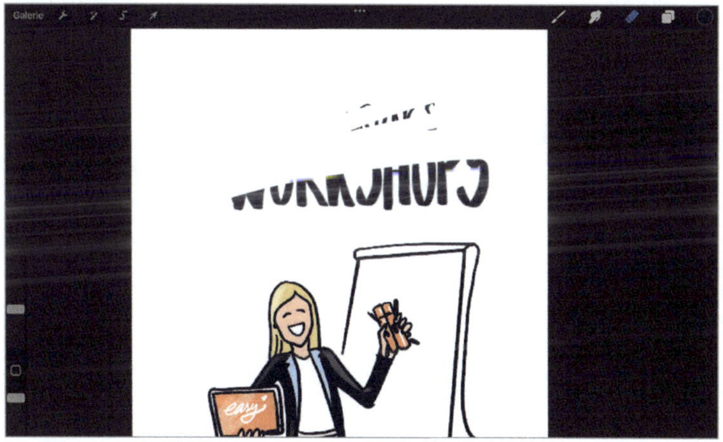

Den Text auf der falschen Ebene muss ich nun noch wegradieren.

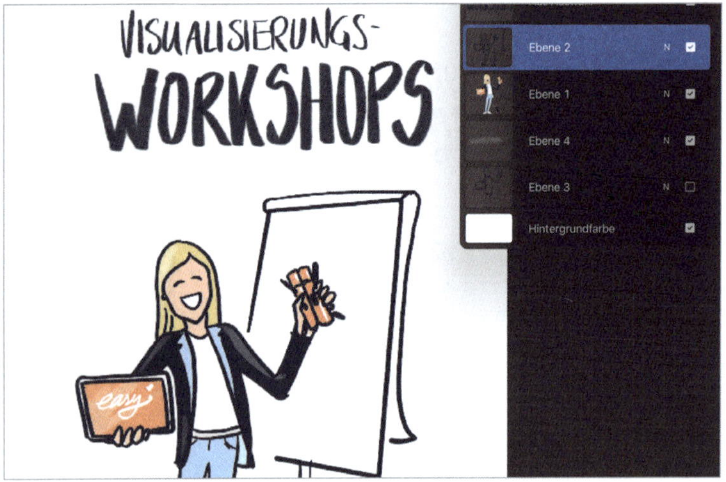

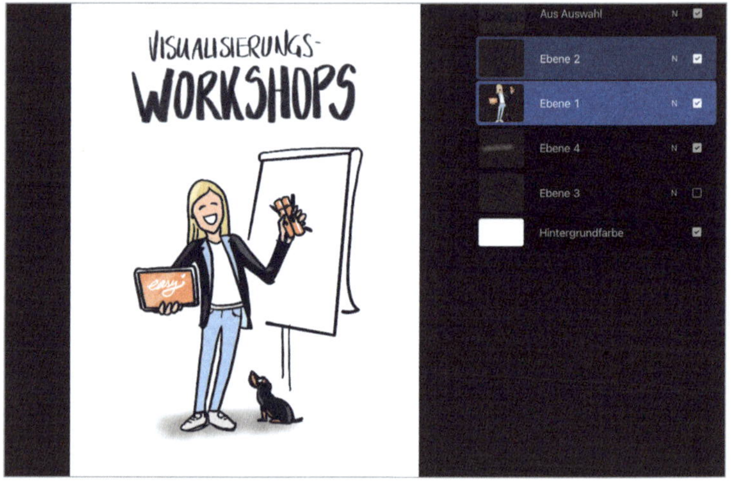

Wenn ich jetzt den Textbereich und den Bildbereich sauber ausrichten möchte, verbinde ich erst einmal die Konturebene mit der Farbebene, indem ich die Ebenen kurz hintereinander mit einem leichten Wisch nach rechts auswähle.

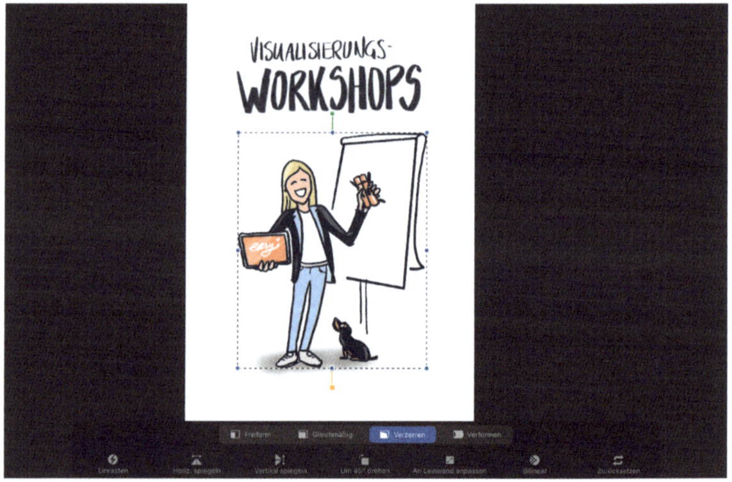

Mit dem blauen Pfeil oben, dem Skalierwerkzeug, kann ich den Bereich nun verschieben und skalieren. Exportieren und fertig.

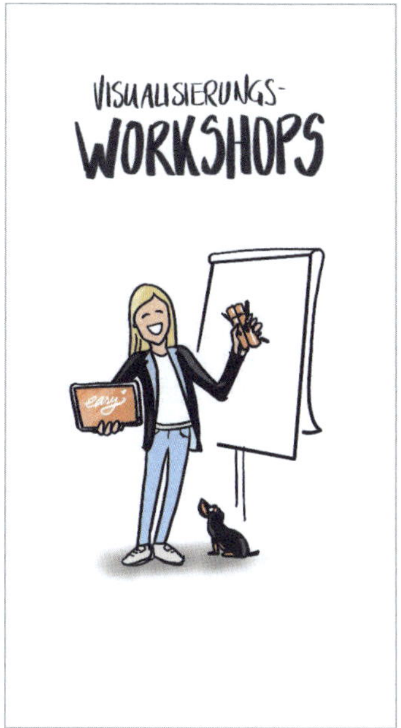

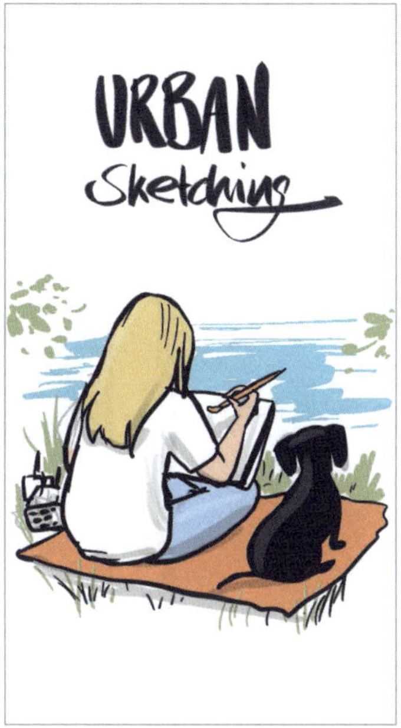

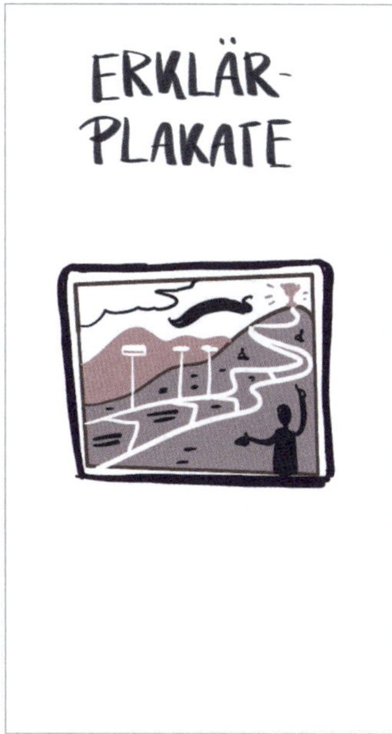

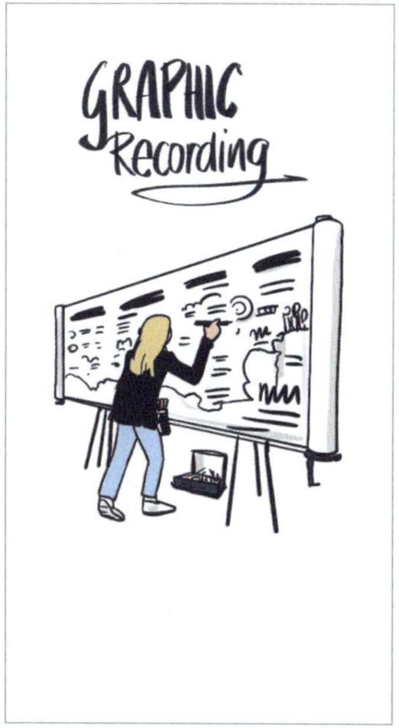

Na ja, fast fertig. Ich brauchte noch mehr Story-Icons und fertigte noch einige auf die gleiche Weise an.

Highlight-Kapitelseiten

Und wie bekommt man die Icons jetzt eingefügt, ohne dass es ein Story Post wird und alle sehen, dass man an seinem Profil geschraubt hat? Hm? Hier gibt es einen Trick!

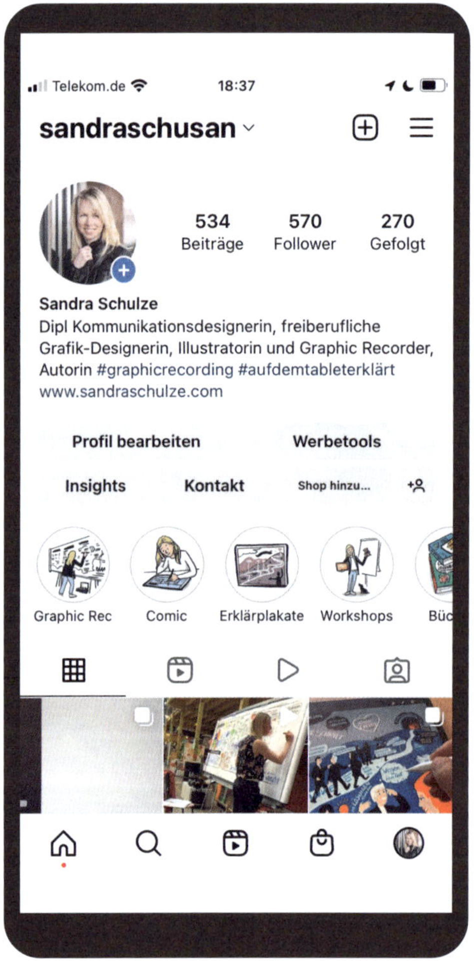

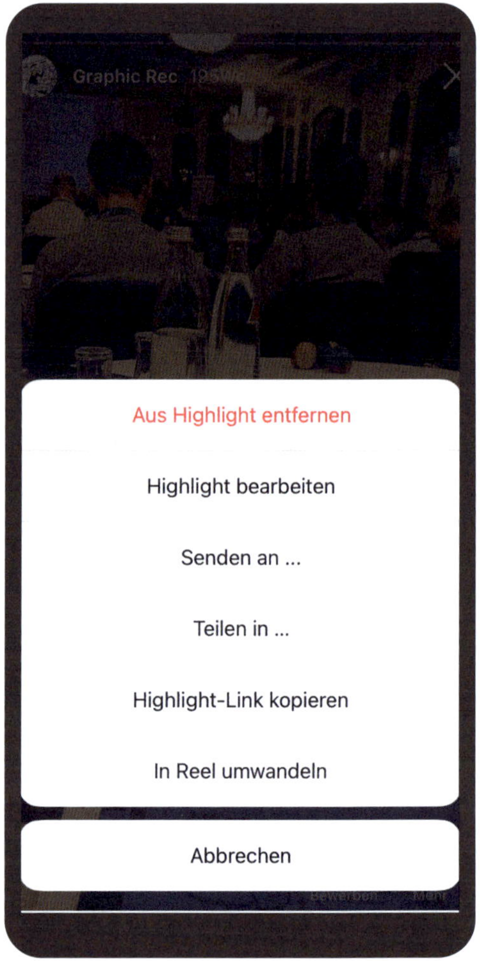

Sie gehen auf ein Highlight, tippen auf die unscheinbaren drei Punkte im unteren Bildbereich und tippen auf »Highlight bearbeiten«.

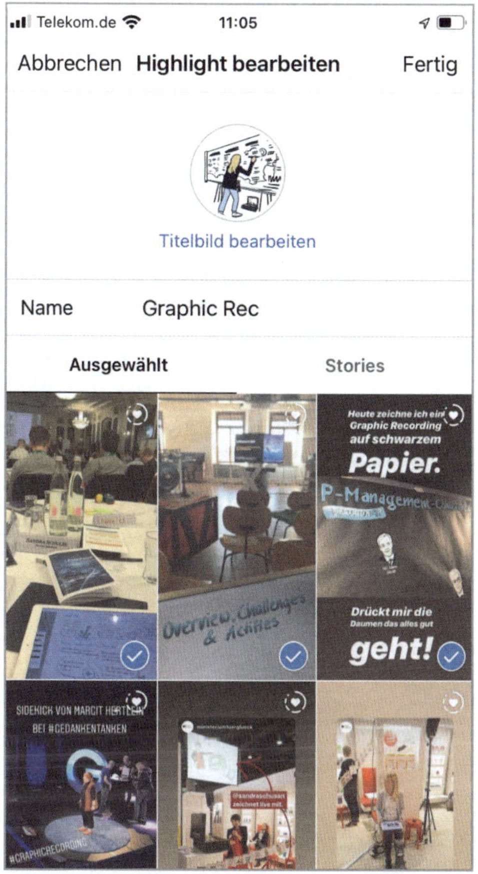

Jetzt können Sie das Titelbild bearbeiten.

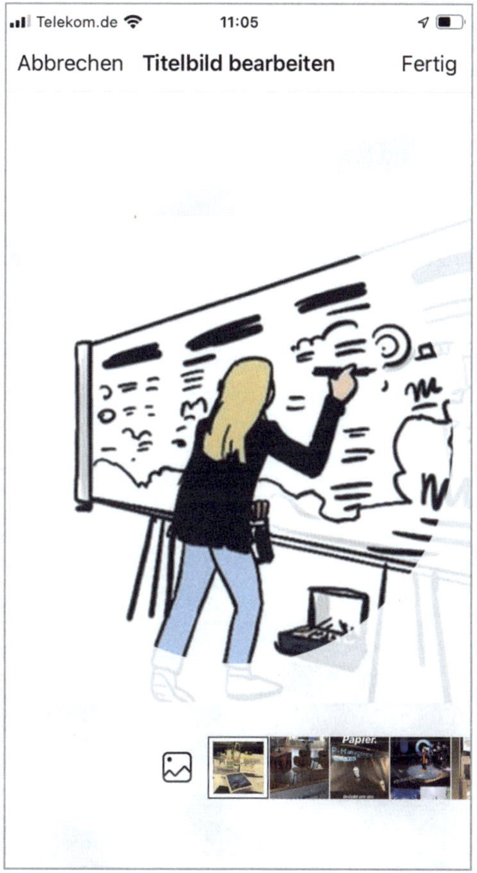

Tippen Sie auf das Titelbild und dann auf das Bild-Symbol.

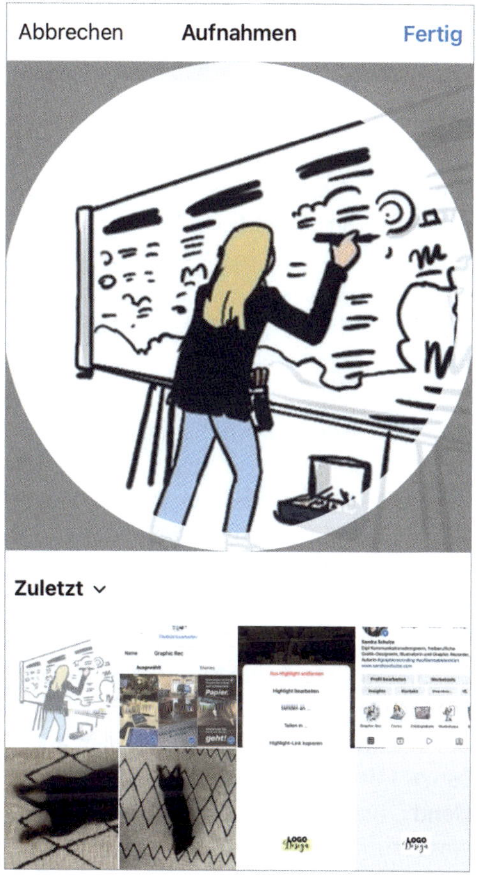

Nun können Sie das vorher angefertigte Bild einsetzen. Ganz diskret.

Instagram-Story-Tipps

Mit bearbeiteten Inhalten können wir ziemlich schöne Geschichten schreiben, aber wir können es noch besser machen: Lassen Sie uns einen Designpunkt in die Stories setzen! Das Layout ist der beste Weg, um unsere Stories unterhaltsam und überraschend zu gestalten. Farbrahmen, Foto- und Videocollagen, schöne Texte …

Ich liebe die Instagram-App, aber wenn ich eine einzige App behalten müsste, um meine Geschichten zu erzählen, wäre das InShot! Mit **InShot** können wir Videos und Fotos bearbeiten, benutzerdefinierte Collagen erstellen, verschiedene Videos ausschneiden und zusammenfügen … Es ist super vollständig und kostenlos!

Eine andere Anwendung, die ich wirklich mag, besonders wenn ich verschiedene Schriftdesigns verwenden möchte, ist **Canva**. Mit dieser App können Sie von Ihrem Handy, iPad oder Computer aus arbeiten, was sich hervorragend für eine schnellere Bearbeitung eignet.

Unfold ist die App, mit der alle Instagrammer und Influencer in kürzester Zeit beeindruckende Geschichten erstellen. Das Beste daran ist, dass die Vorlagen wunderschön sind und Sie großartige Ergebnisse erzielen können, ohne über das Design Bescheid zu wissen. Das einzig Schlechte ist, dass es nicht viele Optionen gibt, um Ihre Designs anzupassen. Ein Trick: Mischen Sie Designs, die mit Unfold erstellt wurden, und andere, die in anderen Apps in derselben Story angepasst wurden, um einzigartige Geschichten zu erhalten.

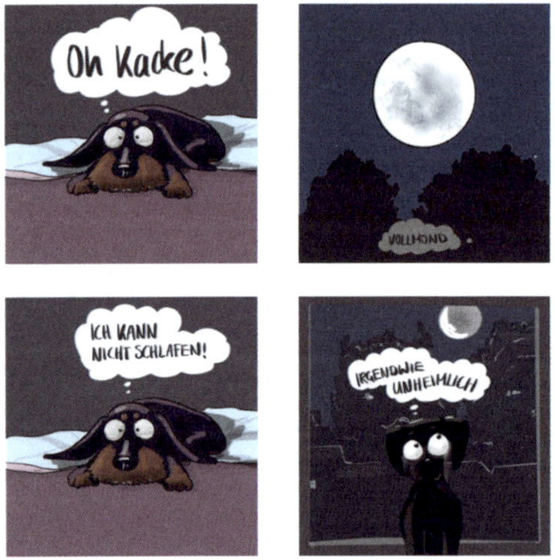

App-Tipps:

- A color Story (für Android und IOS)
- InShot
- Canva

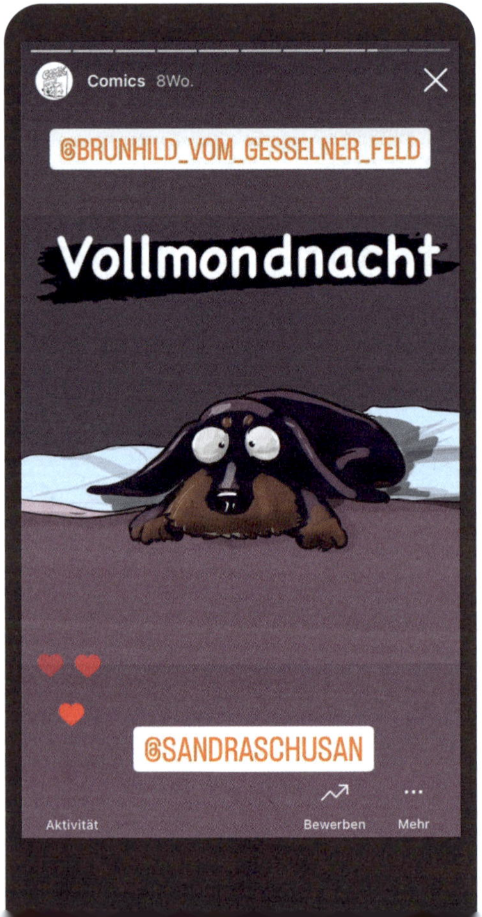

Fehler bei der Erstellung von Inhalten

Denken Sie beim Erstellen von Geschichten daran, dass ihr Hauptziel darin besteht, etwas zu kommunizieren. Überlegen Sie: Was möchten Sie mit diesen Geschichten erzählen? Definieren Sie, welche Geschichte Sie erzählen möchten, und sehen Sie, wie sie auf den Bildschirmen erzählt wird.

Niemand ist daran interessiert, Geschichten mit einer Mischung aus Aufklebern, Fotos und Texten zu sehen, die ihnen nichts sagen. Geben Sie ihnen eine Bedeutung! Dies zu vernachlässigen ist ein sehr häufiger Fehler beim Erstellen von Geschichten. Denn genau das bringt jemanden am ehesten dazu, sich auf Ihre Inhalte einzulassen!

Layout-Fehler

Wenn wir Geschichten schreiben, neigen wir dazu, viele Elemente (Texte, Fotos, verschiedene Aufkleber) auf denselben Bildschirm zu bringen, was das Publikum übersättigt, sodass es einfach weiterklickt. Um dies zu lösen, versuchen Sie, die Elemente zu begrenzen und Leerflächen in Ihrem Design zu lassen.

Zu viel Typo

Achten Sie beim Erstellen von Layouts darauf, dass nicht zu viele verschiedene Schriftarten gleichzeitig verwendet werden. Dies führt ansonsten zu viel Chaos auf diesem Bildschirm, und das Ergebnis ist eine nicht sehr attraktive Geschichte. Versuchen Sie, es auf ein bis zwei Schriftarten pro Story zu beschränken!

Zu viel Farbe

Ich empfehle immer, wenn Sie eine Geschichte entwerfen, über die Verwendung von Elementen mit einer bestimmten Farbpalette nachzudenken, die mit Ihren Inhalten (Fotos oder Videos) kombiniert werden können. Versuchen Sie zunächst, maximal zwei Farben zu verwenden!

Harmonisch wirkt es auch, wenn Sie mit dem Pipetten-Werkzeug eine Farbe aus dem Foto ziehen und verwenden.

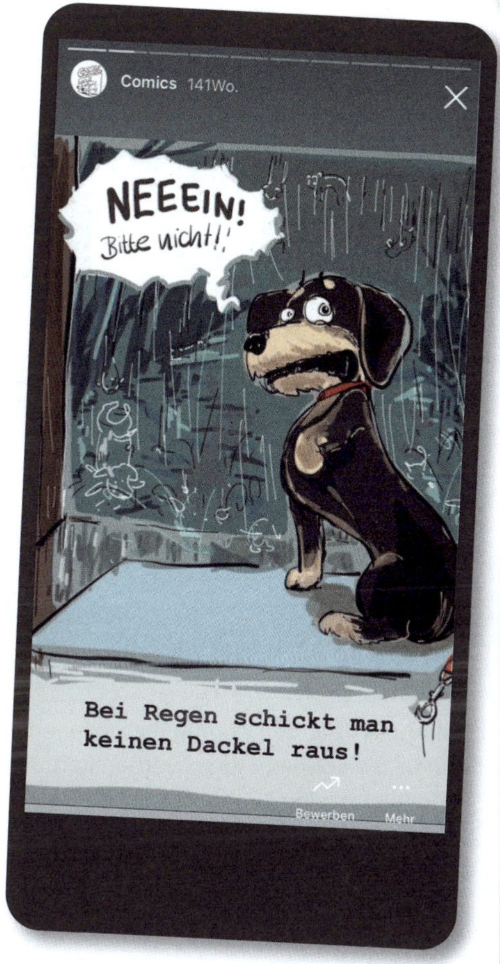

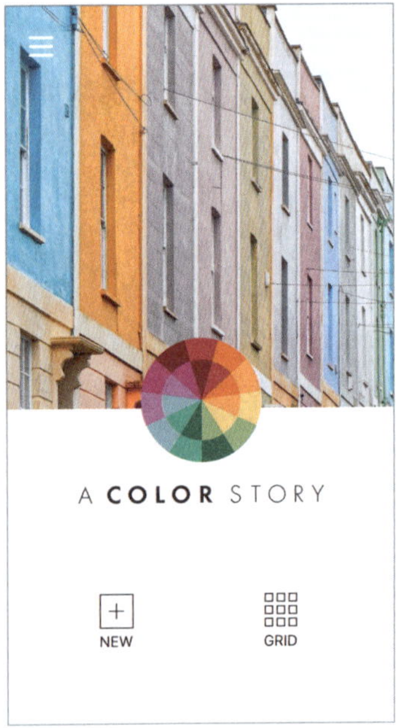

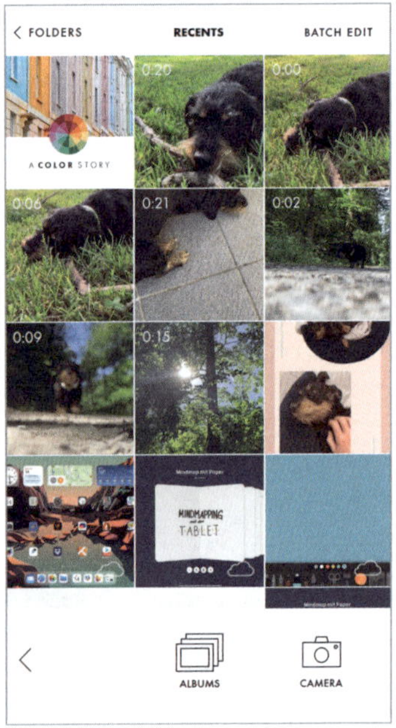

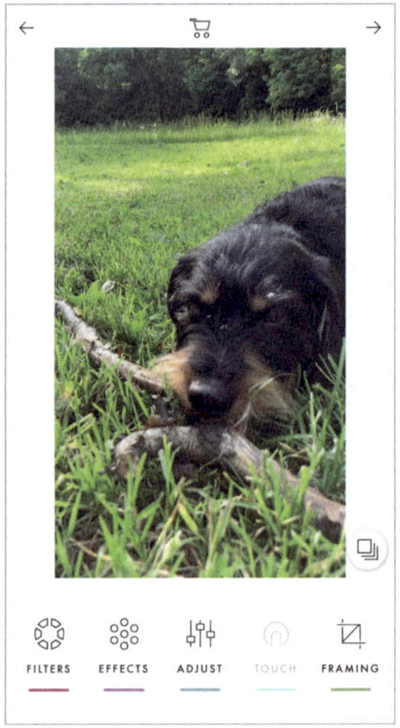

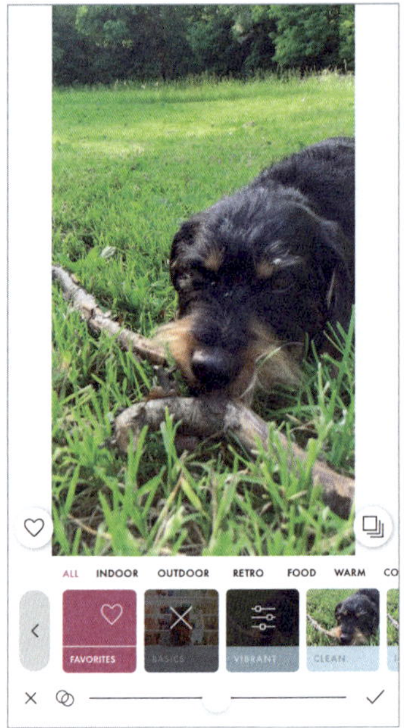

Zeit sparen beim Storydesign

Die App **A Color Story** empfehle ich Ihnen, weil Sie mit der App Zeit sparen. Sie können Stories vorbereiten und planen. Oder mehrere Bilder gleichzeitig bearbeiten, wenn Sie sie vorher gemeinsam auswählen. Es ist eine Arbeitserleichterung, wenn Sie dafür Ihre Fotos in Alben sortieren. Ich habe mir auch einen Ordner mit Hintergrundbildern für Stories angelegt, in dem nur Farbflächen in meinen Firmenfarben liegen. Einen Ordner mit Comics und einen eigenen Ordner für Produktbilder sowie fertige Story-Bilder, die ich in der App A Color Story mit Fotos und Farbflächen gestaltet habe. Die jeweilige Typo setze ich erst beim Posten ein. So kann ich die gestalteten Bilder mehrfach benutzen.

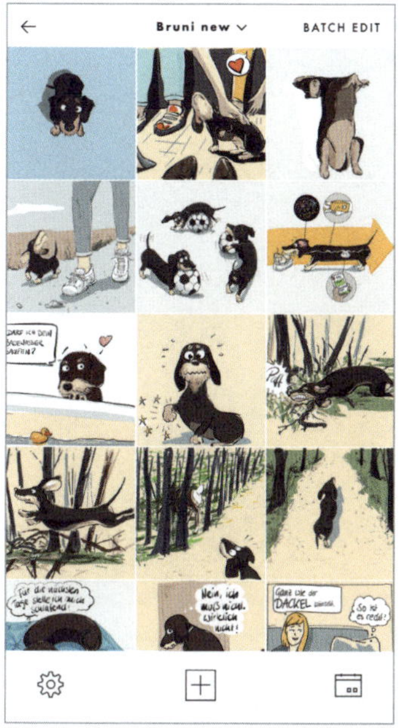
Bruni new
BATCH EDIT

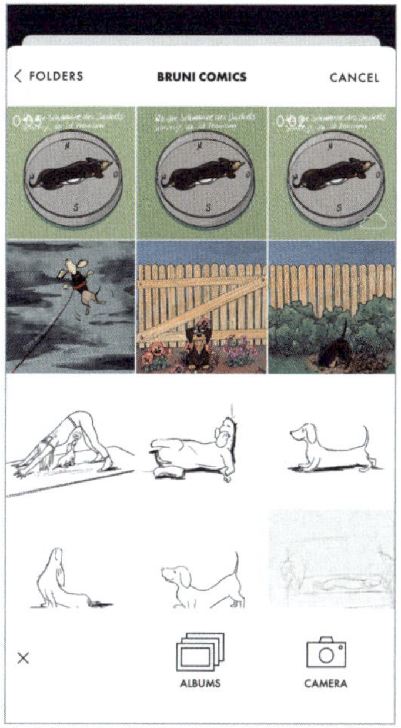
FOLDERS
BRUNI COMICS
CANCEL
ALBUMS
CAMERA

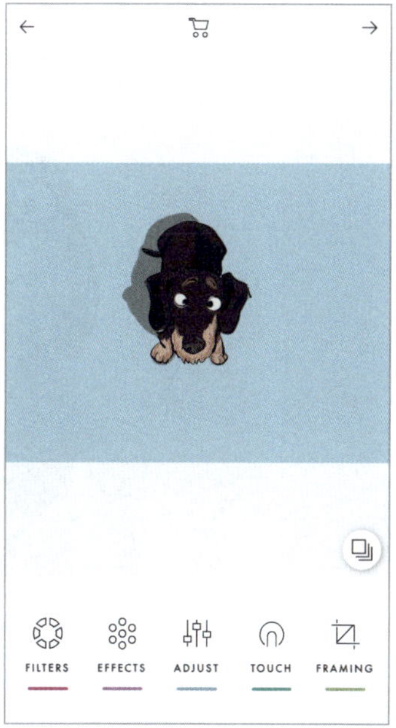
FILTERS
EFFECTS
ADJUST
TOUCH
FRAMING

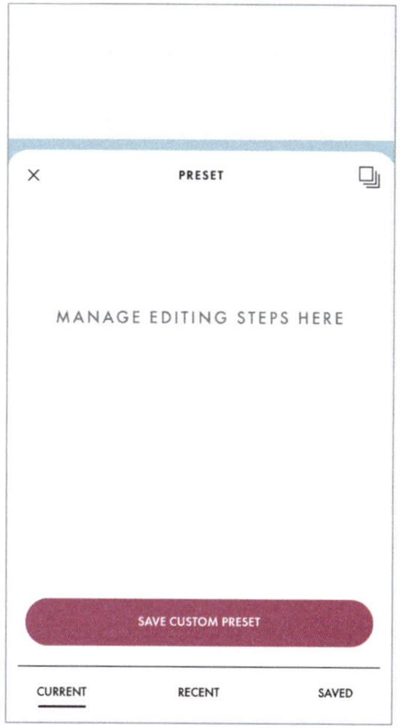
PRESET
MANAGE EDITING STEPS HERE
SAVE CUSTOM PRESET
CURRENT
RECENT
SAVED

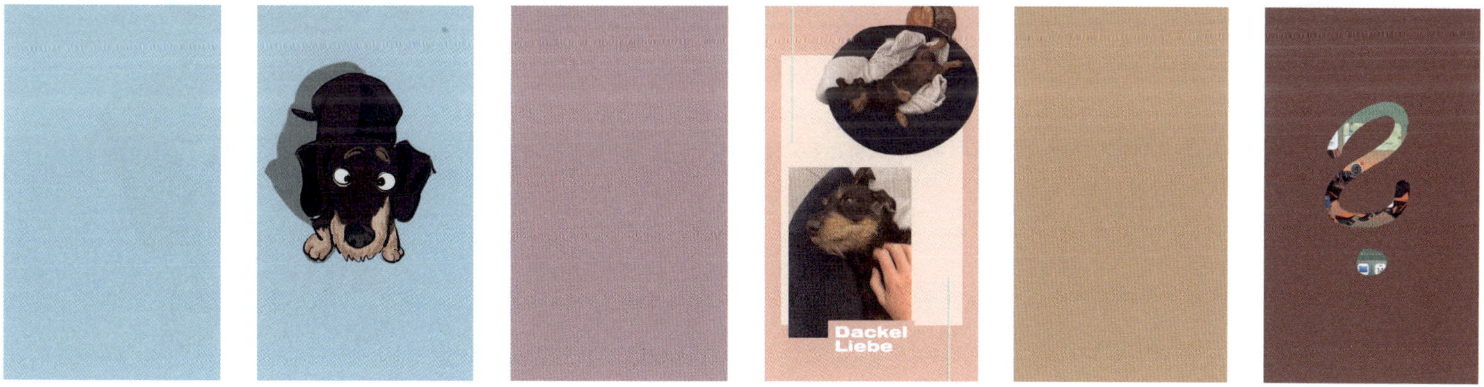
Dackel
Liebe

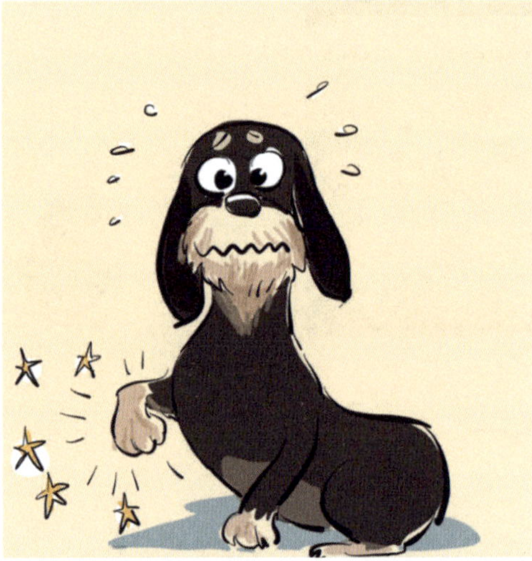

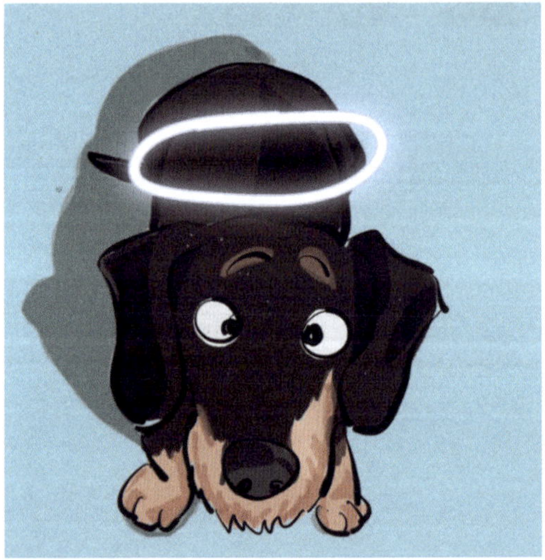

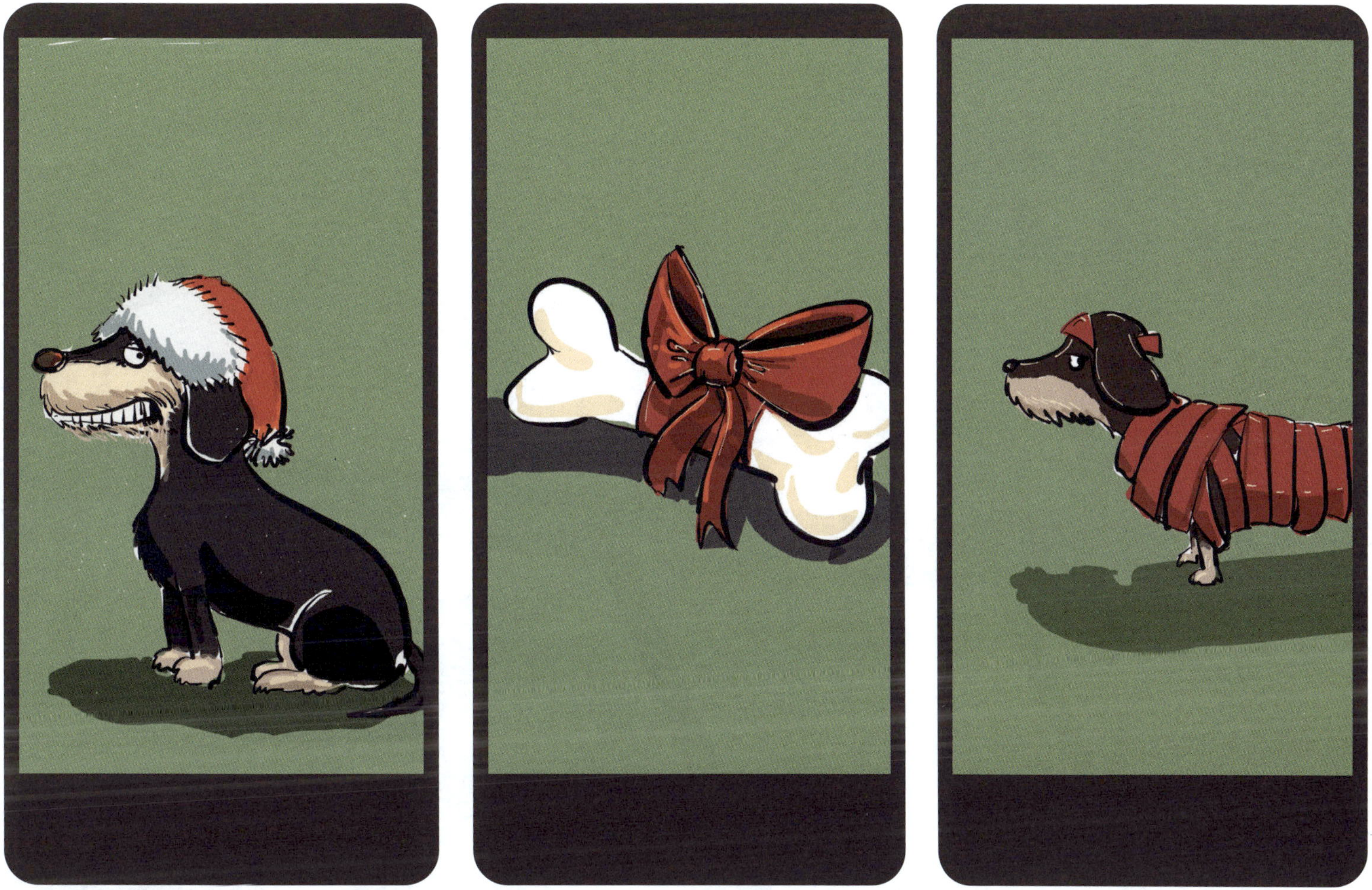

Nur lustige Bilder (wie in diesem Beispiel) sind zu wenig, es braucht auch eine Aktivität, Frage oder Aufforderung. Was sollen die Betrachter:innen tun: einen Shop besuchen, einen Beitrag kommentieren, teilen oder eine Umfrage beantworten?

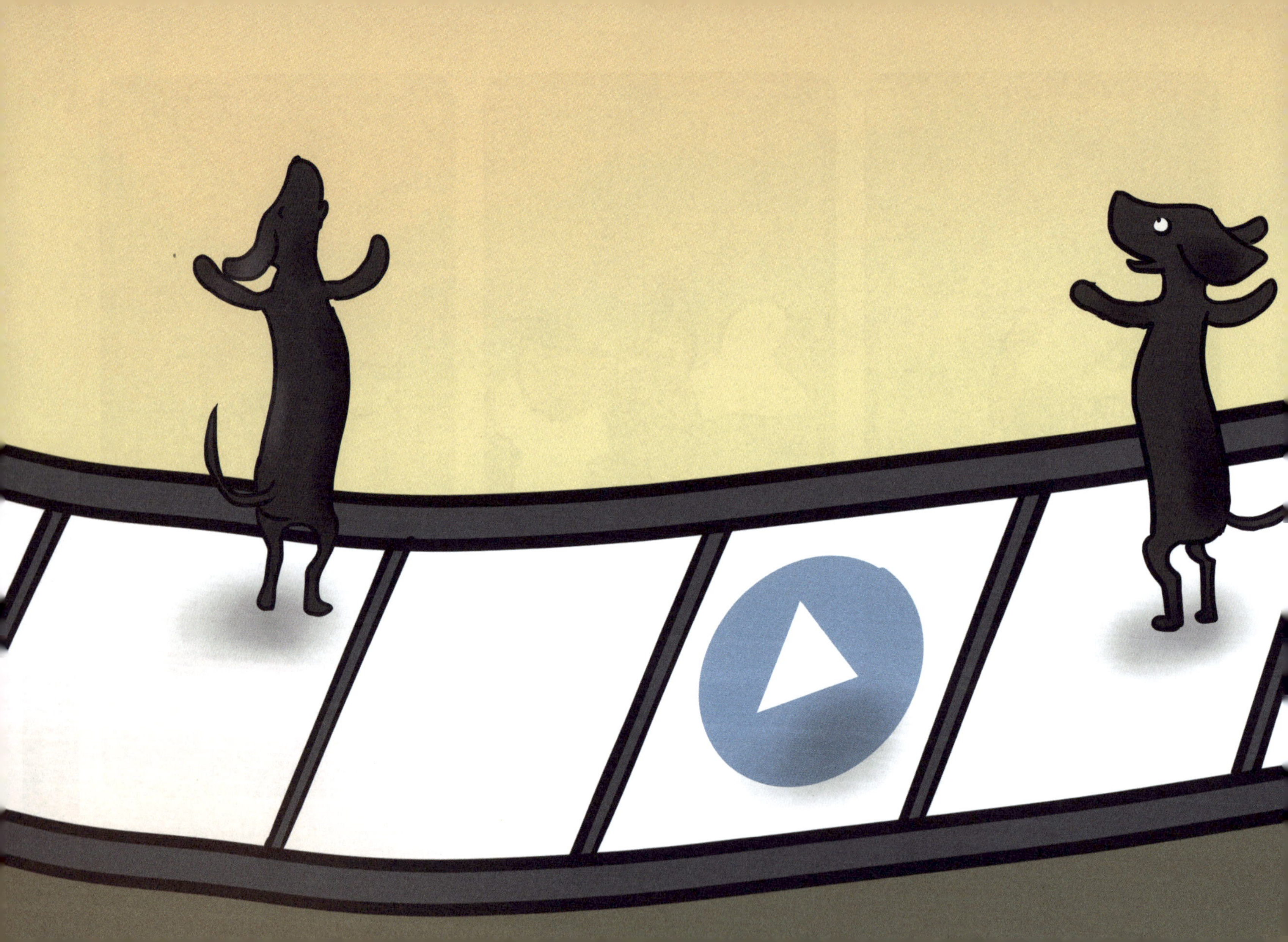

11 Bewegte Bilder

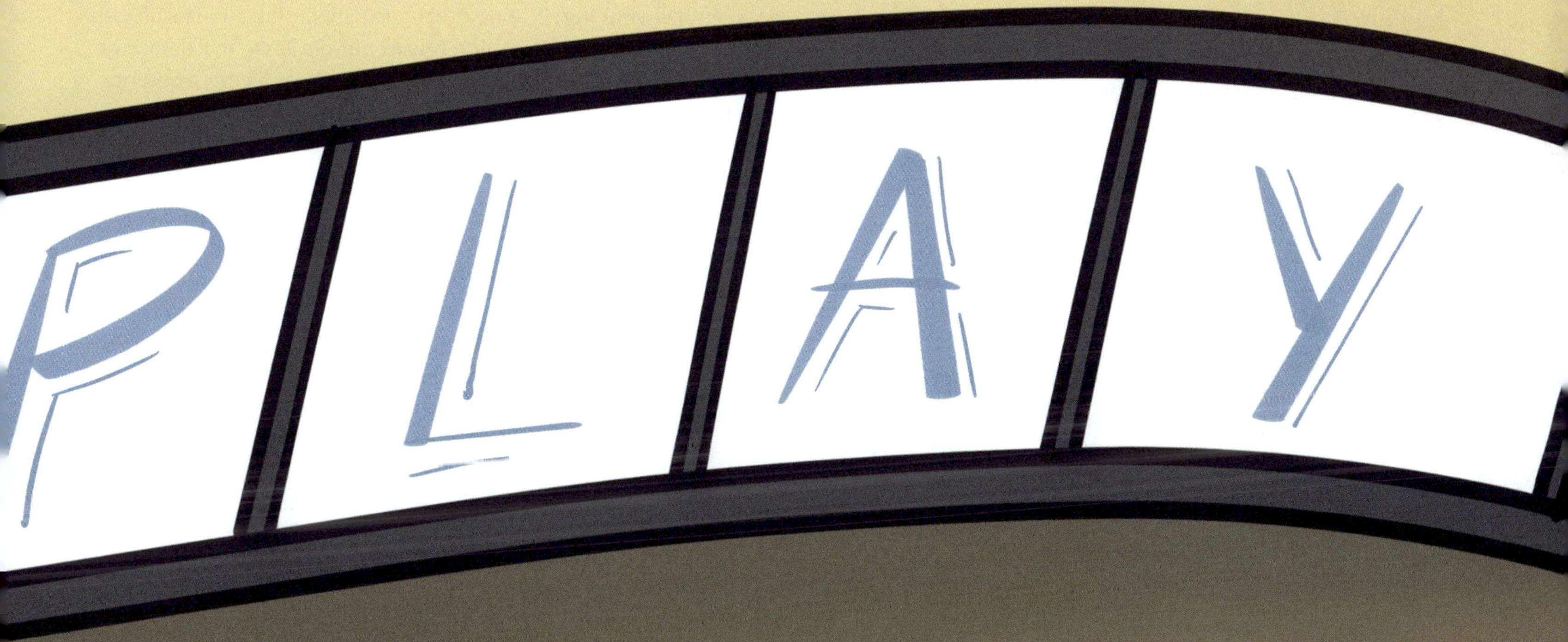

Filme

So erstellen Sie kreative Videos

Rewind/Reverse/ Rückwärts-Videos

Einen tollen Effekt machen gezeichnete Videos, die rückwärts ablaufen (der Ball fliegt vom Bett in Ihre Hand, das Wasser läuft aus dem Glas zurück in den Krug). Wir können solche Videos erstellen, indem wir ein normales Video aufnehmen und dann den Effekt »Rewind« oder »Zurückspulen« hinzufügen. Um den Effekt auf ein bereits aufgenommenes Video zu legen, können wir dies mit der Anwendung **Reverse Movie FX** und der Option »Invertiertes Filmzaubervideo invertieren« tun, wenn Sie Android haben, oder mit der Anwendung **InShot**, wenn Sie ein iPhone haben und die Option »Umkehren« wählen.

Für Android: Reverse Movie FX

Für iPad/iPhone: In Shot – Video Editor

Trick

Denken Sie daran, sehr gut zu überlegen, was im Video passieren soll, da Sie es vorwärts aufnehmen. Wenn Sie möchten, dass ein Glas Wasser im Video geleert und das Wasser in den Krug zurückgeführt wird, müssen Sie den Wasserkrug aufzeichnen, indem Sie das Wasser in das Glas gießen. Wenn Sie möchten, dass ein Ball vom Bett zu Ihrer Hand fliegt, müssen Sie aufzeichnen, wie Sie den Ball zum Bett werfen. Üben Sie es, dann werden Sie darin bald Meister!

Boomerang

Dieser Effekt zaubert aus einem kleinen Filmschnipsel eine Endlosschleife, ähnlich wie bei einem Pingpongspiel. Wir können es über die **Instagram**-App in der Stories-Oberfläche oder über die **Boomerang**-App aufzeichnen.

Superzoom

Wir können es über die **Instagram**-App in der Stories-Oberfläche aufnehmen.

Trick

Überprüfen Sie, ob Instagram neue Superzooms erstellt, um diese bei der Planung von Geschichten zu berücksichtigen. Wenn Sie beispielsweise in einer Geschichte darüber sprechen, dass Sie keinen Tee mögen, können Sie daran denken, den Effekt Superzoom zu benutzen, um ein X als Symbol für eine durchgestrichene Tasse hinzuzufügen. Dadurch wird auf die Tasse mit dem X gezoomt und genau dieses Element betont.

Zeitraffer

Sie können einen Zeitraffer auf drei Arten erstellen: Wenn Sie ein iPhone haben, können Sie zum Aufnehmen die Instagram-App **Hyperlapse** verwenden, da Sie anschließend die Abspielgeschwindigkeit auswählen können. Der zweite Weg auf dem iPhone besteht darin, das Video mit der normalen Kamera aufzunehmen und dann die Geschwindigkeit mithilfe von **InShot** zu erhöhen, mit der Sie auch die Geschwindigkeit auswählen können, mit der es aufgenommen werden soll. Normalerweise mache ich das mit InShot.

Die dritte Möglichkeit ist, mit der App **Procreate** direkt den Zeichenprozess aufnehmen zu lassen, um ihn anschließend als Zeitraffer abspielen zu können. Dies geschieht automatisch, wenn Sie die entsprechende Option aktiviert haben. Ich zeige Ihnen gleich, wie das geht.

Trick

Für die ersten beiden Möglichkeiten empfehle ich die Verwendung eines Stativs, wenn der Rahmen fixiert bleiben soll. Der einzige Grund, warum Sie es nicht verwenden sollten, ist, dass Sie einen Zeitraffer einer Tour machen möchten, z.B. ein Video, das zeigt, wie Sie von der U-Bahn-Station zu einem Geschäft gelangen oder Ähnliches.

Stop Motion

Stop-Motion-Videos (Bild-für-Bild-Filme) können inzwischen direkt in der **Instagram**-App aufgenommen werden. Ich benutze allerdings immer die App **Stop Motion Studio** (Android und iOS), um solche Trickfilme zu machen. Ich habe zum Beispiel solche Videos mit Legofiguren erstellt. Die Figuren etwas bewegen, auf den Auslöser drücken, wieder bewegen und auf den Auslöser drücken … wiederholen, bis eine Handlung vollständig gefilmt wurde. Mit dieser App hat man viele Optionen, wie das Bearbeiten der von Ihnen erstellten Frames, das Ändern ihrer Reihenfolge, das Löschen einiger Frames, die Möglichkeit, einen Frame länger anzuhalten als die anderen. Es gibt so viele Varianten, spielerisch einen Film zu erstellen.

Animationen und GIFs

Kurze Animationen erstelle ich auch in der App **Procreate**, sogenannte Bild-für-Bild-Animationen. Diese kann man als Video oder als animiertes GIF exportieren und in Präsentationen oder Posts, Stories oder in Textnachrichten benutzen.

Eine andere App, die auch Spaß macht, um kleine Trickfilme zu erstellen, ist **FlipaClip**.

Bildschirmaufnahme

Mit dem iPad und iPhone können Sie ohne zusätzliche App den Bildschirm aufnehmen. Da ist praktisch, wenn Sie langsam und in »Echtzeit« etwas beim Betrachten entstehen lassen möchten. Zeichnen aufnehmen finde ich zauberhaft, gerade wenn man im Nachhinein noch Musik unterlegt.

Trick

Unter »Systemeinstellungen« (IOS) und dann unter »Bedienungshilfen« können Sie die Bildschirmaufnahme als Kurzbefehl hinzufügen. So können Sie auf Ihrem Tablet mit einem Wisch nach unten sofort den Bildschirm aufnehmen.

Zeitraffer mit Procreate

Für mich ist die »Zeitrafferfunktion« in Procreate ein Segen! Wenn ich auf Veranstaltungen für ein ganztägiges Graphic Recording gebucht werde, zeichne ich zu jedem Vortrag und Workshop ein Bild. Am Ende der Veranstaltung kann ich dann die einzelnen Zeitraffer abspielen als Zusammenfassung. Meistens habe ich vom letzten Vortrag bis zur Präsentation meiner Zusammenfassung weniger als fünf Minuten Zeit, einen Film zu erstellen. Dafür habe ich einen Trick: die Diashow!

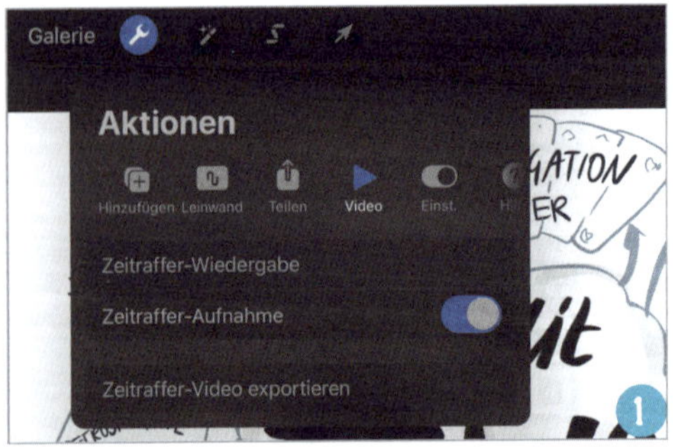

Über »Einstellungen« und »Video« gelangen Sie zum Zeitraffer. Bei mir ist die Zeitrafferaufnahme immer aktiviert.

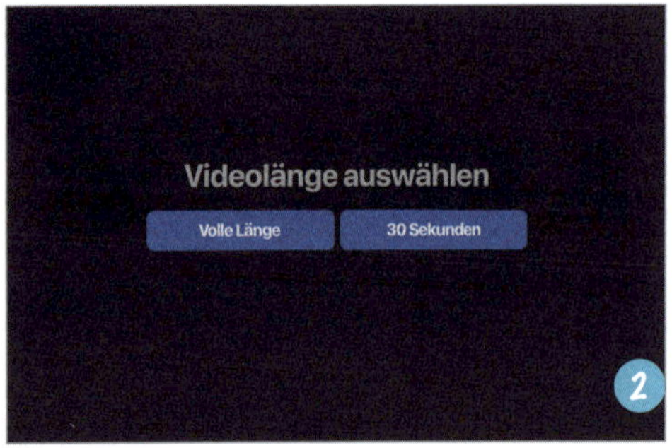

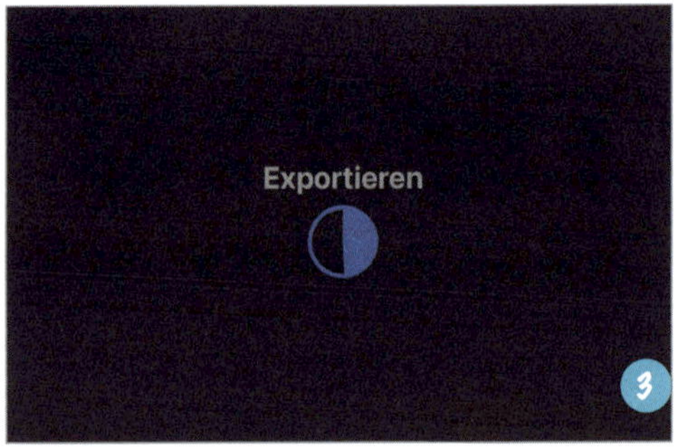

Wenn Sie auf »Zeitraffer exportieren« tippen, haben Sie die Wahl zwischen einem 30 Sekunden langen Clip oder der vollen Länge.

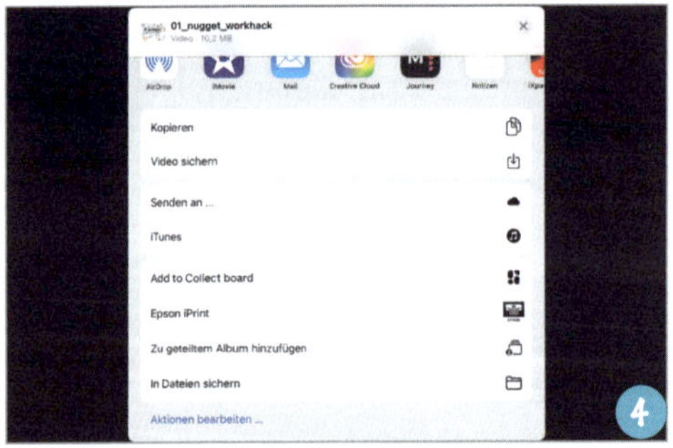

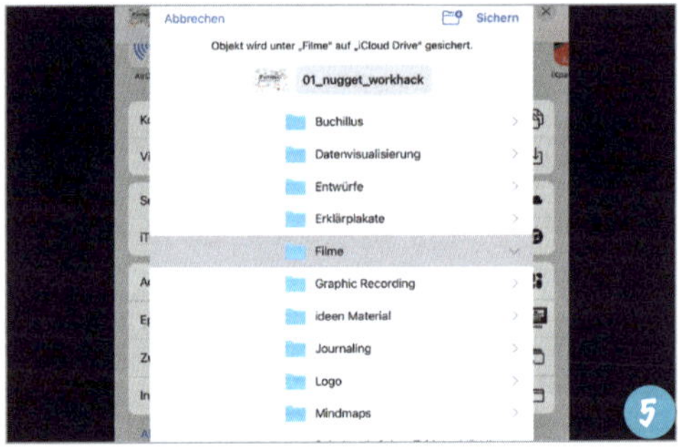

Das Video können Sie nun in Ihren Dateien sichern oder in Ihren Fotos auf dem Tablet. Wenn Sie ziemlich flott Ihre Ergebnisse präsentieren müssen, dann speichern Sie sie am besten in Fotos (»Video sichern«).

Diashow-Express-Film

Während der Veranstaltung, nach jedem Slot, speichere ich den Zeitraffer und exportiere die Zeichnung als Bilddatei in meinen Fotos und sortiere sie gleich in einem extra Album. Von dem Album aus kann ich eine Diashow mit Musik hinterlegt abspielen.

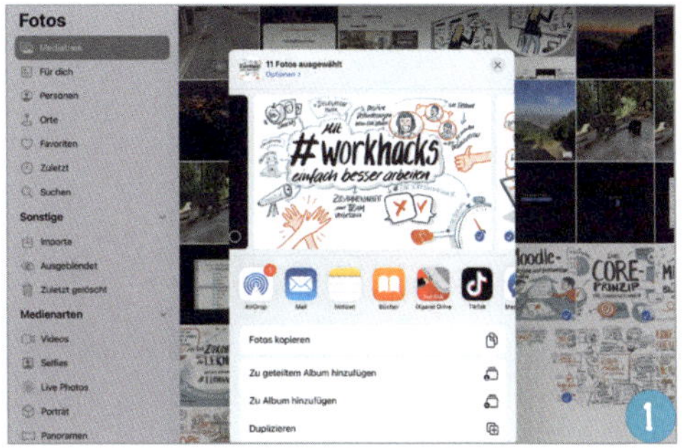

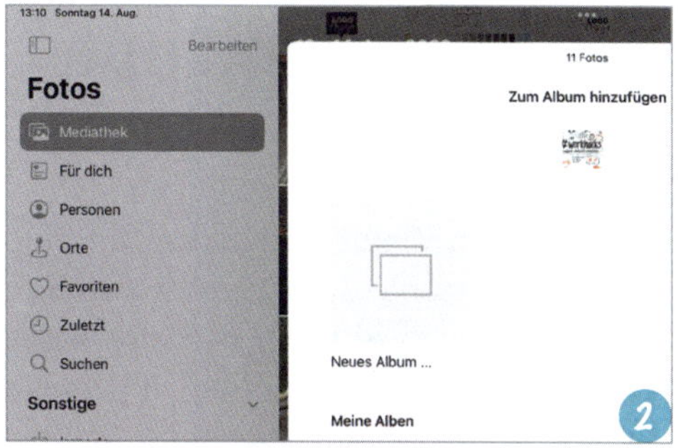

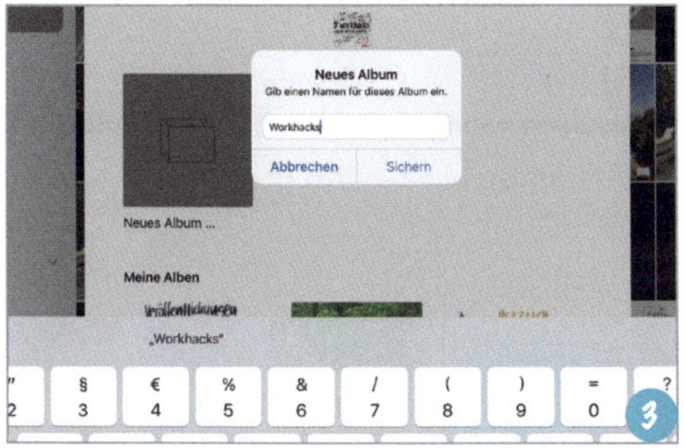

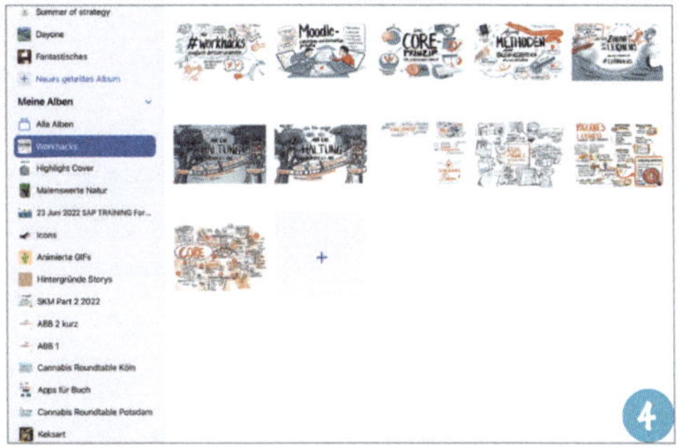

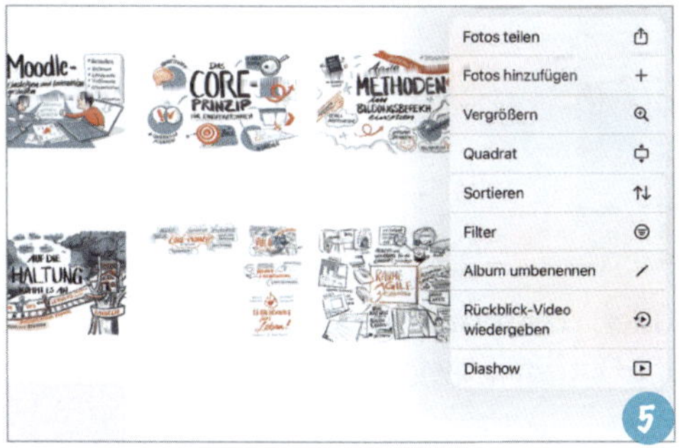

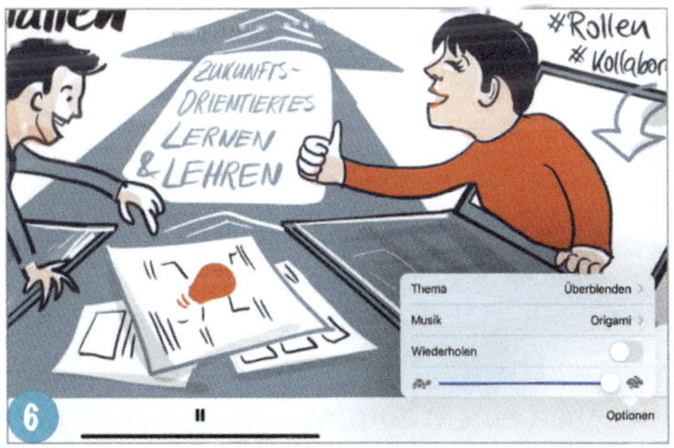

Wenn Sie die Diashow abspielen, erscheint unten rechts »Optionen«. Hier können Sie die Musik und die Geschwindigkeit ändern.

Schnelle Filmclips

Wenn Sie zehn Minuten Zeit haben, um eine Zusammenfassung aus Fotos und Video bzw. Zeitraffer zu erstellen, ist dafür **Adobe Premiere Clip** sehr gut geeignet. Ich benutze die App, wenn ich von mehreren Graphic Recordings einen gesamten Film versenden soll, den meine Kund:innen dann im Intranet oder Internet veröffentlichen oder als Zusammenfassung versenden.

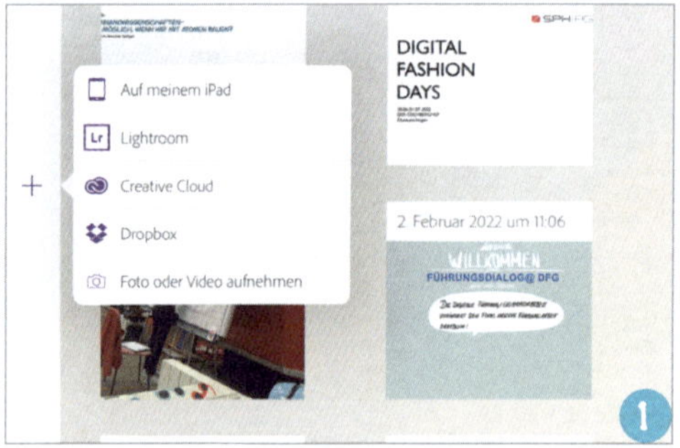

In der geöffneten App tippen Sie einfach auf das Plussymbol, um ein neues Video zu erstellen.

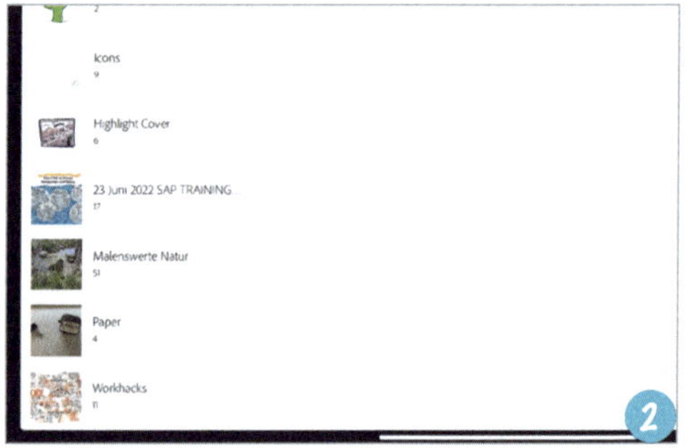

Jetzt können Sie aus Ihrem Album …

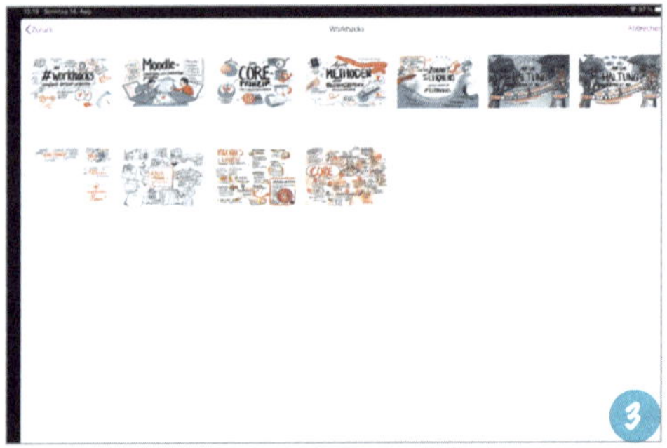

Videos und Bilder auswählen.

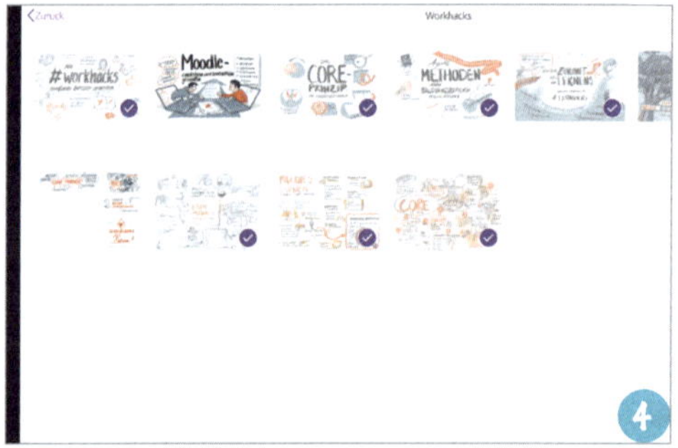

Setzen Sie Häkchen an den Dateien, die Sie verwenden möchten. Sie haben die Wahl zwischen einem automatisch erstellten Clip

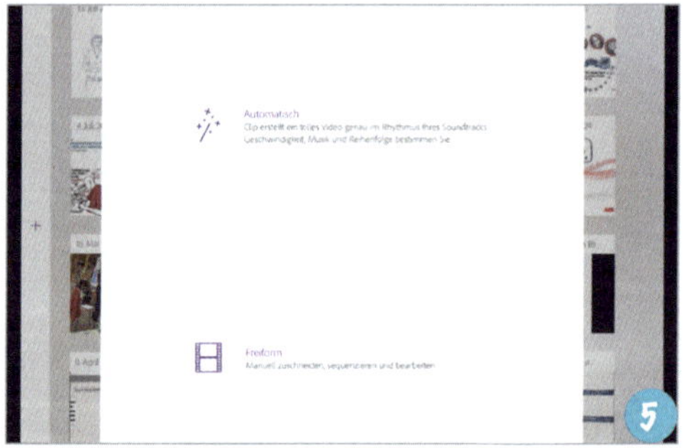

oder »Freiform«. »Automatisch« bedeutet, Ihr Film wird gleich auf Takt geschnitten mit

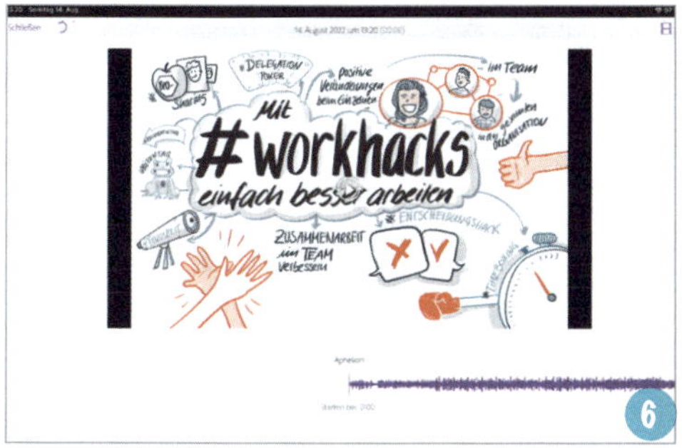

6

einer zufällig ausgewählten Musik.

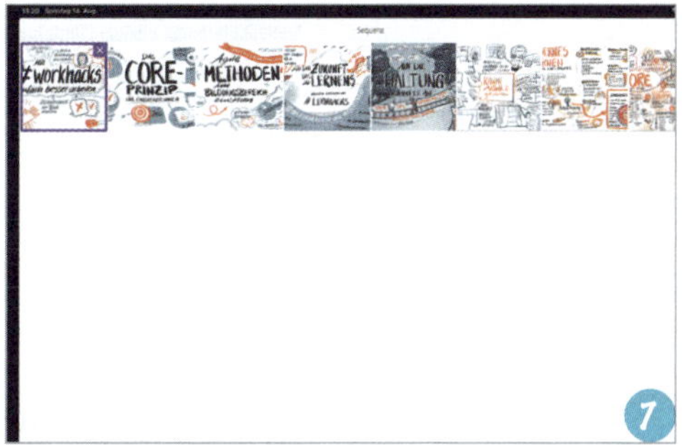

7

Sie können die Reihenfolge noch …

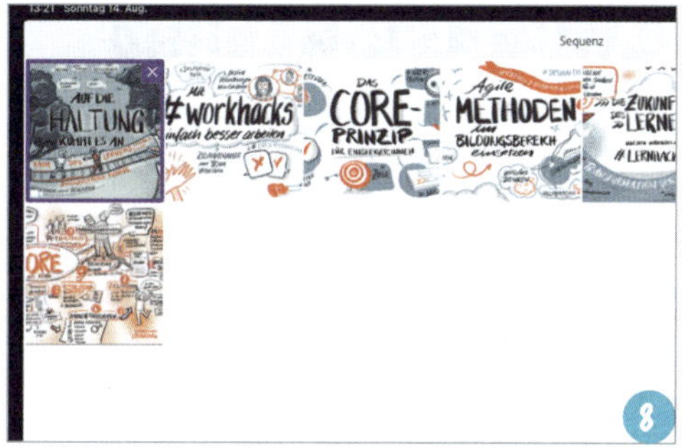

8

manuell verändern. Im nächsten Schritt …

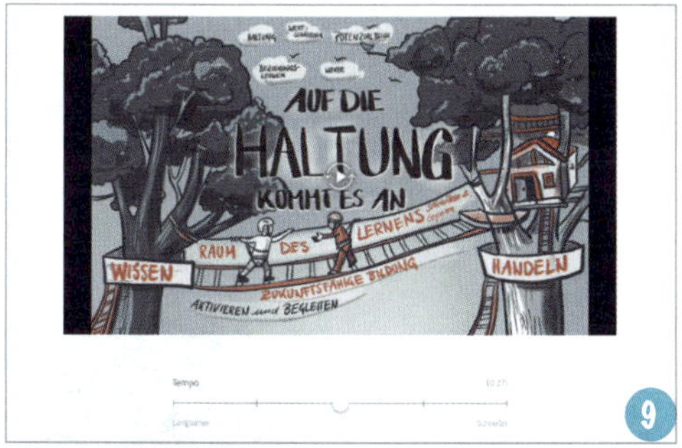

9

können Sie das Tempo bestimmen.

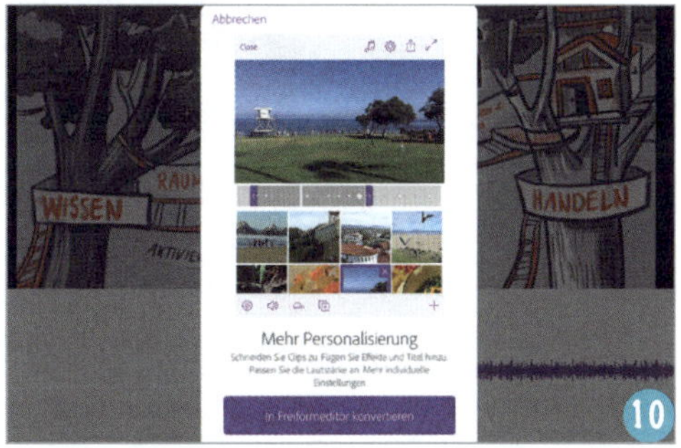

10

Wenn Sie die Clips dann doch in eine Freiform konvertieren wollen, tippen Sie auf das Filmstreifensymbol oben rechts.

Jetzt werden unten die Sequenzen aufgeführt. Wenn Sie auf eine Sequenz doppelt tippen, können Sie die Länge bestimmen, indem Sie die lila Balken verschieben. Exportieren und fertig!

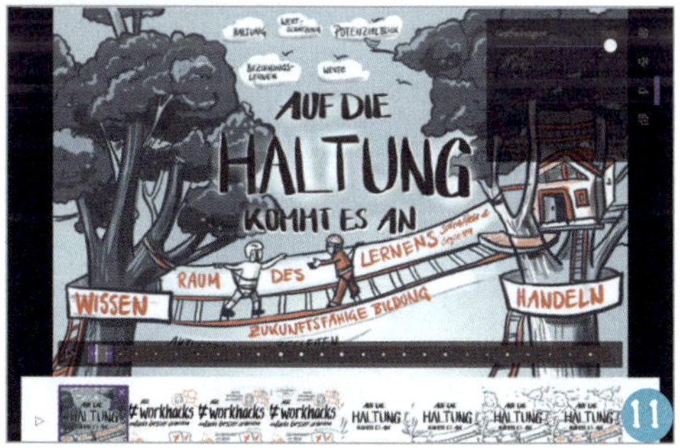

11

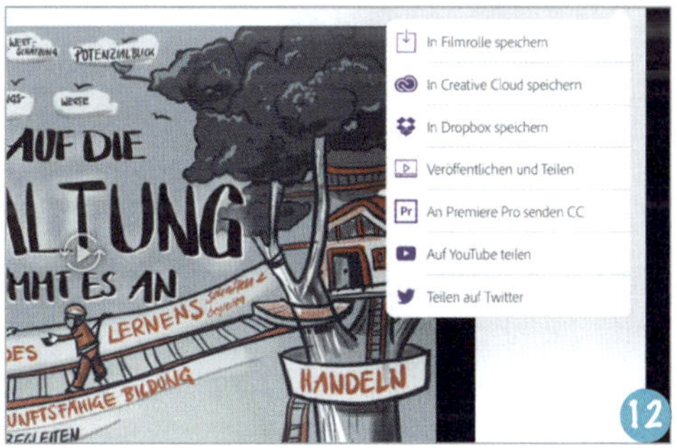

12

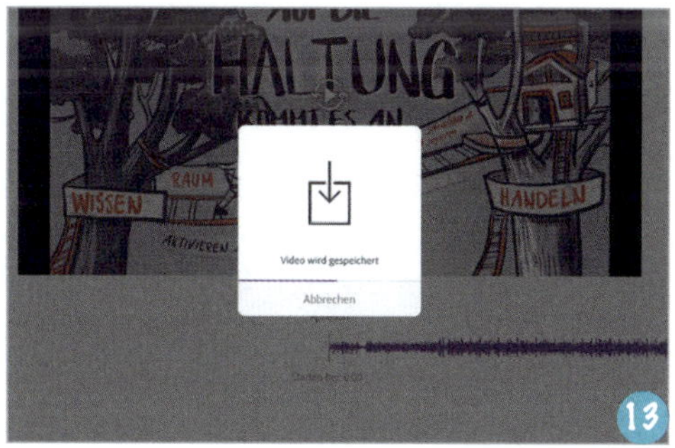

13

Animationsfilme

Ich zeige Ihnen nun, wie man mit der App **Procreate** kleine animierte Flime erstellt. Diese Filme können Sie dann als Filmdatei (MP4) oder animiertes GIF speichern.

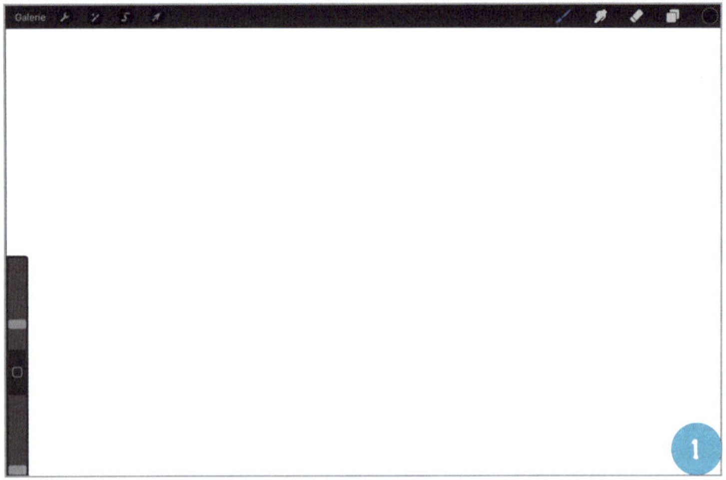

Neues Blatt, neues Glück. Legen Sie ein Blatt im Format Ihrer Wahl an.

Jetzt erscheint im unteren Bereich eine Leiste mit Frames. Frames sind wie beim Daumenkino die einzelnen Seiten, die abgespielt werden. Die Frames sind eigentlich die Ebenen, die Sie angelegt haben und auf denen Sie nacheinander zeichnen werden.

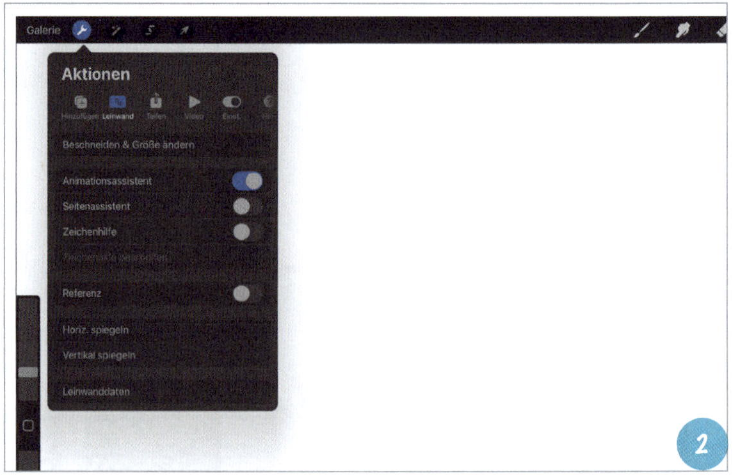

Unter »Einstellungen« und »Leinwand« aktivieren Sie den »Animationsassistenten«.

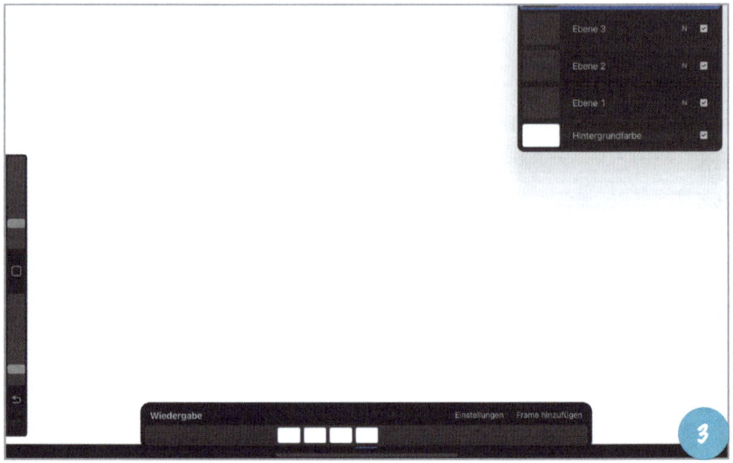

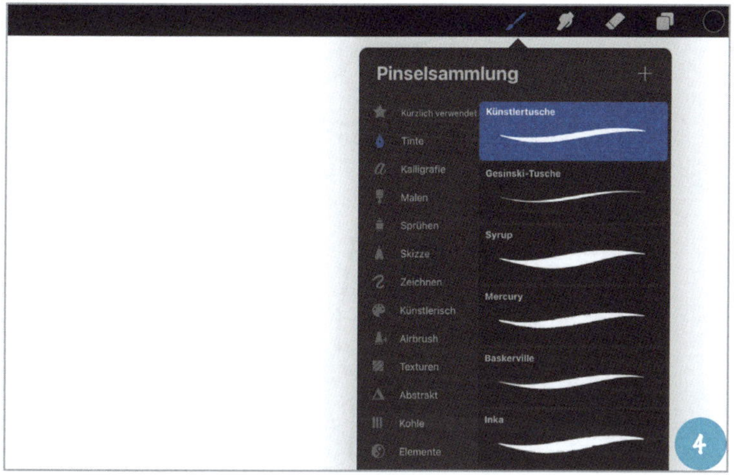

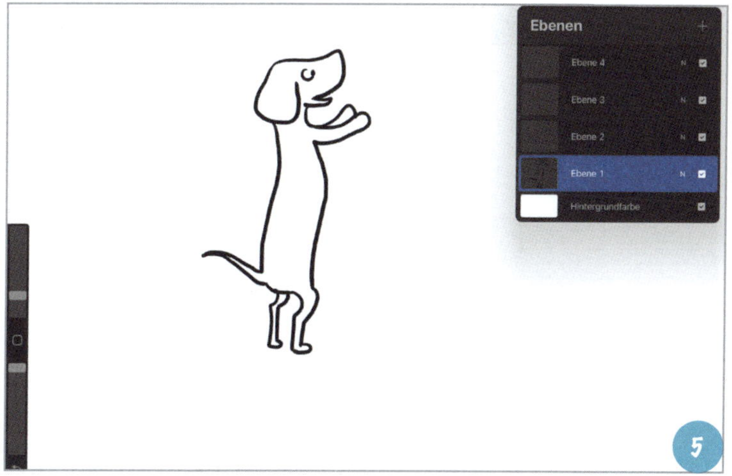

Zum Zeichnen benutze ich wieder »Künstlertusche«. Sie können nun eine Figur oder etwas anderes zeichnen. Jetzt kommt schon wieder ein Trick von mir: Sie können die Ebene mit einem Wisch nach links auswählen und duplizieren und nun leicht verändern.

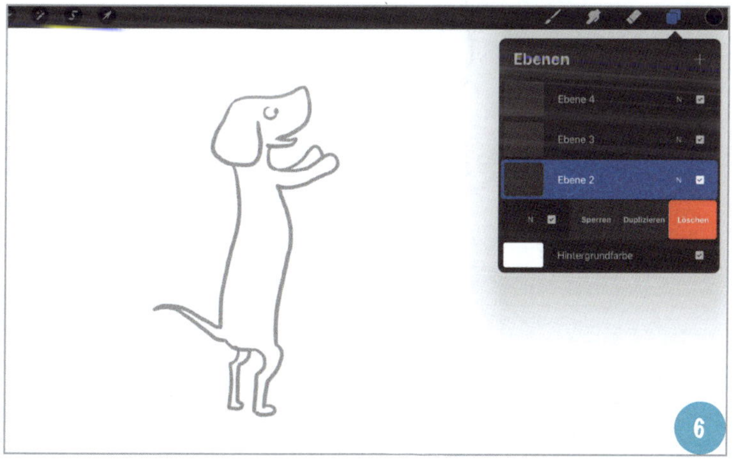

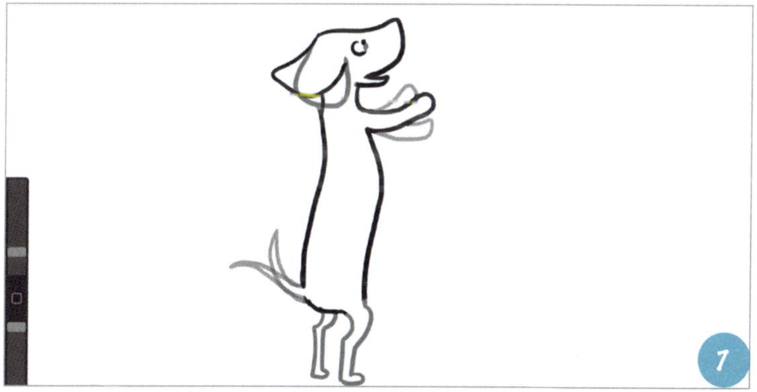

Radieren Sie Elemente weg und zeichnen Sie sie leicht verändert weiter. Und immer wieder duplizieren.

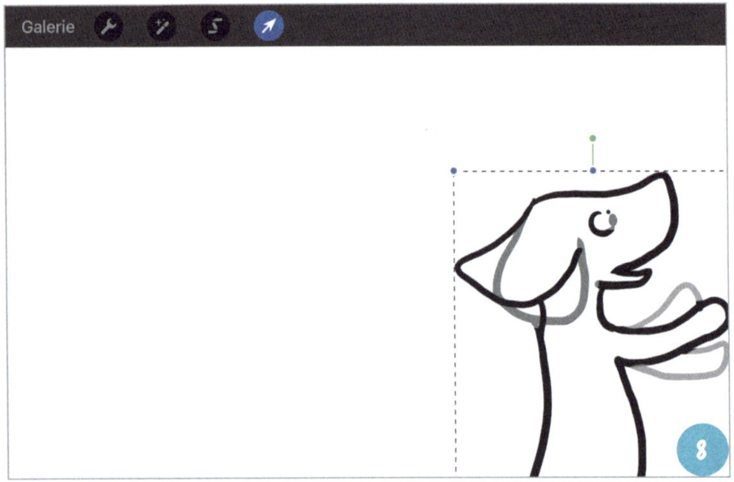

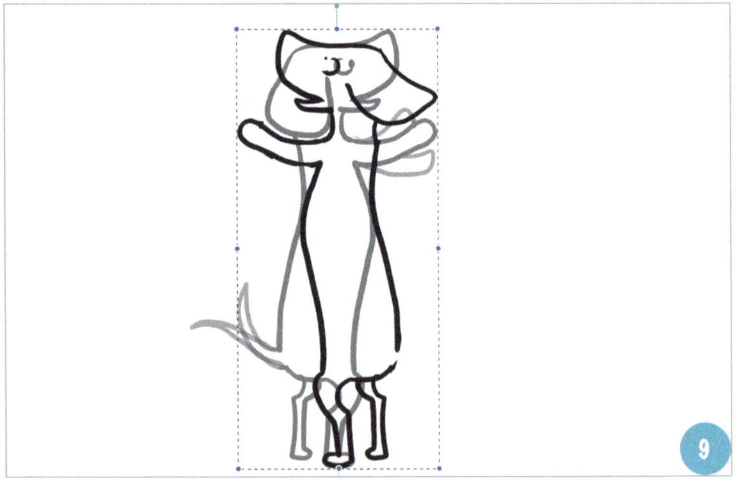

Mit dem blauen Pfeil können Sie die Ebene auch spiegeln. Das Ganze können Sie so oft wiederholen, wie Sie möchten.

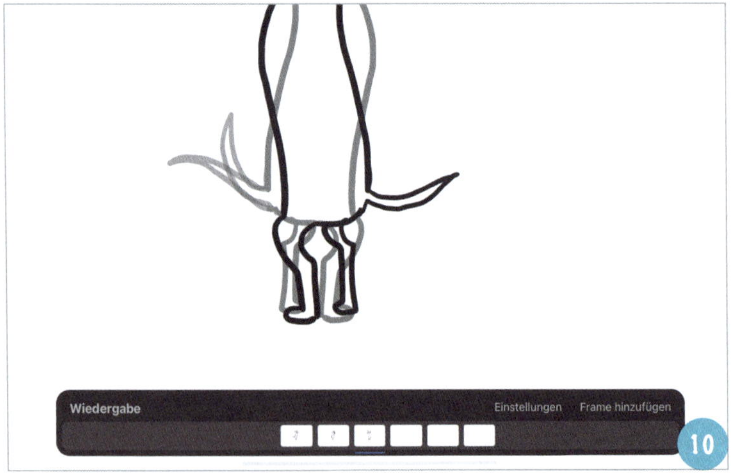

In der unteren Leiste können Sie auf »Wiedergabe« tippen und den Film testen und auch die Geschwindigkeit einstellen, indem Sie die Frames pro Sekunde reduzieren oder erhöhen.

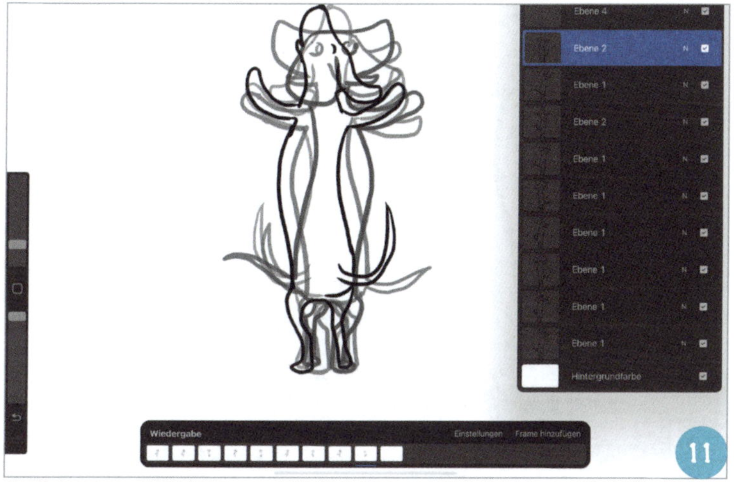

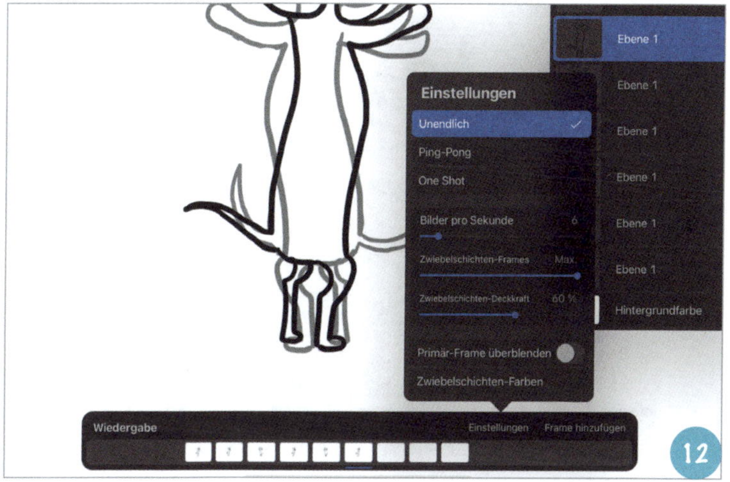

In der Frameleiste können Sie unter »Einstellungen« auch festlegen, wie der Film abgespielt werden soll: in einer Endlosschleife, Ping-Pong, oder One Shot (also ein Durchgang).

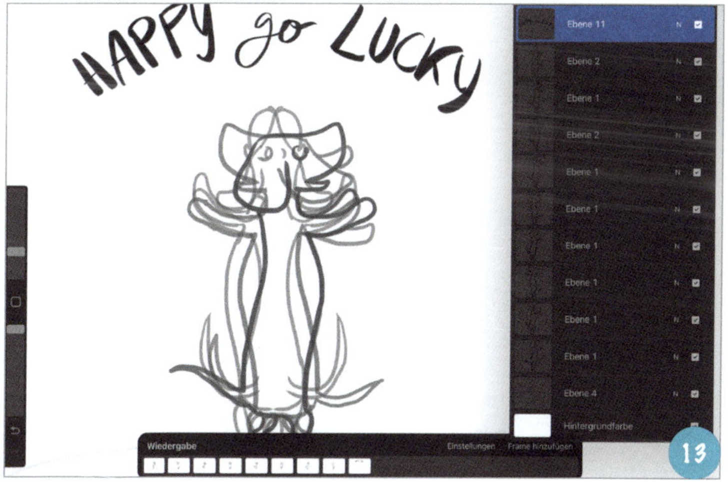

Auf der obersten Ebene können Sie noch eine Überschrift oder Sprechblase oder etwas ganz anderes schreiben. Das kann der Vordergrund werden.

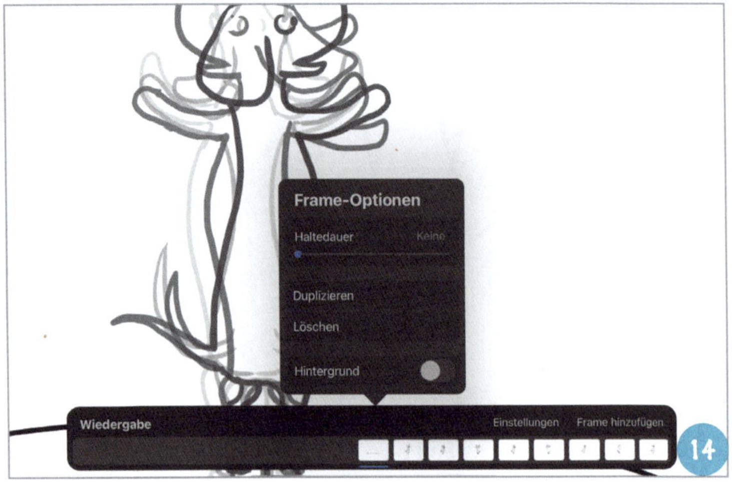

Der erste Frame (also die unterste Ebene) kann als Hintergrund gesetzt werden, der sich nicht bewegt und im Hintergrund statisch bleibt.

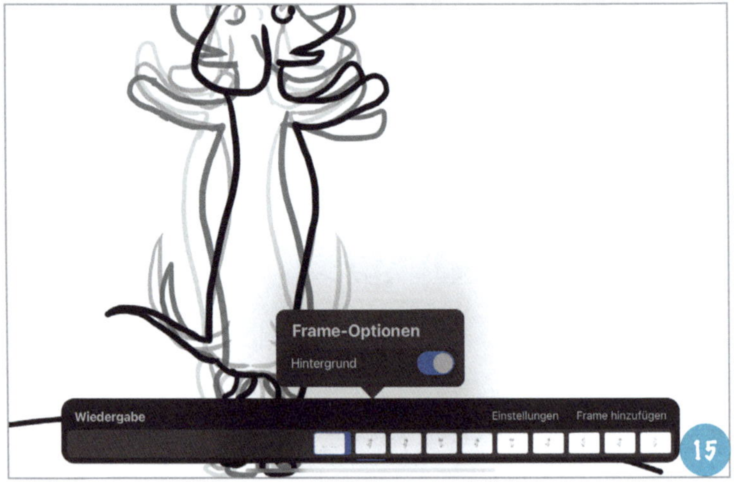

Dazu tippen Sie auf den ersten Frame und aktivieren den Schalter »Hintergrund«.

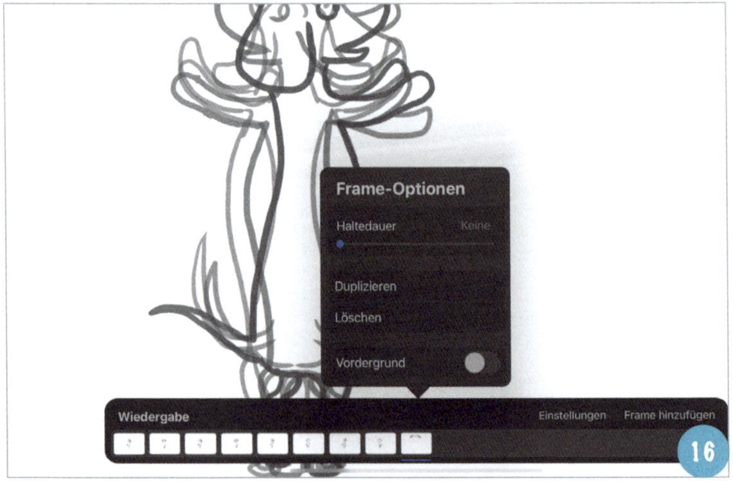

Der letzte Frame (also die oberste Ebene) kann als Vordergrund gesetzt werden. Das heißt, er bewegt sich nicht und bleibt im Vordergrund eingeblendet.

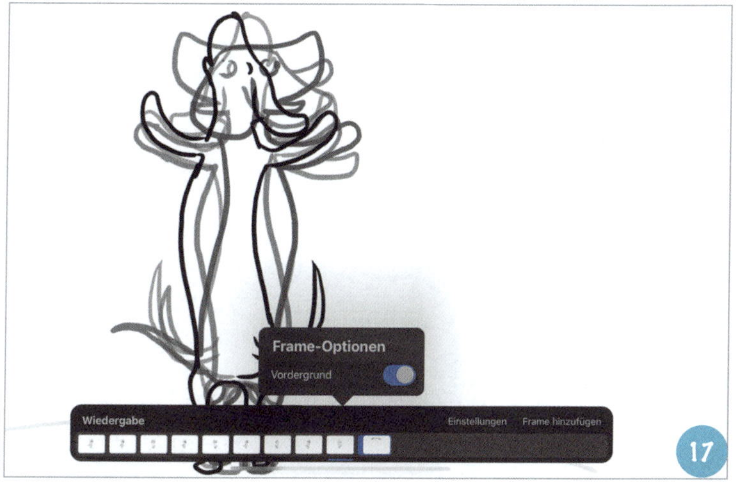

Dazu tippen Sie auf den letzten Frame und aktivieren den Schalter »Vordergrund«.

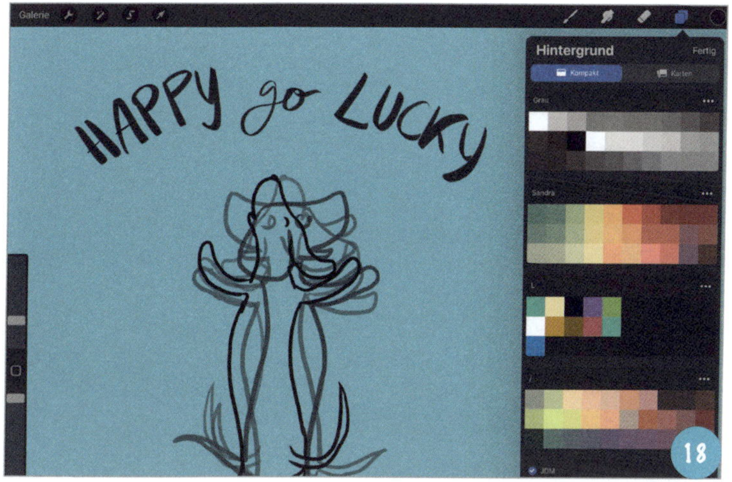

Sie können den Hintergrund noch mit einer Farbe hinterlegen. Dazu tippen Sie auf die Ebene »Hintergrund«.

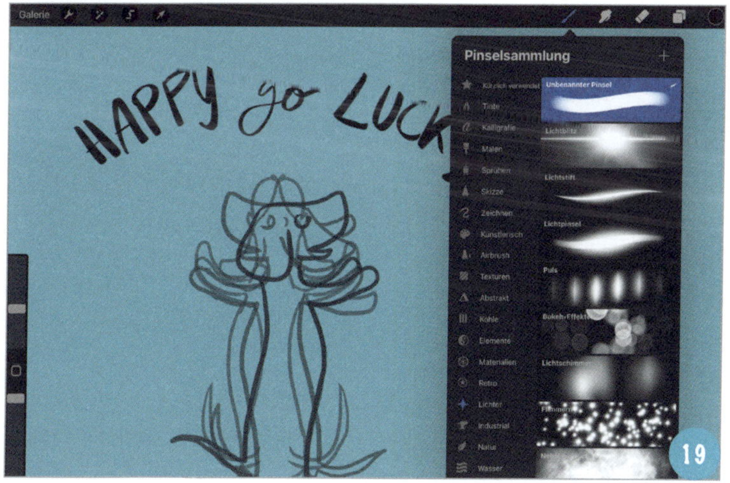

Noch etwas Glitzer drüberstreuen? Gut. Unter den Werkzeugen »Licht« finden Sie zum Beispiel »Funken«.

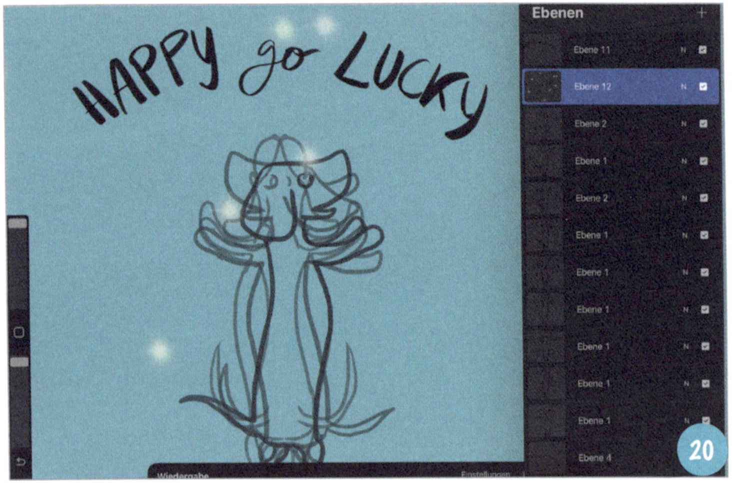

Sie können auf neuen Ebenen unterschiedliche Funken verteilen.

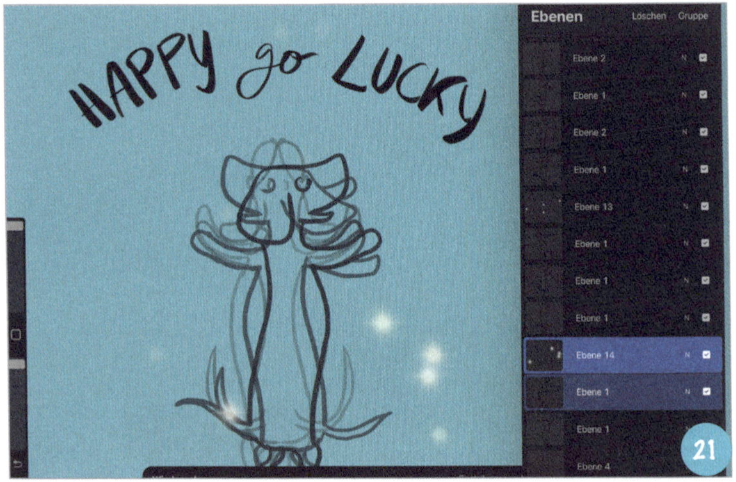

Gruppieren Sie die Funken mit der Figur, damit diese nicht als eigener Frame angesehen werden, sondern zusammen mit der Figur erscheinen.

Wenn Sie zufrieden sind, können Sie den Film über »Teilen« exportieren.

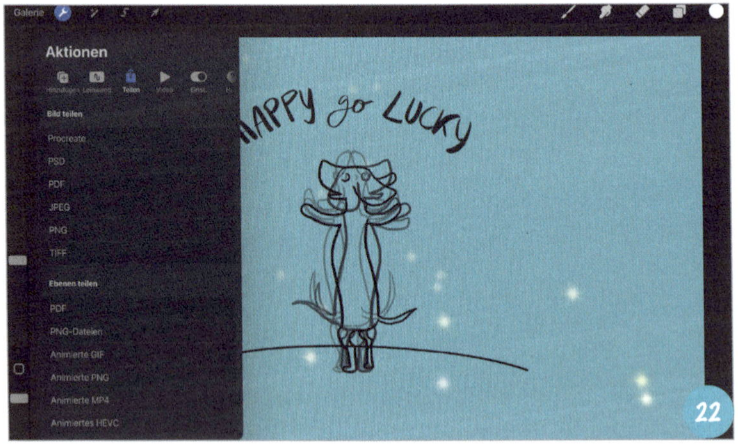

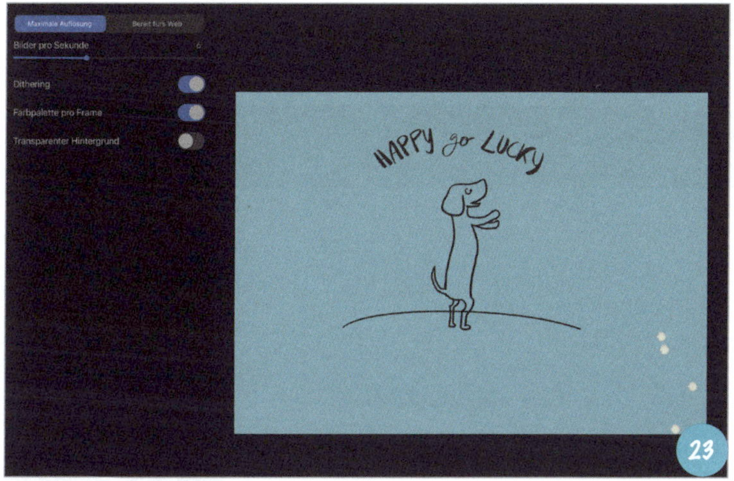

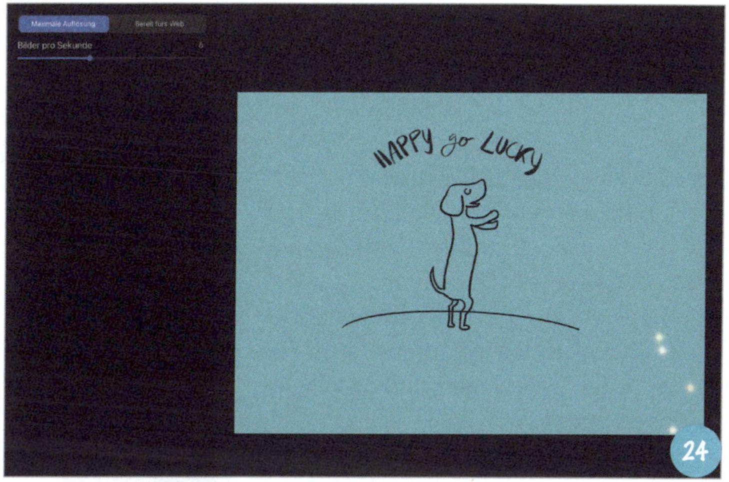

Sie haben die Qual der Wahl: ein GIF oder MP4-Film? Fürs Web oder eine hohe Auflösung? Oder einfach alle Varianten!

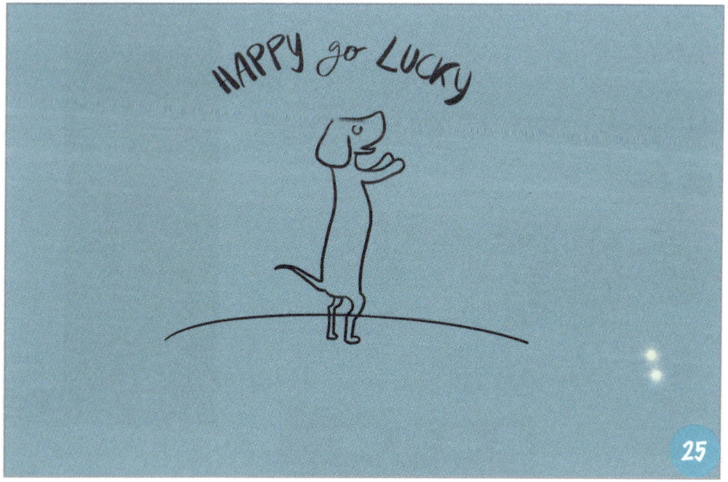

3D-Visualisierungen

Meine Entdeckung des Jahres ist eine App, in der man dreidimensionale Illustrationen erstellen kann: **Mental Canvas**!

Es gibt schon einige hilfreiche Templates, die man als Grundlage nutzen kann. Jede Ebene ist eine Dimension. Man kann einen Kameraflug durch die Ebenen erstellen und dann als Film exportieren, auch Bildelemente für Erklärungen und Detailinformationen hinzufügen.

Die App beherrsche ich noch nicht so gut, da ich sie erst kennengelernt habe. Dafür habe ich einen Film entdeckt, der am besten zeigt, was möglich ist mit Mental Canvas: den Film »Biomimicry« von Giuliana Flavia Cangelosi.

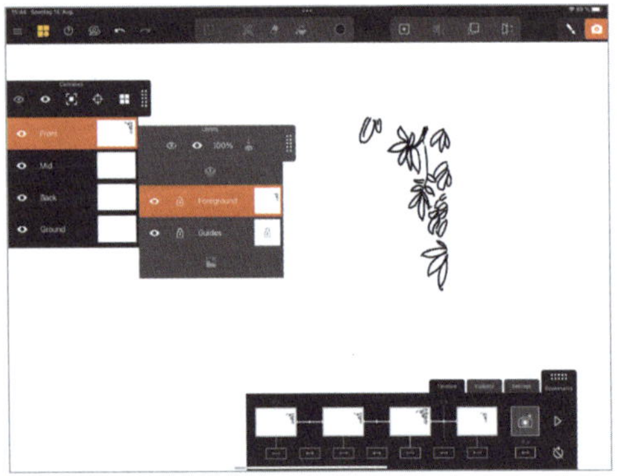

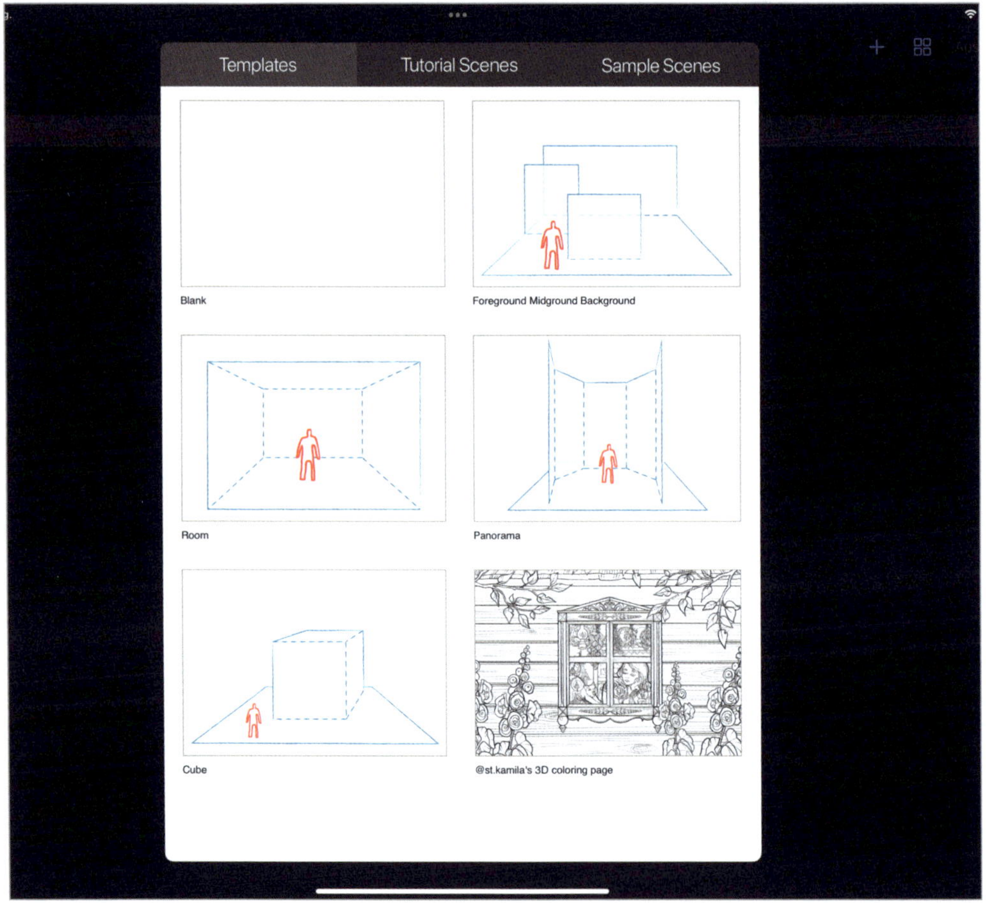

Ein Film von
Giuliana Flavia Cangelosi:
https://l.ead.me/bdOLn6

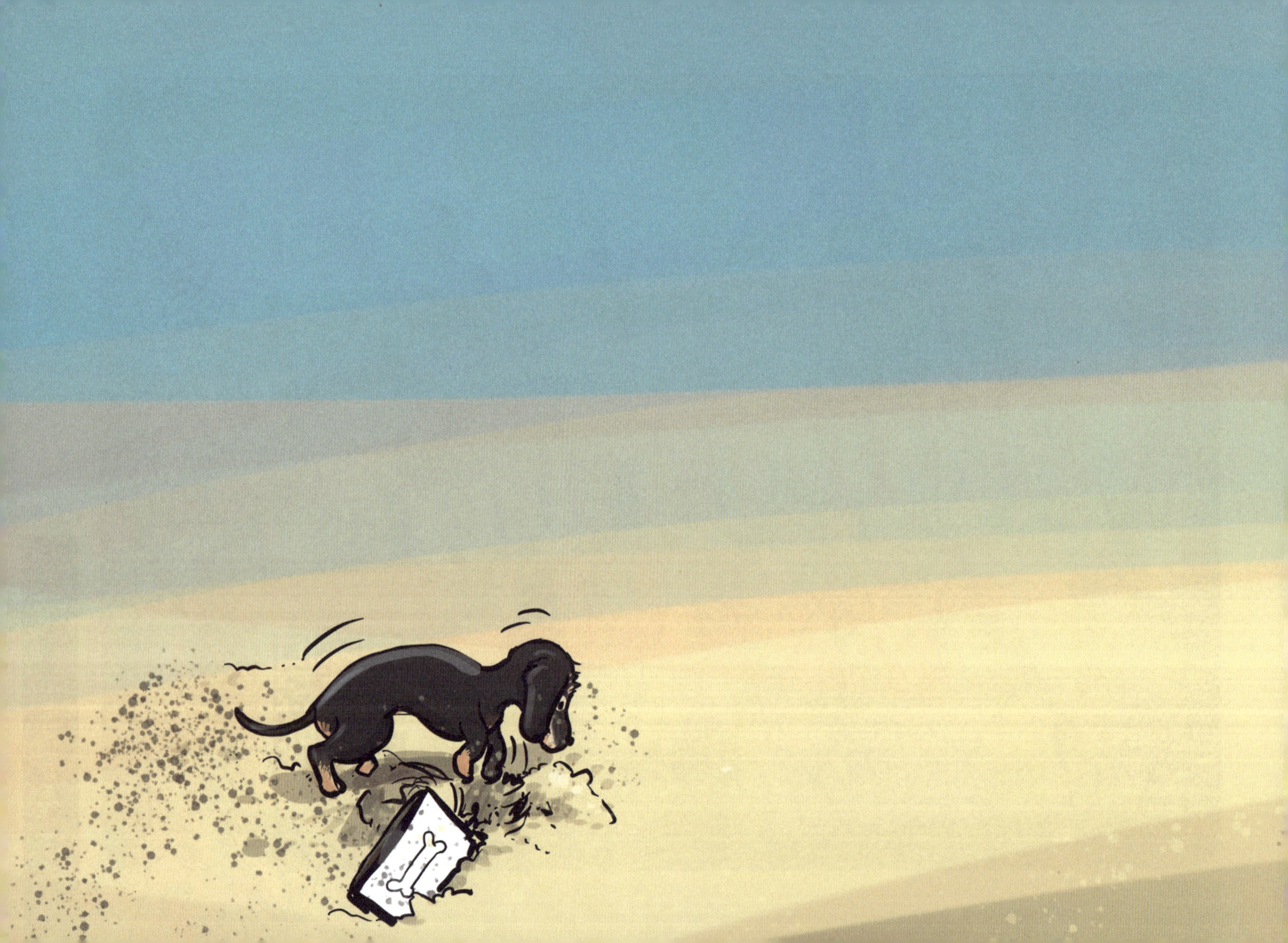

12 Sandras schmutzige Tricks

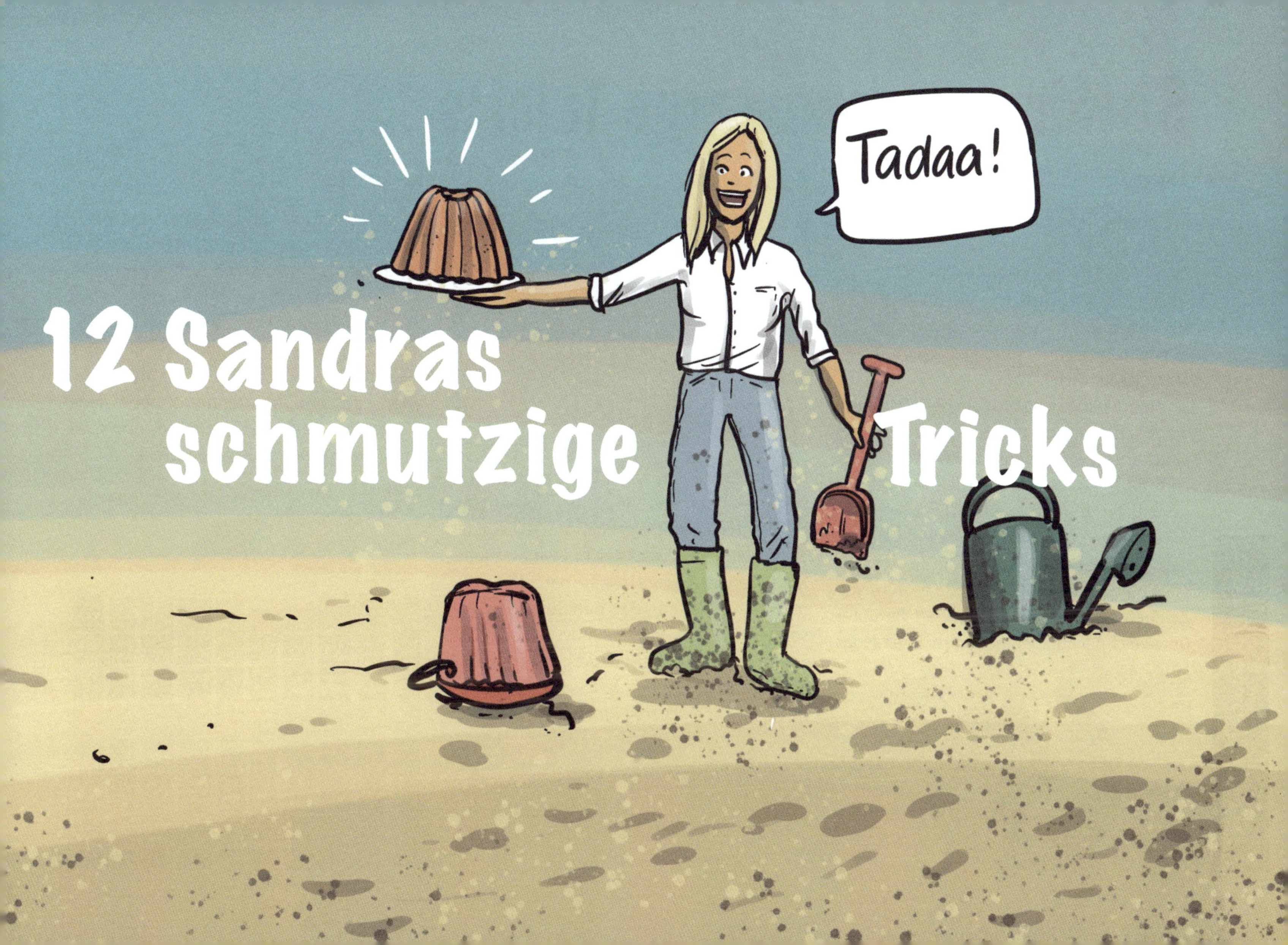

Sandras schmutzige Tricks

Abpausen

In Künstlerkreisen ist das Abpausen ein böses »Pfui!«. Nein, das tut man nicht, da geht die persönliche Note verloren.

Ich tue es trotzdem! Schon als Kind habe ich abgepaust, um zu lernen, wie man Comicfiguren zeichnet (und weil ich immer zu wenige Malbücher hatte).

Heute pause ich Fotos auf dem Tablet ab, wenn ich etwas nicht ganz so gut zeichnen kann (Autos, Flugzeuge und Weltkugeln zum Beispiel), es muss ja meistens schnell gehen. Bei einem Graphic Recording bereite ich die Leinwände vor, indem ich Redner:innen zeichne. Ich stalke sie im Internet, speichere deren Profilbild, lade es in meine Zeichen-App, stelle die Deckkraft herunter und zeichne auf der nächsten Ebene das Foto nach.

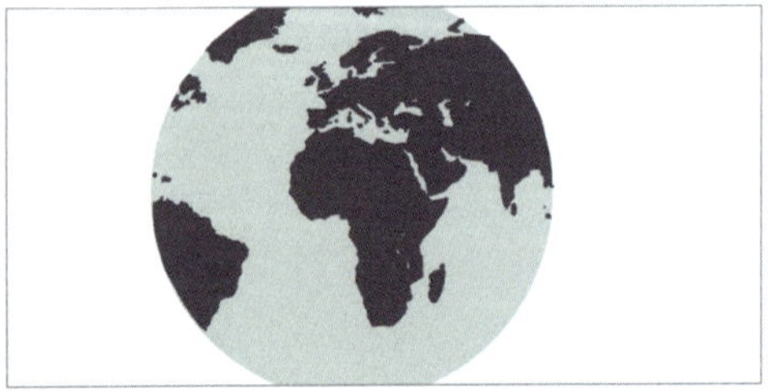

Gerade Linien

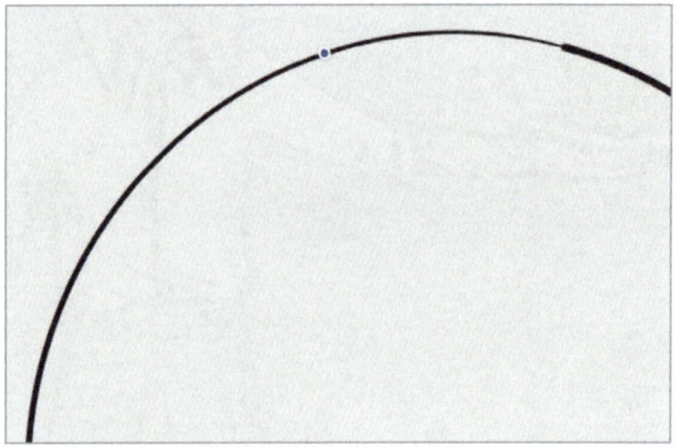

In **Procreate** kann man besonders schön zeichnen, weil die App aus Linien eine Hilfskontur erstellt, die man noch manuell anpassen kann. Dazu zeichnet man einen Kreis, Rechteck oder Linie, (je nachdem, was man braucht) und setzt den Stift nicht ab, sondern wartet eine Sekunde, bis sich die Zeichnung automatisch verbessert. Dann erscheinen Punkte auf den Strichen, mit denen man nachjustieren kann.

Farbfelder

Die meisten Apps haben das Pipetten-Werkzeug. Damit lege ich mir für meine Projekte Farbfelder an. Wenn ich zum Beispiel für einen neuen Auftrag ein Erklärplakat in den Farben des Unternehmens erstellen möchte, importiere ich mir eine Bilddatei, Website, Flyer, PDF, Corporate Design Manual … mit den Unternehmensfarben, ziehe mit der Pipette die Farben heraus und speichere sie einzeln als neues Farbfeld.

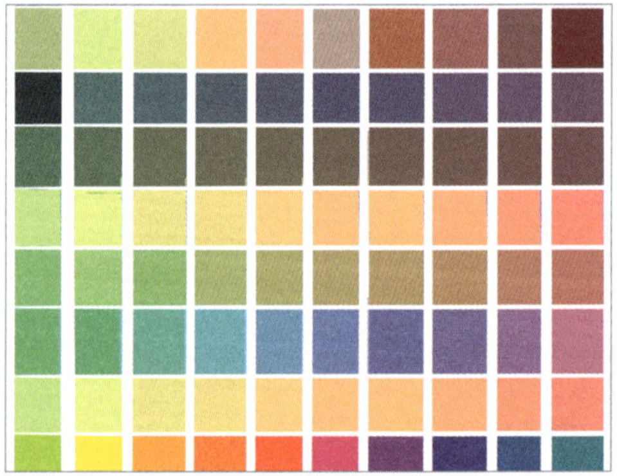

Vektoren

Manchmal muss es sein. Für große Formate, die später gedruckt werden oder skalierbar sein müssen, muss man Zeichnungen in Vektordateien abgeben. Vektordateien bestehen aus Pfaden und nicht aus Pixeln. Dateiformate sind: EPS, SVG oder AI. Entweder Sie zeichnen gleich in einem Zeichenprogramm, das Vektoren darstellen kann, wie Fresco oder Illustrator. Oder Sie verwandeln eine Zeichnung oder ein Foto von einer Zeichnung mit **Capture** in eine Vektordatei. Höhö!

Und das geht so:

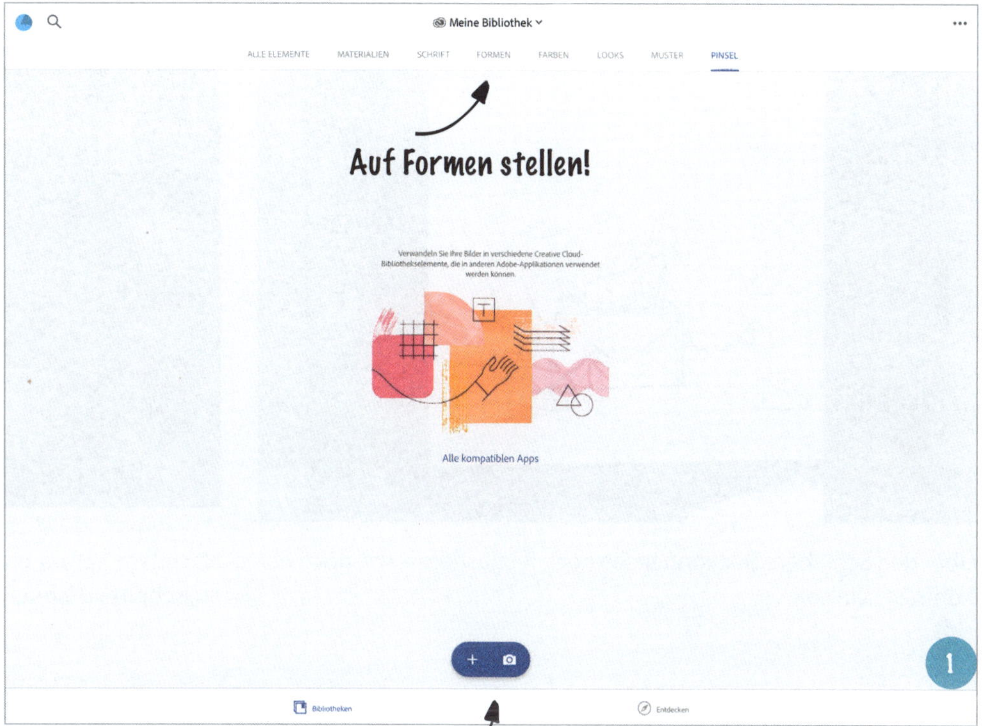

Entweder ein Foto machen oder aus der Fotobibliothek ein Foto aussuchen.

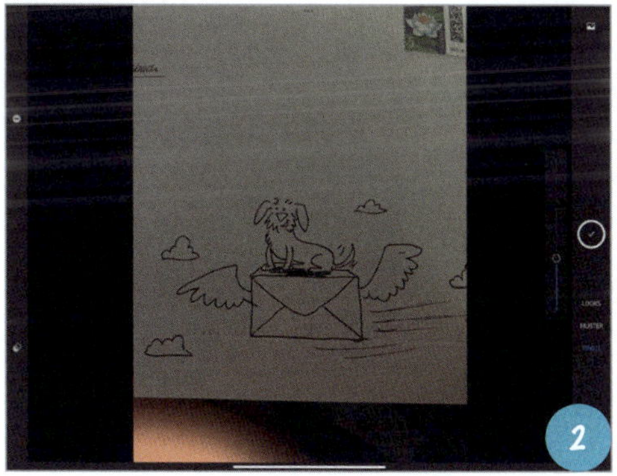

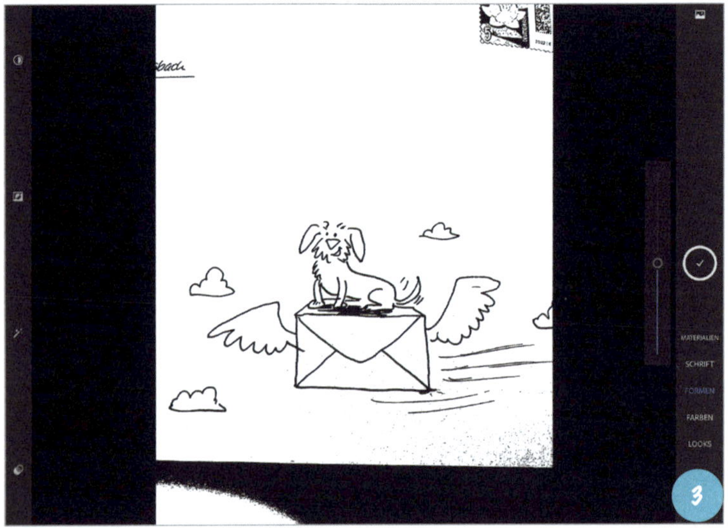

Über den Schieberegler können Sie noch feinjustieren, wie hoch der Kontrast sein soll.

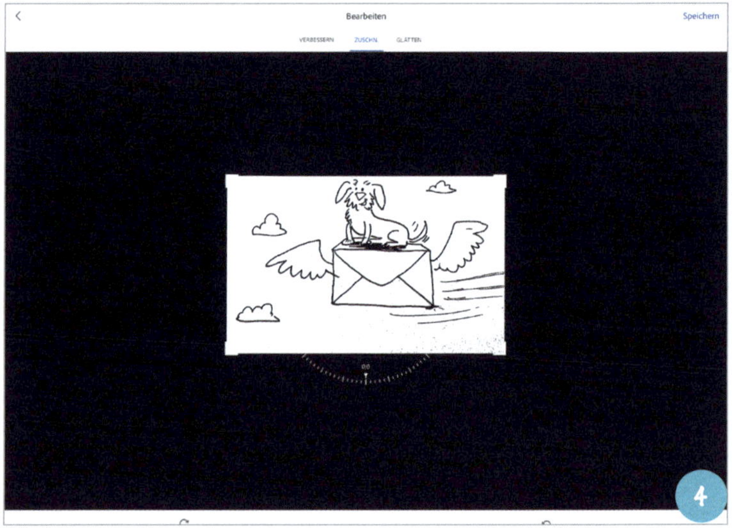

Nachdem Sie auf das Häkchen getippt haben, können Sie den Bildausschnitt zuschneiden.

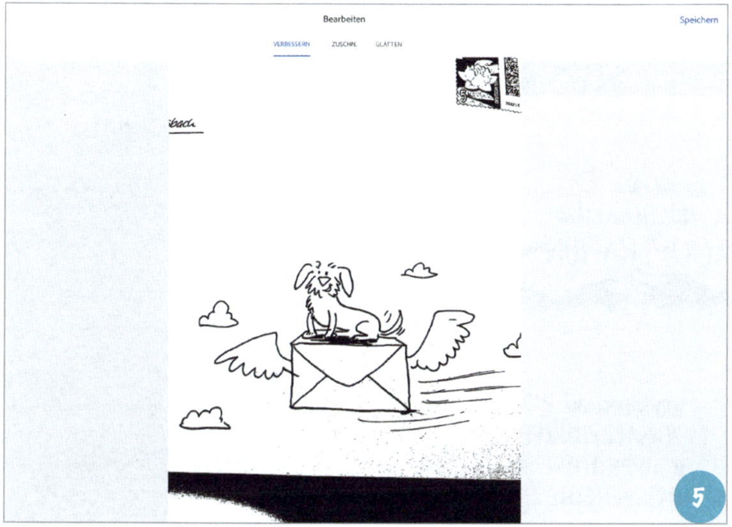

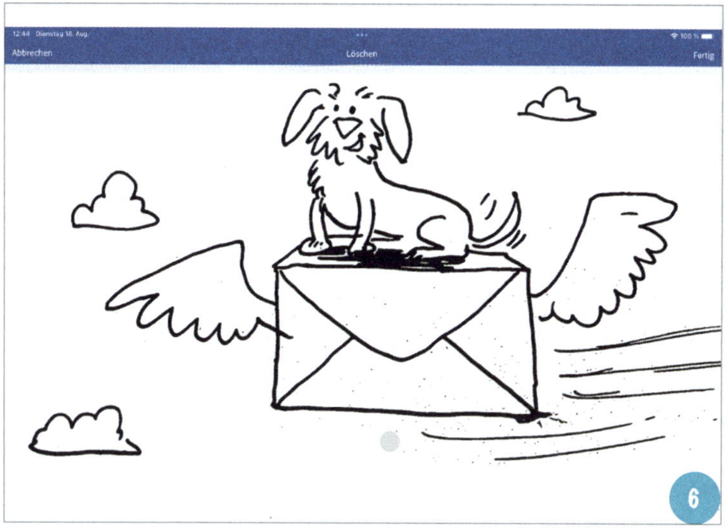

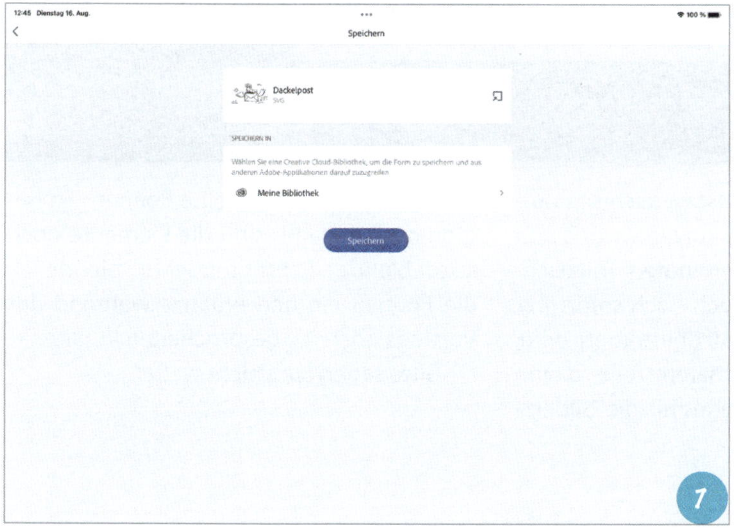

Über die Funktion »Verbessern« können Sie ungewünschte Elemente wegradieren. »Glätten« bedeutet, dass die Linien automatisch reduziert und geglättet werden.

Jetzt können Sie das Bild speichern und teilen. Sie haben nun eine SVG-Datei, also eine Vektordatei.

Sie könnten diese Datei jetzt auch direkt zum Weiterverarbeiten an Illustrator oder an andere Programme senden.

Pencilverhüterli

Eines brauchen Sie unbedingt! Entweder Sie kaufen für Ihren Zeichenstift eine Schutzspitze oder eine (Blend-)Schutzfolie für Ihr Tablet. Nicht unbedingt als Kratzschutz, sondern als Entschleuniger für Ihren Stift. Als ich mir mein neues iPad Pro kaufte und das erste Mal darauf zeichnete, dachte ich, ich hätte das Zeichnen verlernt. Meine Linien waren kraklig und zittrig. Mein Stift flutschte nur so über die Oberfläche. Nachdem ich eine Schutzfolie aufgeklebt hatte, war es traumhaft, auf dem Tablet zu zeichnen, so schön wie auf Papier!

Die »Pencilverhüterli« habe ich ebenfalls ausprobiert, das ging auch super und sah fröhlich aus. Nur beides zusammen geht nicht gut. Schutzkappen für den Pencil hinterlassen Streifen auf der Schutzfolie, und zusammen bremsen sie den Stift zu sehr.

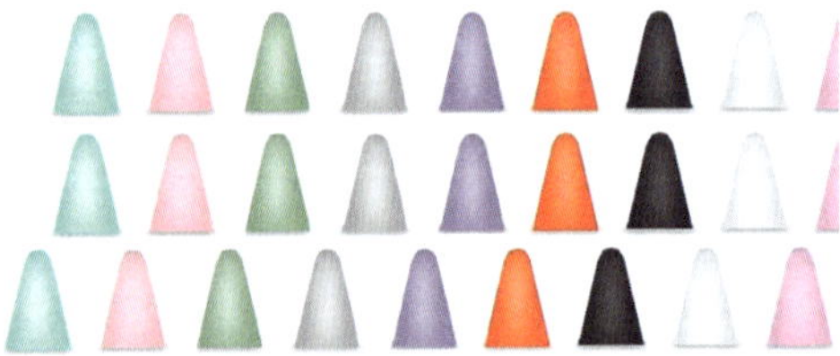

Vorausgezeichnet

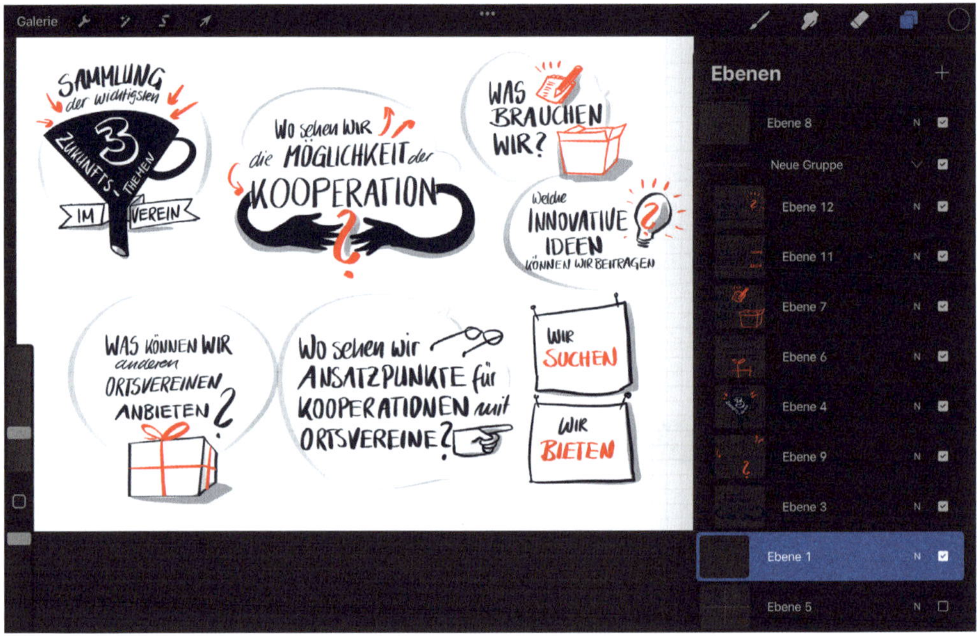

Ich gebe zu, dieser Trick ist wirklich schmutzig! Wenn ich einen sehr kurzen Vortrag von ca. zehn bis fünfzehn Minuten mitzeichnen muss und dieser auch noch sofort per Beamer oder Bildschirm übertragen wird, zeichne ich die absehbaren Teile davon schon im Voraus und lege mir die Bildelemente sortiert auf einzelne Ebenen. Zu Beginn des Vortrages sind die Elemente noch ausgeblendet. Schritt für Schritt blende ich die Ebenen ein und ergänze während des Vortrags noch die gesprochenen Inhalte.

Bitte sagen Sie's nicht weiter.

Kopieren und Einfügen

Es kommt vor, dass sich Elemente auf mehreren Einzelseiten wiederholen. Zum Beispiel ein Banner für eine Überschrift, ein Firmenlogo, eine Überschrift, Menschen oder auch Bildelemente. Wenn sich diese Elemente in **Procreate** auf einer eigenen Ebene befinden, kann ich sie mit einem Tipp auf die Ebene kopieren. Dann kann ich dieses Element auf einer anderen Leinwand über »Hinzufügen«, dann »Einfügen« schnell in das Dokument bringen. Es wird immer auf einer eigenen Ebene hinzugefügt. Das ist sehr praktisch und zeitsparend!

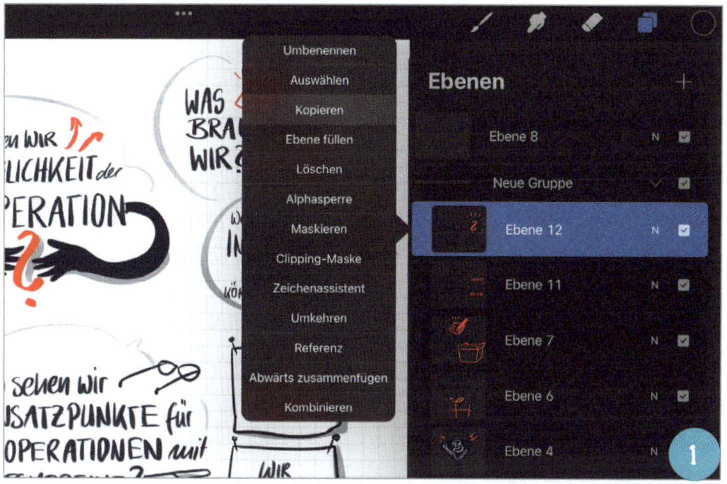

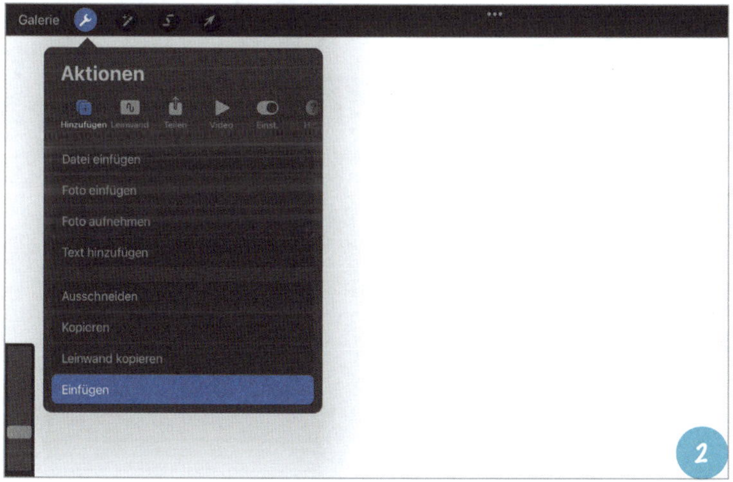

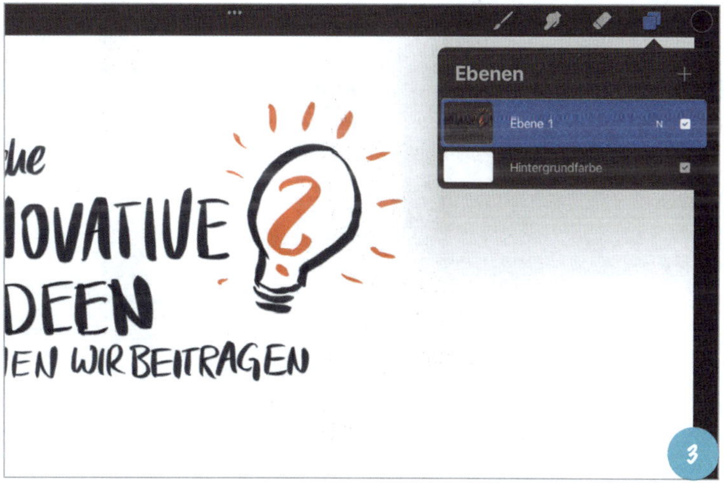

Ideenklau

Man muss nicht immer das Rad neu erfinden und was weiß ich für neue Symbole und Kompositionen entwickeln. Wenn mir mal gar nichts einfällt und auch das Kundenbriefing eher verwirrend ist, surfe ich ein wenig im Netz und schaue mir an, was es schon für Bilder zu dem Thema gibt. Google ist da doch praktisch. So eine Bildsammlung über Industrie 4.0 ist echt was wert. Dann überlege ich, was von den Bildern zum Auftrag passt und was sich gut in das Gesamtbild einfügt. Am Ende zeichne ich das Bild etwas abgewandelt ab. Auch Infografiken auf diversen Plattformen, Designbücher und Magazine helfen mir, eine Idee für eine schöne neue Anordnung eines Gesamtbildes zu entwickeln. Die Ideen skizziere ich und teste erst mal, ob diese »geklaute« Idee auch zu den Informationen, die ich umsetzen möchte, passt.

Die geklauten Ideen sammle ich entweder auf Pinterest oder, um auch ein wenig zu üben, skizziere sie schnell und unkompliziert auf kleinen Zetteln und klebe mir diese in hübsche kleine Alben. Manchmal entstehen dadurch neue Ideen, manchmal notiere ich mir noch, wozu diese Bildideen passen könnten.

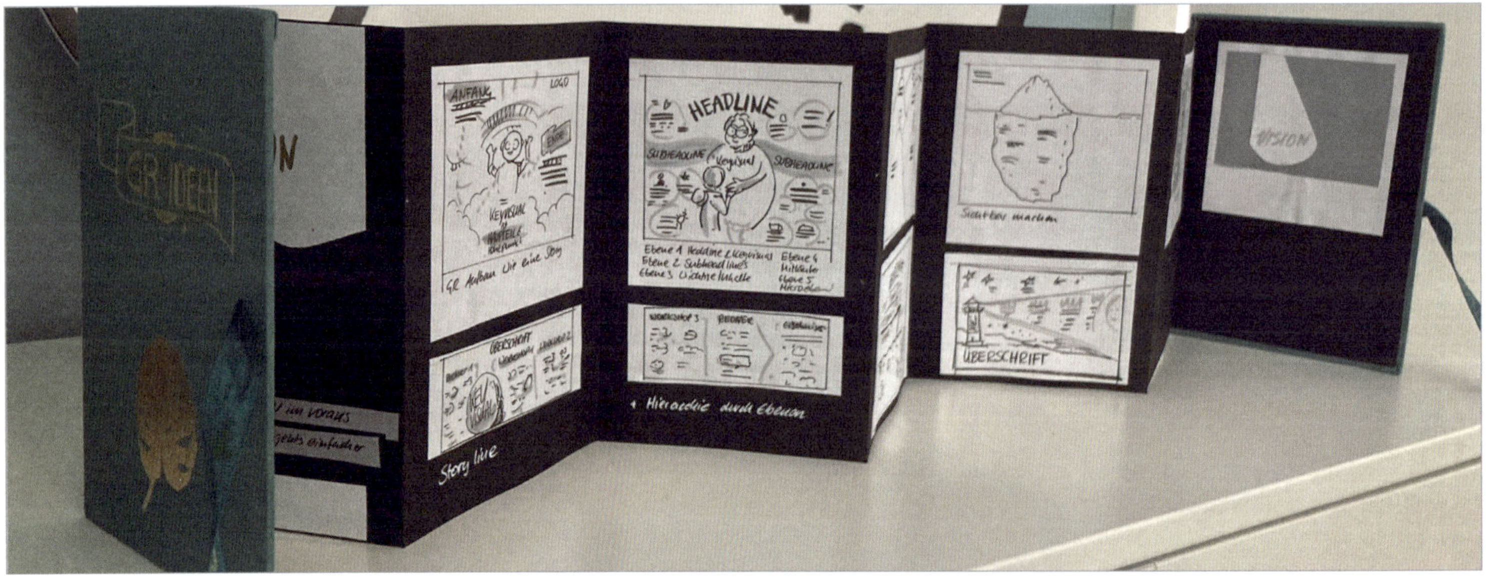

Wenn niemand mitmacht

Kennen Sie das? Sie moderieren ein Online-Meeting, und niemand will anfangen, sich vorzustellen oder zu präsentieren? Ja? Ich auch.

Für diese Situation habe ich mir ein paar Tipps von Lehrer:innen geholt. Es gibt verschiedene Seiten mit Spielen, die man mit den Teilnehmer:innen spielen kann. Zum Beispiel das Namensrad. Es funktioniert wie ein Glücksrad. Man gibt die Namen der Teilnehmer:innen ein und drückt auf »Los«. Dann erscheint ein Name. Nun ist klar, wer anfangen muss. Keine Ausrede mehr. Alle, die schon dran waren, werden von dem Rad automatisch entfernt. So kann niemand aus Versehen zweimal drankommen. Praktisch!

Mit der Kahoot!-App für Zoom oder der Browser-Anwendung werden virtuelle Meetings und gesellige Zusammenkünfte zum Erlebnis. Mit Kahoot! können Sie spannendes Lehrmaterial schnell und spielerisch erstellen. Sie finden vorgefertigte Sammlungen von Lerninhalten von anerkannten Pädagog:innen für alle Altersgruppen. Es dauert nur wenige Minuten, ein Lernspiel oder Quiz zu einem beliebigen Thema in einer beliebigen Sprache zu erstellen.

Sie können eine Live-Sitzung mit Fragen auf einem großen Bildschirm veranstalten oder ein Spiel mit Menschen an anderen Orten teilen. Der Host (also Sie) bekommt eine PIN, mit der die Teilnehmer:innen an einem Kahoot teilnehmen und die Fragen auf ihren Geräten beantworten können.

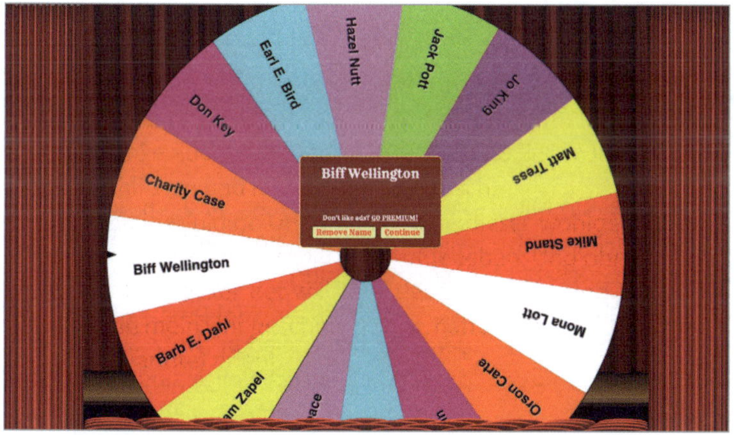

www.classtools.net

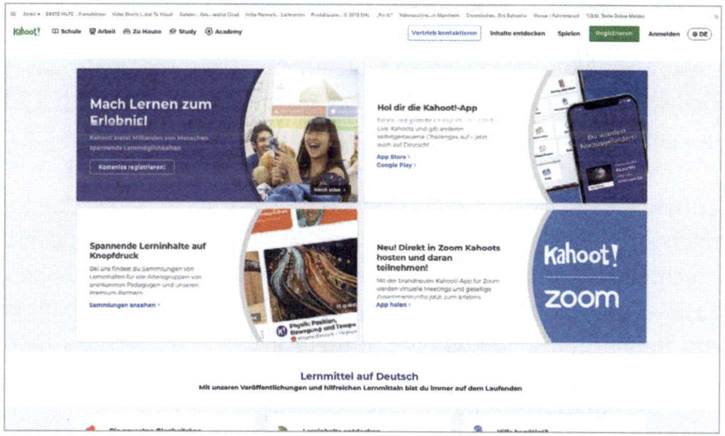

https://kahoot.com/de/

Sandras Fehlschläge

Was schon alles schiefgelaufen ist

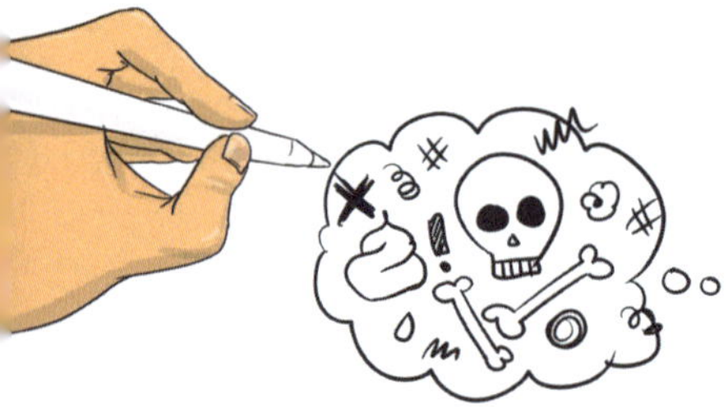

Schöne iPad-Tasche

Beruflich bin ich gut sortiert und pflege meine Arbeitsmaterialien und vor allem mein iPad. Alles ist an seinem Platz in speziellen, gut sortierten Taschen. Ich besaß einmal eine ganz besonders hübsche und praktische iPad-Tasche, in die das gesamte Zubehör samt iPad hineinpasste. Als ich mich auf den Weg zu einem Technikcheck machte, schnappte ich mir meine iPad-Tasche und fuhr zum Veranstaltungsort. Am Rednerpult angekommen, öffnete ich meine Tasche, und was war nicht da? Mein iPad, das lag noch an der Ladestation. Blöd!

Laden

Selbstverständlich lade ich mein Tablet und meine Powerbank, bevor ich zu einem Graphic-Recording-Auftrag fahre. Sicher ist sicher! Was ich unterschätzt habe, ist: Wenn das iPad an dem Beamer angeschlossen ist für die Liveübertragung, klaut der Beamer Strom vom iPad. Für kurze Präsentationen, für ein bis zwei Stunden kein Problem, aber nach drei bis vier Stunden ist der Akku so gut wie leer. Es gibt Adapter für HDMI-Kabel, an die man das Ladekabel anschließen kann. Habe ich. Lädt aber nicht. Und wenn keine Steckdose in der Nähe ist, schließe ich die Powerbank an. Kein Problem. Doch dann war die Powerbank auch schnell leer. Die Mittagspause sollte mich retten, da wollte ich alles laden. Nur habe ich das falsche Ladekabel für die Powerbank eingesteckt. Argh!

Zum Glück hatte mein lieber Ehemann ein Set an Ladekabeln in meinem Auto deponiert.

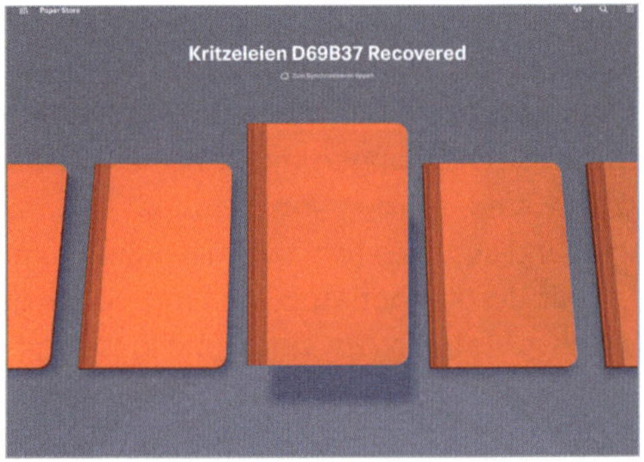

Update mit Folgen

Das war dann mal weg. Ein paar Wochen nach einem unscheinbaren Update öffnete ich nach einiger Zeit mal wieder meine geliebte Paper-App. Es stand ein Visualisierungsworkshop an, und ich habe meine »Präsentationen« und Handouts in Notizbüchern organisiert.

Jetzt waren sie weg oder es wurde nur der Umschlag geladen. Trotz Sicherung in der Cloud. Wahrscheinlich sind über 80 Bücher mit je 200 Seiten zu viel. Schnief!

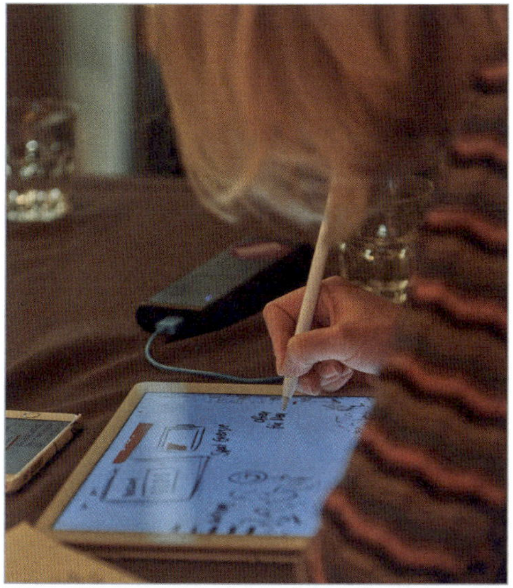

Und das war die Veranstaltung …

Und wieder eine Zusammenfassung durch Graphic Recordings als Film. Diesmal gab es kein Internet und auch nur fünf Minuten zur Übertragung. Ich wollte meinen tollen USB-Stick verwenden, um meiner Kundin die Daten zu überreichen. Nur hatte ich meinen Stick seit Monaten nicht mehr benutzt, und er war nicht geladen und hat sich daher tot gestellt. Mein iPhone hat mir ein Netzwerk hergestellt und ich habe den Film über We-Transfer hochgeladen.

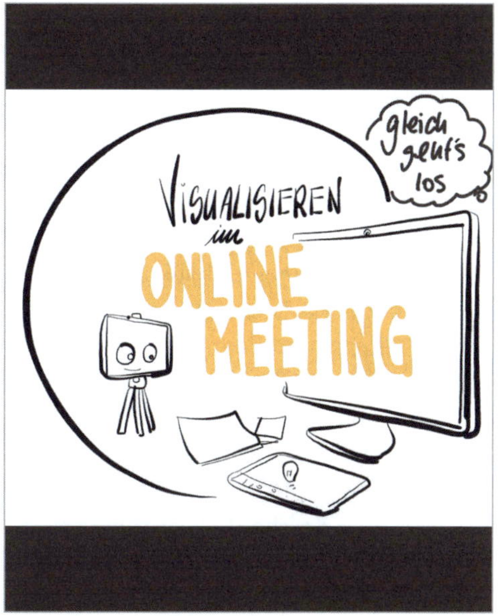

Können Sie mich hören?

So ein Online-Workshop übers Visualisieren ist schon eine kleine Herausforderung. Trotz bester Ausstattung hilft es nichts, wenn das Konferenztool nicht mit meinen Laptop zusammenarbeiten möchte. Entweder wurde mein Mikrofon erkannt, oder ich konnte Inhalte freigeben. Was half? Das Programm über einen anderen Internetbrowser verwenden, als der Techniksupport empfahl.

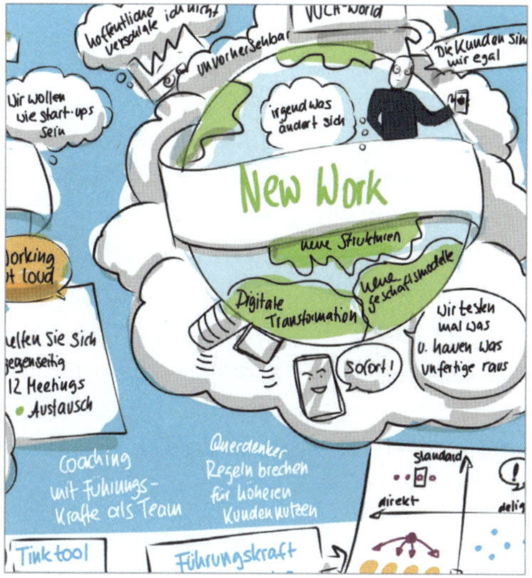

Kein Platz mehr

Ähm, ich muss zugeben, es passiert mir oft, dass der Vortrag noch lange nicht zu Ende ist, meine Leinwand aber schon. Ich bin anfangs immer noch nervös und möchte nichts Wichtiges verpassen. Ich gebe Gas und dann … huch!

Was nun? Ich versuche, den bereits gezeichneten Bereich etwas zu verkleinern und mit einer kleineren Pinseleinstellung weiter zu zeichnen. Noch besser ist es, wenn ich an gezeichnete Elemente anknüpfen und dazuaddieren kann.

Schön schief

Nach langen und vielen Zeichnungen auf dem iPad wird meine Körperhaltung immer schlechter. Ich hänge in meiner Schulter und stütze meinen Kopf in der Hand ab. Mein iPad rutscht immer weiter weg, und ich drehe es unbewusst. Nun schaue ich nicht mehr direkt auf das Gerät, sondern von der Seite. Ich glaube, ich zeichne noch ganz passabel, aber wenn ich mich aufrichte, sehe ich, wie schräg ich geschrieben und gezeichnet habe. Das heißt, alles noch mal!

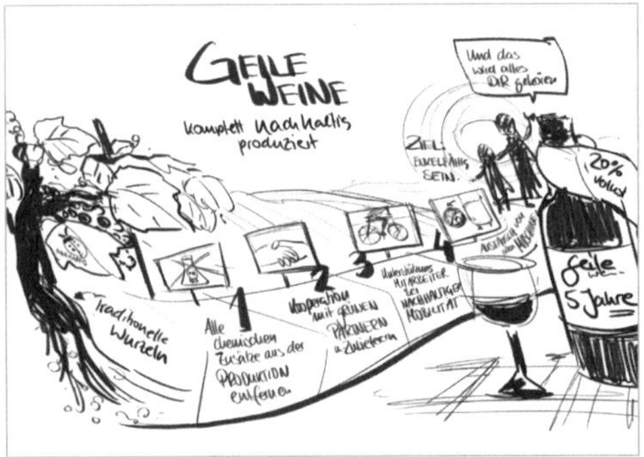

Falsch gedacht

Und wieder ein Auftrag von einer Softwarefirma, eine Veranstaltung über »Digitalisierung und Weiterbildung« mit Graphic Recording festzuhalten. Das Briefing war Wochen vorher, und ich habe mir alles in den Kalender geschrieben. Ich habe mich gut vorbereitet und in meiner Lieblingszeichen-App alle Vorträge als Seiten angelegt und die Überschriften und Redner:innen gezeichnet. Ich kam zum Veranstaltungsort, mein Kunde begrüßte mich herzlich und fragte, ob er mir noch beim Tragen helfen kann. »Nein, danke. Ich habe alles schon hier dabei«, sagte ich. Er schaute mich sehr verdutzt an. Und ich dachte mir, irgendwas stimmt hier nicht. »Ähm«, sagte mein Kunde, »ich dachte, wir haben ausgemacht, dass du auf Papier und Graphic-Recording-Wand zeichnest?« Ja, da fiel es mir auch wieder ein. »Na gut, dann zeichne ich auf dem Tablet!« Seitdem bucht mich der Kunde regelmäßig für die Veranstaltungsreihe. Ich soll weiterhin auf dem Tablet zeichnen. Weil's so praktisch für die Weiterverbreitung ist.

Zeichenroboter – die Idee war gut

Wie geil ist das denn? Ein Zeichenroboter! Muss ich haben! Hab ich auch gekauft. Einmal ausgepackt, aber jahrelang keine geeignete Wand gefunden zum Testen. Die Wand muss 2 x 2 m groß sein, ebenmäßig und nicht schräg. Schwierig in einer Dachwohnung. Ungefähr zwei Jahre später kam die Gelegenheit: Freundinnen eröffneten ihre neue Wirkungsstätte für Workshops, Improvisationstheater und Coaching. Zu der Eröffnungsfeier gab es ein interaktives unterhaltsames Programm, und ich zeichnete, live natürlich. Im Hintergrund sollte der Zeichenroboter mein vorbereitetes Bild an die Wand zeichnen. Beim Technikcheck am Vortag lief alles gut, doch dann machte er nur Teile vom Bild, und das versetzt. Schade!

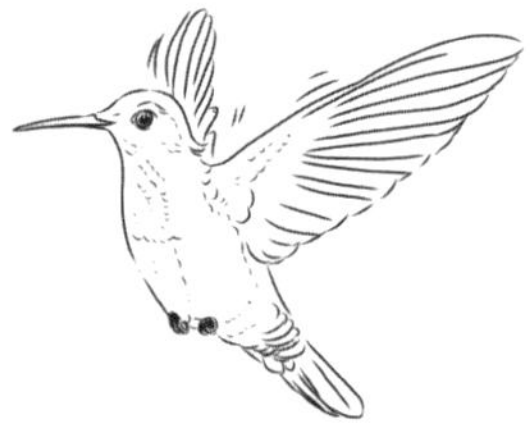

Vorstellung

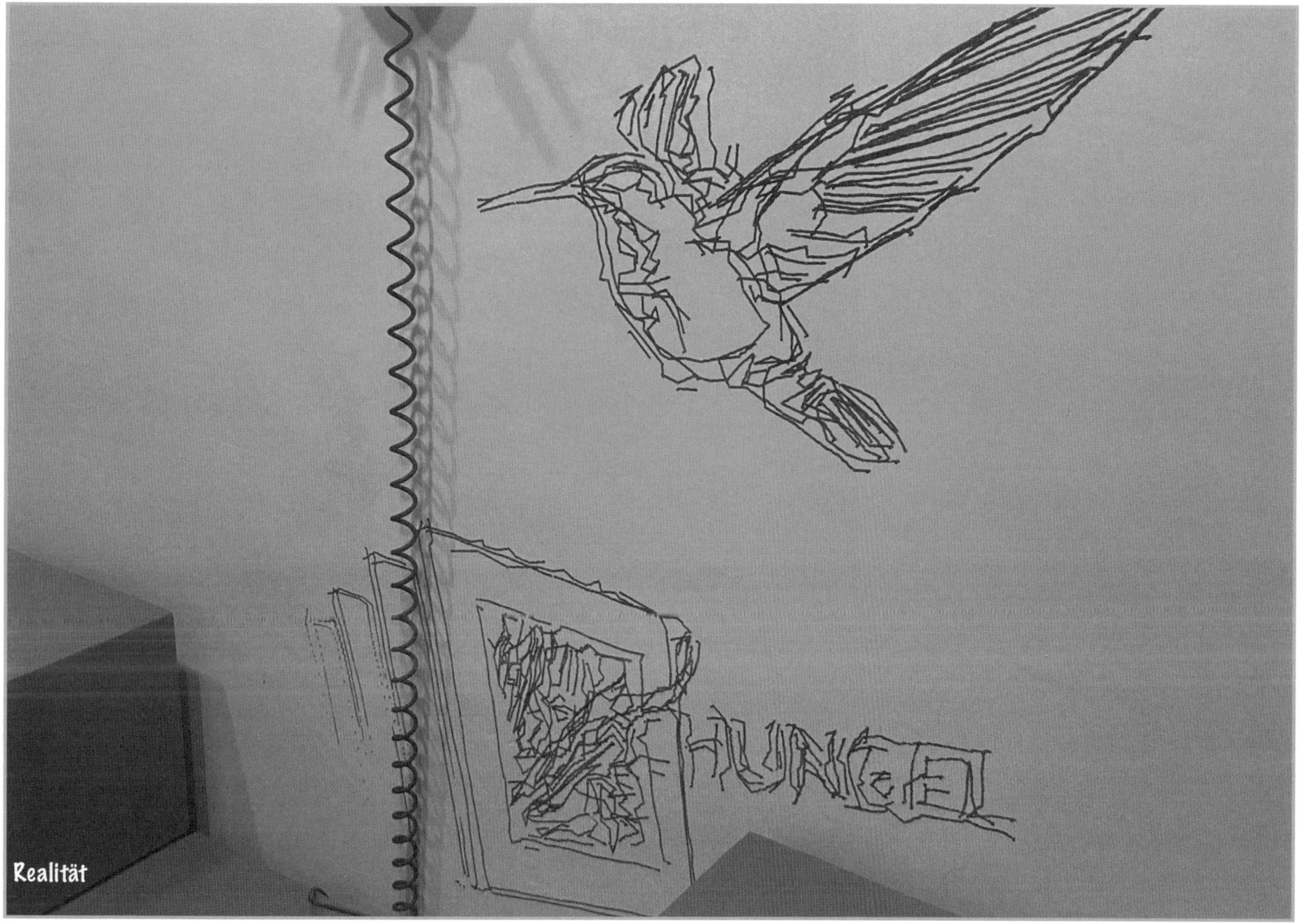

Realität

Mein großer Auftritt

Was für eine Ehre, ich durfte live auf der Bühne (nicht daneben oder dahinter) direkt hinter der Keynote-Speakerin Margit Hertlein ihren Vortrag mitzeichnen. Auf der Volksbühne in Köln. Mit sechs Kameras, die um uns herumflogen Eine ganz große Sache! Der Saal war voll, der Vortrag wieder sehr interessant und lustig. Ich wusste, was Margit sagen wird und ungefähr wie lang. Technik war getestet, Tablet aufgeladen. Schuhe passten und Haare lagen, Make-up saß. Wir hatten ja auch lange Zeit dafür. Zwischen Ankommen und Auftritt lagen Stunden, und um uns herum kreisten viele hektische angespannte Menschen.

Na gut, es beginnt. Tosender Applaus! Margit legt los. Ich werde tierisch nervös, meine Hände schwitzen etwas und dann …

Nichts. Mein Zeichenprogramm reagiert nicht mehr. Habe ich erwähnt, dass meine Zeichnung per Beamer direkt auf die Bühne übertragen wird? Margit redet weiter, sie merkt es ja nicht. Ich ziehe den Adapter für die Bildschirmübertragung und starte das Tablet neu. An Lächeln und Weitermachen ist nicht zu denken. Der Bühnentechniker wird jetzt auch nervös und kommt dezent

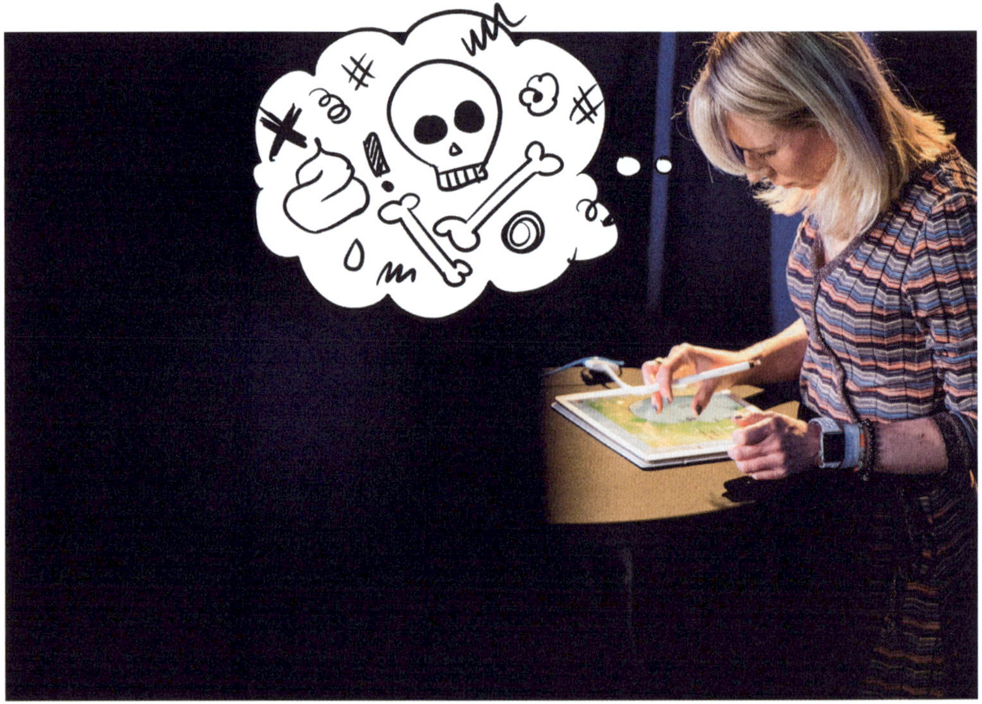

zu mir auf die Bühne. Ich erkläre, was ich tue, und er verschwindet wieder. Was soll er auch machen?

Okay, das Tablet geht wieder. Margit ist ungefähr drei Minuten weiter im Text, und ich habe nun Lücken in meiner Zeichnung. Das ist mein schlechtestes Graphic Recording, seit ich damit begonnen habe zu zeichnen. Ach übrigens, es wurde auch noch auf YouTube veröffentlicht. Aber zurück zum Werk. Ich zeichne weiter und konzentriere mich auf die Worte der Rednerin. Meine Striche sind zwar wackeliger als sonst, aber das Timing stimmt wieder. Margit kommt zum Ende und erhält begeisterten Applaus.

Ich schleiche von der Bühne. Margit sagt: »Lief doch gut.« Ich erzähle, was passiert war. Sie meint, die Veranstalter hätten gut übergeblendet, es habe niemand bemerkt. Das Bild kann ich noch verbessern, und bevor es bei YouTube hochgeladen wird, kann es getauscht werden. Na ja.

Am nächsten Morgen stehe ich am gut gefüllten Gleis Richtung Heimat, noch etwas niedergeschlagen. Ich denke ja immer gleich, ich habe das Zeichnen verlernt und werde nie wieder Graphic Recordings machen. Nie wieder!

Plötzlich spricht mich ein Mann an: »Entschuldigung, sind Sie nicht die Frau, die gestern auf der Bühne live gezeichnet hat?« Ich antworte mit einem peinlichen Ja. »Das war großartig!«, sagt der Mann. Ungläubig schaue ich ihn an und sage: »Das war nicht meine Glanzleistung.« »Man hat nur gesehen, dass Sie ganz kurz ein kleines technisches Problem hatten, es war trotzdem beeindruckend.« Die Leute am Gleis schauen mich nun auch an. Ich fühle mich etwas besser. Vielleicht zeichne ich doch noch ein paar Graphic Recordings.

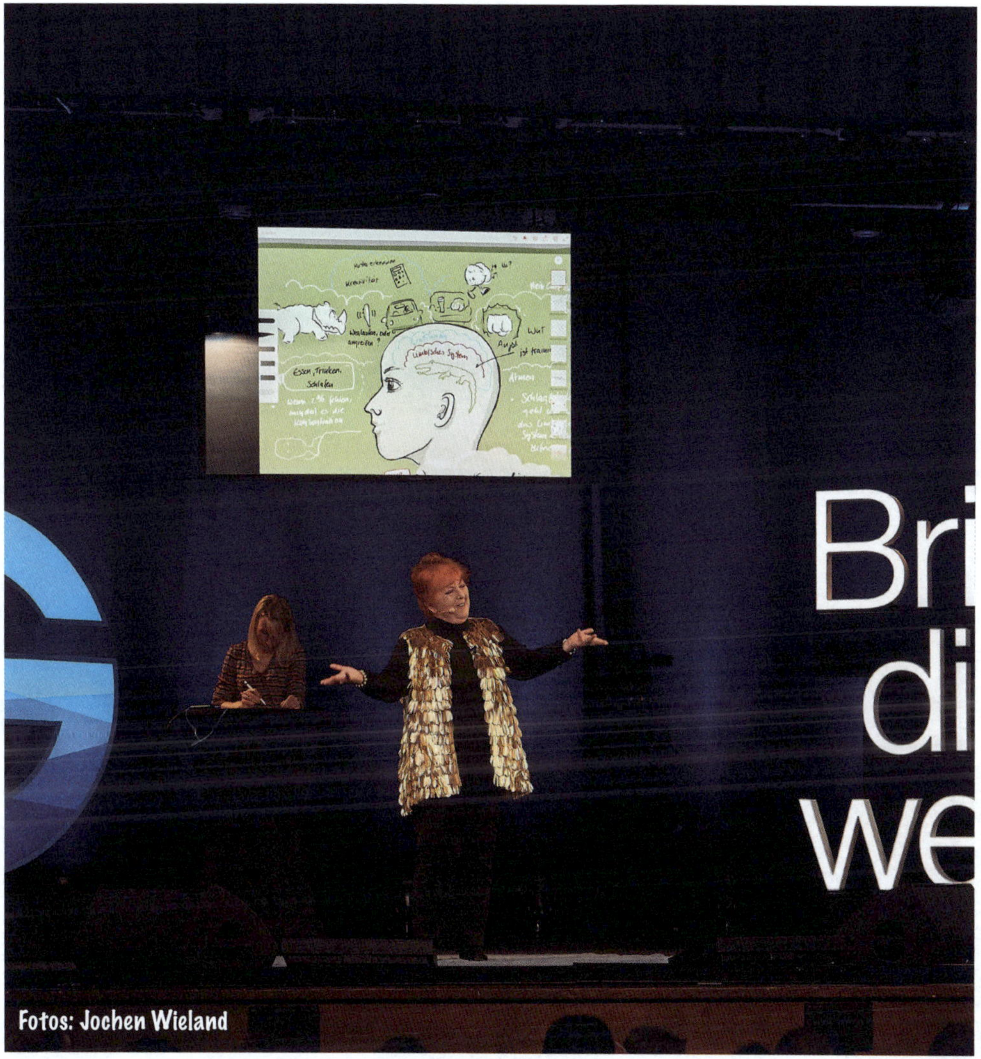

Fotos: Jochen Wieland

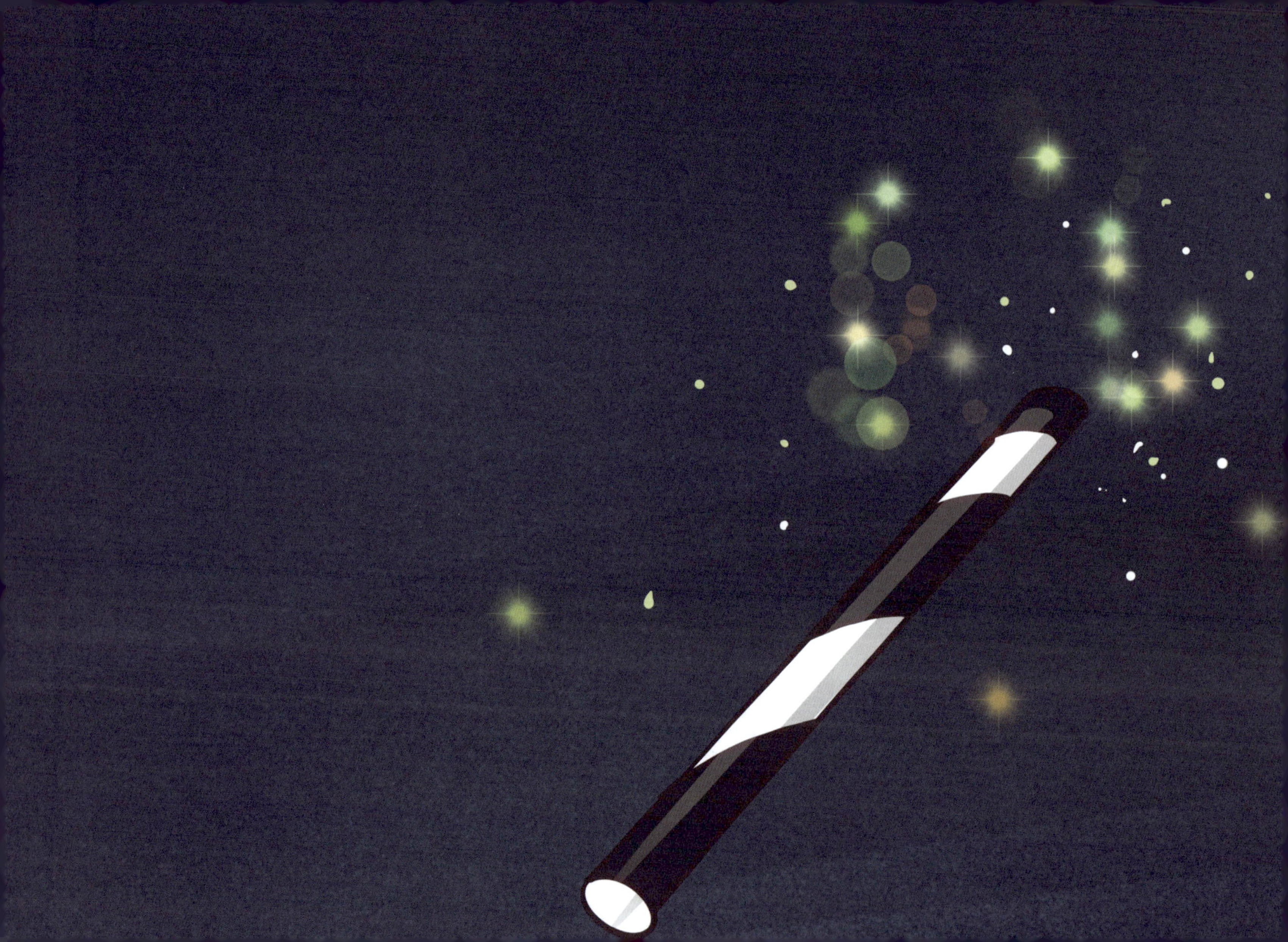

13 Bonus

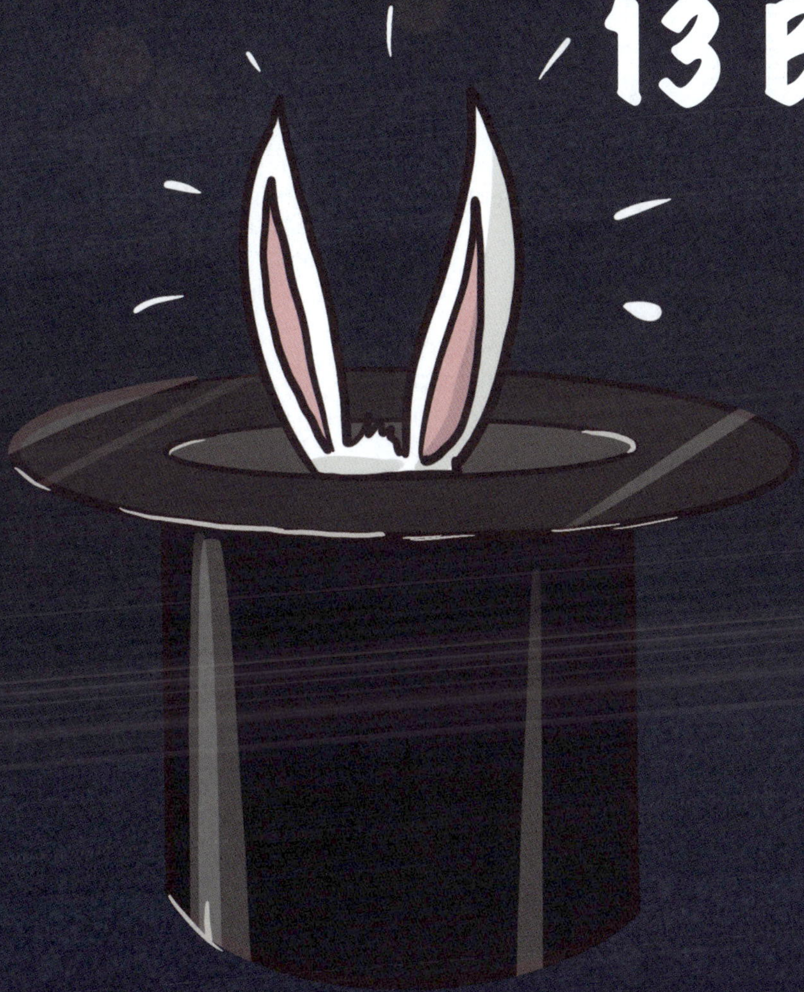

Urban Sketching
Ein Interview mit Jens Hübner

Warum beschäftigst du dich mit Urban Sketching? Wie kamst du dazu?

Ich bin, wie du weißt, mit dem Fahrrad zwei Jahre um die Welt gefahren. Da hab ich angefangen zu aquarellieren und hab das dann weiter gemacht. Wenn du unterwegs bist und ein Skizzenbuch, ein Reisetagebuch führst, ist das Urban Sketching. Ich habe nie nach Fotos gezeichnet, schon damals. Das Wesen des Urban Sketching ist für mich: Du zeichnest vor Ort, nicht nach Foto, alle Zeichenmaterialien sind erlaubt. Das sind die zwei Kriterien, die ich setze.

Ich bin um die Welt gefahren und hab schon Urban Sketching gemacht, obwohl das noch gar nicht erfunden war. Später wurde ich bei einer Ausstellung gefragt, ob ich weiß, wer die Urban Sketchers sind und ob ich mitmachen möchte. Ich hatte damals bereits meine Zeichenkurse für Globetrotter und Boesner gehalten, und meine Teilnehmer fragten mich, ob wir uns nicht jeden Donnerstag bei mir im Atelier treffen und zeichnen wollen.

Ich hatte damals kein Atelier und meinte, ich zeichne immer draußen, und wir können uns am Bahnhof treffen oder in Berlin auf dem Alexanderplatz und im Tiergarten. Ich habe dreistündige Veranstaltungen initiiert, und als ich gefragt wurde, ob ich Urban Sketching kenne, habe ich festgestellt, dass ich Urban-Sketching-Kurse leite, ohne dass ich wusste, was Urban Sketching ist.

Als Reisezeichner will ich immer wenig Material dabeihaben – ich mache das immer vor Ort. Ich zeichne in Zügen, ich geh nicht raus und setze mich ins Atelier und male etwas, sondern das passiert auf Bahnsteigen oder irgendwo unterwegs. Mir ist immer wichtig, mit wenig Material schnell was auf Papier zu bekommen, und das nach der Realität.

Was und wann war denn »damals«?

»Damals« war 2011 – seit 2007 gibt es die Bewegung, gegründet von Gabriel Campanario in Seattle, dann hat das Wellen geschlagen, und danach gab es die Urban Sketchers auch in Deutschland, auch in Berlin. Das wurde zu einem Hype, und dann musste jeder Verlag in Deutschland auch Urban-Sketching-Bücher rausbringen – das waren in der Regel Übersetzungen aus dem Amerikanischen.

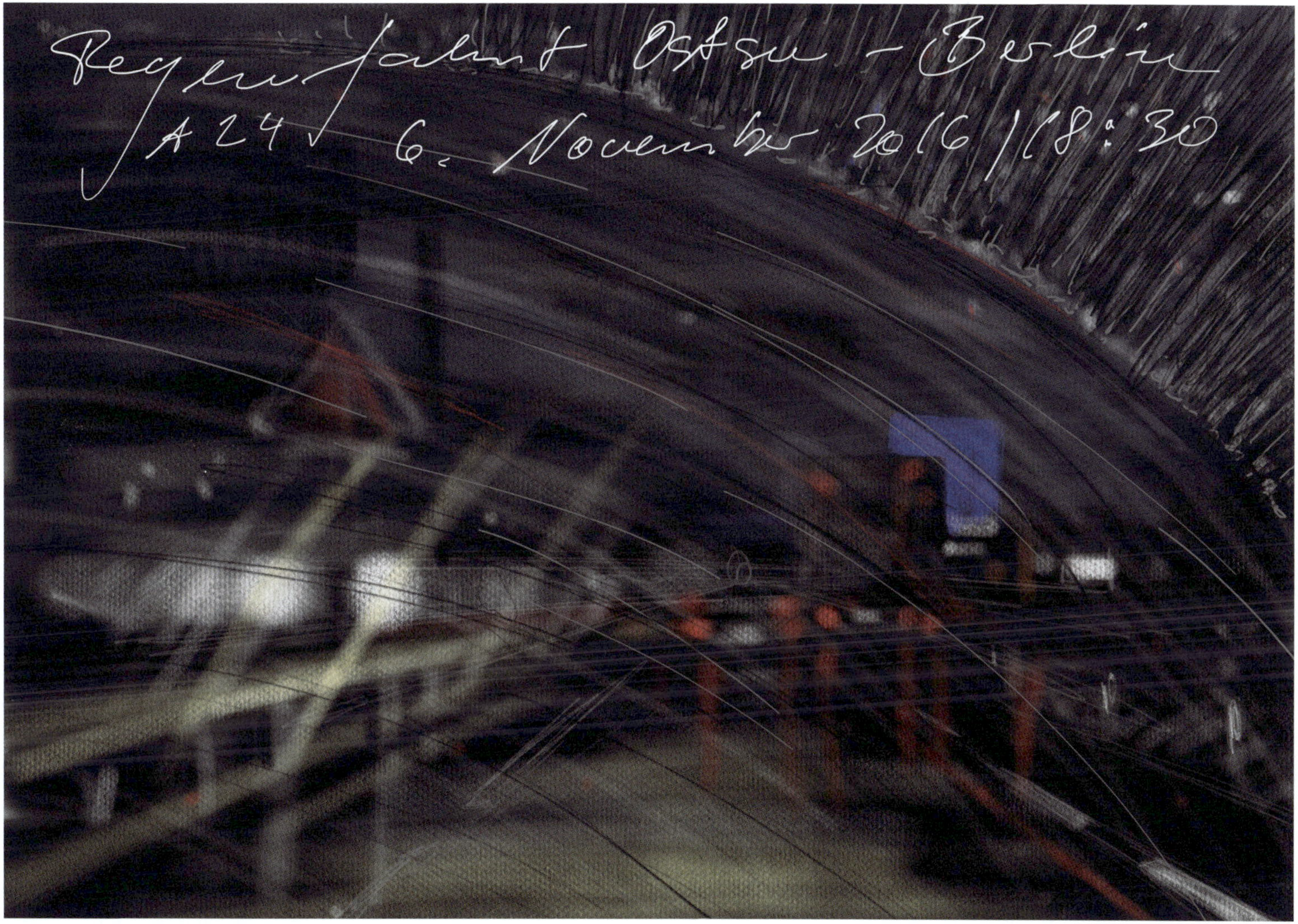
Regenfahrt Ostsee - Berlin
A24 6. November 2016 | 18:30

Ich hatte damals mein erstes Buch geschrieben, »Reisemomente skizzieren, aquarellieren und collagieren« heißt das. Das wurde gut verkauft, und da hat mein Verlag mich gefragt, ob ich nicht ein Buch über Urban Sketching schreiben möchte – weil damals jeder Verlag so etwas haben musste.

Ich bin dann rangegangen – war mir natürlich eine Ehre, das zu machen – und habe überlegt und Bücher angesehen. Eigentlich waren die Urban-Sketching-Bücher immer eine Zusammenstellung von 20 internationalen Zeichnern, die jeweils fünf Seiten hatten, fünf Abbildungen, ihren Lebenslauf, ihre Materialien und ein Porträt.

Die Autoren waren eigentlich Herausgeber – sie haben auch etwas dazu beigetragen, aber eigentlich war es eine Sammlung von verschiedenen Zeichenstilen rund um die Welt. Da habe ich gesagt, das ist ja langweilig, das fünfte Buch, das so funktioniert, rauszubringen, und hab mir ein anderes Konzept überlegt. Damals kam auch Facebook auf, jeder hatte irgendwie über Facebook gehört und das verteufelt oder wie auch immer.

Und ich habe mich gefragt, was Facebook für mich leisten kann. Ich habe mir vorgenommen, ein Jahr lang jeden Tag eine Zeichnung bei Facebook zu veröffentlichen, weil ich ja so oder so für dieses Buch zeichnen musste. Der Plan war: Dann habe ich 365 Zeichnungen, damit kann ich das Buch illustrieren und hab dann vielleicht auch jede Menge Follower, denen ich sagen kann: »Jetzt gibt es das, was im letzten Jahr auf Facebook veröffentlicht wurde, in Buchform.«

Ich habe mir wie gesagt ein anderes Konzept überlegt und dachte, dass ich keine Leute einsammle, sondern einmal um die Welt fliege und an allen möglichen Orten zeichne. Ich habe damals, wie heute, mit der Firma Schmincke zusammengearbeitet und wusste, die sind international tätig. Daher habe ich den angerufen und ihm gesagt: »Ich habe folgendes Projekt vor: Ich schreibe ein Buch über Urban Sketching, ich fliege einmal um die Welt, wenn Sie wollen, kann ich gerne für die Firma Schmincke international präsentieren, so wie ich das für Boesner mache.« Ich bekam die Antwort, das sei eine tolle Idee, und zehn Orte genannt, an denen sie mich gerne hätten, und ich habe mir dann fünf ausgesucht. Der Deal war, dass mir die Unterkunft bezahlt wurde, und ich habe mir ein Round-the-World-Ticket gekauft. Meine Präsentationen wurden bezahlt, und das habe ich neben Schmincke mit Da Vinci, Hahnemühle und Faber-Castell gemacht. Ich bin dann von Berlin nach Tokio geflogen und von Tokio nach Neuseeland und von Neuseeland nach Los Angeles, weil ich da umsteigen musste nach Sao Paulo, und dann nach Cape Town.

Der Witz war – ich war vorher schon für Hahnemühle bei einer Messe tätig und hab Mini-Workshops für deren Vertreterteam gemacht. Die kannten mich daher in Tokio bereits, bevor ich ankam, und haben mich für Workshops gebucht. Das Gleiche passierte bei Boesner in Neuseeland. Daraus ist dann das Buch »Ein Jahr Urban Sketching« entstanden. Es heißt »Ein Jahr Urban Sketching«, weil ich das ein Jahr lang machen wollte, und ich mache es bis heute, seit neun Jahren.

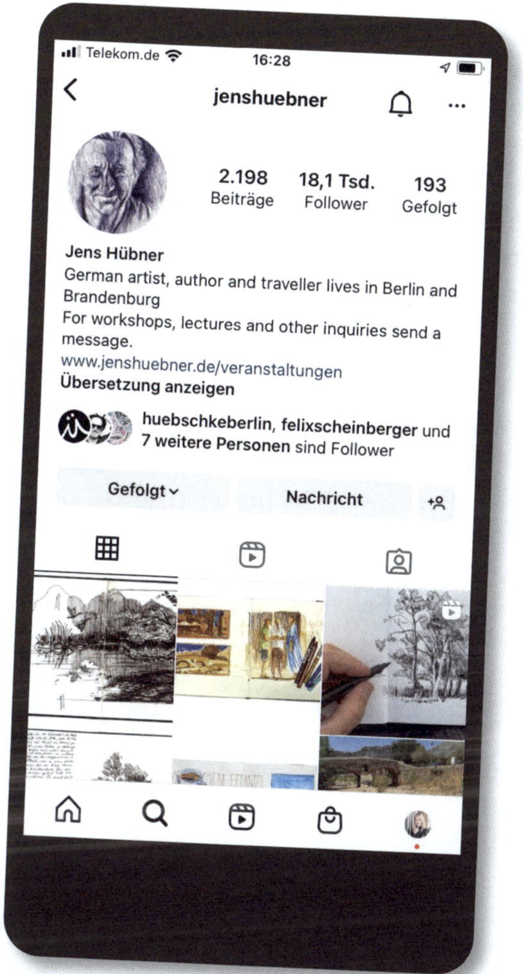

Wofür benutzt du denn die erstellten Urban Sketches? Was meinst du, was kann Urban Sketching noch? Wofür könnte man die Ergebnisse noch verwenden?

Viele machen das, denke ich, um ein Gemeinschaftsgefühl zu haben. In der Regel – es gibt ja sehr viele Urban-Sketching-Gruppen, in Berlin, in Köln, in München, am Niederrhein – ist zusammen zu zeichnen vielen Leuten eine Freude. Ich mache das ja professionell, das heißt, ich biete mein Wissen an, ich verkaufe mein Wissen und hab gar nicht so viel Zeit und bin auch gar nicht so viel in Berlin, um regelmäßig an den Treffen teilzunehmen. Das ist ja eine Social-Media-Community, die ganz schnell wächst, und das ist der große Vorteil von Social Media, dass sich darüber Gruppen sehr schnell organisieren lassen. Das Gemeinschaftsgefühl ist, glaube ich, für die meisten das Wichtige, gar nicht so sehr das Ergebnis. Das sind alles keine Profis, die machen das aus Freude. Viele sind Illustratoren, Architekten, aber auch Leute – und das ist, glaube ich, ganz wichtig –, die entschleunigen wollen, die langsam Dinge wahrnehmen wollen, sehr bewusst wahrnehmen wollen und es zu schätzen wissen, das mit dem Stift auf Papier zu machen.

Wenn ich Urban-Sketching-Kurse gebe und die meisten verwenden Aquarell und Füller oder Fineliner, dann machen wir das zur Abwechslung mit Aquarell-Markern oder mit Aquarellstiften oder mit Kugelschreibern, um mal dieses Spektrum zu erleben. Ich selbst habe für mein Buch auch auf dem iPad gezeichnet oder auch mit dem Daumen auf dem Handy – ich versuche dann, alles Mögliche zu nutzen.

Ich mache das wie gesagt seit neun Jahren und veröffentliche jeden Tag eine Zeichnung – das sind 90 % Urban Sketches. Das sind meine täglichen Zeichenübungen und oftmals »Abfallprodukte« meiner Kurse. Ich habe 16.000 Follower, die das täglich sehen – Social Media sind ja so etwas wie eine Galerie. Ich verkaufe darüber auch Nutzungsrechte, wenn zum Beispiel Boesner ein neues Cover für den Zeichenblock haben will.

Hast du verschiedene Themenbücher – einen Ort zum Beispiel, und hast du mehrere Skizzenbücher, in die du immer zeichnest, oder ist es einfach frei?

Mit ist es wichtig, dass die Skizzenbücher dünn sind – empfehle ich auch jedem, ansonsten sind sie schwer, und man hat keine Lust, die mitzunehmen, und nicht die Möglichkeit, überhaupt reinzuzeichnen, das ist ganz wichtig. Das hängt natürlich auch mit dem Gewicht des Skizzenbuchs zusammen. Deswegen habe ich als Standardbuch Hahnemühle A5-Hochformat, und da sind 32 Doppelseiten drin, und so was schaffe ich in einer Woche. Ich dividiere die Anzahl der Seiten durch die Tage, die ich dort bin, also sieben Tage sind dann vier bis fünf Zeichnungen pro Tag. Das ist das Ziel und nicht, schöne Zeichnungen zu machen. So habe ich in ein oder zwei Wochen ein Skizzenbuch voll – das war dann die Reise.

Zu »Themenbüchern« – ich hab dann, wenn ich nicht so viel unterwegs bin, verschiedene Arbeitsbücher, in denen ich Ideen für Möbel, für Motorradzubehörteile, für Stative und Ähnliches entwerfe. Oder Skizzen für Ölbilder: Ich skizziere Vorzeichnungen dieser Ölbilder, um das nachher auf Öl zu übertragen.

Was findest du so großartig an Urban Sketching?

An Urban Sketching finde ich gut, dass es so einfach ist. Du machst das quasi nebenbei: Da ist wenig Material, es geht recht schnell, es ist einfach, weil es draußen an jedem Ort stattfinden kann. Und, ganz besonders, sehe ich Zeichnen auch als Bereicherung der Lebensqualität.

Wir sind hier in einem der reichsten Länder der Welt und können uns leisten, eine halbe Stunde Zeit zu nehmen, während alles schnell vorbeihetzt. Das sehe ich als großen Luxus an, und diesen Luxus muss man sich bewusst machen.

Ich glaube, viele – und auch ich – finden es gut, eben nicht auf der Glasfläche eines iPad zu arbeiten, sondern mit einem einfachen Bleistift oder einem schönen Füller. Es geht schnell, es ist überall möglich, und man braucht wahnsinnig wenig Material – das man sich in die Hosentasche steckt. Es ist eben einfach gut für das eigene Lebensgefühl.

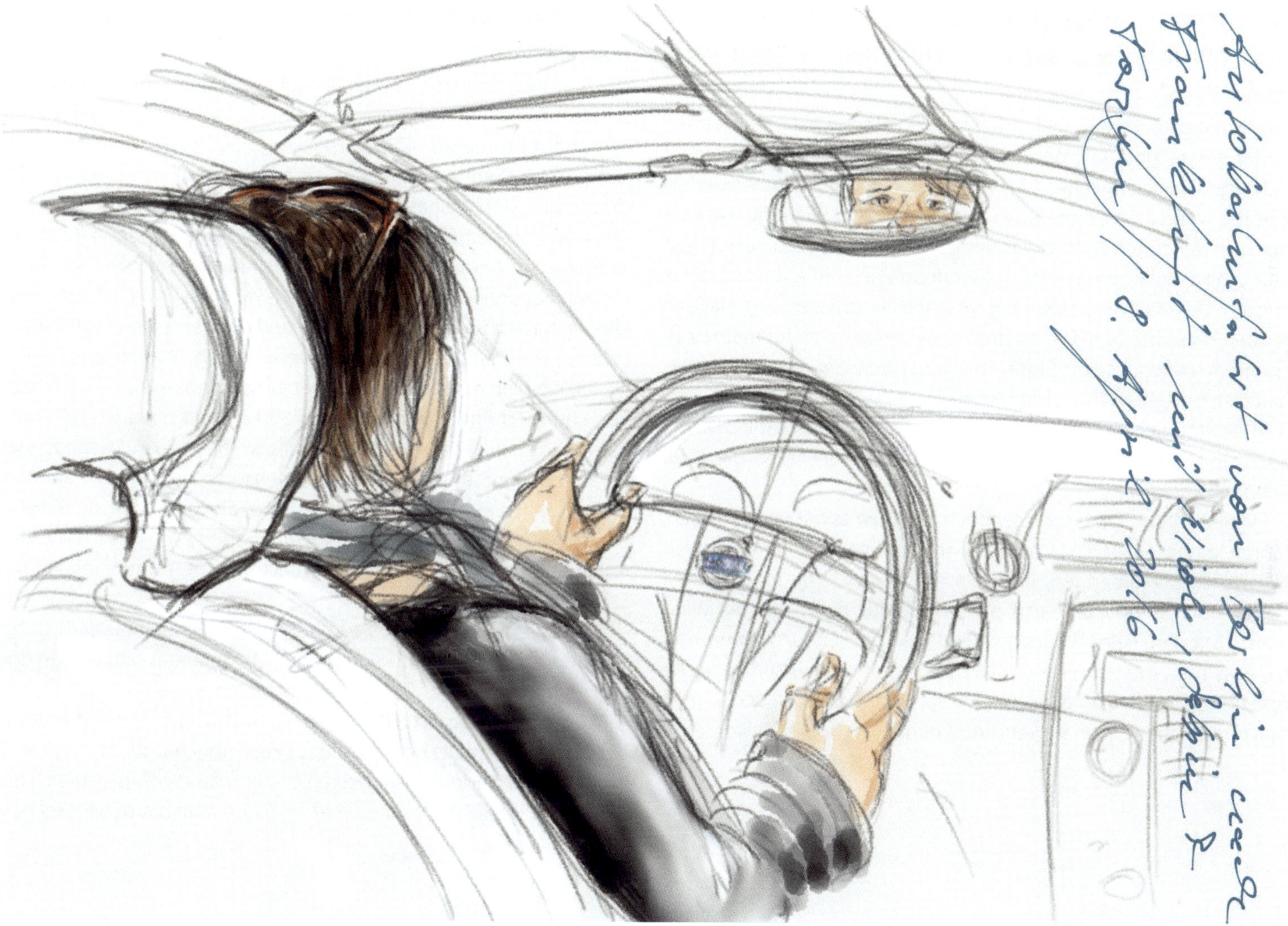
Autobahnfahrt von Berlin nach
Frankfurt mit Nicole,
8. April 2016

Wie geht man am besten vor, wenn man ein neues Buch anlegt? Wie fängt man an? Wie verliert man die Scheu vorm leeren Buch?

Das Wichtigste ist, erst mal mit einem Fineliner oder Füller Namen und Adresse und Telefonnummer reinzuschreiben. Erstens, dass sich die Wahrscheinlichkeit erhöht, dass man das Buch wiederbekommt, wenn man es irgendwo liegen lässt, aber wichtiger ist, dass man mit der ersten Seite etwas gemacht hat – dass man da mit dem Stift schon mal irgendwas reingeschrieben hat, ohne dass man das versaut. Um die Scheu davor ein bisschen zu verlieren, erst mal den Namen reinschreiben. Die zweite Seite reserviere ich für meine Zeichenmaterialien, meine Stifte oder auch den Aquarellkasten. Das halte ich für sehr wichtig: Die Farben immer wieder auszuprobieren, weil sie natürlich im Kasten anders wirken als auf dem Papier. Das ist auch eine ganz einfache Übung, um das Papier, die Farbe, die Stifte kennenzulernen.

Viele kaufen sich das Skizzenbuch, nehmen es mit in den Urlaub, fahren damit an den Strand oder so und sagen sich: »Eigentlich müsste ich jetzt anfangen, aber nein, das mach ich mal morgen, weil das ist noch so neu, und jetzt passt es gerade nicht, und der Wind weht.« Mit dem Reinschreiben verliert man die Scheu. Ganz wichtig ist, dass man die Vorderseite markiert, damit man weiß, wo vorne und hinten ist. Im Eifer des Gefechts verdreht man das Buch schnell mal und zeichnet dann verkehrt rum rein.

Was kann man falsch machen? Kann man was falsch machen?

Das kann ich Großes und Kleines nennen. Das Große ist, dass man zu viele Materialien mitnimmt und eine Einkaufstüte voll Materialien hat und die erst mal auspacken muss, bevor man anfangen kann. Dann fängt man nicht an, weil dann braucht es »ideale« Bedingungen, und die hat man wahrscheinlich nicht. Das ist nur meine Meinung – viele gehen ja auch bewusst los und klappen ihren Hocker aus und bauen ihre Sachen auf. Ich hingegen, wenn ich in der U-Bahn aquarellieren will, kann ich das machen – weil ich mir einen kleinen Kasten an die Seite klemme und ein kleines Buch dabeihabe und nur einen Stift und nicht fünf verschiedene Wassertanks.

Ich rate, ein eigenes Standardset immer dabeizuhaben. Ich habe auch hundert Pinsel und Tausende Stifte – und bin auch ein Materialfetischist, weil das Einkaufserlebnis so toll ist – und nehme auch die drei tollen Stifte, die ich gerade gekauft habe, mit. Die anderen Siebensachen sind allerdings genau die, die ich immer dabeihabe. Die sollte man zur Sicherheit dabeihaben, denn wenn diese drei tollen Stifte nicht funktionieren, bin ich frustriert und kann auf das Standardset zurückgreifen.

Also: wenige Sachen dabeizuhaben und seinen Standard zu haben und den auch gut zu kennen. Ich habe minimal acht Farben und maximal vierzehn.

Eine Kleinigkeit: Oft hält man den Pinsel in einer Hand, die Kappe des Pinsels ebenfalls und dazu das Skizzenbuch und den Aquarellkasten in der anderen. Am besten steckt man die Kappe gleich auf den Pinsel, dann ist die schon mal weg, und man hat den Pinsel besser im Griff. Oder die Kappen von Stiften sofort in die Tasche stecken und nicht in der Hand halten oder ablegen. Man verliert sie, man lässt sie liegen, und die Hand ist voll.

Die kleinen Aquarellkästen haben oft in der Mitte zwischen den Näpfchen Platz. Legt dort ein zusammengedrehtes Taschentuch rein. Dort kann man den Wassertank-Pinsel auswischen und hat so möglichst wenig in der Hand.

Vielleicht zum Zeichnen auf iPad zwei, drei Hinweise: Erstens beschränke ich mich auf den HB-Bleistift und zeichne damit sehr viel, und dann nehme ich zum Schluss vielleicht noch ein bisschen Farbe. Man verliert sich dort in den Möglichkeiten, es gibt zu viele. Und, ein Tipp von Rob Sketcherman aus Hongkong: Der hat an sein iPad hinten einen Griff geklebt und muss es deshalb nicht an der Seite fassen, sondern kann es wie ein Skizzenbuch halten. Die Schutzfolien, die dafür sorgen, dass der Stift mehr Grip hat, sind auch sehr empfehlenswert.

Hast du noch weitere Ergänzungen zu Tipps und Tricks?

Wie gesagt: sich nicht in den Möglichkeiten verlieren. Ich selbst bin ein reduzierter Typ – nur ein HB-Bleistift. Und sich nur 10 % der Zeit, oder sagen wir 20 %, die man an der Zeichnung sitzt, zu fragen, wie man Farbe integrieren kann.

Wenn man das professionell oder zumindest wirklich ernsthaft macht und Urban Sketching nur auf dem Tablet, dann lohnt es sich, diese virtuellen Stiftesets zu kaufen. Ich glaube, dass es wichtig ist, sich nicht in Apps zu verlieren. Früher benutzte ich Paper53 und fand es cool, Skizzenbücher anzulegen. Jetzt nutze ich ProCreate, das ist für mich die Lösung, und damit kenne ich mich aus. Ich finde, man sollte seinen Standard haben und kann durchaus nach links und rechts gucken, aber die Gefahr ist groß, dass man sich in den Möglichkeiten verliert.

Bestimmt wurdest du das schon öfter gefragt: Muss man gut zeichnen können, um mit Urban Sketching loszulegen, oder kann man loslegen, um beim Tun zu lernen?

Grundsätzlich wird das Zeichnen meiner Meinung nach unterschätzt. Ja, es ist total cool, wenn man zeichnen kann, und ich will nicht sagen, dass du erst zeichnen können musst und erst dann mit Urban Sketching beginnen darfst. Wichtig ist, sich selbst motivieren zu können, und das hat mit Erfolgserlebnissen zu tun – und Erfolg hat man zum Beispiel mit Übungen, die vereinfachen.

Man sollte einfach anfangen, ja, aber dieses »machen, machen, machen« ist mir ein bisschen zu einfach. Man sollte sich – und dafür sind zum Beispiel soziale Netzwerke gut – Zeichnungen angucken und von denen, die einem gefallen, Screenshots machen und einen Ordner im Handy oder auf dem Tablet anlegen und dann wieder und wieder angucken und auch ruhig nachzeichnen. Ich halte viel von Kopieren – ich kopiere nicht die Zeichner, aber lasse mich gerne inspirieren. Wenn jemand mit einem Fineliner zeichnet, zeichne ich mal meine nächsten Motive nur mit dem Fineliner in der Art, wie er das gemacht hat, oder wenn jemand Farben reduziert, dann sag ich mir »toll, die Farben nehme ich auch mal«. Also: sich viel ansehen und sich nicht scheuen zu kopieren. Um es zu lernen. Man begreift das durch Zeichnen, das ist ja ein Vorteil des Zeichnens, auch das genaue Hinsehen.

Wie lange dauert eine Zeichnung durchschnittlich bei dir?

Das darf nicht zu lange dauern – niemals eine Stunde, würde ich sagen. Vor Ort eine halbe Stunde bis 45 Minuten, in etwa.

Was ich oftmals noch mache – weil ich ja auch viel unterwegs bin und mich fahren lasse, in der Deutschen Bahn oder in der U-Bahn bin oder auch abends noch mal am Tisch sitze statt Fernsehen zu gucken –, da feile ich daran rum, das ist für mich eine wichtige Sache, dass ich einmal das Skizzenbuch zuschlage und es dann Stunden nicht sehe und dann wieder aufmache und mit einem neuen Blick sehe. Dann sag ich: »Ja, guck mal, hier stimmt der Tonwert nicht.« Wichtig ist, nicht alles vor Ort zu machen, weil dann bin ich zu sehr abgelenkt von der Realität.

Ein Teil ist eben auch fiktiv – die Farbe ist ja auch fiktiv und nicht unbedingt die Farbe, die ich da sehe. Diese Zeit zwischen dem unmittelbaren Erstellen und dann noch mal 20 Minuten dran sitzen, die ist mir wichtig. Dann ist es in der Gesamtheit eine Stunde, aber in zwei Schritten.

Wenn man mehr über das Thema lernen möchte, dann ...

dann sollte man sich Urban-Sketching-Gruppen anschließen, sich das mal ansehen und keine Scheu davor haben. Das sind, im besten Sinne, unprofessionelle Zeichner, nicht alles gestandene Grafiker und Designer. Das ist der erste Tipp.

Mein zweiter Tipp: Sich in sozialen Netzwerken umschauen. Es gibt da wahnsinnig viel Inspiration. Leuten folgen, auf Instagram, die man gut findet. Und in Facebook-Gruppen organisieren, in Verteiler eintragen.

Drittens: Bücher kaufen und sich dadurch inspirieren lassen. Aus dem Grund habe ich auch ein oder zwei Bücher inzwischen geschrieben, die unter dem Titel »Arbeitsbücher« laufen und wo jede zweite Seite frei und auch ein Stift dabei ist und eine kleine Anleitung. Damit kann man rausgehen, sich die Anleitung auf der Doppelseite durchlesen, den Stift nehmen und dort reinzeichnen. Der Sinn ist, dass man sich durch Bücher nicht nur inspirieren lässt und sagt: »Ja, man müsste mal, man könnte mal, aber dann muss ich erst mal in den Laden gehen und mir alles kaufen, und dann kann ich vielleicht«, sondern: Da ist das Buch, da ist der Stift, da ist die Anleitung und da ist das leere Blatt Papier, und jetzt kannst du loslegen.

Vielleicht noch ein Hinweis zum Zeichnen auf dem Tablet in der Öffentlichkeit?

Sich in den Schatten setzen, ganz wichtig.

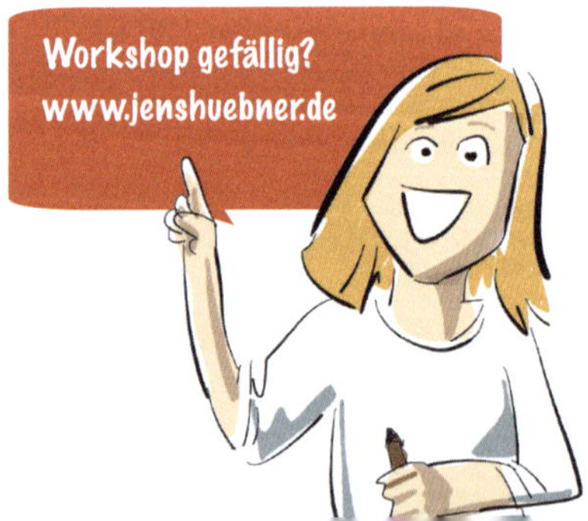

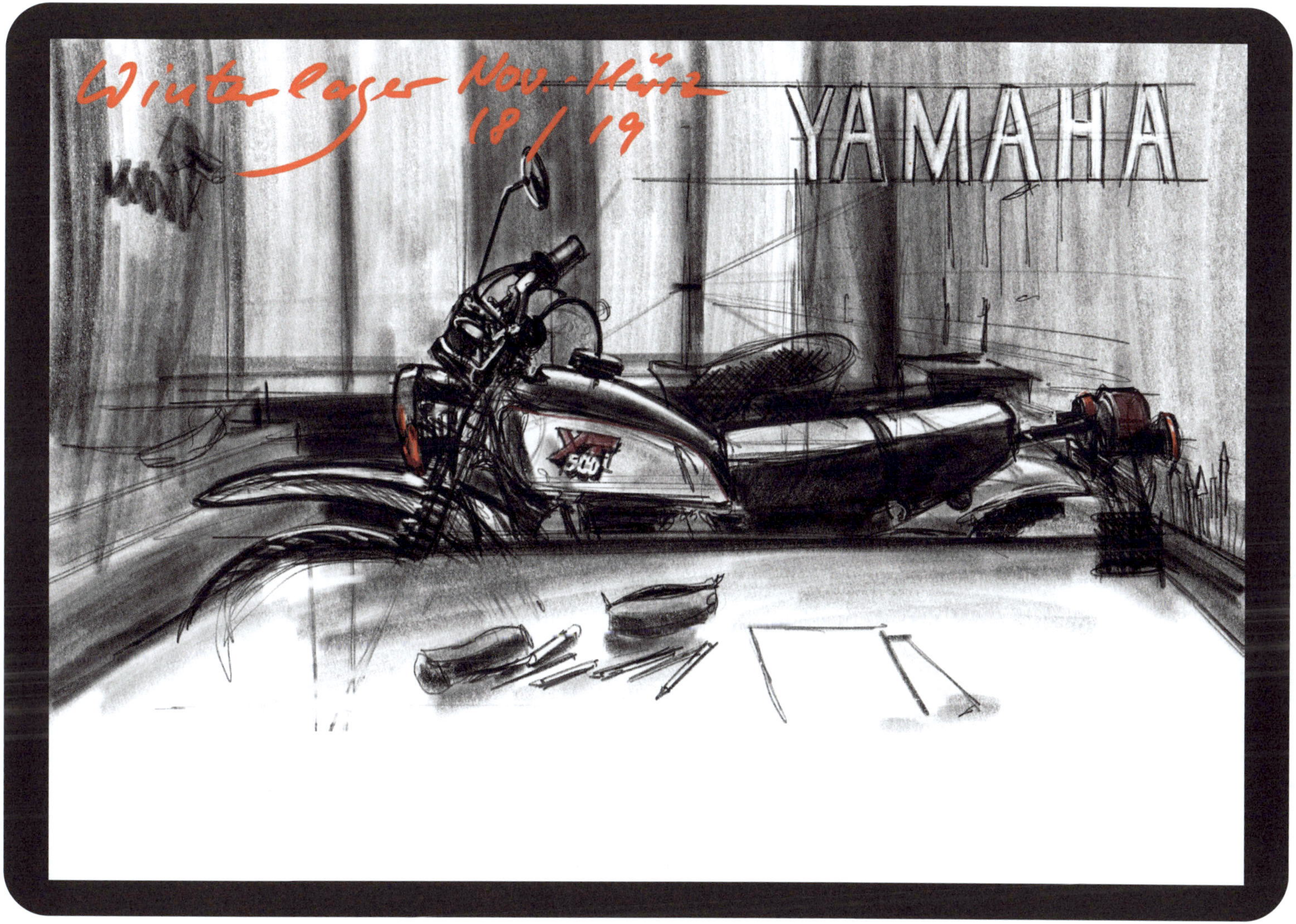
Winterlager Nov.-März
18/19
YAMAHA
500

Buchtipps

Inspiration

50 Mindshots

Genial illustrierte Sinnbilder und Geistesblitze zum Nach- und Weiterdenken für alle Fans von Christoph Niemann und Noma Bar
Von Sergio Ingravalle
Knesebeck
128 Seiten
ISBN: 978-3-95728-203-3

Business-Symbole einfach zeichnen lernen: Die wichtigsten Motive für Flipchart und Whiteboard.

Mit Schritt-für-Schritt-Zeichenanleitung
Von Johannes Sauer
managerSeminare
224 Seiten
ISBN: 978-3-95891-040-9

Graphic Recording & Sketchnotes

Graphic Recording: Das 1 x 1 der Live-Visualisierung

Meetings oder Konferenzen werden mit einer Kombination aus Bild und Text sichtbar gemacht, sodass ein visuelles Protokoll entsteht, egal ob auf Papier oder digital.
Von Martina Grigoleit
mitp
160 Seiten
ISBN: 978-3-7475-0266-2

Sketchnotes: Dein Übungsbuch mit Mister Maikel

So easy Sketchnotes üben! Mithilfe von überraschenden und spielerischen Aufgaben erlernen Sie hier alles, was es zu Sketchnotes zu wissen gilt.
Von Michael Geiß-Hein
Frech
64 Seiten
ISBN: 978-3-7724-4688-7

Sketchnotes in der IT: Abstrakte Themen mit Leichtigkeit visualisieren

Die Softwareentwicklerin Lisa-Maria Moritz erklärt, in welchen Bereichen Ihres Arbeitsalltags in der IT Sie Sketchnotes einsetzen können.
Von Lisa-Maria Moritz
dpunkt.verlag
170 Seiten
ISBN: 978-3-86490-830-9

Infografik: Gute Geschichten erzählen mit komplexen Daten

Das umfassende Praxisbuch für die gute Infografik. Strukturiert und praxisnah behandelt Raimar Heber, Art Director Infografik bei der dpa, alle Aspekte rund um eine gelungene Infografik.
Von Raimar Heber
Rheinwerk Design
342 Seiten
ISBN: 978-3-8362-6438-9

Mind Mapping: Die kreative Arbeitstechnik
Eine leicht verständliche Einführung in die Thematik, ohne allzu wissenschaftlich zu werden – der praktische Nutzen steht eindeutig im Vordergrund.
Von Margit Hertlein
Rowohlt
177 Seiten
ISBN: 978-3-499-60229-0

Mindmap-Block: 100 Mindmaps zum Selberschreiben
Diese kannst du mit deinen Geistesblitzen beschriften und zum Lernen verwenden.
Von Mars Media
102 Seiten
Independently published
ISBN: 978-1660877904

Show And Tell: How Everybody Can Make Extraordinary Presentations
We are all natural born presenters. We have ideas to share, voices to share them, and people to share them with. Englische Ausgabe.
Portfolio Penguin
Von Dan Roam
272 Seiten
ISBN: 978-0-241004371

Das große Flipchart-Vorlagen-Buch
Über 180 Vorlagen von Agenda bis Evaluation für Meetings, Präsentationen und Workshops.
Von Sandra Dirks & Tanja Wehr
mitp
320 Seiten
ISBN: 978-3-7475-0063-7

Wunderbar: 120 interaktive Publikumsübungen für Rednerinnen, Speaker, Präsentatorinnen und Moderatoren auf der Bühne
Wie viele methodische Übungen fallen Ihnen ein, um Ihre Inhalte lebendig vor einer großen Gruppe zu präsentieren? Zwei Top-Bühnenprofis beschreiben über 100 ihrer besten Übungen für die Bühne, die bei 30 ebenso wie bei 300 Personen funktionieren.
Von Margit Hertlein & Gaston Florin
managerSeminare
288 Seiten
ISBN: 978-3-95891-033-1

Auf dem Tablet erklärt: Wie Sie Ihre guten Ideen einfach und digital visualisieren
Hier finden Sie eine Fülle von Anregungen, wie Sie mit einfachsten Mitteln eindrucksvoll Ihre Ideen, Pitches und Vorträge vorbereiten, präsentieren und festhalten.
Von Sandra Schulze
dpunkt.verlag
316 Seiten
ISBN: 978-3-86490-513-1

Zeichnen

Spielend Ziele setzen und erreichen: Objectives and Key Results mit LEGO® SERIOUS PLAY®

Für das Formulieren von Zielen und Vereinbaren von Ergebnissen wird ein Vorgehen erläutert, das Objectives und Key Results endlich greifbar macht.
Von Reinhard Ematinger & Sandra Schulze
Springer Gabler
88 Seiten
ISBN: 978-3-658-29304-8

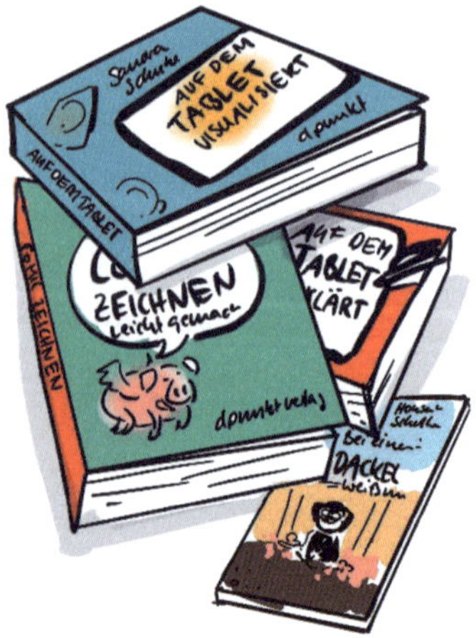

Figuren zeichnen aus der Hüfte

Mit schnellen Strichen einfache Figuren zeichnen lernen. Schwierige Details wie Hände oder Körperhaltungen meistern. Eigene Charaktere erschaffen und Figuren mit weiteren Elementen in Szene setzen.
Von Heike Haas
mitp
240 Seiten
ISBN: 978-3-7475-0142-9

Comics zeichnen leicht gemacht

Figuren, Story, Umgebung, Panelgestaltung, Perspektive. Visuell und witzig von den ersten Schritten bis zum fertigen Comic, inklusive Anleitung für Mangas.
Nach dem Entwickeln von Figuren geht es an Story, Layout und Landschaften.
Analog oder digital: Sie finden auch Anleitungen zu passenden Zeichnen-Apps und Tipps für das Scannen und Drucken.
Von Sandra Schulze
dpunkt.verlag GmbH
198 Seiten
ISBN: 978-3-86490-635-0

Zeichnen mit Jens Hübner – Entschleunigen durch Zeichnen: Wie aus Mohrrüben Menschen werden und andere Tricks zum Skizzieren unterwegs.

Wie man mit einfachsten Mitteln und Techniken Lebensmomente und Eindrücke zeichnerisch festhält und die Buntheit der Welt so ein bisschen mehr und bewusster erlebt. Weg vom hektischen Alltag, raus in die Natur und ran an den Stift!
Von Jens Hübner
Edition Michael Fischer
144 Seiten
ISBN : 978-3745910513

Workshoptipps

Inspiration

Warum nicht das Schöne mit dem Angenehmen verbinden? Seit vielen Jahren buche ich Malurlaube auf Artist Travel. Hier verbinde ich Urlaub und Zeichenworkshop. Ich kann die lehrreichen Workshops mit Jens Hübner sehr empfehlen. Ob Oman oder Ostsee, man hat schöne Orte gesehen, erlebt und gezeichnet. Auch die anderen Workshops haben einen guten Standard. Seit Corona gibt es auch kurze und knackige Online-Workshops unter anderen mit Felix Scheinberger.
www.artistravel.eu

Graphic Recording

Ich persönlich finde die Kurse von Martina Grigoleit zum Thema Strategieplakate (Erklärplakate) und den Kurs zu Graphic Recording sehr gut strukturiert und inspirierend. Sie bietet Kurse für Einsteiger und Fortgeschrittene.
www.martinagrigoleit.de/workshops-coaching/

Journaling

Bei dem Thema Sketchnotes und Journaling kommt man bei Diana Meier-Soriat nicht vorbei. Sie bietet Videokurse für Kinder und Erwachsene zu diesen Themen.
www.sketchnotes-by-diana.com/workshops/meine-onlinekurse/

Design

Tolle Videokurse von Profis aus aller Welt findet man auf Domestika. Hier kann man im eigenen Tempo lernen und üben. Ich bekomme jedes Mal einen Kaufrausch, wenn ich auf der Seite bin.
Meine absoluten Lieblingskurse sind:

- Wimmelbild-Illustration mit Procreate
  Ein Kurs von Victor Beuren
- Logodesign: grafische Vereinfachung und Minimalismus
  Ein Kurs von Rubén Ferlo
- Illustration von Buchcovers: Zeige das Wesen einer Geschichte
  Ein Kurs von Silja Goetz
- Animation mit Mischtechniken in Procreate
  Ein Kurs von Caroline Kjellberg

https://www.domestika.org/de

Über die Autorin

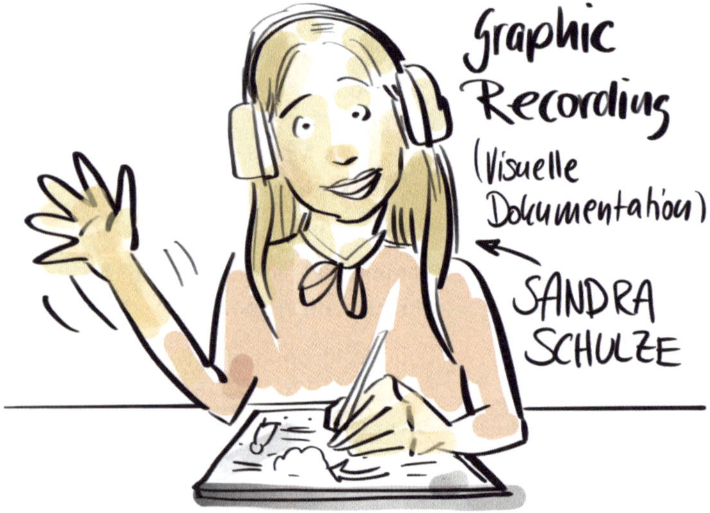

Sandra Schulze erfasst mit ihrer Kunst, die sie übrigens sehr zeitgemäß digital auf dem Tablet erschafft, die wichtigsten Aussagen der Gesprächspartner in den Interviews und setzt sie mit Illustrationen in Szene. Sie erzählt damit auch komplizierte Inhalte als lebendige Geschichten, die in Erinnerung bleiben. Einzelne Wörter sind gezeichnet und stechen heraus. Das Auditive wird dadurch ins Visuelle übersetzt, aus Worten werden Visionen.

Indem neben Situation und Stimmung auch Worte ins Bild kommen, kann Kommunikation sichtbar werden. Das ist grandios – denn Kommunikation zwischen Menschen ist die Basis partnerschaftlichen Engagements. Graphic Recording bringt es ins Bild.

Sandra Schulze ist studierte Kommunikationsdesignerin und Illustratorin. Nach ihrem Studium an der Hochschule Mannheim hat sie in verschiedenen Agenturen gearbeitet und sich dann 2010 selbstständig gemacht. Die Technik des Graphic Recordings hat sie für sich schon seit jeher benutzt, um Botschaften in Meetings und Vorträgen schnell zu visualisieren und festzuhalten. Im Laufe ihrer Arbeit als freie Designerin hat sie diese Technik zu einer Kunstform weiterentwickelt, die heute von vielen Unternehmen und öffentlichen Institutionen für Workshops und Vorträge angefragt wird.

Die Illustratorin hat bereits in fünf Ländern gearbeitet, war als Dozentin an der Hochschule Ludwigshafen, hat mehrere Bücher illustriert und selbst zwei Bücher zu ihrer Arbeitstechnik veröffentlicht. Sie hält Vorträge, bietet Seminare an und bildet Unternehmensmitarbeiter:innen in der Kunst des spontanen Illustrierens aus (Illustrieren am Flipchart). Sandra Schulze lebt samt Mann und Dackelhündin in der Nähe von Heidelberg.

Danke

Das muss auch einmal gesagt werden: Ich bin so dankbar für meine tollen Kund:innen, die neugierig und verständnisvoll meine Arbeit an diesem Buch mitverfolgt und mir die Daumen gedrückt haben. Meine Familie und Freunde haben geduldig mein Gejammer ertragen, wenn ich ungeduldig über den Fortschritt des Buches war oder zu wenig Zeit für sie hatte. Eine sehr große Unterstützung war die wundervolle Lektorin Barbara Lauer, ohne sie gäbe es dieses Buch nicht und ohne sie hätte das Buch nicht so eine gute Qualität.

Mein geliebter Ehemann Reinhard unterstützte mich geduldig bei den Interviews und verwandelte den Inhalt von den stundenlangen Unterhaltungen in sinnvolle Texte. Danke schön

Und, danke auch, liebe Margit Hertlein und lieber Jens Hübner, für den fröhlichen und lehrreichen Austausch.

Ohne die geduldige Unterstützung all dieser wohlgesonnenen Menschen hätte ich wahrscheinlich aufgegeben. Und ohne meinen entzückenden Dackel, der während des Schreibens und Zeichnens entspannt in mein Ohr geschnarcht hat, hätte ich diese Zeit wesentlich unentspannter erlebt.

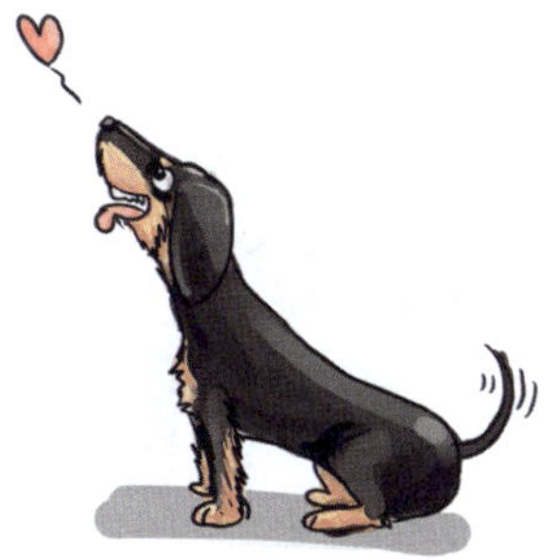

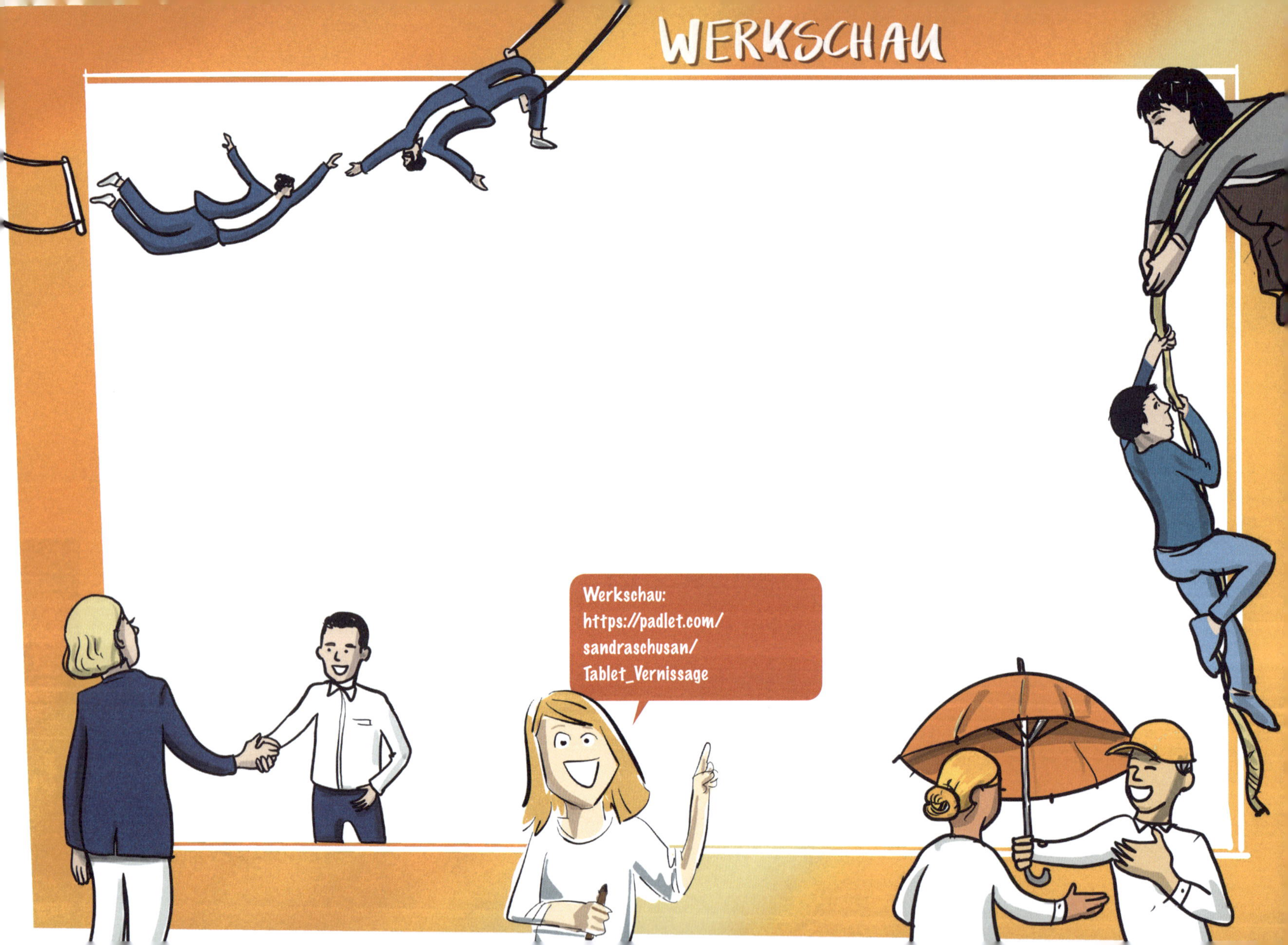
WERKSCHAU
Werkschau: https://padlet.com/sandraschusan/Tablet_Vernissage

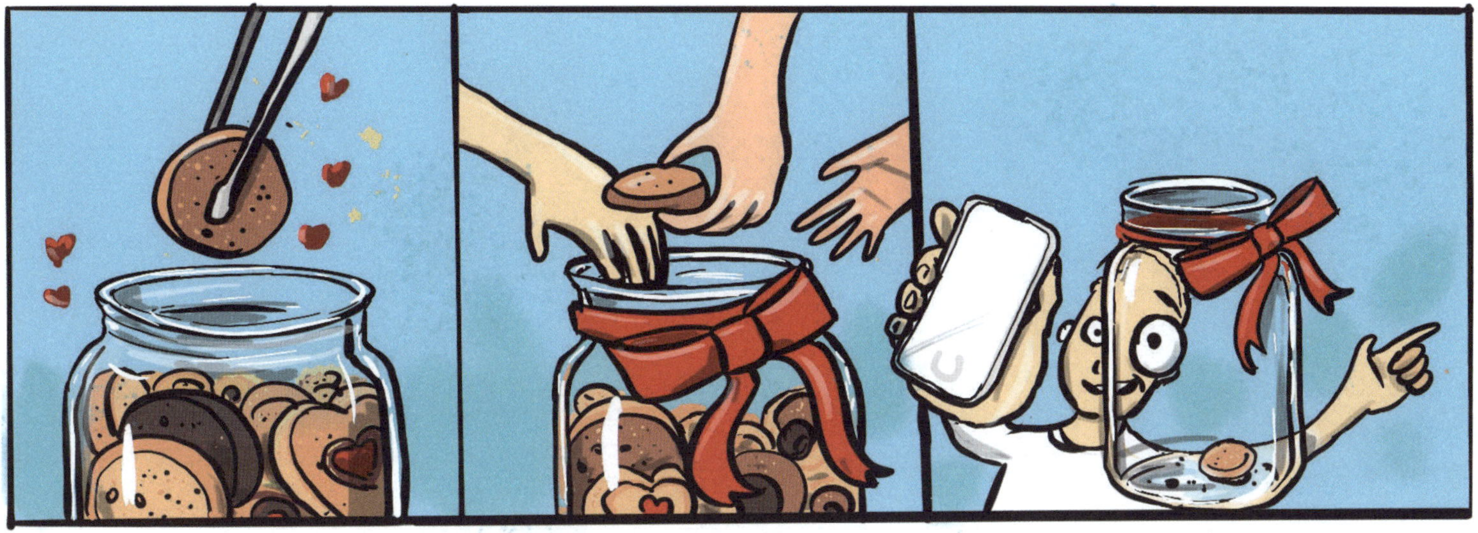

Büfett leer

Jetzt geht's ans Eingemachte. Zeigen Sie, was Sie gelernt haben – oder auch nicht. Lassen Sie uns voneinander lernen, indem wir unsere Werke miteinander teilen. Ich habe eine Pinnwand erstellt, auf der wir eine kleine Vernissage unserer Werke zeigen können. Jede:r zeichnet anders, hat andere Bildideen und Themen. Trauen Sie sich! Niemand wird lachen (und wenn, so hören wir es nicht). So haben wir alle etwas davon.

14 Index

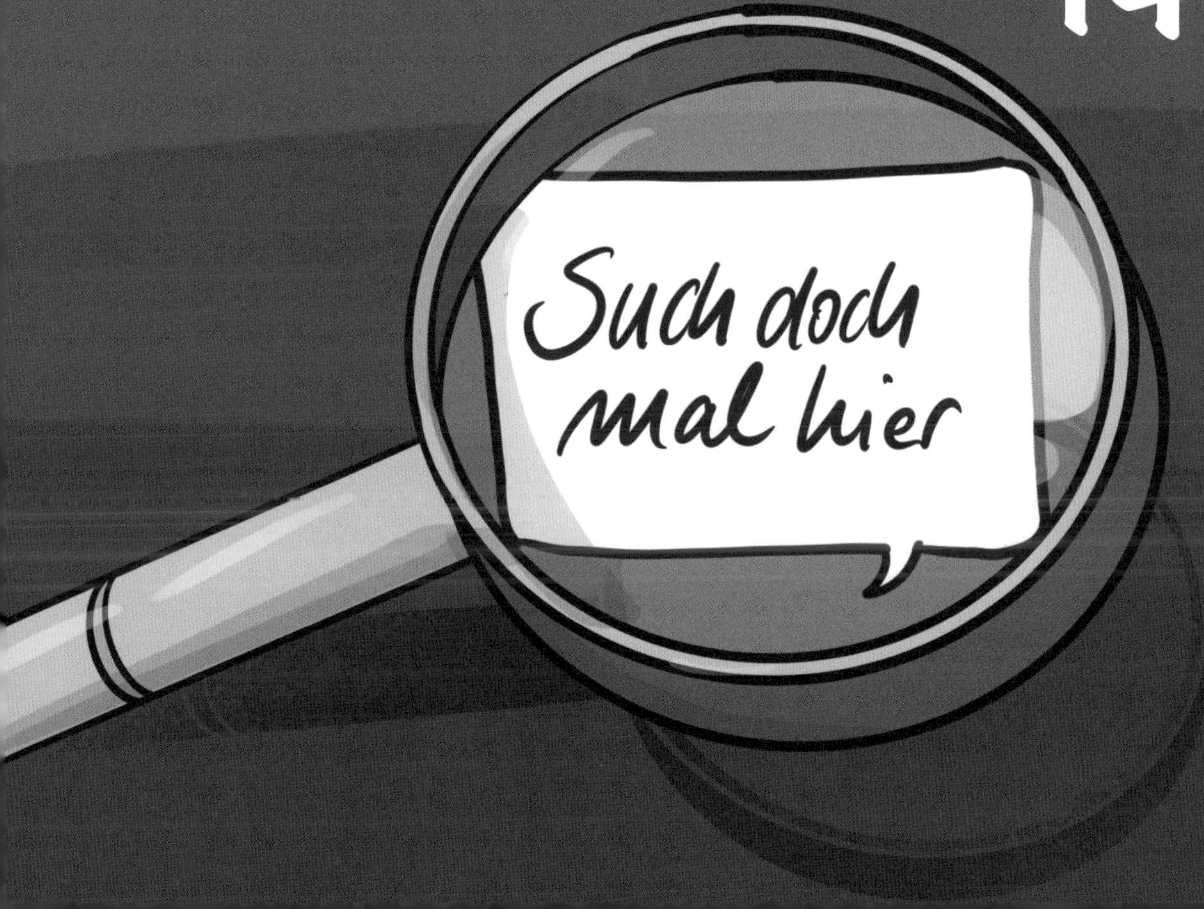

3D-Visualisierung 264

A

Abpausen 268
A Color Story 244
Adobe Clip 18
Adobe Draw 178
Adobe Express 18, 225
Adobe Illustrator *siehe* Illustrator
Adobe Premiere Clip 254
Alphasperre 140
Android *siehe* iPad oder Android
Animationen 251, 256
Apps
  A Color Story 244
  Adobe Clip 18
  Adobe Draw 178
  Adobe Express 18, 225
  Adobe Premiere Clip 254
  Bamboo Paper 84
  Boomerang 250
  Canva 242
  Capture 18, 269
  Connect 19
  Einstieg 28
  Evernote 92, 170
  FlipaClip 18, 251
  Fresco 16
  für Infografiken 204
  Hyperlapse 250
  Illustrator 16, 226
  InShot 242
  Logo 216
  Mental Canvas 19, 264
  Mindmaps 120
  MindNode 19, 120
  Miro 120
  Moldiv 210
  Moleskine Journey 77
  Paper 16, 31, 32, 142, 172
  Paste 19, 174
  Procreate 16, 133, 251, 256, 268
  SketchBook 16
  Sketches 32
  Skizze 204
  Smartphone 20
  Stop Motion Studio 251
  Unfold 242
  VideoScribe Anywhere 164
  Warm-up 31
  wichtige Werkzeuge 28
  Zinnia 18, 78
  Zoom 19

B

Bamboo Paper 84
Baumdiagramm 213
Berufe 52
Bildelemente 54
  Bild-Text-Kombinationen 99
  Farben als Highlights 101
  Figuren als Container 100
  Icons 100
  Linien 58
  Metaphern 54
  Pfeile 100
  Schrift 57, 98
  Textcontainer 59
Bild-Text-Kombinationen 99
Boomerang 250
Breakout Session 184
Bubble Chart 196
Bubble Timeline 195
Buchtipps 294

C

Canva 242
Capture 18, 269
Chart 196
Connect 19
Creative Cloud 21

D

Datenvisualisierung
- Beispielsammlung 199
- Tipps 198

Diagramme 187, 194, 213
Diashow 253
DrawToast-Übung 185

E

Erklärplakate
- Hierarchien 132
- Layouts 130
- Procreate 133
- Vorbereitung 126

Erklärung (Präsentation) 159
Evernote 92, 170
Exportieren 34, 178

F

Farben 102
Farben als Highlights 101
Farbfelder 268
Farbrolle 32
Fehlschläge 276
Figur 49
Figuren als Container 100
Filmclips 254
Filme
- Animationen 251
- Bildschirmaufnahme 251
- Boomerang 250
- Effekte 250
- GIFs 251
- Rewind/Reverse 250
- Rückwärts-Videos 250
- Stop Motion 251
- Stop Motion Studio 251
- Superzoom 250
- Zeitraffer 250

FlipaClip 18, 251
Freiform-Klebezettel-Mapping 189
Fresco 16

G

Gerade Linien 268
Geschichte (Präsentation) 161
Gesichter 48
GIFs 251
Graphic Recording 96 *siehe* auch Sketchnotes
Grundformen 46

H

Histogramm 195
Hyperlapse 250

I

iCloud 21
Icons 100
Ideenklau 274
Illustrator 16, 226
Importieren 34
Infografiken 200
- Moldiv 210
- Skizze (App) 204
- Vorüberlegungen 202

InShot 242
Instagram
- Apps 242
- Titelbild bearbeiten 240

Instagram Highlights 228
- Procreate 230

Instagram Stories
- Tipps 242
- typische Fehler 243

Interviews
- Jens Hübner 284
- Margit Hertlein 116

iPad oder Android 22

J

Journaling 79
- Gestaltungstipps 80
- Moleskine Journey 77
- Zinnia 78

K

Keyvisual 104
Konzepte *siehe* Visuelle Konzepte
Kopieren und Einfügen 273
Körper und Körpersprache *siehe* Figur

L

Layouts
  Erklärplakate 130
  Sketchnotes 106
Linien 58
Logo (App) 216, 220
Logos
  Adobe Express 225
  Apps 216
  Design 218
  Illustrator 226
  Logo (App) 216, 220

M

Meetings *siehe* virtuelle Meetings
Menschen 48
  Berufe 48
  Figur 48
  Gesichter 48
  Interaktion 51
  Proportionen 50
Mental Canvas 19, 264
Metaphern 54
Mindmaps 114
  Apps 120
  Vorgehen 122
MindNode 19, 120
Miro 120
Moldiv 210

N

Notizbücher 76
Notizen 84
  Bamboo Paper 84
  Evernote 92
Nutzung Tablet 14

P

Padlet 180
Paper 16, 30, 142, 172
  Exportieren 34
  Express-Präsentation 172
  Farbrolle 32
  Importieren 34
  Warm-up 31
Paste 19
  Expresspräsentation 174
PDF-Dateien 178
Pencilverhüterli 272
Pfeile 100
Pitch 160
PNG-Dateien 178
PowerPoint 170
Präsentationen 156
  Erklärung 159
  Evernote 168
  Geschichte 161
  Paper 172
  Paste 174
  Pitch 160
  PowerPoint 170
  Reportage 158
  VideoScribe Anywhere 164
Procreate 16, 142, 268
  Bildschirmaufnahme 252
  Erklärplakat 133
  Film 251, 256
  Rundgang 134
  Template 142
  Zeitraffer 252
Prozess 40, 213
Prozessbild 40

R

Radiales Histogramm 197
Reportage 158
Rückwärts-Videos 250

S

Schlüsselbilder *siehe* Keyvisual
Schmutzige Tricks 268
Schrift 57, 98
SketchBook 16
Sketches (App)
  Farbrolle 32
Sketchnotes 96
  Bestandteile 96 *siehe* auch Bildelemente
  Lineares Layout 106
  Modulares Layout 106
  Pfad-Layout 106
  Popcorn-Layout 106
  Radiales Layout 106
  Treppen-Layout 106
  Übung 109
  Vertikales Layout 106
  Wolkenkratzer-Layout 106
Skizze (App) 204
Social Media 228
Stop Motion 251
Stop Motion Studio 251
Streudiagramm 196
Superzoom 250

T

Tayasui Sketches 29
Textcontainer 59
Tricks *siehe* Schmutzige Tricks

U

Übungen 70
  Erklärplakat 142
  Grundformen 47
  Ihr Projekt als Visual 70
  kreative Kaffepause 182
  Mindmaps 123
  Sketchnote 109
  Tagebuch 82
Unfold (App) 242
Urban Sketching 284

V

Vektordatei 269
Veränderung visualisieren 70
VideoScribe Anywhere 164
Virtuelle Meetings
  Agenda 154
  Ausstattung 146
  Breakout Session 184
  Kreative Kaffeepause 180
  Vorüberlegungen 150
  Wenn niemand mitmacht 275
Visualisieren 13
Visualisierungsvorlagen 188
Visuelle Konzepte 60
  Warum 61
  Was 62
  Why-How-What-Struktur 60, 62, 156
  Wie 63
Vorauszeichnen 272

W

Why-How-What-Struktur 60, 156
  Herangehensweise 64
Workshoptipps 297

Z

Zeitraffer 250, 252
Zielgruppe 66
Zinnia 18, 78
Zoom 19

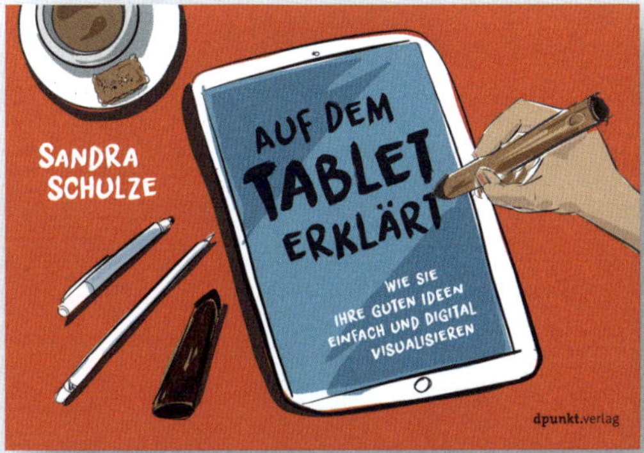
SANDRA SCHULZE
AUF DEM TABLET ERKLÄRT
WIE SIE IHRE GUTEN IDEEN EINFACH UND DIGITAL VISUALISIEREN
dpunkt.verlag

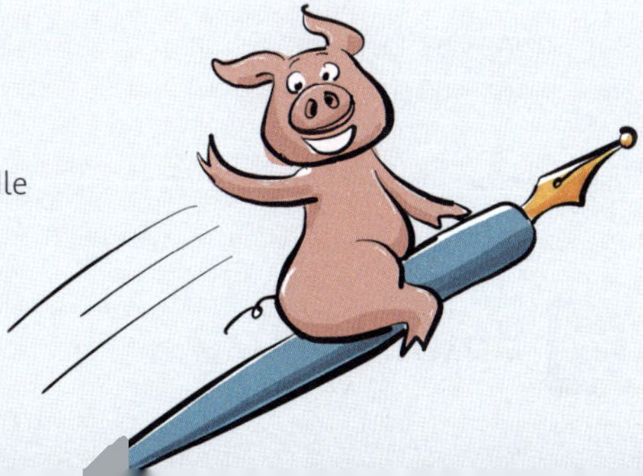

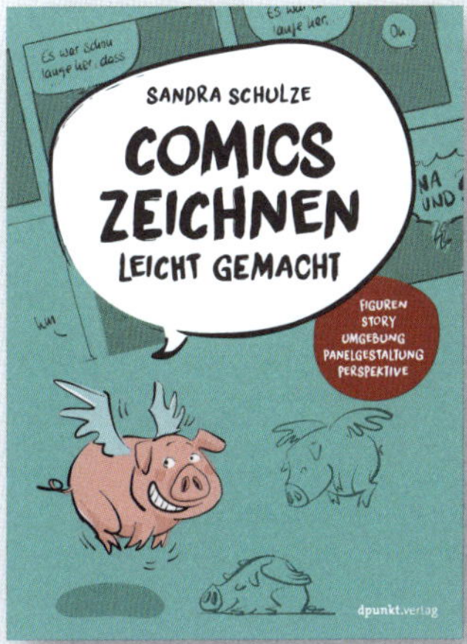
SANDRA SCHULZE
COMICS ZEICHNEN
LEICHT GEMACHT
FIGUREN
STORY
UMGEBUNG
PANELGESTALTUNG
PERSPEKTIVE
dpunkt.verlag

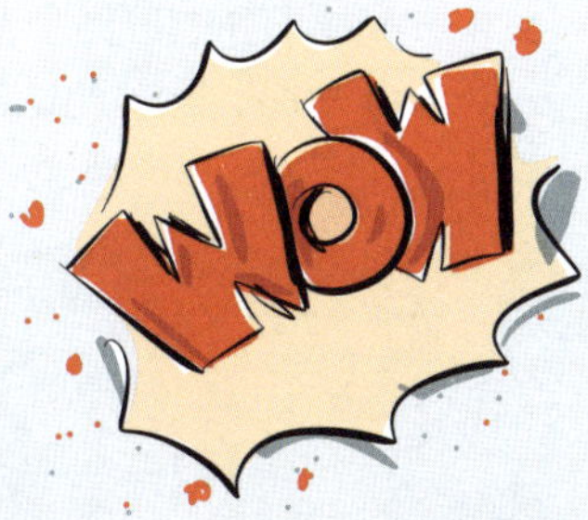
WOW

Gabriel Campanario
Architektur und Stadtlandschaften
ISBN 978-3-86490-287-1

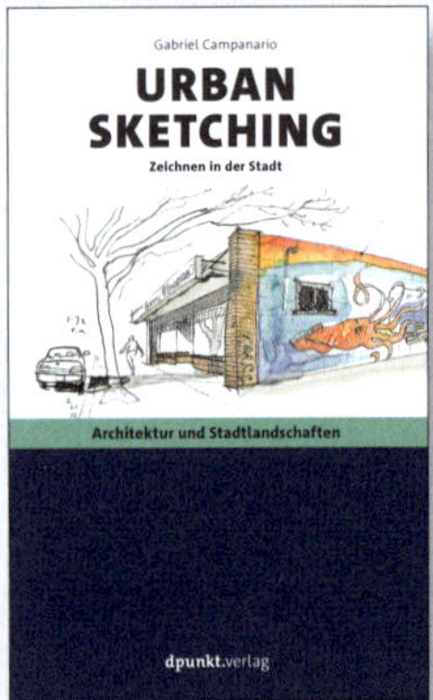

Gabriel Campanario
Menschen und Bewegung
ISBN 978-3-86490-381-6

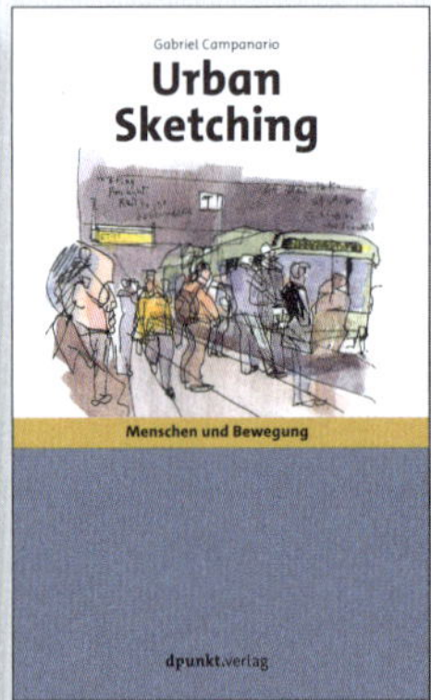

Uma Kelkar
Urban Sketching mit dem Tablet
ISBN 978-3-86490-766-1

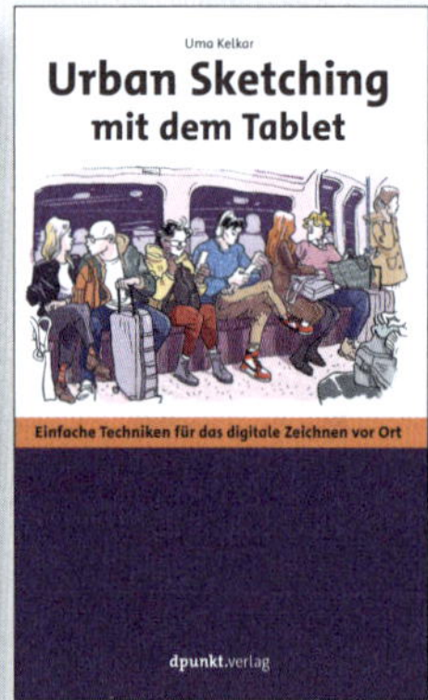

Stephanie Bower
Perspektive verstehen
ISBN 978-3-86490-481-3

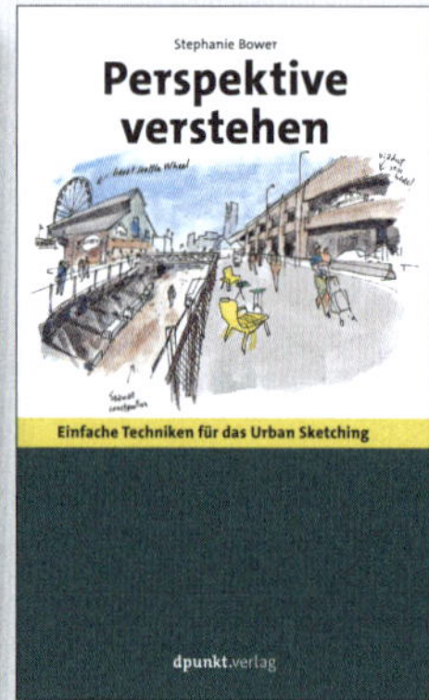

Stephanie Bower
Urban Sketching Basics
ISBN 978-3-86490-745-6

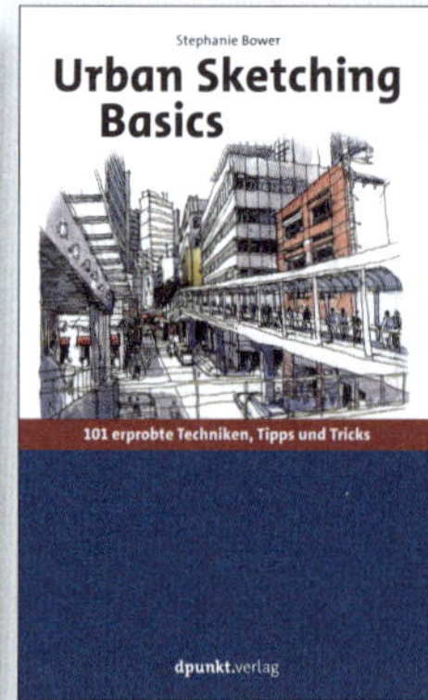

Shari Blaukopf
Urban Sketching in Farbe
ISBN 978-3-86490-842-2

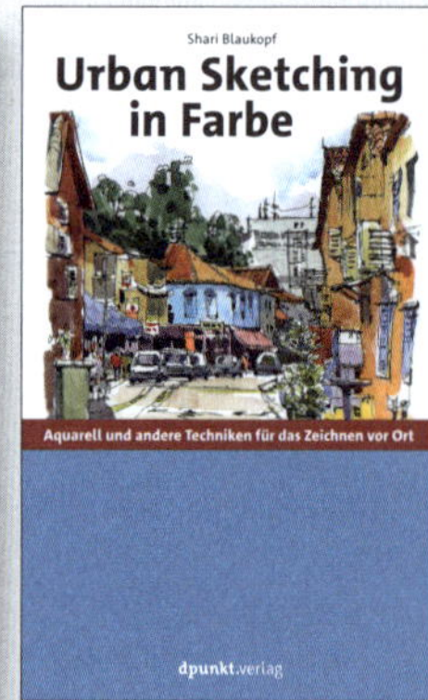

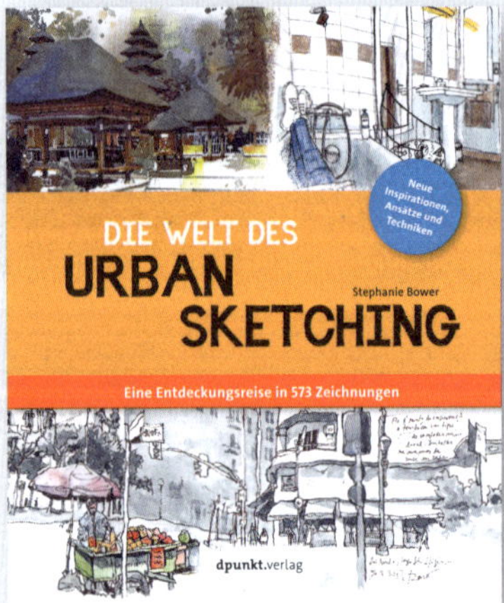

Stephanie Bower

Die Welt des Urban Sketching

Eine Entdeckungsreise in 573 Zeichnungen

2023, 240 Seiten, Broschur, € 29,90 (D)

ISBN Print: 978-3-86490-945-0

dpunkt.verlag
www.dpunkt.de